Künstliche Intelligenz managen und verstehen

Jetzt diesen Titel zusätzlich als E-Book downloaden und 70 % sparen!

Als Käufer dieses Buchtitels haben Sie Anspruch auf ein besonderes Kombi-Angebot: Sie können den Titel zusätzlich zum Ihnen vorliegenden gedruckten Exemplar für nur 30 % des Normalpreises als E-Book beziehen.

Der BESONDERE VORTEIL: Im E-Book recherchieren Sie in Sekundenschnelle die gewünschten Themen und Textpassagen. Denn die E-Book-Variante ist mit einer komfortablen Volltextsuche ausgestattet!

Deshalb: Zögern Sie nicht. Laden Sie sich am besten gleich Ihre persönliche E-Book-Ausgabe dieses Titels herunter.

In 3 einfachen Schritten zum E-Book:

❶ Rufen Sie die Website **www.beuth.de/e-book** auf.

❷ Geben Sie hier Ihren persönlichen, nur einmal verwendbaren E-Book-Code ein:

31456B47519A25B

❸ Klicken Sie das „Download-Feld“ an und gehen dann weiter zum Warenkorb. Führen Sie den normalen Bestellprozess aus.

Hinweis: Der E-Book-Code wurde individuell für Sie als Erwerber dieses Buches erzeugt und darf nicht an Dritte weitergegeben werden. Mit Zurückziehung dieses Buches wird auch der damit verbundene E-Book-Code für den Download ungültig.

Künstliche Intelligenz managen und verstehen

Thomas Schmid
Wolfgang Hildesheim
Taras Holoyad

Künstliche Intelligenz managen und verstehen

Der Praxis-Wegweiser für Entscheidungsträger, Entwickler und Regulierer

1. Auflage 2023

Herausgeber:
DIN Deutsches Institut für Normung e. V.

Beuth Verlag GmbH · Berlin · Wien · Zürich

Herausgeber: DIN Deutsches Institut für Normung e. V.

Berlin · Wien · Zürich
Am DIN-Platz
Burggrafenstraße 6
10787 Berlin

Telefon: +49 30 2601-0
Telefax: +49 30 2601-1260
Internet: www.beuth.de
E-Mail: kundenservice@beuth.de

Maßgebend für das Anwenden jeder in diesem Werk erläuterten oder zitierten Norm ist deren Fassung mit dem neuesten Ausgabedatum. Den aktuellen Stand zu jeder DIN-Norm können Sie im Webshop des Beuth Verlags unter www.beuth.de abfragen. Dort finden Sie insbesondere etwaige Berichtigungen und Warnvermerke, welche bei der Anwendung der jeweiligen Norm unbedingt zu beachten sind.

Titelbild: © Prostock-studio, Nutzung unter Lizenz von adobestock.com

Satz: Beuth Verlag GmbH, Berlin

Druck: PrintGroup, Szczecin

Gedruckt auf säurefreiem, alterungsbeständigem Papier nach DIN EN ISO 9706

ISBN 978-3-410-31456-1
ISBN (E-Book) 978-3-410-31457-8

Über die Herausgeber

Dr. Thomas Schmid entwickelt als Informatiker seit mehr als einem Jahrzehnt Methoden und Anwendungen datengetriebener künstlicher Intelligenz. Er forscht und lehrt als W1-Professor für Digitale Forschungsmethoden in der Medizin an der Martin-Luther-Universität Halle-Wittenberg sowie als Assistant Professor (Lecturer) an der Lancaster University in Leipzig. Nach dem Studium der Bioinformatik in Tübingen, Gaborone (Botsuana) und Berlin erarbeitete er zunächst in Leipzig sowie den Vereinigten Staaten von Amerika in Kooperation mit der Charité Berlin eine neue biomedizinische Anwendung mithilfe neuronaler Netze. Nach der Promotion im Fachgebiet Informatik an der Universität Leipzig baute Thomas Schmid dort ab 2018 die Arbeitsgruppe Maschinelles Lernen auf. Seine aktuellen Forschungsschwerpunkte umfassen sowohl biomedizinische Anwendungen maschinellen Lernens als auch die Entwicklung hybrider Ansätze künstlicher Intelligenz. Neben regelmäßigen Gutachtertätigkeiten für Förderinstitutionen, Fachzeitschriften und internationale Konferenzen hat Thomas Schmid seit 2021 auch das jährliche *Leipzig Symposium on Intelligent Systems* (LEISYS) aufgebaut. Als Co-Autor der Grundlagenkapitel prägte er sowohl in der ersten als auch der zweiten Auflage der Normungsroadmap Künstliche Intelligenz des Deutschen Instituts für Normung (DIN) die Klassifizierung von KI-Systemen mit.

Dr. Wolfgang Hildesheim ist von Haus aus Hochenergiephysiker und hat mehrere Jahre an den Forschungszentren CERN und DESY geforscht. 2007 übernahm er bei IBM die Leitung des Bereichs „Automotive, Aerospace and High Tech Practice“. Ab 2009 leitete er den Geschäftsbereich „Big Data Industry Solution Business“ von IBM in Europa und unterstützte Unternehmen bei der Entwicklung von datengetriebenen Geschäftsmodellen mittels Advanced Analytics. Seit 2012 ist er mitverantwortlich für die Gründung sowie den Aufbau von IBMs Geschäftsbereich „Watson, Data Science & Artificial Intelligence“ in Europa in verschiedenen technischen und vertrieblichen Rollen häufig mit dem Schwerpunkt auf Deutschland, Österreich und die Schweiz. Wolfgang Hildesheim referiert regelmäßig auf Konferenzen und ist Herausgeber von Publikationen zum Thema künstliche Intelligenz. Des Weiteren beteiligt er sich aktiv an der Standardisierung künstlicher Intelligenz, unter anderem als Mitglied der Steuerungsgruppe der Deutschen Normungsroadmap „Künstliche Intelligenz". Wolfgang Hildesheim ist Mitglied des Vorstandes des Arbeitskreises Künstliche Intelligenz der BitKom sowie des Spiegelgremiums „Künstliche Intelligenz" des Deutschen Instituts für Normung. In Zusammenarbeit mit Industrie, Forschung und Politik engagiert er sich als Delegierter bei dem europäischen Gremium CEN-CENELEC JTC 21 „Artificial Intelligence" für die Etablierung eines Klassifizierungsschemas zur homogenen Beschreibung von künstlicher Intelligenz innerhalb aller Mitgliedsländer der Europäischen Union.

Taras Holoyad ist Elektrotechnik-Ingenieur und bei der Bundesnetzagentur in Mainz im Bereich Standardisierung künstlicher Intelligenz tätig. Nach seinem Abschluss an der Technischen Universität Braunschweig berechnete er zunächst in der Automobilindustrie elektrische Maschinen für Straßenfahrzeuge, bevor er anschließend zur wichtigsten deutschen Regulierungsbehörde wechselte. Im Rahmen seiner Standardisierungsarbeit hat sich Taras Holoyad insbesondere in die erste und zweite Auflage der Normungsroadmap Künstliche Intelligenz des Deutschen Instituts für Normung (DIN) eingebracht, wo er sich für die Entwicklung von Konzepten mit Relevanz für die weltweite Regulierung von künstlicher Intelligenz engagierte. Mit dem Ziel, Innovationen im KI-Bereich aktiv mitzugestalten, erforscht er außerdem in Zusammenarbeit mit der Stadt Wiesbaden Qualitätscharakteristiken von RGB- und IR-Kameras auf Lichtsignalanlagen zur KI-gestützten Analyse des Straßenverkehrs. Im Zuge einer Gründungsinitiative der Hochschule Nordhausen arbeitet er daneben auch an der Identifikation von semantischen Ähnlichkeiten zwischen Dokumenten mit dem Fokus auf Patent- und Gesetzestexte.

Über die Gastautoren

Dr. Marcel Ziems von der Stabsstelle für Innovation des Landesamts für Geoinformation und Landesvermessung Niedersachsen (LGLN) beschäftigt sich bereits seit 2003 mit Machine Learning zur Interpretation von Fernerkundungsdaten, etwa von Luft- und Satellitenbildern sowie Laser- und Radardaten. Dort war er in einer Reihe von Forschungsprojekten mit nationalen Behörden für Kartographie und Geodäsie tätig, etwa gemeinsam mit dem Bundesamt für Kartographie und Geodäsie, dem Zentrum für Geoinformationswesen der Bundeswehr, dem Institut Géographique National in Belgien und der Geospatial Information Authority in Japan. Seit 2019 arbeitet Marcel Ziems am Praxiseinsatz von künstlicher Intelligenz in der Landesverwaltung in Niedersachsen.

Leonhard Fischer ist bei HUK24 für die Themen KI, Virtueller Assistent, Prozessautomation und den technischen Betrieb verantwortlich. Zuvor koordinierte er bei der HUK-COBURG die Gesamtsystemarchitektur im Bereich Informatik Betrieb. Als Lead Architekt Big Data entwickelte er über mehrere Jahre das Big Data Portfolio der T-Systems weiter. Dort war er im Bereich Enterprise Architektur für hochkomplexe IT-Architekturen der T-Systems verantwortlich. In den Jahren davor hatte er verschiedene Managementfunktionen im Bereich Softwareentwicklung, IT Operations und kommerzielle Steuerung bei T-Systems inne. Das Studium der Physik absolvierte er an der Friedrich-Alexander-Universität Erlangen Nürnberg. Der Schwerpunkt lag hier im Bereich der Angewandten Physik am Teilchenbeschleuniger der Uni Erlangen.

Jonas Andrulis ist Gründer und CEO des deutschen Start-ups Aleph Alpha, mit der er seit der Gründung 2019 den deutschen Deep-Tech Finanzierungsrekord aufgestellt hat. Sein Wirtschaftsingenieurstudium absolvierte er am KIT in Karlsruhe mit den Schwerpunkten Künstliche Intelligenz und Modellierung. Als Serienunternehmer gründete er vor Aleph Alpha zunächst ein KI-Softwareunternehmen zur Planung und Optimierung komplexer Logistikprobleme, danach für Human-in-the-Loop-Training und Validierung von Deep-Learning-Algorithmen für Mensch-Maschine-Interaktionen. Ab 2016 war er bei Apple in der Leitung der KI-Forschung der Special Projects Group. Im Laufe seiner Karriere konnte er von innovativen akademischen Experimenten bis hin zum Aufbau und Betrieb von Machine Learning Pipelines mit Datenmengen im Petabyte-Bereich umfassende Erfahrungen in den Bereiche Computer Vision und Sprachverarbeitung sammeln. Mit Aleph Alpha hat er sich nach dem Vorbild von OpenAI und DeepMind zum Ziel gesetzt, eine unabhängige europäische Alternative für die nächste Generation künstlicher Intelligenz aufzubauen.

Dr. Kinga Schumacher ist wissenschaftliche Mitarbeiterin in dem Forschungsbereich Kognitive Assistenzsysteme am Deutschen Forschungszentrum für Künstliche Intelligenz (DFKI) in Berlin. Sie studierte Informatik an der Universität Mannheim und promovierte an der Universität Potsdam. Seither war sie an zahlreichen KI-Forschungsprojekten in den Bereichen Ambient Assisted Living, Gesundheitswesen und Bildung beteiligt, in denen sie innovative KI-Lösungen entwickelt hat. In ihrer aktuellen Forschungstätigkeit konzentriert sie sich auf die Kartierung der KI-Landschaft.

Prof. Dr. Martin Haimerl studierte Informatik an der Universität Karlsruhe, wo er anschließend seine Promotion im Bereich medizinische Bildverarbeitung abschloss. Durch seine Tätigkeit bei der Firma Brainlab im Bereich medizinische Navigationssysteme lernte er die praktische Bedeutung regulatorischer Rahmenbedingungen für die Medizintechnik intensiv kennen. Er übernahm dort verschiedene Aufgaben von der Algorithmenentwicklung über die Begleitung von Forschungsprojekten und Fragestellungen der klinischen Validierung bis hin zur Leitung der Entwicklungsteams im Bereich Hüft- und Wirbelsäulennavigation. Diese Schwerpunkte bringt er seit 2016 an der Hochschule Furtwangen (HFU) auf einer Professur für den Bereich Medizintechnik ein. Seit 2018 ist er zudem wissenschaftlicher Direktor des Innovations- und Forschungscentrums Tuttlingen (IFC) der HFU. Seine Hauptforschungs-themen sind regulatorische Anforderungen (Regulatory Science) in Bezug auf Data-Analytics- und KI-Anwendungen im Bereich Medizintechnik.

Filiz Elmas studierte Wirtschaftsingenieurwesen an der Technischen Universität Berlin mit den Schwerpunkten Informations- und Kommunikationssysteme sowie Innovationsmanagement. Seit 2010 war sie beim Deutschen Institut für Normung (DIN) zunächst in den Bereichen Innovation und Digitale Technologien für die Gesamtkoordination der Strategieprojekte Logistik und Industrie 4.0 verantwortlich. Seit 2019 leitet sie dort die Geschäftsfeldentwicklung „Künstliche Intelligenz“ sowie die Geschäftsstelle „Künstliche Intelligenz“, wo sie für die Steuerung und Koordinierung sämtlicher Aktivitäten, Fachkreise und Projekte sowohl auf nationaler als auch auf internationaler Ebene zuständig ist.

Dr. Christian Pichler ist promovierter Informatiker und arbeitete neben seinen akademischen Tätigkeiten in den Bereichen elektronischer Datenaustausches und Interoperabilität an der TU Wien bei der IBM Software Group in Hawthorne, NY im Bereich Data Management. 2014 wechselte er zum Bundesministerium für Verkehr, Innovation und Technologie, war Delegierter im Copernicus-Ausschuss der Europäischen Kommission und steuerte das österreichische Weltraumforschungs-programm ASAP. Ab 2016 leitete er in seiner Rolle als Software Architect und Head of Technology Innovation bei Kapsch TrafficCOM in Wien die Entwicklung eines Deep-Learning-Ökosystems für KI-basierte Mautsysteme. Seit 2020 ist Christian Pichler als CTO für die Entwicklung der Produkte der Anyline GmbH in Wien verantwortlich. Daneben ist er im Bereich Leadership- und Organisationsentwicklung tätig, um seine mehr als 20-jährige Erfahrung an die nächste Generation weiterzugeben.

Vorwort

Künstliche Intelligenz erobert die Welt und dringt in unser aller Alltag vor. Der Umgang mit ihr wird uns früher oder später vermutlich so selbstverständlich erscheinen, wie es für den Umgang mit Smartphones, Computern oder Autos schon heute der Fall ist. Aber was genau kommt da eigentlich auf uns zu? Was genau ist künstliche Intelligenz (KI)? Was macht sie erfolgreich? Wie entsteht Vertrauen in sie? Wie beschreibt man KI-Anwendungen einheitlich, fundiert und verständlich? Wie begrenzt man Risiken? Welche Normen und Standards brauchen wir für KI? Und was soll mit dem geplanten europäischen KI-Gesetz erreicht werden?

Diese Fragen diskutiert das vorliegende Buch auf der Basis wissenschaftlicher Grundlagen, langjähriger Erfahrung aus der Praxis und der aktuellen politischen Diskussion. Europa positioniert sich mit seiner KI-Strategie und der geplanten Gesetzgebung in der Mitte zwischen den USA, welche im Wesentlichen auf das freie Spiel der Marktkräfte setzen, und China, das eine zentralisierte staatliche Strategie verfolgt. Der europäische Ansatz fokussiert sich auf den Schutz grundlegender Werte, sowie Kontrolle hoher Risiken bei gleichzeitiger Förderung von Innovationen im Interesse der Menschen. Transparenz und Vertrauen in die neuen intelligenten Technologien spielen hier die zentrale Rolle. Wie sind diese zu erreichen? Dem geht dieses Buch nach.

KI ist eine der zentralen Allzwecktechnologien des 21. Jahrhunderts. Sie verändert nicht nur die Art, wie wir leben und arbeiten, sondern auch viele unserer Produkte und Dienstleistungen. Um diese Veränderungen proaktiv vorantreiben zu können, spielen Transparenz und Vertrauen eine tragende Rolle. Eine eindeutige Klassifizierung der in einer bestimmten KI-Lösung eingesetzten KI-Komponente ist daher entscheidend für den Erfolg. Diese Klassifizierung der unterschiedlichen Technologien bildet den Grundstein für die Deckung des Bedarfs nach „vertrauenswürdiger“ KI. Darüber hinaus sind Normen und Standards ein wichtiges Hilfsmittel zur Steuerung der mit KI-Lösungen verbundenen Chancen und Risiken. Die vorliegende Taxonomie für die Klassifizierung von KI-Anwendungen ist zusätzlich auch ein Beitrag zu Anforderungen in Normen und Spezifikationen für diesen Bereich. Es kann nicht nur helfen, dem Misstrauen von Bürgerinnen und Bürgern zu begegnen, sondern auch, um KI zum Wohl unserer Gesellschaft zu nutzen.

Ein Abbau bestehenden Misstrauens und bestehender Vorurteile stellt eine entscheidende Grundlage für Innovationen dar und wird sich mittelfristig auch in einer Steigerung von Wettbewerbsfähigkeit und Wohlstand widerspiegeln. Normung und Standardisierung liefern dazu im internationalen, europäischen und nationalen Umfeld wesentliche Beiträge, da sich dank diesen hohe Qualitätsanforderungen unter Wirtschaftsteilnehmern sicherstellen lassen. In diesem Zusammenhang sei darauf hingewiesen, dass sich allein in den Jahren zwischen 2021 und 2022 mehr als 600 Expertinnen und Experten bei industriespezifischen und querschnittlichen Themen der KI unter Schirmherrschaft des Deutschen Instituts für Normung (DIN) abgestimmt haben und erste Standards zur Beschreibung grundlegender Anforderungen an KI-Systeme entwickeln konnten (zum Beispiel die DIN SPEC 92001 *Künstliche Intelligenz – Qualitätsanforderungen und Life Cycle Management für KI Module*).

Welchen Nutzen Normen, Standards und Transparenz haben, zeigt sich besonders deutlich am Beispiel unserer alltäglichen Ernährung. In Sachen Lebensmittel sind wir detaillierte Produktbeschreibungen bereits gewohnt (Abbildung 0.1). Und wir schätzen sie! Wie viele Kalorien hat das Produkt? Wie hoch ist der Fettanteil? Erfüllt es den geltenden Standard für Bioprodukte? Am abgebildeten Milchprodukt lässt sich das leicht ablesen. Besteht die Verpackung aus erneuerbaren Materialien? Enthält sie umweltschädliche Substanzen? Das Etikett auf dem Produkt beantwortet diese Fragen. Auch Informationen zu Produktionsvorgaben und rechtlichen Anforderungen sind auf der Verpackung zu finden. Sie tragen nicht nur zur Verbraucherinformation und der korrekten Verwendung des Produkts bei, sondern beugen auch Risiken vor, zum Beispiel im Hinblick auf Allergien. Die Grundlage all dieser Informationen ist eine Klassifizierung der Bestandteile eines Lebensmittels samt dessen Eigenschaften.

Heute besteht dringender Bedarf nach einer vergleichbaren Klassifizierung der Komponenten von KI-basierten Produkten und Dienstleistungen. Denn KI ist ein weltweiter Megatrend, der quer durch alle Branchen und Wirtschaftszweige Innovationen antreibt. Neue KI-Lösungen werden in rascher Folge auf den Markt gebracht, gelten aber häufig als sogenannte „Black Box“, da nicht genau nachvollziehbar ist, was sie tun, wie sie funktionieren, wie sie hergestellt wurden und wie sie sich weiterentwickeln. Es mangelt an Normen und Spezifikationen für wesentliche KI-Komponenten. Das macht den Vergleich von KI-Produkten sowie die Beurteilung der damit verbundenen Risiken schwieriger.

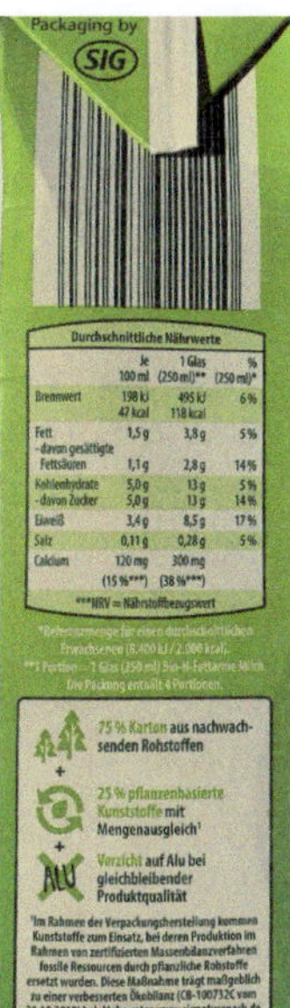

(Foto: Wolfgang Hildesheim)

Abbildung 0.1: Kennzeichnung von Lebensmitteln. Detaillierte Informationen über Bestandteile, Nährwerte, Mengen und die Herstellung. Standards bieten dem Konsumenten einen schnellen Überblick zum Verständnis und Vergleich von Produkten. Zusätzlich werden Qualitätsmerkmale und Risiken für bestimmte Gruppen wie Allergiker, Vegetarier, Veganer etc. klar ausgewiesen.

Die vorliegenden Arbeitsergebnisse liefern daher einen wichtigen Beitrag zur systematischen Klassifizierung von KI-Lösungen. Das vorgestellte Konzept für die Klassifizierung von KI-Lösungen trägt die Bezeichnung AI=MC² und ist als praxisnahes Hilfsmittel zur Beschreibung konkreter KI-Produkte, ihrer Komponenten und Funktionen sowie ihres möglichen Schädigungspotenzials zu verstehen. Es trägt auf diese Weise dazu bei, die Transparenz und Vertrauenswürdigkeit von KI zu festigen und begünstigt indirekt eine Verbreitung von KI auf der Grundlage von Normen und Spezifikationen. Aus diesem Grund ist die AI=MC²-Taxonomie zudem Bestandteil der deutschen Normungsroadmap Künstliche Intelligenz, die von einer KI-Sachverständigengruppe unter der Leitung von DIN und DKE umgesetzt und nach einem Beschluss des deutschen Bundestages vom Bundesministerium für Wirtschaft und Klimaschutz finanziert wird. Die erste Version der Normungsroadmap erschien im Dezember 2020, als Erste ihrer Art und wird daher international viel beachtet. Die zweite überarbeitete Version ist im Dezember 2022 von der deutschen Regierung veröffentlicht worden, um im Jahr 2023 umgesetzt zu werden.

Gleichzeitig ist geplant, in 2023 die europäische KI-Verordnung zu verabschieden, sowie flankierend mehrere Harmonisierte Europäische Normen zu entwickeln, welche Innovationen und die Vermarktung von KI-Produkten fördern sowie die europäischen Grundwerte und Souveränität der Europäischen Union sicherzustellen. Darüber hinaus ist ein europäisches KI-Label im Gespräch. Auch hierfür leistet das Buch mit seinen vielen Abbildungen und Praxisbeispielen einen wichtigen Beitrag.

Christoph Winterhalter
Vorstandsvorsitzender des Deutschen Institut für Normung (DIN)
Koordinator der Deutschen Normungsrodmap KI

Prof. Dr. rer. nat. Dr. h. c. mult. Wolfgang Wahlster
Deutsches Forschungszentrum für Künstliche Intelligenz (DFKI)
Koordinator der Deutschen Normungsrodmap KI

Inhaltsverzeichnis

TEIL 1 – Grundlagen

Kapitel 1 Künstliche Intelligenz – gestern, heute, morgen

Wolfgang Hildesheim, Thomas Schmid, Taras Holoyad

KI bewegt die Welt. Mit KI kann man Geld machen und Kunst. KI schafft Arbeitsplätze und macht Arbeitsplätze überflüssig. KI diagnostiziert Krebs und lenkt Waffen. KI liest Nachrichten vor, KI ist selbst in den Nachrichten. KI überwacht Rollos und Chinesen. KI verteilt Kredite und Lieferaufträge. Der Nachbar hat KI in seinem Elektroauto, die Konkurrenzfirma hat KI in der Produktion, und sogar die Tochter hat KI in ihrem neuen Handy. Man kann sie nicht sehen, und doch: KI ist heute allgegenwärtig. In Zukunft wird KI womöglich unverzichtbar werden, womöglich unvertretbar, womöglich unübertreffbar, in jedem Fall aber: wichtig.

Das Kürzel KI steht für künstliche Intelligenz, und heute kennt quasi jede und jeder diesen Begriff. Doch warum eigentlich? Ist KI wirklich etwas Intelligentes? Wozu ist sie gut, und wozu fähig? Kann KI für den Menschen gefährlich werden? Hinter solchen Gedanken verbirgt sich die vielleicht zentralste Frage unserer Zeit: Was ist KI? Um KI und ihre Bedeutung zu verstehen, lohnt es sich, dieses komplexe Phänomen aus unterschiedlichen zeitlichen Perspektiven zu betrachten: Nicht nur der Blick auf die KI der Gegenwart erklärt das Phänomen, vielleicht sogar noch mehr tun dies die Möglichkeiten der KI der Zukunft. Begonnen hat die Zukunft der KI allerdings bereits vor 70 Jahren.

1.1 KI gestern: Ursprung und Evolution von KI

Als Claude Shannon sich mit einigen Kollegen im Sommer 1956 zu einem mehrwöchigen Workshop im US-Bundesstaat New Hampshire verabredete, hatte der etablierte Wissenschaftler einen sicheren Instinkt für das wichtigste IT-Thema der kommenden Jahrzehnte überhaupt. Die Mitglieder der Gruppe um Shannon sahen als Erste überhaupt die Möglichkeiten von KI und waren die ersten, die Methoden hierfür entwickelten. Bei ihrem Treffen arbeiteten sie über Wochen ebenso konzentriert wie konstruktiv an Entwurfsstrategien und konkreten KI-Projekten. Sie hatten den Anspruch, Maschinen zu schaffen, die wie Menschen sehen, hören und reden konnten. Sie waren sich schnell einig, dass dies am besten zu erreichen war, indem man Algorithmen entwickelt, die Zusammenhänge selbstständig aus großen Datenmengen erlernen können. Die Computer jener Zeit waren zwar weniger leistungsfähig und das Lernen aus Daten weniger effizient als heute, aber bereits

1956 bestand für die an dem Treffen beteiligten Expertinnen und Experten kein Zweifel, dass andere Algorithmen und Strategien nicht geeignet wären, um wirklich intelligente Maschinen zu schaffen. Nachfolgende Generationen von KI-Expertinnen und -Experten mussten sich dank der Ergebnisse dieses Treffens im Wesentlichen nur noch um algorithmisch-technische Optimierungen der hier entstandenen Ideen kümmern, um den heutigen Stand der KI zu erreichen. Ein Sommer in den 1950er Jahren und eine Handvoll weitsichtiger Genies veränderte die Welt für immer.

Diese Erzählung ist beeindruckend, inspirierend – und buchstäblich zu schön, um wahr zu sein. Denn außer Zeit und Ort stimmt an dieser fiktiven Version der Geburt des Phänomens künstliche Intelligenz in Wahrheit leider wenig. Tatsächlich traf sich nachweislich ein kleiner Kreis von Computer-Experten und Mathematikern um John McCarthy, Marvin Minsky, Nathaniel Rochester und Claude Shannon 1956 im Darthmouth College in New Hampshire. Als Ziel des Treffens hatten sie im Vorfeld auch tatsächlich ausgegeben, Strategien und Konzepte für etwas zu entwickeln, was sie als künstliche Intelligenz bezeichneten [1]. Doch das gemeinsame konzentrierte Arbeiten gestaltete sich laut Augenzeugen schon allein deswegen schwierig, weil nur wenige Teilnehmer tatsächlich dauerhaft mehrere Wochen lang in der ländlichen Gegend an der US-amerikanischen Ostküste anwesend waren. Auch wissenschaftlich gab es laut Augenzeugen Differenzen, weil die Beteiligten teils sehr unterschiedliche mathematische Ansätze verfolgten. Zu praktischen Projekten kam es schon allein deswegen nicht, weil ein Computer in den 1950er Jahren nicht nur langsamer war als heutige Modelle, sondern ausschließlich raumfüllende Großrechner existierten, die sich eine kleinere Hochschule wie das Darthmouth College nicht leisten konnten. Lernende Algorithmen wie neuronale Netze wurden zwar bereits Jahre zuvor als theoretisches Konzept vorgeschlagen, waren jedoch zu diesem Zeitpunkt selbst in der Theorie noch nicht in der Lage, tatsächlich etwas zu lernen. Neben der Wortschöpfung „künstliche Intelligenz“ (engl. artificial intelligence, AI) zählte zu den wichtigsten Ergebnissen des Treffens lediglich der Konsens, für die Entwicklung leistungsfähiger KI-Systeme auf Logik statt auf Daten zu setzen: Für die nächsten 20 Jahre konzentrierte sich die Mehrheit der KI-Forscher weltweit nicht auf datengetriebene Ansätze, sondern auf eine auf Regeln und Fakten basierende Informationsverarbeitung. Das Treffen in Darthmouth war hierfür prägend [2].

Künstliche Intelligenz, wie wir sie heute kennen, hat mit den 1956 diskutierten Konzepten also nur wenig zu tun. Die Entwicklung hin zu den leistungsfähigen, praxistauglichen KI-Systemen der Gegenwart verlief auch keineswegs geradlinig, sondern war geprägt von zahlreichen Höhen, Tiefen und Irrwegen von Generationen von KI-Forschern. Wiederholt stand die Arbeit an der Entwick-

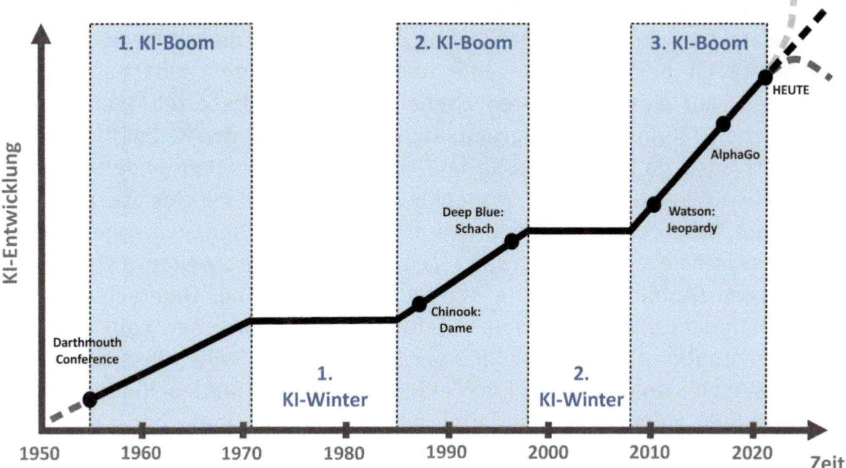

Abbildung 1.1: Boom und Winter der KI: Zeitliche Entwicklung und Meilensteine

lung intelligenter Maschinen insgesamt auf der Kippe, weil immer wieder staatliche und private Geldgeber Grundlagenforschung in diesem Bereich nicht mehr mit größeren Summen fördern wollten. Dies war insbesondere in den 1970er sowie 1990er Jahren der Fall, weil die Förderer mit den bestehenden Technologien damals keine weiteren Entwicklungsmöglichkeiten mehr sahen [3]. Doch kein Geld für Forscher heißt in der Praxis kein Geld, um Forscherinnen und Forscher zu bezahlen, und so wurden nach und nach große Teile des Forschungsbetriebs in diesem Betrieb trockengelegt. Für die KI-Entwicklung insgesamt waren diese langjährigen Durststrecken ohne Fördermittel derart traumatisierend, dass die Übriggebliebenen hierfür den bildlichen Begriff „KI-Winter“ prägten. Bemerkenswert ist allerdings, dass auf jedes Ende eines „KI-Winters“ jeweils ein Aufkommen neuer, leistungsfähigerer Technologie und ein neuer „KI-Boom“ folgte (Abbildung 1.1). „Boom“ bedeutet dabei nicht nur nicht relevante technologische Fortschritte, sondern nicht zuletzt auch eine wachsende Popularität, beflügelt etwa durch medienwirksame Mensch-gegen-Computer-Wettbewerbe. So unterlag beispielsweise Garri Kasparow 1997 dem System „Deep Blue“ im Schach und Lee Sedol 2016 dem System „AlphaGo“ im asiatischen Brettspiel „Go“. Im vergangenen Jahrzehnt sorgte insbesondere datengetriebene KI auf Grundlage neuronaler Netze und in Form des sogenannten Deep Learning für einen neuerlichen Aufschwung. Offen bleibt, wie lange dieser Boom anhält, ob ein von manchen erwarteter weiterer „KI-Winter“ droht [4], und wie die Zukunft der KI aussieht.

Was lässt sich also aus der Vergangenheit der künstlichen Intelligenz für Gegenwart und Zukunft lernen? Eine direkte Folge dieser wechselhaften Geschichte ist beispielsweise eine überaus vielfältige Landschaft an KI-Methoden. Auf einer abstrakten Ebene lassen sich diese teils sehr unterschiedlichen Methoden vier grundsätzlichen Feldern der KI zuordnen, die impliziert auch den zeitlichen Verlauf dieser Entwicklungen widerspiegeln: klassische KI, symbolische KI, maschinelles Lernen und hybrides Lernen. Insbesondere haben symbolische KI und die daraus entstandenen sogenannten Expertensysteme zum Aufschwung des ersten sowie zweiten „KI-Booms" beigetragen (Abbildung 1.1). In Kapitel 6 gehen wir auf Unterschiede und zugrundeliegende Konzepte dieser Felder ein und benennen konkrete Beispiele. Festhalten lässt sich jedoch bereits an dieser Stelle, dass KI-Methoden dieser vier unterschiedlichen Felder zwar jeweils unterschiedliche Vor- und Nachteile aufweisen, sich dabei jedoch durchaus gegenseitig ergänzen und in ihrer Gesamtheit ein umfassendes und effektives Instrumentarium für die Entwicklung leistungsfähiger KI-Systeme darstellen. Insbesondere lässt sich mit diesem Instrumentarium heute auch ein breites Spektrum an Fähigkeiten realisieren, die in Teilen durchaus menschlichen Fähigkeiten nahekommen. Einen systematischen Überblick über das Spektrum realisierbarer KI-Fähigkeit geben wir daher in Kapitel 7, bevor wir in Kapitel 9 darlegen, wie die Realisierung bestimmter KI-Fähigkeiten durch bestimmte KI-Methoden systematisch beschrieben werden kann.

1.2 KI heute: Wirtschaftsfaktor dank industrialisierter Plattformen

Wenig Entwicklung und höchstens sporadischen Bedarf gab es in den ersten Jahrzehnten der Grundlagenforschung für Normen und Standards für KI-Methoden und Anwendungen. Noch weniger schien ein Bedarf für KI-spezifische Gesetze zu existieren. Der Grund dafür: Eine Anwendung in der ganzen Breite von Industrie und Wirtschaft gab es trotz aller Ambitionen früher KI-Forscher lange nicht. Bis Anfang der 1990er Jahre war der praktische Einsatz von KI-Systemen im Wesentlichen auf eine Handvoll Nischenanwendungen beschränkt, etwa für Sonderprogramme beim Militär, in Form erster autonomer Roboter in der Industrie oder zur Mustererkennung in der Raumfahrt. Erst nach der Jahrtausendwende begannen KI-Systeme zahlreiche weitere Wirtschaftszweige zu erobern, nicht zuletzt dank Fortschritten im Bereich datengetriebener KI-Methoden. Insgesamt hat dieser Trend dazu geführt, dass heute nicht nur in Industrie und Wirtschaft zahllose KI-Systeme im Einsatz sind, sondern dass darüber hinaus ein rasant wachsender Konsumentenmarkt für KI-basierte Produkte und Services entstanden ist. Der Trend, KI für kommerzielle Produkte zu entwickeln und darin einzusetzen, hat insbesondere seit 2010 deutlich zugenommen [5] [6] (Abbildung 1.2) und illustriert damit eindrucksvoll die Auswirkungen des 3. KI-Booms (Abbildung 1.1). Stand 2018 zählten Wirtschaftsanalytiker allein auf dem US-Markt mehr als 1.000 KI-Start-ups [9].

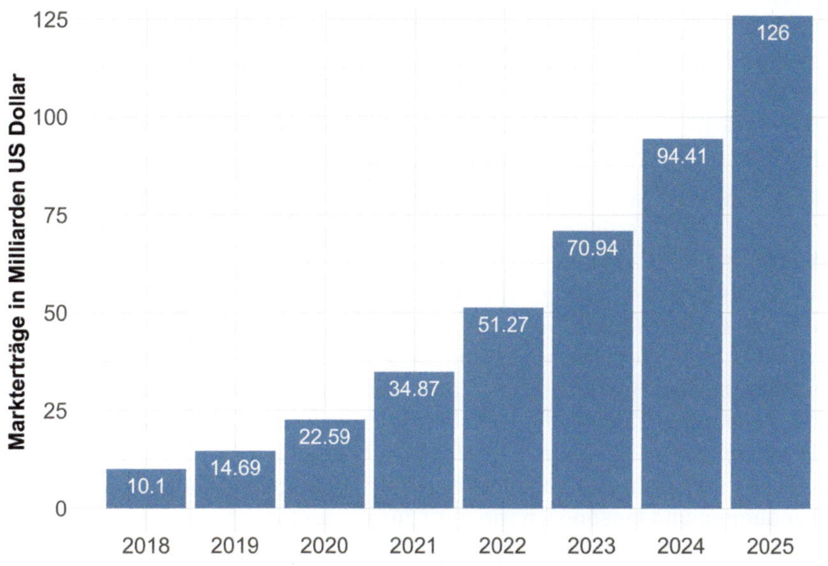

Abbildung 1.2: Tracta-Prognose für den weltweiten Umsatz (Revenues) des KI-Software-Marktes bis 2025 (Datenquelle: Statista)

Wirtschaftswachstum und Technologieaufschwung gehen dabei Hand in Hand. Denn ermöglicht wurden die Umsatzsteigerungen des vergangenen Jahrzehnts insbesondere durch neue technische Möglichkeiten und dadurch entstandene neue Märkte: Sowohl eine massive Zunahme der Menge verfügbarer digitaler Daten als auch die deutliche Steigerung der Rechenleistung, dank derer rechenintensive KI-Methoden wie neuronale Netze nun erheblich schneller und kosteneffizienter eingesetzt werden können [7][8], waren hierfür ausschlaggebende Faktoren. Dadurch wurde etwa möglich, die physischen Bewegungen von Robotern zu steuern, mittels Sprachgenerierung Callcenter-Dialoge zu automatisieren oder mittels intelligenter Texterzeugung Formulare maschinell auszufüllen. Die starke Zunahme marktfähiger KI-basierter Innovationen hat zu einem breiten Spektrum von Dienstleistungen geführt, die gebrauchsfertig angeboten werden, darunter Bilderkennung, Videoanalyse, Umwandlung von Sprache in Text oder Text in Sprache, maschinelle Übersetzung, Textanalyse oder Automatisierung von Chats und E-Mails. Parallel zu den genannten kommerziellen KI-Anwendungen sind in den vergangenen Jahrzehnten spezialisierte Softwaremärkte entstanden [11], die weltweit einheitlich zugeordnet und von unabhängigen Marktanalysten (z. B. IDC, Gartner, Forrester usw.) regelmäßig überwacht werden. Nicht zuletzt Firmenkunden suchen auf solchen Märkten KI-Innovationen, um ihre Prozesse produktiver zu machen oder ihr Geschäftsmodell neu auszurichten [8]. Einige typische aktuelle KI-Anwendungen aus der Praxis stellen wir in den Kapiteln 10 bis 13 näher vor.

Welche Schlüsse lassen sich aus diesen Beobachtungen für den gegenwärtigen Stand künstlicher Intelligenz ziehen? In Summe hat sich die Marktverbreitung von KI sehr beschleunigt und betrifft alle Industrien, wodurch sich repräsentative Erfolgsfaktoren für KI-Projekte herauskristallisiert haben. Diese beschreiben wir in Kapitel 4 aus Unternehmenssicht. Auch auf die praktische Umsetzung hat der breite wirtschaftliche Erfolg von KI-Lösungen Einfluss: Das Markforschungsunternehmen Gartner hat im Jahr 2021 den sogenannten Gartner Hype Cycle for Artificial Intelligence veröffentlicht und vier weltweite Trends im Feld der KI-Technologien [12] identifiziert. Alle vier Trends stehen in Zusammenhang mit der praktischen Umsetzung von KI-Anwendungen und lassen sich wie folgt zusammenfassen:

1. Eine Operationalisierung von KI-Plattformen, sodass eine steigende Anzahl an Modellen und Anwendungen produktiv sowie einheitlich entwickelt und betrieben werden kann
2. Der Fokus auf die einheitliche Performanz von KI-Modellen auf Basis von kleineren und verteilten Datensätzen, sodass Training und Betrieb von KI-Systemen schneller und günstiger werden (engl. „learn more with less")
3. Eine möglichst effiziente Nutzung von Ressourcen, beispielweise Daten, Modelle und Rechenkapazität
4. Ein wachsendes Interesse an verantwortungsbewusster KI (engl. responsible AI), was im Wesentlichen ähnlich wie der Begriff Vertrauenswürdigkeit von KI auf die Frage abzielt, wie sich trotz der probabilistischen Natur von datengetriebenen KI-Systemen Transparenz, Erklärbarkeit, Fairness und regulatorische Compliance von Anwendungen erreichen lassen

In einer Aktualisierung dieser Marktanalyse aus dem Jahr 2022 [13] bestätigt Gartner diese Trends mit verstärktem Fokus auf den weiter industrialisierten Umgang mit Daten, Modellen und Anwendungen auf Basis von KI-Plattformen. Aufgrund dieser Nutzung von KI-Teilkomponenten (siehe auch Kapitel 2) in einem industriellen Ausmaß wächst nicht nur der mit Sammlung und Aufbereitung (wie Reinigung und Strukturierung) von Daten verbundene administrative Aufwand, sondern auch der Wartungs- und Pflegeaufwand. Technologisch lassen sich diese Herausforderungen datengetriebener KI-Systeme heute nicht nur lösen, sondern sogar automatisieren, wie wir in Kapitel 3 zeigen. Dies führt dazu, dass kommerzielle KI-Produkte und Dienstleistungen heute zumeist aus öffentlichen oder privaten Cloud-Umgebungen heraus angeboten werden können. Benutzer haben dadurch die Möglichkeit, die Dienstleistung oder das Produkt direkt ihrem eigenen Bedarf entsprechend anzupassen, ohne Zeit und Mühe in die Einrichtung von Hard- und Software investieren zu müssen. Die „fabrikmäßige" Produktion von KI-Teilkomponenten sowie deren Wartung und Pflege übernimmt hingegen der Plattformbetreiber. Diese Perspektive nehmen wir in Kapitel 4 ein, wenn wir uns detaillierter mit der Industrialisierung von KI auseinandersetzen.

1.3 KI morgen: Nachvollziehbare intelligente Systeme für alle

Die bisherigen Betrachtungen belegen eindrücklich, dass künstliche Intelligenz bereits heute in unserem Alltag angekommen ist. Chatbots, Bilderkennung und semantische Suchtechnologien, wie wir sie in Praxisbeispielen in den Kapiteln 10 bis 13 beschreiben, gelten dabei als besonders weit entwickelt, sodass eine weiter zunehmende Verbreitung in Produkten in den nächsten Jahren erwartet wird. Mit einer zunehmenden Verbreitung und Verfügbarkeit spielen zunehmend auch Fragen hinsichtlich der Dauer von Markteinführungen sowie Effizienzsteigerungen eine wichtige Rolle. Dabei geht es nicht zuletzt um die Frage, welche KI-Technologien wo zum Einsatz kommen. Stand heute ist häufig selbst für Fachleute von außen oft nicht leicht ersichtlich, welche KI-Methoden bestimmte Anwendungen nutzen beziehungsweise wie sie diese gegebenenfalls sachgerecht testen könnten – ein Zustand, den die meisten anderen Wirtschaftsgüter bereits lange hinter sich gelassen haben. Ein gutes Beispiel hierfür stellt die Kennzeichnung von Lebensmitteln bezüglich ihrer Inhaltsstoffe dar. Wie wir in Kapitel 5 diskutieren, ermöglicht dies Verbraucherinnen und Verbrauchern, ein Lebensmittelprodukt in Abhängigkeit von Risiken und Nutzen einzuschätzen und mit anderen Produkten zu vergleichen. Damit trägt eine Klassifizierung der Zutaten eines Lebensmittels, wie im Vorwort dieses Buches bereits erwähnt, nicht zuletzt zur Nutzerakzeptanz bei. Bekanntlich ist die Klassifizierung der

Inhaltsstoffe als Nährwertangabe auf einer Produktverpackung umgesetzt und mündet aufgrund der Repräsentanz gesundheitlicher Merkmale in der Akzeptanz bei Konsumentinnen und Konsumenten. Grundlegend für die Akzeptanz eines Lebensmittels ist die selbstständige Abwägung von Vor- und Nachteilen sowie die subjektive Nachvollziehbarkeit von Risiken im Hinblick auf den Konsum.

Auch für Unternehmen, Marktbeobachter und Regulierungsbehörden sind auf der Basis dieser Kennzeichnung einheitliche und transparente Entscheidungen für oder gegen Lebensmittel einfach möglich. Insofern stellt die Lebensmittelkennzeichnung ein echtes Vorbild für die Zukunft KI-basierter Produkte und Services dar. Eine vergleichbare Klassifizierung dürfte etwa auch helfen, um KI-Anwendungen transparenter zu machen. Man denke beispielsweise an betreutes Wohnen für Seniorinnen und Senioren: Robotische Assistenzsysteme könnten etwa die Lebensqualität pflegebedürftiger Menschen steigern (Abbildung 1.3), etwa durch emotionale und physische Unterstützung. Ein solches Robotiksystem ermöglicht etwa mittels intelligenter Mensch-Maschine-Interaktion, Sinne zu stimulieren, Trainingseinheiten durchzuführen, die Benutzeraktivität zu beurteilen und darüber hinaus Benutzern in Echtzeit eine Rückmeldung zu geben [15]. Doch auch wenn der Roboterassistent mit implementierten KI-Fähigkeiten unter bestimmten Voraussetzungen verlässlich funktionieren sollte, unterliegt das System physikalischen Grenzen. Beispielsweise verfügt der Roboter über eine maximale Bewegungsgeschwindigkeit und eine Abhängigkeit des Bildverständnisses von der Lichtstärke. Darüber hinaus verfügt der Roboter über einen eingeschränkten Satz an Handlungsoptionen. Sind die mit einem solchen System verbundenen KI-Fähigkeiten und KI-Methoden für alle Nutzerinnen und Nutzer transparent, schafft dies Akzeptanz, die offensichtlich Voraussetzung für das eigentliche Ziel ist, nämlich das Menschen nicht nur angemessen medizinisch versorgt werden, sondern auch aktiv und sozial vernetzt bleiben.

Mit einer Systematik, die mit der Kennzeichnung von Inhaltsstoffen in Lebensmitteln vergleichbar ist, ließen sich am Beispiel eines Roboterassistenten einzelne Funktionen im Hinblick auf technische Assistenz im Heimbereich nachvollziehen, darunter Verarbeitung natürlicher Sprache, Erfassung von Bildmustern, Transport von Objekten, Deutung von sozialen Signalen sowie autonome Steuerung von Handlungen, Aufmerksamkeit und Emotionen [16]. Dies ist eine zentrale Motivation für den zweiten Teil des Buches, in dem wir mit den Kapiteln 5–9 eine dreidimensionale Taxonomie zur Charakterisierung von KI-Systemen anhand derer Methoden, Fähigkeiten und Kritikalität vorschlagen. Diese kann beispielsweise als Grundlage für eine Beschreibung des bereits erwähnten Assistenzroboters sein. Dies lässt sich mit einem Bei-

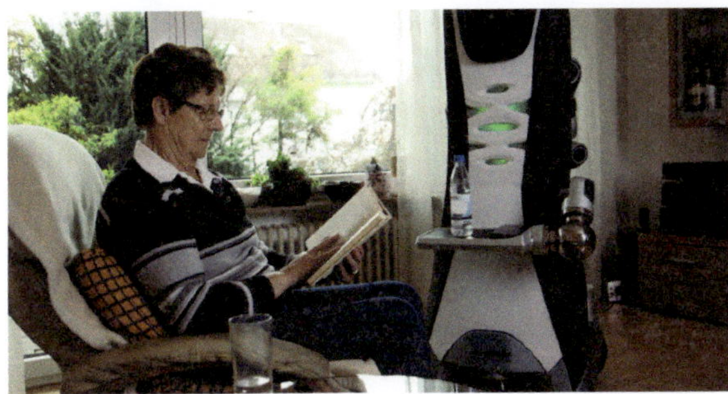

Abbildung 1.3: Assistenzroboter für die Unterstützung im Heimbereich, Modelle Care-o-bot 3 und 4 (Foto: Fraunhofer-Institut für Produktionstechnik und Automatisierung) [17].

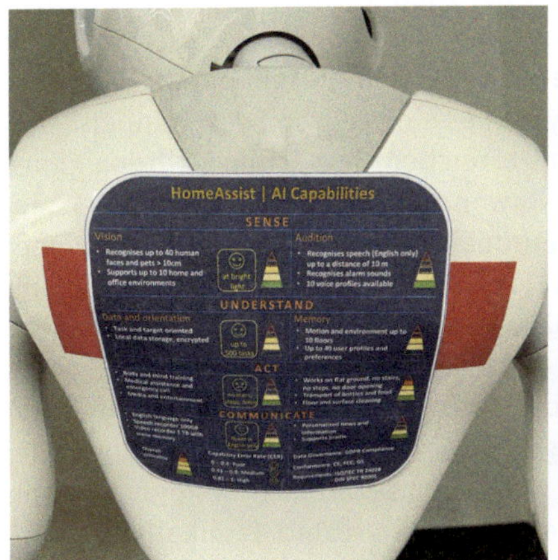

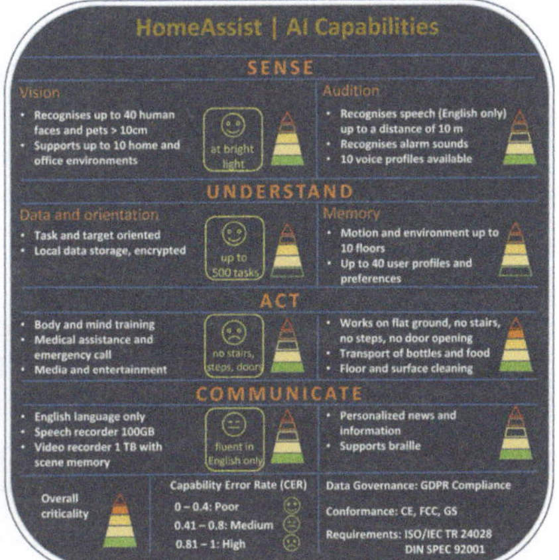

Abbildung 1.4: Beispielhafte Beschreibung der KI-Fähigkeiten und Risiken des DFKI-Roboters „Pepper“ in Form eines übersichtlichen KI-Labels.

spiel illustrieren: In Abbildung 1.4 ist ein an die Lebensmittelkennzeichnung angelehntes fiktives KI-Kennzeichnungs-Label beispielhaft am Roboter „Pepper“ des Deutschen Forschungszentrums für künstliche Intelligenz (DFKI) angebracht. Den einzelnen Fähigkeiten sind dabei ein entsprechendes Kritikalitätslevel sowie Einschränkungen für den Einsatz zugewiesen. Weiter sind zum Verweis auf konkrete Qualitätskriterien umgesetzte Anforderungen aus Gesetzen sowie Normungsdokumenten herausgestellt. Mittels der Kennzeichnung wird für Anwenderinnen und Anwender somit einerseits der Nutzen des Roboters ersichtlicher. Andererseits schafft diese darüber hinaus die

Grundlage für die Nachvollziehbarkeit der mittels KI-Methoden realisierten Fähigkeiten sowie die Eignung des Produkts für bestimmte Aufgaben oder Einsatzszenarien.

Welchen Nutzen hätte eine solche KI-Kennzeichnung in der Praxis für Industrie und Bevölkerung? Angelehnt an europaweite regulatorische Vorgaben zu Lebensmitteln würde eine europaweit einheitliche Beschreibung von KI-Systemen das gesellschaftliche Vertrauen in diese Technologie stärken, eindeutige Qualitätsanforderungen mit hohem Maßstab an KI-Produkte sicherstellen und damit zusammenhängend einen schnelleren Zugang zum europäischen Binnenmarkt ermöglichen. Aus Perspektive der Politik ließe sich, wie es auch für Lebensmittel bereits erreicht wurde, durch Formulierung von abgestimmten Anforderungen ein einheitlicher Qualitätsmaßstab für KI-Anwendungen erreichen. Aufgrund des technischen Charakters von KI-Systemen lassen sich Anforderungen neben der Niederschrift in Gesetzen auch in mit Gesetzen verknüpfbaren Normen, den Harmonisierten Europäischen Normen, detailliert ausformulieren. Damit ließe sich mittels entsprechender Normen mit Anforderungen an KI-Systeme eine europaweit einheitliche Beschreibung von künstlicher Intelligenz erreichen. Tatsächlich werden künftig einheitliche Regeln für KI-basierte Anwendungen auf dem europäischen Mark angestrebt: Im Jahr 2021 hat die Europäische Kommission hierfür einen ersten Gesetzesentwurf veröffentlicht [14]. Dieser zielt insbesondere auf eine Anwendung Harmonisierter Europäischer Normen bei der Konformitätsbewertung sogenannter Hochrisiko-KI-Systeme ab. Während Hochrisiko-KI-Anwendungen durch die EU-Kommission strenge Anforderungen im Hinblick auf Test und Zertifizierung sowie Auflagen im Rahmen des Betriebs zugrunde gelegt werden sollen, können weniger kritische KI-Systeme hingegen breiter und mit weniger Auflagen eingesetzt werden. Die Ziele und Implikationen dieses Gesetzentwurfs diskutieren wir in Kapitel 16.

Parallel zur Erarbeitung des europäischen Gesetzesvorschlags wurden in Deutschland Anforderungen an KI-Systeme im Rahmen der deutschen Normungsroadmap „Künstliche Intelligenz“ des Deutschen Instituts für Normung (DIN) formuliert. Normen und Standards spielen eine zentrale Rolle für viele Wirtschaftsbereiche und können sowohl auf nationaler als auch internationaler Ebene entstehen, wie wir in Kapitel 15 beschreiben. Diese Anforderungen betreffen einzelne Wirtschaftsbranchen mit potenziellen Anwendungsfeldern für KI-Anwendungen und spiegeln die Erwartungen von Industrie, Wissenschaft und Politik wider. Sowohl der europäische Gesetzesvorschlag zu KI als auch die Normungsroadmap für künstliche Intelligenz sehen die Vertrauenswürdigkeit als zentrales Qualitätsmerkmal von KI-Systemen. Nach aktueller Momentaufnahme ist der Begriff „Vertrauenswürdigkeit" von künstlicher Intelligenz unter den am häufigsten diskutierten Themen innerhalb von Dokumenten der Europäischen Kommission. Auch in der Industrie ist der Begriff insbesondere unter Tech-Riesen wie beispielsweise „Alphabet" „Amazon", „Apple", „IBM", „Meta" und „Microsoft" nicht wegzudenken, bei denen mit starkem Fokus Ansätze zur Darlegung sowie Sicherstellung der Vertrauenswürdigkeit von KI-basierten Systemen erarbeitet werden [18]. Daher werden wir in Kapitel 14 noch näher auf diesen Begriff eingehen. Ausgehend vom europäischen Gesetzesvorschlag wird ein auf KI zugeschnittener Gesetzesrahmen in Verknüpfung mit Harmonisierten Europäischen Normen anvisiert. Harmonisierte Europäische Normen spielen eine entscheidende Rolle, da in die Dokumente Anforderungen einfließen, die Forderungen und Bedürfnisse aus der Perspektive von diversen Beteiligten widerspiegeln. Dazu gehören unter anderem Führungskräfte, Regulierungsbehörden, sowie in Forschung, Entwicklung und Anwendung involvierte Personen.

1.4 KI übermorgen: Besser als der Mensch?

Die Entwicklung von KI-Technologien verlief in den vergangenen Jahrzehnten weder geradlinig noch vorhersehbar. Künftige Entwicklungen, insbesondere hinsichtlich mittels KI-Methoden realisierter KI-Fähigkeiten, sind daher heute kaum eindeutig absehbar. In welcher Form und mit welcher Geschwindigkeit werden zukünftige Technologien intelligenter? Wird dies langsam oder schnell sein? Wer wird diese zukünftigen KI-Fähigkeiten entwickeln, einsetzen und kontrollieren? Abhängig von den entsprechenden Antworten ergeben sich unterschiedliche Herausforderungen an unsere Gesellschaft. Denn auf der einen Seite möchten wir von den Innovationen auf der Basis von KI profitieren sowie die KI-basierte Arbeitswelt von morgen mitgestalten und auf der anderen Seite Risiken begrenzen. Eine gute Voraussetzung dafür, dass Gesellschaften diese zukünftigen Chancen und Risiken von KI-Systemen zum Wohle der Menschen aktiv gestalten können, liegt in einem transparenten und wissenschaftlichen Verständnis der aktuell verfügbaren KI-Fähigkeiten, ihrer korrekten Nutzung und den damit verbundenen Verantwortlichkeiten. Erst dies ermöglicht einen klaren Blick auf die Gegenwart sowie Chancen und Herausforderungen der Zukunft.

Wir gehen im Folgenden auf einige derzeit diskutierten möglichen künftigen Entwicklungen in der KI-Forschung ein. Diese Diskussion dreht sich häufig um die Fragen, wie intelligent künstliche Intelligenz heute tatsächlich ist und was KI-Systeme leisten können. Diese Debatten werden häufig entlang folgender Definitionen und Kategorien geführt:

- **Narrow Artificial Intelligence (NAI)**, zu Deutsch etwa „Begrenzte Künstliche Intelligenz“, kann nur für eine ganz spezielle Aufgabe eingesetzt werden. Solche KI-Systeme sind heute verfügbar und bilden die Grundlage vieler Anwendungen und industrieller Nutzungen, etwa in der Bilderkennung oder bei Textanalysen. Entsprechend beschäftigt sich auch das vorliegende Buch primär mit dem erfolgreichen Umgang mit NAI-Systemen mit besonderem Fokus auf Maßnahmen, die das Vertrauen der Menschen in KI stärken. Im Teil 3 des Buches werden hierfür Praxisbeispiele von aktuellen innovativen NAI-Lösungen gezeigt. Die aufgezeigten wissenschaftlichen Konzepte innerhalb der von uns vorgeschlagenen Taxonomie sind hierbei gut geeignet, um sowohl das Vertrauen in NAI zu stärken als auch neue NAI-Systeme mit neuen Fähigkeiten effektiv zu verfolgen.
- **General Artificial Intelligence (GAI)** oder **Artificial General Intelligence (AGI)**, zu Deutsch etwa „Generalisierte Künstliche Intelligenz“, könnte gleichermaßen für eine Vielzahl von Anwendungen eingesetzt werden. Wie der sogenannte „allgemeine gesunde Menschenverstand“ wäre eine GAI in der Lage, viele verschiedene Aufgaben und Situationen ohne weitere Hilfe oder Kontrolle durch einen Menschen selbstständig zu verarbeiten. Insbesondere wäre die Autonomie einer GAI im Vergleich zu gegenwärtigen NAI deutlich höher und dadurch schwerer zu kontrollieren. Eine solche GAI-Technologie ist bislang nicht bekannt, und die Frage, ob es sie je geben wird, bleibt offen. Eine Beteiligung von Deutschland und Europa an Forschung in diesem Bereich kann jedoch helfen, entsprechende künftige Entwicklungen zu begleiten und eigenständige Fähigkeiten aufzubauen; nicht zuletzt, um eine digitale Souveränität zu wahren.
- **Super Artificial Intelligence (SAI)**, zu Deutsch etwa „Überlegene Künstliche Intelligenz“, bezeichnet ein KI-System mit übermenschlichen Fähigkeiten auf den meisten oder womöglich allen Gebieten. Auch SAI gibt es heute nicht, hypothetisch würde eine solche aber über eine vermutlich sehr hohe Autonomie verfügen und liefert damit Stoff für philosophische Kontroversen. Nick Bostrom etwa malt in seinem Buch „Superintelligenz“ [19] aus dem Jahr 2014 verschiedene Szenarien hierfür aus – abhängig davon, ob und wann es SAI-Systeme geben wird, und ob es den Menschen gelingt, die Kontrolle über zukünftige intelligente Maschinen zu behalten oder nicht. Max Tegmark behandelt das gleiche Thema: In Life 3.0 [20] aus dem Jahr 2017 spekuliert er über die Eigenschaften verschiedener Entwicklungsszenarien der Menschheit in Abhängigkeit davon, ob es SAI gibt und ob der Mensch diese kontrolliert. Seine Szenarien gehen sogar weit in die ferne Zukunft, wenn Menschen – begleitet, mithilfe oder geleitet durch

SAI – den Weltraum und andere Sonnensysteme bereisen. Auch Hollywood beschäftigt sich seit Langem mit intelligenten, mächtigen und superintelligenten Maschinen: Die Kinoklassiker „2001: Odyssee im Weltraum" von Stanley Kubrik aus dem Jahr 1968 und „Der Terminator" mit Arnold Schwarzenegger aus dem Jahr 1984 erzählen vom Kampf der Menschen mit einer SAI. Ersteres „läuft" auf dem Zentralcomputer des Raumschiffs, zweites im humanoiden Körper des berühmten Cyborgs, den Arnold Schwarzenegger spielt. Der Kinofilm „Ex Machina" aus dem Jahr 2014 von Alex Garland thematisiert das Thema, wie die Menschheit testen kann (und im Endeffekt auch muss), wie intelligent ein KI-System tatsächlich ist. Der Film erzählt die Geschichte von Caleb, der beauftragt wird, den Grad der Intelligenz von Ava – einer humanoiden Roboterfrau – zu testen, die er das erste Mal trifft. Ohne technische Systembeschreibung oder Gebrauchsanweisung von Ava muss Caleb sich Form und Inhalt der Intelligenztests selbst „ausdenken". Das inspirierende Buch „Digitaler Humanismus" [21] von Julian Nida-Rümelin und Nathalie Weidenfeld greift ebenfalls die bereits erwähnten Kinofilme auf und kommt zu dem Ergebnis, dass „Kino-Geschichten über KI" unterhaltsam, inspirierend, aber weniger geeignet sind, um aktuelle Technologien konkret zu bewerten.

Die beschriebenen Definitionen und Begriffe sind auch für KI-Forscherinnen und -Forscher teils nicht leicht einzugrenzen und müssen in ihrer Gesamtheit vor allem als Gedankenspiele und Plausibilitätsüberlegungen betrachtet werden. Sie können dabei durchaus in Form reduzierter Szenarien, wie etwa in Abbildung 1.5 illustriert, für eine gesellschaftliche Grundsatzdebatte nützlich sein. Nichtsdestotrotz gibt es bislang wenig Anlass, eine zwangsläufige Entwicklung von NAI zu GAI und final SAI anzunehmen. Verschiedene Szenarien mit unterschiedlichen Entwicklungen sind denkbar. Die beiden alternativen Szenarien in Abbildung 1.5 (unten rechts) deuten dies an: Szenario 1 nimmt an, dass NAI über einen sehr langen Zeitraum vorherrschen und währenddessen ebenfalls zunehmend intelligenter werden könnten – ohne dass GAI oder SAI bald (oder jemals) verfügbar werden. Konträr zu diesem Szenario zeigt Szenario 2 eine gegenteilige Entwicklung auf, in der zügig GAI und dann massiv SAI das technologisch Machbare dominieren. Wie diese Szenarien zu bewerten sind, wird allerdings nicht nur von faktisch vorhandenen KI-Fähigkeiten bestimmt, sondern auch davon, wer solche KI-Systeme betreibt und kontrolliert und wie dies geschieht. Folglich braucht es insbesondere eine gute Marktüberwachung und Monitoring neuer KI-Technologien, um die zukünftige Entwicklung in diesem Bereich effektiv mitgestalten zu können.

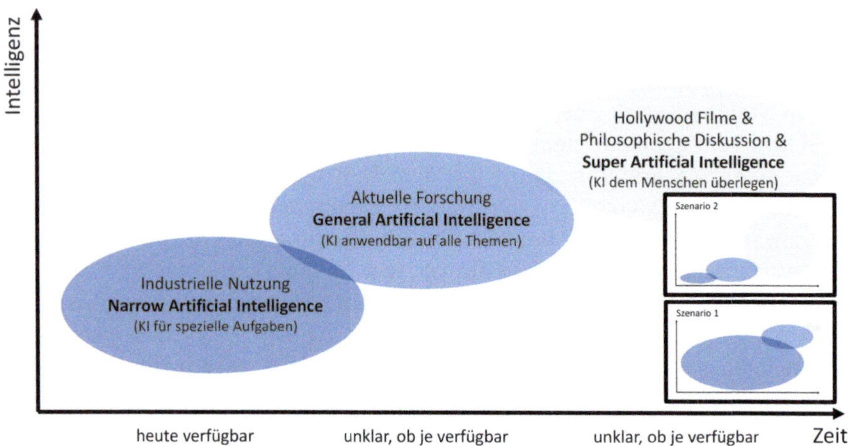

Abbildung 1.5: Definitionen und Kategorien von KI – Narrow, General und Super Artificial Intelligence. Narrow AI ist heute verfügbar und wird in der industriellen Nutzung eingesetzt. General AI Technologien gibt es heute nicht, erste Ansätze sind aktueller Forschungsgegenstand.

Was lässt sich aus diesem Blick auf das Übermorgen der künstlichen Intelligenz für die Gegenwart lernen? Etwa, dass sich konkrete Technologien besser beschreiben und kontrollieren lassen als abstrakte Konzepte. Aktuelle Entscheidungen in Wirtschaft und Politik zum Umgang mit KI-Systemen, insbesondere in der praktischen Anwendung, sollten sich insofern stark an konkreten KI-Fähigkeiten orientieren, die sich in Entwicklung befinden oder schon verfügbar sind; auch ist eine nüchterne und sachliche Bewertung von KI-Systemen geboten, um den Risiken, aber auch den großen Chancen eines „digitalen Humanismus" zum Wohle der Menschen gerecht zu werden. Aus diesem Grund ist eine fundierte wissenschaftliche Beschreibung von KI-Systemen, wie wir sie in Teil 2 dieses Buchs vorschlagen, elementar für Transparenz und einen sicheren und verantwortungsbewussten Umgang mit der Technologie. Denn bereits NAI-Systeme können Menschen überlegen sein: Exemplarisch sei an die beiden NAI-Systeme „Watson" [22] und „AlphaGo" [23][24] erinnert, welche beide auf Basis von KI-Technologien die Spiele „Jeopardy!" und „Go" besser spielten als die weltbesten menschlichen Spieler. Gerade herausragende Fähigkeiten von KI-Systemen sind in vielen Bereichen, etwa der Medizin, einer der wichtigsten Gründe für ihren Einsatz.

Quellen

[1] McCarthy, J., Minsky, M. L., Rochester, N., & Shannon, C. E. (1955). A proposal for the dartmouth summer research project on artificial intelligence. AI Magazine, 27(4), 12–12

[2] Moor, J. (2006). The Dartmouth College artificial intelligence conference: The next fifty years. Ai Magazine, 27(4), 87–87.

[3] Agar, J. O. N. (2020) What is science for? The Lighthill report on artificial intelligence reinterpreted. The British Journal for the History of Science, 53(3), 289–310

[4] Floridi, L. (2020) AI and its new winter: From myths to realities. *Philosophy & Technology*, *33*(1), 1–3

[5] IDC (2020) IDC Forecasts Strong 12.3% Growth for AI Market in 2020 Amidst Challenging Circumstances. Online article, https://www.bloomberg.com/press-releases/2020-08-04/idc-forecasts-strong-12-3-growth-for-ai-market-in-2020-amidst-challenging-circumstances

[6] Tractica (2020) Artificial Intelligence Software Market to Reach $126.0 Billion in Annual Worldwide Revenue by 2025, https://www.businesswire.com/news/home/20200106005317/en/Artificial-Intelligence-Software-Market-to-Reach-126.0-Billion-in-Annual-Worldwide-Revenue-by-2025-According-to-Tractica

[7] Strigl, D., Kofler, K., Podlipnig, S. (2010) Performance and scalability of GPU-based convolutional neural networks. Proceedings of the 18th Euromicro Conference on Parallel, Distributed and Network-based Processing, pp. 317–324

[8] Nurvitadhi, E., Sim, J., Sheffield, D., Mishra, A., Krishnan, S., Marr, D. (2016) Accelerating recurrent neural networks in analytics servers: Comparison of FPGA, CPU, GPU, and ASIC. Proceedings of the 26th International Conference on Field Programmable Logic and Applications, pp. 1–4

[9] Marr, B. (2019) Artificial intelligence in practice: how 50 successful companies used AI and machine learning to solve problems. John Wiley & Sons

[10] Simon, J. P. (2019) Artificial intelligence: scope, players, markets and geography. Digital Policy, Regulation and Governance 21(3):208–237

[11] Kaplan, J. (1984) The industrialization of artificial intelligence: from byline to bottom line. AI Magazine 5(2):51–57

[12] Gartner (2021) Hype Cycle for Artificial Intelligence, abgerufen am 21.11.2022 von https://www.gartner.com/en/newsroom/press-releases/2021-09-07-gartner-identifies-four-trends-driving-near-term-artificial-intelligence-innovation

[13] Gartner (2021) Hype Cycle for Artificial Intelligence, abgerufen am 21.11.2022 von https://www.gartner.com/en/articles/what-s-new-in-artificial-intelligence-from-the-2022-gartner-hype-cycle

[14] Europäische Kommission (2021) Vorschlag für eine Verordnung des Europäischen Parlaments und des Rates zur Festlegung harmonisierter Vorschriften für künstliche Intelligenz (Gesetz über künstliche Intelligenz) und zur Änderung bestimmter Rechtsakte der Union

[15] Christoforou, E. G., Panayides, A. S., Avgousti, S., Masouras, P., Pattichis, C. S. (2019) An overview of assistive robotics and technologies for elderly care. In Henriques J. et al (Eds.): MEDICON 2019 – Proceedings of the Mediterranean Conference on Medical and Biological Engineering and Computing, pp. 971–976

[16] Kormushev, P., Calinon, S., Darwin G. Caldwell, D.G. (2013) Reinforcement learning in robotics: Applications and real-world challenges. Robotics 2(3):122–148

[17] Assistenzroboter für die Unterstützung im Heimbereich, Modelle Care-o-bot 3 und 4 (Bild: Fraunhofer-Institut für Produktionstechnik und Automatisierung). Zuletzt abgerufen am 27.11.2022 von https://www.care-o-bot.de/

[18] IBM, Morning Consult (2022) Global AI Adoption Index 2022 – New research commissioned by IBM in partnership with Morning Consult

[19] Bostrom, N.: Superintelligenz: Szenarien einer kommenden Revolution, Suhrkamp, 2014

[20] Tegmark, M.: Life 3.0: Being human in the age of Artificial Intelligence, Pengbuin Random House UK, S. 134–161, 2017

[21] Nida-Rümelin, J., Weidenfeld, N.: Digitaler Humanismus: Eine Ethik für das Zeitalter der Künstlichen Intelligenz, Piper, 2018

[22] Ferrucci, D. et al (2010) Building Watson: An overview of the DeepQA project. AI magazine, 31(3), 59–79

[23] Silver, D. et al (2016) Mastering the game of Go with deep neural networks and tree search. Nature, 529(7587), 484–489

[24] Silver, D. et al (2017) Mastering the game of go without human knowledge. Nature, 550(7676), 354–359

Kapitel 2 Modellierung und Modelle – Wie künstliche Intelligenz die Welt abbildet

Thomas Schmid

Je häufiger und erfolgreicher künstliche Intelligenz in der Praxis eingesetzt wird, umso mehr wird ihr Einsatz in erster Linie vom unternehmerischen Ende her gedacht: Welche Aufgaben soll das KI-System übernehmen? Lassen sich damit Prozesse optimieren? Lässt sich damit eine Marktnische besetzen? Oder ganz allgemein: Bringt der Einsatz einen Wettbewerbsvorteil für das Unternehmen? Für Entwicklerinnen und Entwickler stellen sich dagegen im Vorfeld naturgemäß ganz andere Grundsatzfragen. Denn es gibt eine wesentliche Voraussetzung für KI-Systeme, die funktionieren und auch erfolgreich in der Praxis eingesetzt werden können: Jedes einzelne KI-System muss eine zielführende und individuelle Vorstellung davon haben, wie es sich verhalten und was es tun soll. Die erste Frage des Entwicklungsprozesses ist also: Was soll das KI-System am Ende können? Doch danach sind noch viele weitere zentrale Fragen zu klären: Was muss es über seine Aufgabe wissen? Was muss es als Eingabe akzeptieren, was am Ende ausgeben? Muss es intern über strukturierte Informationen und Konzepte verfügen, um seine Aufgabe erfüllen zu können? Und wenn ja, über welche? Muss es sich selbstständig anpassen können? Und wie können die dazu getroffenen Entscheidungen am besten umgesetzt werden?

Das Beantworten dieser Fragen und deren Umsetzung wird von Entwicklerinnen und Entwicklern häufig als Modellierung beziehungsweise Modellierungsprozess bezeichnet. Dieser Prozess kann ähnlich wie in der bildenden Kunst als ein Vorgang verstanden werden, bei dem ein Modellierer versucht, durch Hinzufügen, Wegnehmen oder Verändern ein Ausgangsmaterial so zu formen, dass es einem realen oder zumindest imaginierten Vorbild möglichst nahekommt. Weniger plastisch, aber im Kern durchaus ähnlich, versuchen auch Physiker, Biologen und Chemiker beobachtbare Naturphänomene durch Erstellen, Verändern und Hinterfragen von Modellen abzubilden. Statt Stein, Gips oder Ton wie in den bildenden Künsten (Abbildung 2.1) dienen in den modernen Naturwissenschaften Messungen – genauer: Messwerte, oder ganz allgemein: Daten – als Rohstoff für die Modellierung. Deren Ergebnis sind entsprechend keine Skulpturen oder Kunstwerke, sondern mathematische Formeln und Gleichungen, die als Modelle bezeichnet werden und die Grundlagen unseres heutigen naturwissenschaftlichen Verständnisses von der Welt bilden. Auf diesen Ideen basiert auch die Modellierung, wie sie für die Realisierung von KI-Systemen erforderlich ist.

Sinn und Zweck eines KI-Modells ist es dabei nicht allein, die zu erfüllende Aufgabe in einer für einen Rechner verständlichen Weise zu formulieren, etwa als Formel oder Gleichung. Denn je komplexer die zu erfüllende Aufgabe ist, desto eher muss das KI-Modell auch zusätzliche Informationen oder zusätzliches Wissen umfassen. Die KI-Forschung hat hierfür in den vergangenen Jahrzehnten zwei grundsätzlich verschiedene Modellierungsstrategien entwickelt: Auf der einen Seite eine mehr oder weniger händische Modellierung von Aufgabe und Wissen, deren Ergebnisse wir im Folgenden als regelbasierte KI-Modelle bezeichnen werden, und auf der anderen Seite eine mehr oder weniger automatisierte Modellierung auf Basis von Daten, deren Ergebnisse wir im Folgenden als datengetriebene KI-Modelle bezeichnen werden.

Abbildung 2.1: Modellierung von Ton in der bildenden Kunst
(Urheber: flickr.com/marcelkessler; Lizenz: CC-BY 2.0)

2.1 Modelle als Schlüsselkonzept der Kognition

Versteht man Modellierung als Schlüsselprozess in der Entwicklung von KI-Systemen, stellt sich unmittelbar die Frage, was genau eigentlich deren Ergebnis ist. Eine Modellierung führt offensichtlich zu einem oder mehreren Modellen. Doch was ist darunter zu verstehen? Woraus besteht ein Modell? Und warum hilft es, als universelles Schlüsselkonzept, künstliche Intelligenz insgesamt besser zu verstehen? Zwar gibt es wie oben beschrieben praktische Unterschiede zwischen regelbasierten und datengetriebenen KI-Modellen, doch in beiden Fällen gibt es auch elementare Gemeinsamkeiten. Wie für die künstliche Intelligenz als wissenschaftliche Disziplin insgesamt, so existiert auch für KI-Modelle eine Analogie zum Vorbild Mensch. Als mögliche Erklärung der Funktionsweise der menschlichen Kognition haben Psychologen vorgeschlagen, dass diese sich auf einer größeren Anzahl sogenannter mentaler Modelle stütze. Ursprünglich sollte so lediglich die motorische Kontrolle des Menschen, etwa der Hand, erklärt werden [1]. In einem weiteren Sinne werden mentale Modelle aber auch als „hypothetische Konstrukte" [2] verstanden, die hierarchisch geordnet werden können [3] und dem Menschen in ihrer Gesamtheit dazu dienen, Vorhersagen über die physische Umwelt zu treffen [4]. Anders gesagt, geht dieses Erklärungsmuster also davon aus, dass jeder Mensch nur deshalb lebens- und leistungsfähig ist, weil er eine größere Anzahl an Modellen in seinem Kopf besitzt, die dies in ihrer Gesamtheit ermöglichen.

Psychologen nehmen insbesondere an, dass solche mentalen Modelle nicht statischer Natur sind, sondern vielmehr einem ständigen Wandel unterliegen [6, S. 32f]. Dies ist letztlich eine zentrale Voraussetzung dafür, dass ein Mensch fähig ist zu lernen. Nicht näher definiert bleibt dabei, in welcher Form genau Lernen in diesem Kontext stattfindet: ob also ein mentales Modell erstellt, beibehalten, verändert oder verworfen wird. Jede dieser Varianten kann als eine Form von Lernen verstanden werden. Als ausschlagendes Gütekriterium eines mentalen Modells gilt dann dessen Zweckmäßigkeit. Das heißt, ob ein neues, verändertes oder altes Modell Bestand hat, hängt in erster Linie davon ab, ob es sich für den jeweiligen Menschen als nützlich erweist – weniger wichtig ist dagegen, inwieweit ein solches Modell mit physikalischen Gegebenheiten oder der Umwelt insgesamt übereinstimmt [5, S. 64ff]. Dies deckt sich beispielsweise mit der menschlichen Alltagserfahrung, dass sich nicht jeder gefasste Plan mit der uns umgebenden Realität vereinbaren lässt und sich nicht jede Prognose über den weiteren Verlauf von Ereignissen als zutreffend erweist.

Mentale Modelle sind nicht das einzige Erklärungsmuster der modernen Psychologie für kognitive Fähigkeiten, aber eines, mit dem sich auch ein bedeutender Teil der modernen KI-Methoden beschreiben lässt. Darüber hinaus haben sich auch Philosophen mit dem Begriff des Modells und dessen Nutzen für Mensch und Wissenschaft beschäftigt. Aus diesem Blickwinkel werden Modelle als wichtige „Mittel zur Gewinnung menschlicher Erkenntnis" [6, S. 412], manchmal sogar als die einzigen derartigen Mittel [7, S. 56], betrachtet. Während der psychologische Begriff der mentalen Modelle in der

Regel eher vage formuliert ist (z. B. [8]), gibt es in der Logik und anderen Disziplinen eine Reihe expliziter und formaler Modellbegriffe. Obwohl sich diese Definitionen zum Teil erheblich unterscheiden, scheint jedoch Einigkeit darüber zu bestehen, dass ein Modell in jedem Fall ein Abbild beziehungsweise eine Repräsentation von etwas ist [9, S. 221ff]; dies impliziert insbesondere, dass sowohl ein repräsentiertes Original als auch eine Repräsentation davon existieren und dass diese in einer bestimmten Beziehung zueinanderstehen. Exemplarisch betrachten wir hier das für die Informatik elementare mathematisch-naturwissenschaftliche Modellkonzept. Zum Ende des Kapitels gehen wir außerdem auf das in der Robotik und Ingenieurstechnik einflussreiche kybernetische Modellkonzept und die Allgemeine Modelltheorie von Herbert Stachowiak ein.

Wie oben beschrieben, gehörten die Naturwissenschaften des 19. und 20. Jahrhunderts zu den ersten, die Modelle als mathematisches Werkzeug zur expliziten Darstellung von Wissen in formaler Weise adaptierten. Heute wird ein mathematisches Modell allgemein als eine Formulierung von Regelmäßigkeiten und/oder Abhängigkeiten als mathematische Regelmäßigkeiten betrachtet. Die wichtigste Form eines mathematischen Modells stellt die sogenannte Abbildung oder Funktion dar. Sie beschreibt eine Beziehung oder Relation zwischen zwei Mengen, genannt Urbild und Bild, die jedem Urbildelement genau ein Bildelement zuordnet (vgl. z. B. [10, S. 93]). Als Beispiel kann hierfür etwa die bekannte Sinus-Funktion dienen (Abbildung 2.2), bei der sich der Bildraum auf y-Werte zwischen -1 und 1 beschränkt, während sich der Urbildraum zwischen unendlich negativen und unendlich positiven x-Werten bewegen kann; die Abbildungsvorschrift legt in diesem Fall fest, dass sich die Werte im Bildraum kurvenartig wiederholen. Solche mathematischen Modelle sind allerdings nicht als unmittelbare Wiedergabe absoluter Gesetzmäßigkeiten zu verstehen. Nach den Worten des Naturwissenschaftlers Heinrich Hertz handelt es sich dabei vielmehr um „innere Trugbilder oder Symbole“ [11, S. 1f]. Hertz weist darauf hin, dass in der Regel mehrere unterschiedliche Modelle einen gegebenen Zusammenhang beschreiben können. Als Auswahlkriterien für ein möglichst gut geeignetes Modell nennt er Zulässigkeit, Richtigkeit und Zweckmäßigkeit [11, S. 2f].

KI-Modelle sind grundsätzlich eng verwandt mit solchen mathematischen Modellen, und in einigen Fällen sogar strukturell gleich aufgebaut. Die Komplexität von KI-Modellen ist allerdings, vor allem bei fortschrittlichen Methoden, erheblich höher als in dem motivierenden Beispiel (Abbildung 2.2). Statt einer Eingabegröße (hier: x), gibt es beispielsweise oft dutzende, bei der Verarbeitung digitaler Bilder sogar tausende Eingabegrößen. Auch die Ausgabegröße (hier: y) muss nicht zwingend ein Zahlenwert sein, sondern kann auch

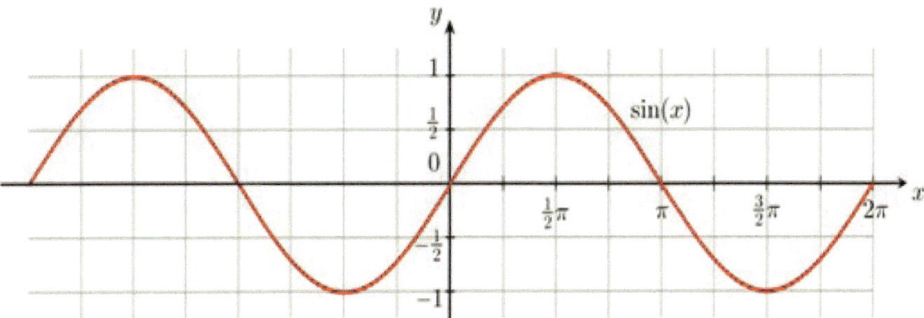

Abbildung 2.2: Grafische Repräsentation der Sinus-Funktion y = sin(x) als Beispiel für ein bekanntes mathematisches Modell

eine semantische Zuschreibung wie „wahr" oder „falsch" sein. Zusammenhänge lassen sich dann oft nicht mehr unmittelbar optisch oder sprachlich erfassen, was es erschweren kann, die Funktionsweise eines gegebenen KI-Modells für Menschen nachvollziehbar darzustellen. Weiter muss zwischen regelbasierten und datengetriebenen KI-Modellen unterschieden werden. Beide Varianten werden nicht nur auf unterschiedliche Weise erzeugt, sondern weisen auch grundsätzliche strukturelle Unterschiede auf, welche die Funktionsweise entscheidend beeinflussen. Im Folgenden charakterisieren wir diese Unterschiede kurz.

2.2 Regelbasierte KI-Modelle

Zentrales Kennzeichen regelbasierter KI-Modelle ist, dass zwar der Auswertungsprozess automatisiert erfolgt, der Modellierungsprozess hingegen fast immer in Handarbeit – also von Menschen, nicht von Algorithmen. Konzepte und Methoden für solche regelbasierten KI-Modelle zählen zu den ältesten und am längsten genutzten KI-Technologien. Sowohl Methoden der klassischen künstlichen Intelligenz (Kapitel 6.1) als auch der symbolischen künstlichen Intelligenz (Kapitel 6.2) führen zu KI-Modellen, die als regelbasiert betrachtet werden. Solche regelbasierten Modellierungen haben nicht nur eine lange Tradition in der KI-Forschung, sondern stellen trotz der damit verbundenen Herausforderungen an die Entwickelnden [12] bis heute ein wesentliches Element der effektiven Nutzung von KI-Systemen durch Technologieführer wie Amazon [13] oder Google [14] dar. Denn zu den Stärkeren dieser KI-Modelle gehört, dass sich damit viele aus Bildungskontexten bekannte Strukturen, Beziehungen und Konzepte eindeutig und nachvollziehbar abbilden lassen. Klassische Beispiele für regelbasierte, symbolische KI-Modelle finden sich etwa in dem für chemische Anwendungen entwickelten System DENDRAL [15] oder dem zur Bakterienidentifikation entwickelten System MYCIN [16].

Regelbasierte Methoden der klassischen KI sind Algorithmen, etwa Suchalgorithmen, die eine bestimmte Funktion (hier: Suchen) durch zuvor von Entwicklerinnen und Entwicklern fest definierte Arbeitsschritte nachbilden und daher unmittelbar als KI-Modell gelten können. Methoden der symbolischen KI fußen hingegen darauf, Fakten und Beziehungen so abzubilden, dass sie anschließend mittels logischer Operationen beziehungsweise Funktionen ausgewertet werden können [17]. Ein Beispiel für ein mittels symbolischer KI erzeugtes KI-Modells zeigt Abbildung 2.3, in welcher eine sogenannte Ontologie für Wissen rund um Geschäftsreisen abgebildet ist; es handelt sich dabei um eine grafische Darstellung formaler Regeln und Definitionen für diesen Kontext. Ontologien definieren beispielsweise Orte oder Personen. In Abbildung 2.3 sind dies etwa London, Berlin oder New York. Darüber hinaus werden aber auch ganz allgemein sogenannte Entitäten abgebildet, die eher abstrakte Konzepte zusammenfassen; im Beispiel etwa Städte, geographische Eigenschaften oder geographische Regionen. Entscheidend ist dabei jedoch, dass daneben auch logische Beziehungen zwischen zwei Konzepten A und B, wie etwa „A ist ein B“, definiert werden. Dies ist die Grundlage dafür, dass zu einem späteren Zeitpunkt mittels logischer Funktionen Schlüsse aus einem solchen regelbasierten KI-Modell gezogen werden können. Diese erlauben dann etwa das Beantworten der Frage „Ist Berlin ein Ozean?“. Zwar muss diese Frage für den Computer formalisiert werden, doch genau wie der Mensch würde das exemplarische KI-Modell in diesem Fall die Antwort „nein“ beziehungsweise „nicht wahr“ zurückgeben.

Zu den Schwächen regelbasierter KI-Modelle gehört, dass diese nicht selbst lernfähig sind. Das heißt, dass jede Veränderung an einem solchen Modell durch eine Entwicklerin oder einen Entwickler durch eine manuelle Überarbeitung vorgenommen werden muss. Das bedeutet insbesondere langfristig beziehungsweise unter sich veränderten Rahmenbedingungen einen erheblichen Wartungsaufwand für regelbasierte KI-Modelle. Gleichzeitig bedeutet das Fehlen der Fähigkeit selbst zu lernen, dass alle zu nutzenden Abläufe (bei Methoden der klassischen KI) beziehungsweise Konzepte (bei Methoden der symbolischen KI) explizit definiert werden müssen. Implizit vorhandene Abläufe oder Konzepte müssen also zunächst durch Entwickelnde identifiziert und formalisiert werden, was wiederum einen erheblichen personellen Aufwand bedeutet und häufig als Flaschenhals regelbasierter KI-Modelle bezeichnet wird [12]. Diese Anforderung verhindert darüber hinaus weitgehend einen unmittelbaren Einsatz und die Anwendungsmöglichkeiten von regelbasierten KI-Modellen für sensorische Rohdaten wie beispielsweise Audio- oder Bildauf-

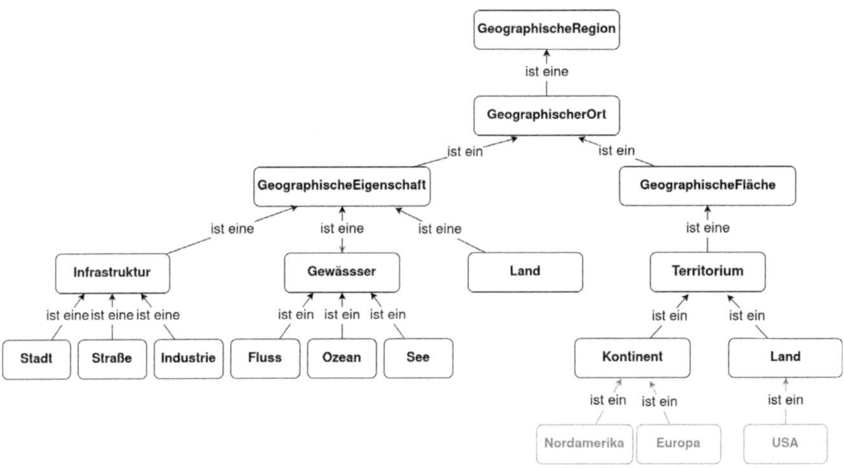

Abbildung 2.3: Ontologie für Geschäftsreisen als exemplarischer Bestandteil eines regelbasiertes KI-Modells (in Anlehnung an [18])

nahmen, aber auch komplexe Messdaten wie etwa mittels Elektroenzephalographie oder Magnetresonanztomographie erhobene Hirnaktivitäten.

2.3 Datengetriebene KI-Modelle

Die meisten der oben beschriebenen Limitationen regelbasierter KI-Modelle lassen sich überwinden, wenn stattdessen ein anderer Ansatz zur Modellerstellung gewählt wird, nämlich der der datengetriebenen Modellierung. Das Adjektiv „datengetrieben“ meint dabei, dass die Entwicklerin oder der Entwickler nicht explizit – insbesondere nicht als unmittelbar codierte Befehle oder Informationen – vorgibt, wie sich das KI-Modell verhalten beziehungsweise was es leisten soll. Stattdessen findet der Modellierungsprozess indirekt statt, indem ein Algorithmus aus einer Menge von Beispieldaten Zusammenhänge erlernt. Datengetriebene künstliche Intelligenz ist also eine lernende, eine automatisiert lernende künstliche Intelligenz. Dieser Ansatz bringt viele Vorteile mit sich, etwa, dass nicht schon im Vorfeld jedes Detail für das KI-Modell definiert sein muss und dass auch hochkomplexe Eingabedaten (Audio, Video, etc.) verarbeiten werden können, für welche ein Mensch in der Regel nicht ohne Weiteres explizite Verarbeitungs- oder Auswertungsregeln benennen könnte. Nicht zuletzt dank zahlreicher öffentlichkeitswirksamer Durchbrüche in der Verarbeitung von Audio- und Bildaufnahmen, etwa bei der Sprach- oder Objekterkennung [19][20], sind datengetriebene KI-Modelle heute weithin bekannt und werden aufgrund ihrer prominenten Rolle teils sogar fälschlicherweise als gleichbedeutend mit künstlicher Intelligenz als Ganzes verstanden.

Sowohl Methoden des maschinellen Lernens (Kapitel 6.4) als auch des hybriden Lernens (Kapitel 6.3) eignen sich dazu, datengetriebene KI-Modelle zu erstellen. Hybride Lernverfahren nutzen hierfür neben einer Strategie des Lernens teils Strategien der klassischen oder symbolischen KI. Aufgrund der Komplexität solcher Ansätze erläutern wir das Prinzip des Lernens aus Daten hier nur für den Bereich maschinelles Lernen. Auch innerhalb dieses Methodenspektrums sind unterschiedliche Lernstrategien denkbar, etwa überwachtes, unüberwachtes, teilüberwachtes, bestärkendes oder adversarielles Lernen. Der Einfachheit halber greifen wir daher zunächst nur die Grundidee des sogenannten überwachten Lernens auf. Diese basiert darauf, dass ein Algorithmus Beispiele für ein bestimmtes Verhalten, etwa das Unterscheiden zwischen zwei unterschiedlichen Objekttypen, erhält und sein eigenes Verhalten so anpasst, dass er sich immer ähnlicher verhält. Abbildung 2.4 illustriert die grundsätzlichen Zusammenhänge am Beispiel einer KI-basierten Filterung zwischen Spam-E-Mails und normalen E-Mails. Das datengetriebene KI-Modell wird mithilfe eines überwachten Lernverfahrens erzeugt, welches Trainingsdaten als Eingabe benötigt und anhand der hierfür vorgegebenen Zuordnungen (Spam-E-Mail oder normale E-Mail) trainiert wird. Entscheidend ist hier insbesondere zu verstehen, dass dieser überwacht lernende Algorithmus vor Beginn des Trainings selbst keinerlei Funktion repräsentiert und damit sozusagen lediglich das Rohmaterial für das zu erzeugende KI-Modell ist. Die tatsächliche Funktion, hier die Sortierung in erwünschte und unerwünschte Nachrichten, entsteht bei datengetriebenen KI-Modellen überhaupt erst durch den Trainings- beziehungsweise Modellierungsprozess – also dadurch, dass der zugrundeliegende Algorithmus sich an die gegebenen Daten anpasst. Dieses Grundprinzip eint alle Spielarten des maschinellen Lernens und gilt auch unabhängig davon, ob ein klassisches neuronales Netz, ein Deep-Learning-Ansatz oder ein einfacher statistisch motivierter Lernalgorithmus verwendet wird. Selbst hochkomplexe datengetriebene KI-Modelle, wie sie etwa zur Bilderkennung eingesetzt werden, waren vor Beginn der Trainings- oder Modellierungsprozesses zunächst quasi nutzlos und haben ihre jeweilige Fähigkeit erst durch fortlaufende Anpassung des Modells erreicht.

Wie bereits beschrieben, ermöglicht dieses Grundkonzept datengetriebener Modellierung zahlreiche praktische Anwendungen, die mit regelbasierten KI-Modellen kaum realisierbar wären. Am Faktor Zeit liegt dies allerdings nur bedingt: Denn in der Praxis ist bei komplexen Aufgaben auch das teilautomatisierte Training datengetriebene Modelle durchaus zeitaufwendig, auch

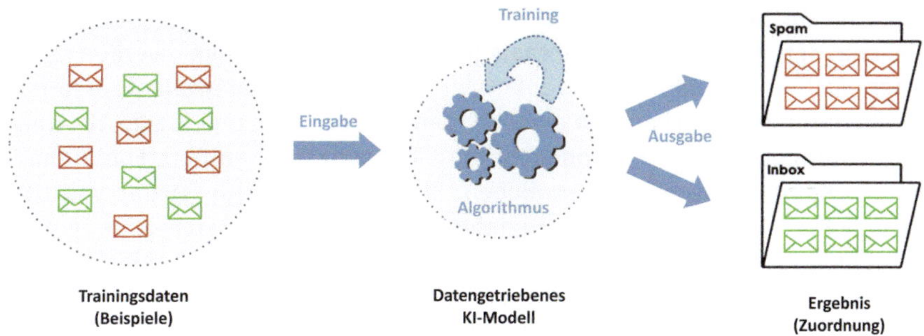

Abbildung 2.4: Überwachtes Erlernen einer Spamfilter-Funktion als Beispiel für datengetriebene Modellierung.

wenn dies tendenziell mehr Rechenzeit als menschliche Arbeitszeit erfordert. Aber auch hinsichtlich der angestrebten Ergebnisse birgt es auch einen entscheidenden Nachteil. Nämlich dass jede Funktion, die ein datengetriebenes KI-Modell realisiert, vollständig aus den zur Erzeugung verwendeten Trainingsdaten abgeleitet wird: Sind diese Daten fehlerhaft, verfälscht, oder repräsentieren diese gar nicht die zu erlernende Aufgabe, dann wird das KI-Modell direkt davon beeinflusst. Breit diskutiert wurden solche Schwierigkeiten etwas im Kontext der Gesichtserkennung [21]. Auf ungünstige Weise ergänzt sich dies mit einer weiteren Eigenschaft der meisten datengetriebenen KI-Modelle: bedingter bis unmöglicher Nachvollziehbarkeit für den Mensch. Insbesondere, wie genau komplexe Modelle, wie etwa trainierte Deep-Learning-Architekturen, eine Entscheidung oder Zuordnung treffen, lässt sich aufgrund der komplexen statistischen Zusammenhänge im Einzelfall oft nicht erklären [22]. Das Thema Erklärbarkeit und Nachvollziehbarkeit datengetriebener KI-Modelle hat daher in den vergangenen Jahren viel Aufmerksamkeit erfahren [23].

2.4 Perspektiven und Grenzen der KI-Modellierung

Aus diesen Charakteristiken von regelbasierten und datengetriebenen KI-Modellen ergeben sich heute zahlreiche neue Möglichkeiten für zukünftige Entwicklungen. Zum einen zeichnet sich immer stärker ab, dass sich diese beiden unterschiedlichen Arten von KI-Modellen komplementär ergänzen, da sie ihre gegensätzlichen Schwächen aufgrund der gegensätzlichen Stärken zu einem guten Teil ausgleichen können [24]. Die grundsätzliche Idee, unterschiedliche Strategien zu kombinieren, wird bereits seit mehreren Jahrzehnten in Form des sogenannten hybriden Lernens (Kapitel 6.3) verfolgt, deren prominenteste Vertreter sogenannte neurosymbolische Systeme sind

[25][26]. Mit der Zunahme mehr oder weniger schlüsselfertiger KI-Modelle, die eng definierte Aufgaben praxisgerecht erfüllen können, werden allerdings auch immer häufiger modularisierte Strategien angewendet, also das Kombinieren oder Verknüpfen einer größeren Anzahl von regelbasierten und/ oder datengetriebenen KI-Modellen, um eine insgesamt größere Funktionalität des Komplettsystems zu erreichen. Ein Beispiel hierfür ist das von IBM entwickelte Debattiersystem „Debater", welches erfolgreich eine datengetriebene Spracherkennung und -generierung mit einer regelbasierten Textanalyse und Argumentationslogik verknüpfen konnte [27].

Ein weiterer Trend hat sich insbesondere durch die in den vergangenen beiden Jahrzehnten massiv gestiegenen Rechenkapazitäten ergeben. Diese hatte insbesondere auf die datengetriebene KI-Modellierung massive Auswirkungen: Während früher lediglich das Training einzelner datengetriebener KI-Modelle automatisiert wurde, deren Qualitätssicherung und gegebenenfalls Neukonfiguration aber durch einen Menschen erfolgte, ist mittlerweile auch dieser Aspekt in weiten Teilen automatisierbar [28]. Dies betrifft sowohl die Erstellung neuer als auch die Anpassung existierender Modelle und führt dazu, dass datengetriebene KI-Modelle heute in ähnlichen Ausmaßen wie Produkte der klassischen industriellen Massenfertigung erstellt werden können. Nach der Einführung des Konzepts der sogenannten AI Factory durch einzelne US-amerikanische IT-Konzerne, zu Deutsch etwa KI-Fabrik, wird eine solche industrialisierte Fertigung von KI-Modellen heute auch von vielen weiteren Unternehmen zur Steigerung ihrer Produktivität genutzt. Welche Verbesserungen und welche Herausforderungen dieser Ansatz mit sich bringt, wird im nachfolgenden Kapitel näher betrachtet.

Mit der massiven Zunahme von KI-Modellen in allen Bereichen stellt sich immer häufiger auch die Frage nach deren Korrektheit und Limitationen. Bei datengetriebenen KI-Modellen etwa ist regelmäßig zu hinterfragen, ob die für Training und die im Produktionseinsatz genutzten Daten sich ähnlich genug sind, um verlässliche Ergebnisse zu liefern [29][21]. Problematisch kann dies auch dann sein, wenn sich die Datengrundlage für ein im Produktivbetrieb befindliches, fortlaufend aktualisiertes datengetriebenes KI-Modell nach und nach verändert [30]. Auch waren frühe KI-Modelle in der Regel auf eng umgrenzte Fähigkeiten spezialisiert: im Fall regelbasierter Modelle etwa auf das Verarbeiten bestimmten Wissens [31], im Fall datengetriebener Modelle beispielsweise auf bestimmte Bildverarbeitungsaufgaben. In der jüngsten KI-Forschung verschwimmen solche Grenzen zunehmend, etwa durch KI-Modelle, die als Antwort auf eine Texteingabe korrespondierende Bilder ausgeben können [32]. Solche durchaus beeindruckenden Entwicklungen führen dazu, dass manche Forscherinnen und Forscher hier inzwischen statt von

Modellen sogar gleich von „Weltmodellen“ sprechen, um zu verdeutlichen, dass das betreffende KI-Modell keine nennenswerten Begrenzungen mehr aufweisen soll [33].

Für die damit verbundene Vorstellung, dass KI-Modelle eine Allgemeingültigkeit aufweisen und in dieser Hinsicht keinerlei Einschränkungen unterliegen, gibt es in der wissenschaftlichen Theorie allerdings wenig Grundlage. Tatsächlich kennt zwar die mathematische Modellierung, wie wir sie oben bereits beschrieben haben, nur innerhalb des Modells selbst (also bezüglich Bild, Urbild und Abbildungsvorschrift) Gültigkeitsgrenzen. Wie sich Mitte des letzten Jahrhunderts herauskristallisierte, stellt dies aber ein durchaus relevantes Manko für Modellierungsprozesse dar. Mit dem Aufkommen der sogenannten Kybernetik (einer bis dahin unbekannten wissenschaftlichen Disziplin an der Schnittstelle so unterschiedlicher Disziplinen wie etwa Robotik, Psychologie oder Mathematik) wurde insbesondere die Nutzung von Modellen durch die menschliche Kognition untersucht und zum Vorbild genommen. Für ein kybernetisches Modell, welches ansonsten grundsätzlich auch einem mathematischen Modell ähneln kann, wird daher stets ein sogenanntes Modellsubjekt angenommen. Nach Klaus, auf dessen Definition hier stellvertretend Bezug genommen wird, gilt für ein Modell, das ein „Original“ abbildet [6, S. 413]: Es handelt sich bei diesem Modell um ein Modell für ein spezifisches Subjekt, sofern Informationsbeziehungen zwischen diesem Modellsubjekt und dem Modell dazu beitragen können, Verhaltensweisen des Modellsubjekts gegenüber dem Original zu beeinflussen. Ein Modell wird also als eine Art Instrument betrachtet, das von einem Benutzer zu einem bestimmten Zweck eingesetzt wird; insbesondere tritt sein Realitätsbezug gegenüber seinem Nutzen in den Hintergrund [5, S. 64ff]. Diese Sichtweise ist in der Technik, aus der sie stammt [34], weit verbreitet, wird aber auch außerhalb dieses Felds kontrovers diskutiert (vgl. z. B. [35]).

Die kybernetische Vorstellung von Modellen erkennt also bereits unterschiedliche Varianten eines Modells für unterschiedliche Nutzer oder Subjekte an. Nicht explizit berücksichtigt wird allerdings der Modellierungsprozess als solcher und die damit verbundenen Konsequenzen. Insbesondere unterscheidet die Kybernetik nicht zwischen dem Erzeuger eines Modells und dessen potenziellen Nutzerinnen und Nutzern, was Aussagen über die zeitliche und intersubjektive Gültigkeit eines solchen Modells unmöglich macht. Diese Definitionslücke wird erst durch die sogenannte Allgemeine Modelltheorie von Herbert Stachowiak geschlossen. Demnach zeichnet sich ein Modell nicht nur dadurch aus, dass es ein verkürztes Abbild eines Originals für ein bestimmtes Subjekt ist [7]. Vielmehr ist für jedes Modell eine dreifache pragmatische Relativierung erforderlich: „Eine pragmatisch vollständige

Bestimmung des Modellbegriffs hat nicht nur die Frage zu berücksichtigen, wovon etwas ein Modell ist, sondern auch, für wen, wann und wofür es in Bezug auf seine spezifischen Funktionen ein Modell ist." [7, S. 133]. Diese abgrenzungsorientierte Definition schließt allerdings auch komplexe Modellierungen nicht aus, da Stachowiak davon ausgeht, dass jedes Modell selbst wieder Original für andere Modelle sein kann, und auf dieser Basis Operationen auf Modellen definiert. Berücksichtigt man Stachowiaks Allgemeine Modelltheorie auch im Kontext von KI-Modellen, so lassen sich die Eigenschaften von KI-Modellen zusätzlich durch eine zeitliche Gültigkeit (T), eine subjekt-spezifische Gültigkeit (S) sowie eine zweck-spezifische Gültigkeit (Z) charakterisieren. Abbildung 2.5 illustriert, dass diese pragmatischen Eigenschaften als Metadaten zu verstehen sind und damit das eigentliche KI-Modell nicht unmittelbar beeinflussen. Sie können aber genutzt werden, um den Modellierungsprozess zu verbessern und ein effektives Zusammenspiel zahlreicher KI-Modelle in einer hierarchischen Organisationsform zu ermöglichen [36].

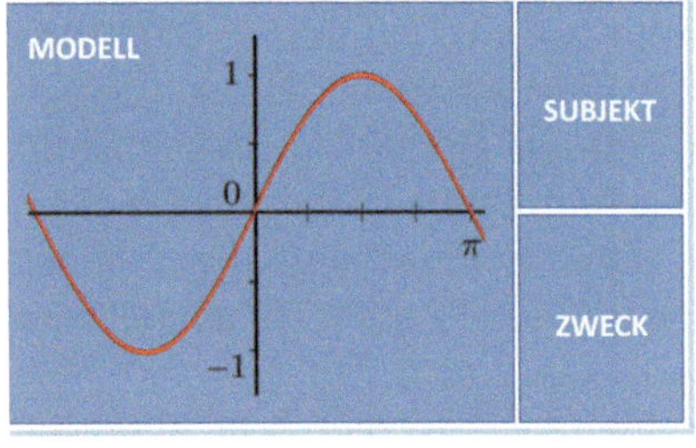

a) Kybernetisches Modell

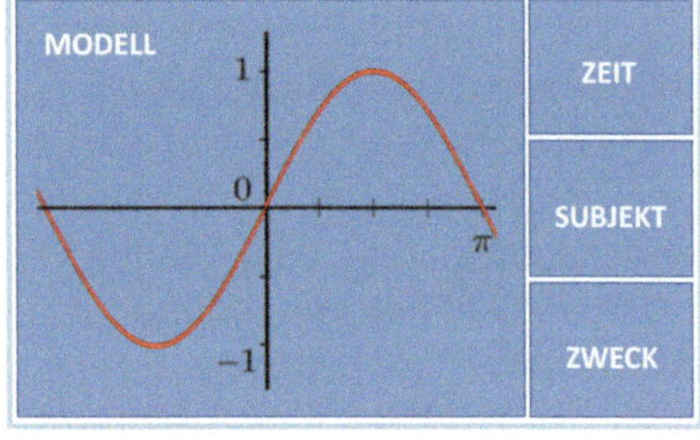

b) Allgemeine Modelltheorie

Abbildung 2.5: Schematische Repräsentation von Modellbegriffen. Je nach Definition werden keine, zwei oder drei Metadaten angenommen, um Gültigkeit und Anwendbarkeit zu charakterisieren.

Quellen

[1] W. Veldhuyzen & H. G. Stassen. The internal model concept: an application to modeling human control of large ships. Human Factors: The Journal of the Human Factors and Ergonomics Society, 19(4):367–380, 1977.

[2] C. D. Wickens. Engineering Psychology and Human Performance. Prentice Hall, New Jersey, 3. Aufl., 2000.

[3] J. Rasmussen. On the structure of knowledge – a morphology of metal models in a man–machine system context. Report Riso-M-2192, Riso National Laboratory, Roskilde, Denmark, 1979.

[4] K. Oatley. Representations of the physical and social world. In: D. A. Oatley (Hrsg.), Brain and Mind, S. 32–58. Methuen, London, 1985.

[5] R. Müller. Zur Geschichte des Modelldenkens und des Modellbegriffs. In: H. Stachowiak (Hrsg.), Modelle – Konstruktion der Wirklichkeit, S. 17–86. Fink, München, 1983.

[6] G. Klaus. Wörterbuch der Kybernetik. Dietz, Berlin, 1967.

[7] H. Stachowiak. Allgemeine Modelltheorie. Springer, 1973.

[8] W. B. Rouse & N. M. Morris. On looking into the black box: prospects and limits in the search for mental models. Psychological Bulletin, 100(3):349–363, 1986.

[9] D. Zschocke. Modellbildung in der Ökonomie: Modell-Information-Sprache. Vahlen, München, 1995.

[10] A. G. Hamilton. Numbers, Sets and Axioms: The Apparatus of Mathematics. Cambridge University Press, 1982.

[11] H. Hertz. Die Prinzipien der Mechanik in neuem Zusammenhange dargestellt. In: H. Hertz (Hrsg.), Gesammelte Werke, Vol. 3. Barth, Leipzig, 1894.

[12] Feigenbaum, E. A. (1984) Knowledge engineering: the applied side of artificial intelligence. Annals of the New York Academy of Sciences, 426:91–107

[13] Dong, X. L. (2019) Building a broad knowledge graph for products. In: 2019 IEEE 35th International Conference on Data Engineering (ICDE) (pp. 25-25). IEEE.

[14] Noy, N., Gao, Y., Jain, A., Narayanan, A., Patterson, A., & Taylor, J. (2019) Industry-scale Knowledge Graphs: Lessons and Challenges: Five diverse technology companies show how it's done. Queue, 17(2), 48-75.

[15] Djerassi, C., Smith, D. H., Crandell, C. W., Gray, N. A., Nourse, J. G., & Lindley, M. R. (1982) The DENDRAL project: computational aids to natural products structure elucidation. Pure and Applied Chemistry, 54(12), 2425-2442

[16] Shortliffe, E. (Ed.) (1976) Computer-based medical consultations: MYCIN. Elsevier

[17] Grimm, L. R. (2014) Psychology of knowledge representation. Wiley Interdisciplinary Reviews: Cognitive Science, 5(3), 261-270

[18] Stephan, G., Pascal, H., Andreas, A. (2007) Knowledge representation and ontologies. In: Semantic Web Services. Springer, Berlin, Heidelberg

[19] Nassif, A. B., Shahin, I., Attili, I., Azzeh, M., & Shaalan, K. (2019) Speech recognition using deep neural networks: A systematic review. IEEE access, 7, 19143-19165

[20] Zhao, Z. Q., Zheng, P., Xu, S. T., & Wu, X. (2019) Object detection with deep learning: A review. IEEE transactions on neural networks and learning systems, 30(11), 3212-3232

[21] Buolamwini, J., & Gebru, T. (2018) Gender shades: Intersectional accuracy disparities in commercial gender classification. In Conference on fairness, accountability and transparency (pp. 77-91). PMLR.

[22] Joshi, G., Walambe, R., & Kotecha, K. (2021) A review on explainability in multimodal deep neural nets. IEEE Access, 9, 59800-59821

[23] Belle, V., & Papantonis, I. (2021). Principles and practice of explainable machine learning. Frontiers in big Data, 39

[24] Martin, A., Hinkelmann, K., Gerber, A., Lenat, D., van Harmelen, F., Clark, P. (2019) Preface. In: Martin, A., Hinkelmann, K., Gerber, A., Lenat, D., van Harmelen, F., Clark, P., eds., Proceedings of the AAAI 2019 Spring Symposium on Combining Machine Learning with Knowledge Engineering

[25] Hitzler, P., Eberhart, A., Ebrahimi, M., Sarker, M. K., & Zhou, L. (2022). Neuro-symbolic approaches in artificial intelligence. National Science Review, 9(6), nwac035.

[26] Bouneffouf, D., & Aggarwal, C. C. (2022) Survey on Applications of Neurosymbolic Artificial Intelligence. arXiv preprint arXiv:2209.12618.

[27] Slonim, N. Et al (2021) An autonomous debating system. Nature, 591(7850), 379-384

[28] Bischl, B., Binder, M., Lang, M., Pielok, T., Richter, J., Coors, S., ... & Lindauer, M. (2021). Hyperparameter optimization: Foundations, algorithms, best practices and open challenges. arXiv preprint arXiv:2107.05847.

[29] Zhuang, F. et al (2020) A comprehensive survey on transfer learning. Proceedings of the IEEE, 109(1), 43-76

[30] Lu, J., Liu, A., Dong, F., Gu, F., Gama, J., & Zhang, G. (2018) Learning under concept drift: A review. IEEE Transactions on Knowledge and Data Engineering, 31(12), 2346-2363

[31] Durkin, J. (1996) Expert systems: a view of the field. IEEE Intelligent Systems, 11(02), 56-63.

[32] Borji, A. (2022) Generated faces in the wild: Quantitative comparison of stable diffusion, midjourney and dall-e 2. arXiv preprint arXiv:2210.00586.

[33] Friston, K., Moran, R. J., Nagai, Y., Taniguchi, T., Gomi, H., & Tenenbaum, J. (2021) World model learning and inference. Neural Networks, 144, 573-590

[34] Apter, M. J. (1966) Cybernetics and Development. Pergamon Press, Oxford

[35] Rose, J. (2009) The early years: some comments on the origins and concepts of cybernetics. Kybernetes, 38(1/2):20–24

[36] Schmid, T. (2020) Using Learning Algorithms to Create, Exploit and Maintain Knowledge Bases: Principles of Constructivist Machine Learning. Proceedings of the AAAI 2020 Spring Symposium on Combining Machine Learning and Knowledge Engineering in Practice (AAAI-MAKE 2020). Stanford University, Palo Alto, California, USA, March 23-25, 2020

Kapitel 3 Modelle wie am Fließband – Datengetriebene KI-Entwicklung im industriellen Maßstab

Wolfgang Hildesheim, Thomas Schmid, Taras Holoyad

Wie in Kapitel 2 beschrieben, ist die Entwicklung neuer KI-Modelle komplex und stellt seit jeher einen zentralen Flaschenhals in der breiten Anwendung von KI-Methoden dar [22]. Besonders zeitraubend sind solche Entwicklungsprozesse bei regelbasierten KI-Methoden aus dem Methodenspektrum Symbolische Künstliche Intelligenz (vgl. Kapitel 6.2), aber auch bei der Nutzung datengetriebener KI-Methoden wie etwa aus dem Methodenspektrum Maschinelles Lernen (vgl. Kapitel 6.4) ist eine professionelle und sachgerechte Erstellung eines verlässlichen und praxistauglichen KI-Modells ein langwieriger Prozess. Erschwerend hinzu kommt die Tatsache, dass ein einmal erstelltes KI-Modell schon alleine aus Qualitätssicherungsgründen regelmäßig überprüft und gegebenenfalls aktualisiert werden muss, was eine kontinuierliche Wartungsleistung seitens des Herstellers beziehungsweise Betreibers erfordert.

Neben den zahlreichen erforderlichen Arbeitsschritten und anzuwendenden Qualitätskriterien war in der Vergangenheit insbesondere das bei datengetriebenen KI-Methoden essenzielle Training, also das Adaptieren des Systems auf einen gegebenen Datensatz, eine wesentliche Hürde. Lange ließen die technischen Möglichkeiten nur die Entwicklung kleinerer datengetriebener KI-Modelle, etwa mit einigen Dutzend Eingabegrößen und einigen tausend Beispieldaten, zu. In den vergangenen 20 Jahren hat sich dies jedoch grundlegend gewandelt, sodass heute nicht nur größere, sondern auch mehr KI-Modelle entwickelt werden. Gleichzeitig ist auch die Menge der für datengetriebene KI-Anwendungen verfügbaren Daten in den letzten zehn Jahren explodiert, was entsprechend eine Vielzahl neuer Möglichkeiten eröffnet hat [25]. Als nächster logischer Schritt nach dem allgemeinen Digitalisierungstrend seit der Jahrhundertwende haben Unternehmen daher im letzten Jahrzehnt damit begonnen, ihre Geschäftsprozesse zu automatisieren, indem sie nicht nur die traditionelle Prozessmodellierung und/oder wissensbasierte KI nutzen, sondern vor allem moderne datengetriebene KI-Methoden [15,13]. Dadurch steigt gleichzeitig auch die Zahl der Personen, die an der Etablierung solcher neuartiger datengetriebener Automatisierungsprozesse beteiligt sind, stetig an. Für deren erfolgreiche Zusammenarbeit ist ein gemeinsames

Verständnis sowohl für die damit verbundenen geschäftlichen Vorteile als auch für potenzielle Risiken erforderlich [16,23,24].

Das Sinken technischer Hürden und das wachsende wirtschaftliche Interesse hat letztlich zur Entwicklung effizienter industrieller Ansätze für die Entwicklung, Verwaltung und Pflege datengetriebener KI-Modelle in großem Maßstab geführt. Während die Erstellung eines neuartigen datengesteuerten KI-Modells nach wie vor eine kreative Aufgabe darstellt, die in der Regel von einem Menschen ausgeführt wird, wird der Betrieb und die Pflege einer explodierenden Zahl von KI-Modellen für viele Unternehmen zu einer immer größeren Herausforderung. Gleiches gilt für die effiziente Sammlung und Aggregation von Daten aus verschiedenen Quellen innerhalb eines Unternehmens. Die Industrialisierung dieser Prozesse kann dagegen viele wiederkehrende Aufgaben lösen und wurde in den letzten Jahrzehnten von allen führenden IT-Unternehmen umgesetzt. Ein Schlüsselkonzept hierfür ist die sogenannte „AI Factory" (auf Deutsch etwa: KI-Fabrik). In ihrem 2020 erschienenen Buch *Competing in the Age of AI* haben Iansiti und Lakhani diesen Begriff geprägt [1], um das herausragende und konsequente Konzept der Prozessindustrialisierung zu beschreiben, das zum Beispiel einer der wichtigsten Erfolgsfaktoren des Streaming-Dienstes Netflix ist. Das Kernmerkmal dieses umfassenden Konzepts ist die Automatisierung der Entwicklung datengetriebener KI-Modelle und die Operationalisierung von KI-bezogenen Prozessschritten [4]. Damit soll nicht nur eine Infrastruktur für KI-Modelle geschaffen werden, sondern insbesondere die Voraussetzungen dafür, Anwenderinnen und Anwender das Betreiben und die Nutzung von KI-Modellen als Dienstleistung anzubieten (engl. AI as a Service, kurz: AiaaS). Das Konzept der AI Factory ist damit zum Vorbild für innovative Unternehmen geworden und hat Systeme und Abläufe bei Amazon, Microsoft und anderen von Grund auf verändert. Infolgedessen haben viele weitere Unternehmen aus verschiedenen Branchen ein großes Interesse daran, ihre IT-Infrastruktur in eine AI Factory umzuwandeln.

Während es aus technologischer Sicht wenig überraschend ist, dass ein disruptives Konzept wie die AI Factory neue Technologien und neue Architekturen erfordert (vgl. These 4, Kapitel 3.4), haben Iansiti und Lakhai selbst bereits ausführlich dargelegt, dass die erfolgreiche Implementierung einer AI Factory noch mehr als neue Technologien eine Transformation der Unternehmenskultur erfordert [1]. Darauf aufbauend stellen wir aktuelle Beobachtungen und Trends vor, die sich unter anderem aus den praktischen Erfahrungen bei IBM, einem der führenden AI Factory-Service- und Technologieanbieter, ableiten lassen. Zu diesem Zweck formulieren wir fünf Thesen (Kapitel 3.1 bis 3.5) zu den aktuellen und zukünftigen Auswirkungen des Konzepts der AI Factories auf Unternehmen und den Bereich der datengesteuerten KI im Allgemeinen.

3.1 KI-basierte Geschäftsprozesse erfordern einen „Human on the Loop"

Eine der wesentlichen Auswirkungen der digitalen Transformation von Gesellschaft und Industrie ist die Beschleunigung und Automatisierung von Geschäftsprozessen durch Softwaretechnologie. Um dies zu erreichen, durchläuft ein Unternehmen typischerweise mehrere klar definierte Transformationsstufen. Zunächst werden etablierte papierbasierte Prozesse mithilfe spezieller Softwarepakete Schritt für Schritt in KI-basierte Prozesse umgewandelt. Mittlerweile können sogar ganze Arbeitsabläufe durch KI-Modelle automatisiert werden. Vollständig automatisierte Arbeitsabläufe können mit einer Vielzahl von Softwarepaketen und KI-Modellen erreicht werden. Daraus ergibt sich der Bedarf an einem technologischen Rahmen, der eine effiziente Verwaltung dieser Modelle ermöglicht.

Im Folgenden illustrieren wir dieses Phänomen anhand des realen Anwendungsfalls „Kredit für einen Hausbesitzer" aus dem Bankenbereich [20]. Abbildung 3.1 veranschaulicht, wie dieser traditionell papierbasierte Prozess über mehrere Stufen in einen KI-basierten Prozess umgewandelt wurde. Während der herkömmliche Prozess mehrere Wochen in Anspruch nehmen kann, kann ein KI-basierter Ansatz die gleichen Ergebnisse in deutlich kürzerer Zeit erzielen und die Antwortzeit auf wenige Tage reduzieren.

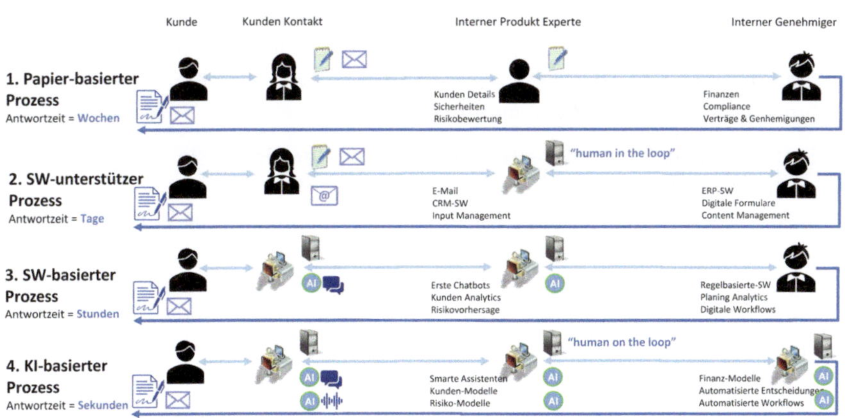

Abbildung 3.1: Beispiel für einen typischen Transformationsprozess hin zu KI-gestützter Automatisierung: der Bankanwendungsfall „Kredit für Eigenheimbesitzer".

Die verschiedenen Stufen der Automatisierung lassen sich wie folgt beschreiben:

1. **Papierbasierter Prozess.** Der traditionelle Ansatz für den Geschäftsprozess zur Gewährung eines Kredits an einen Eigenheimkunden war weitgehend papierbasiert: Der Kunde musste mit einem Vertreter der Bank sprechen und alle erforderlichen Informationen auf Papier aushändigen. In einem zweiten Schritt bittet der Bankvertreter die internen Produktexperten seines Unternehmens, alle erforderlichen Bewertungsschritte wie die Kundendaten, seine Kreditwürdigkeit und die damit verbundenen Sicherheiten durchzugehen. Auf der Grundlage der Risikobewertung wird ein individuelles Angebot erstellt und zur Genehmigung an einen Kollegen, typischerweise aus der Finanzabteilung, der für Compliance und Verträge zuständig ist, weitergeleitet. Nach der formellen Genehmigung wird der Vertrag dem Kunden zur Unterschrift vorgelegt. Der Prozess ist typischerweise langsam.

2. **Softwaregestützter Prozess.** Der erste Schritt der Automatisierung besteht darin, den Kreditprozess durch Softwarepakete zu unterstützen. Ausgehend von E-Mails und gescannten Dokumenten richtet die Bank Input-Management-Funktionen ein, die es ermöglichen, jeden Kundenantrag in digitaler Form zu bearbeiten. Weitere Schritte umfassen Client Relation Management (CRM) und Enterprise Resource Planning (ERP) zur Optimierung der systematischen Verwaltung von Kunden- und Finanzdaten. Aus finanzieller Sicht sinken die Gesamtkosten durch eine ganzheitliche Content-Management-Lösung. Zudem hat der softwaregestützte Prozess eine typische Reaktionszeit von mehreren Tagen.

3. **Softwarebasierter Prozess & erste KI.** Nach der Digitalisierung geht es im nächsten Schritt um den Einsatz mehrerer Software-Tools, z. B. zur vollautomatischen Bearbeitung von Sicherheitspapieren, zur Vorhersage von Kreditrisiken und zur Nutzung von Data-Science-Modellen zur Analyse und Einordnung von Kunden. Zu Kommunikationszwecken können Chatbots im Kundenservice als zusätzlicher Kanal zur Beantwortung häufiger Fragen eingesetzt werden [26]. Darüber hinaus entscheiden mehrere ausgearbeitete digitale Geschäftsregeln, ob eine menschliche Genehmigung erforderlich ist.

4. **KI-basierter Prozess.** Ein vollständig KI-basierter Prozess, der noch weiter automatisiert ist, arbeitet ohne menschliches Zutun. Alle Prozessschritte und Entscheidungen werden automatisch ausgeführt. Daher kann die Reaktionszeit extrem kurz sein, sodass die Kunden innerhalb von Sekunden ein Feedback erhalten. Zu diesem Zweck ist eine große Anzahl ver-

schiedener KI-Modelle für unterschiedliche Aufgaben in dem komplexen Prozess erforderlich. Solche Modelle, z. B. für die Vermögensbewertung, Risikobewertung, Kundenwürdigkeit und Geschäftsregeln, werden in einen automatisierten Workflow integriert, der alle erforderlichen Entscheidungen trifft. Dieses Konzept wird oft als Robo Process Automation oder kurz RPA bezeichnet [17]. Zusammenfassend lässt sich sagen, dass eine KI-Fabrik erforderlich ist, um alle in der Produktion verwendeten KI-Modelle zu entwickeln, zu überwachen und zu beherrschen. Einen Überblick über aktuelle produktive KI-Anwendungsfälle gibt das Buch „Künstliche Intelligenz" von Buxmann und Schmidt [7].

Bankfachleute arbeiten in softwaregestützten und softwarebasierten Prozessen als „Human in the Loop". Dies zeigen die Prozesse 2 und 3 in Abbildung 3.1, in denen sich menschliche, konventionelle Software- und KI-basierte Prozessschritte abwechseln. Im Gegensatz dazu agieren die Experten im komplett KI-basierten Prozess 4 als „human on the loop" und überwachen, verbessern und steuern die KI-Systeme, ohne in den Prozess selbst involviert zu sein. Dies erfordert eine Vielzahl von Fachkenntnissen.

AI Factories erfordern daher neue Formen im Hinblick auf Arbeit, Organisation und Jobrollen.

3.2 KI-basierte Prozesse erfordern agile Organisationen und innovative Arbeitsabläufe

KI-basierte Prozesse erfordern und ermöglichen eine kontinuierliche Verbesserung auf der Grundlage täglicher Änderungen der Eingabedaten und der probabilistischen Bestimmung der Ausgabevariablen. Deshalb ist ein kontinuierliches Monitoring erforderlich, um die Leistung des KI-basierten Prozesses zu analysieren und Optimierungspotenziale oder gar Fehler zu verfolgen. Dies führt zu einer kontinuierlichen Entwicklung und einem erneuten Training der datengesteuerten KI-Modelle. Typische KI-Produktlebenszyklen sind daher viel kürzer [19], neue Versionen häufiger und kontinuierliche Verbesserungen möglich.

Darüber hinaus werden schnellere Produktlebenszyklen heutzutage von der Unternehmensführung gefordert. Das Management im Allgemeinen ist gezwungen, Innovationen schneller auf den Markt zu bringen. Die beschleunigte Digitalisierung steht ganz oben auf der Agenda von Unternehmen, die sich darauf konzentrieren, agiler zu werden, datengesteuerte Dienstleistungen und digitale Produkte schneller zu entwickeln. Generell sollten Geschäftsprozesse immer über den digitalen Kanal verfügbar sein, um die Kundenerwartungen zu erfüllen.

In agilen Unternehmen arbeiten Produktexperten und IT-Experten enger zusammen [11], da sie sich in der Regel Gebäude und Büros teilen. Die gleiche enge Integration ist zwischen dem KI-Entwicklungsteam, das sich mit dem Design, der Kodierung und dem Training von KI-Lösungen beschäftigt, und dem Team, das den KI-basierten Prozess in der Produktion betreibt und überwacht, erforderlich. Obwohl jedes Projektteam eigene Regeln und Standards für die Entwicklung und den Betrieb seiner KI-Lösungen hat, müssen die formalen Arbeitsabläufe zwischen verschiedenen Projekten angepasst werden. Dies ist zum Beispiel bei agilen Organisationsformen der Fall und gemeinsame digitale Werkzeuge vereinfachen die regelmäßige Übergabe von Änderungen. Nach der Verbesserung können aktualisierte Versionen von KI-Lösungen daher regelmäßig, zum Beispiel täglich oder wöchentlich, bereitgestellt werden, während bei klassischen Softwareprodukten Patches und Updates in längeren Zeiträumen veröffentlicht werden. Alles in allem ermöglichen diese kontinuierliche Verbesserung.

Die Komplexität des Lebenszyklus erhöht sich noch weiter, wenn ein Unternehmen mehrere KI-Produkte und KI-Anwendungen anbietet. Aus diesem Grund ist ein industrietauglicher Ansatz erforderlich, der auf klar definierten und abgestimmten Jobrollen und Tools basiert. In der Praxis haben zum Beispiel einige Banken bereits vor einigen Jahren damit begonnen, KI-basierte Prozesse in kleinen Teams zu entwickeln [16]. Die meisten dieser frühen Anwendungsfälle waren im Bereich der Kundenbetreuung angesiedelt, wie zum Beispiel Chatbots zur Automatisierung des Informationsprozesses [18]. Diese frühen KI-Lösungen haben sich inzwischen zu umfassenderen Kundenservices weiterentwickelt, die mehrere Themen wie zum Beispiel Sprache, Bilder und ganze Geschäftsvorgänge umfassen. Darüber hinaus basieren heute immer mehr verschiedene Geschäftsbereiche und Produkte auf KI, wie zum Beispiel der oben beschriebene Kreditprozess (vgl. Abbildung 3.1). Eine tiefere Integration der KI-Entwicklung in die klassischen Geschäftsfelder einer Bank bildete in diesem Fall die Grundlage für die Schaffung einer größeren Anzahl agiler Organisationen und für die Bewältigung der wesentlich schnelleren Entwicklungszyklen neuer Angebote. Heute arbeiten in einigen Banken mehrere Hundert Mitarbeiter gleichzeitig an mehreren KI-Projekten, die auf einer integrierten KI-Entwicklungsumgebung basieren und mit Tausenden von KI-Modellen arbeiten. Alle in Abbildung 3.2 dargestellten Jobrollen sind für den Betrieb einer solchen AI Factory relevant und werden im nächsten Kapitel beschrieben.

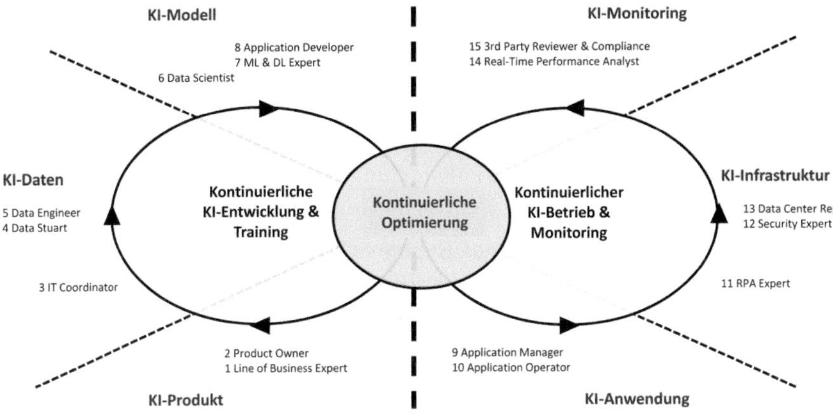

Abbildung 3.2: Lebenszyklus einer KI-Anwendung und relevante Arbeitsabläufe.

Ein KI-Produkt besteht aus einem KI-Modell oder mehreren KI-Modellen, die in eine KI-Anwendung integriert sind, die in einem Rechenzentrum ausgeführt und überwacht wird. Dadurch ist es möglich, das Verständnis der verarbeiteten Daten und der verwendeten Algorithmen kontinuierlich zu verbessern. Das reibungslose Zusammenspiel mehrerer KI-Modelle wird durch Workflow-Technologien gewährleistet, die die verschiedenen Schritte eines Geschäftsprozesses implementieren. Dieses Designmuster wird oft als Robo Process Automation (RPA) bezeichnet.

Um einen solchen Prozess einzurichten, sind in der Regel mehrere Personen und Fähigkeiten erforderlich. Abbildung 3.2 zeigt als Beispiel 15 verschiedene Jobrollen – in ihrer englischsprachigen Bezeichnung –, die bei der Verwaltung der dargestellten AI Factory zum Einsatz kommen. Der linke Teil konzentriert sich auf die KI-Entwicklung und der rechte Teil auf den KI-Betrieb der KI-Anwendung. Die aufgelisteten Jobrollen können von weit weniger als 15 Personen abgedeckt werden, sodass zum Beispiel ein Entwickler drei Jobrollen abdeckt, bis hin zum Extremfall, dass ein talentierter Entwickler alle Aktivitäten alleine übernimmt. Normalerweise arbeiten mehrere Personen zusammen, um die angezeigte AI Factory zu betreiben.

3.3 Größere AI Factories führen zu neuen Aufgabenbereichen

AI Factories, die mehrere agile Projektteams und mehrere KI-Anwendungen umfassen, sind mit einer noch größeren Anzahl von KI-Modellen konfrontiert [5]. Dies erhöht die Komplexität und macht einen industrialisierten Ansatz und neue Jobrollen erforderlich. Abbildung 3.2 nennt 15 typische Jobrollen in der Reihenfolge eines einzelnen Entwicklungszyklus von der ersten Idee bis zum produktiven Betrieb. Diese werden im Folgenden beschrieben.

Die fachseitigen Experten (Line of Business Experts) [1] kennen die Marktbedürfnisse und den Wettbewerb. Ein Business Expert hat einen Überblick, welche Produkte und Dienstleistungen heute verfügbar sind und welche entwickelt werden sollten. In der Regel werden neue Produkte oft im Rahmen der Digitalisierungsstrategie geplant. Die Detailverantwortung für ein KI-Produkt liegt daher beim Produktverantwortlichen (Product Owner) [2], der für eine klare Beschreibung des Produkts, seine Alleinstellungsmerkmale, die Aufwandsschätzung, den Projektplan und den Business Case sorgt. Außerdem arbeitet der Product Owner mit einem IT-Koordinator [3] zusammen.

Der IT-Koordinator [3] ermittelt die für das Projekt benötigten Ressourcen. KI-Projekte erfordern eine detaillierte Diskussion über die Verfügbarkeit, Zugänglichkeit und Freigabe der zu verwendenden Daten. Diese Aufgaben werden von einem Data Stuart [4] erledigt, der sich auf alle Regeln und Vorschriften konzentriert, die eine Organisation intern und extern in Bezug auf Daten haben könnte. Externe Regeln sind zum Beispiel die europäische Datenschutzgrundverordnung (DSGVO bzw. GDPR) oder gesetzliche Regeln über persönlich identifizierbare Informationen (PII), die die rechtliche Grundlage für die Datennutzung bilden. Interne Regeln regeln den Zugang und die Verarbeitung von Unternehmensdaten, zum Beispiel in Bezug auf Verträge, Kunden oder Geschäftsregeln. Sobald die Freigabe durch den Data Stuart [4] erfolgt ist, beginnt ein Data Engineer [5] mit der technischen Umsetzung des Zugriffs, der Integration, der Filterung, der Formatierung und der Replikation von Datensätzen für die KI-Entwicklung.

Erst mit diesen Datensätzen ausgestattet, können die Data Scientists [6] mit der Analyse der Daten beginnen. Um zum Beispiel Kommunikation, Vorhersagen oder Entscheidungen mit hoher Qualität automatisieren zu können, müssen mehrere unterschiedliche Datensätze ausgewertet werden. In diesem Zusammenhang ist die Healthiness von Datensätzen ein Thema, womit die Qualität, Integrität und Vollständigkeit der Daten gemeint ist. Darüber hinaus kommen Experten für maschinelles Lernen (ML) und Deep Learning

(DL) [7] ins Spiel, um die benötigten KI-Modelle zu trainieren und die Qualität verschiedener Ansätze zu untersuchen. Dies sind seltene Fähigkeiten in jeder Organisation und bedürfen großer Erfahrung in der Informatik. Qualitätskriterien wie die Abwesenheit von Verzerrungen und Drift, aber auch nachgewiesene Fairness, Robustheit und Sicherheit gewährleisten die Vertrauenswürdigkeit der KI-Modelle, die für den Marktzugang und den Einsatz von KI-Lösungen eine entscheidende Rolle spielt. Darüber hinaus spielt die Transparenz eine entscheidende Rolle für die Anwendungsentwickler (Application Developer) [8], damit sie Vertrauen in die Leistung der KI-Modelle und ihre Fähigkeiten im entsprechenden größeren Kontext einer KI-Anwendung haben.

Das Gleiche gilt für den Anwendungsmanager (Application Manager) [9], der die verschiedenen Versionen, den Zeitplan und eine zukünftige Roadmap der KI-Anwendung plant und verwaltet, die mehrere KI-Modelle nutzen und somit mehrere Geschäftsentscheidungen bis hin zu vollständigen Anwendungsfällen abdecken kann. In manchen Unternehmen gibt es zusätzlich einen Application Operator [10], der für den Betrieb der KI-Anwendung verantwortlich ist. In komplexen Geschäftsprozessen werden mehrere KI-Anwendungen und andere Software zu einem KI-basierten Prozess kombiniert, der aus mehreren Schritten besteht. Der Robo Process Automation Experte (RPA-Expert) [11] hilft bei der automatischen Ausführung dieser Schritte, indem er alle Arten von Anwendungen in den Prozess einbindet.

Die Rollen 9 bis 11 sind typischerweise Teil der Organisation, die die IT im Rechenzentrum betreibt. Im Allgemeinen kann die IT-Infrastruktur selbst verwaltet, ausgelagert oder sogar vollständig cloudbasiert sein. Größere Unternehmen sind heute auf alle Arten von Hardware, Software und verschiedene Cloud-Technologien angewiesen.

Aus diesem Grund werden Sicherheitsexperten (Security Expert) [12] in jeden Einsatz von unternehmenskritischen KI-Anwendungen einbezogen, um sicherzustellen, dass alle Sicherheitsstandards des Unternehmens erfüllt werden. Ein Rechenzentrumsbeauftragter (Data Center Representative) [13] kann zusätzlich ins Spiel kommen, wenn das Rechenzentrum als eigene Kostenstelle betrieben wird, die ihre Dienste dem Unternehmen und Dritten anbietet und verkauft.

Schließlich ist die KI-Überwachung eine wichtige Aufgabe, um sicherzustellen, dass das KI-Produkt wie geplant funktioniert. Dies geschieht durch den Betriebsanalytiker (Real-Time Performance Analyst) [14], der Berichte und Dashboards erstellt, die die Leistung des KI-Produkts im Betrieb zeigen. Eine Rekonstruktion jeder Transaktion muss von Fall zu Fall möglich sein, um eine revisionssichere Ausführung zu gewährleisten. In einigen Situationen –

typischerweise bei KI-Produkten mit hohem Risiko – sind externe Prüfer (3rd Party Reviewer) [15] erforderlich, um den KI-basierten Prozess zu testen, zu überprüfen und zu genehmigen.

Der beschriebene KI-Entwicklungsprozess wird nun kontinuierlich immer und immer wieder durchlaufen. Auf diese Weise werden KI-Produkte immerzu verbessert. Gerade auch die kontinuierliche Überwachung des KI-Betriebes erlaubt es Fehler Ausnahmen und spezielle Situationen besser zu verstehen. Dadurch entstehen, viel häufiger neue Versionen der KI-Anwendungen, als in der klassischen Software-Entwicklung.

Da sich die weltweiten KI-Trends schnell weiterentwickeln, werden immer mehr KI-Methoden und neue KI-Fähigkeiten entwickelt, die den Bedarf an AI Factories erhöhen. Dies erfordert kontinuierliche Investitionen in neue Fähigkeiten, neue Berufsrollen und oft in völlig neue Berufe, wie im obigen Kapitel gezeigt. Gleichzeitig sind für den Betrieb einer KI-Fabrik mehrere neue Technologien, Tools und Architekturen erforderlich, die im Folgenden näher erläutert werden.

3.4 AI Factories erfordern neue Technologien und Architekturen

Eine AI Factory erfordert eine erhebliche Anzahl neuer Technologien und Architekturen. Diese sollten die notwendige enge Integration von Daten und KI-Algorithmen ermöglichen, die die oben beschriebene kontinuierliche KI-Entwicklung mit den charakteristischen kurzen Entwicklungszyklen erlaubt. Abbildung 3.3 zeigt typische technische Strukturen und Fähigkeiten einer AI Factory.

Die in Abbildung 3.3 dargestellten Strukturen und Fähigkeiten können wie folgt beschrieben werden (von links nach rechts):

- **Datenvirtualisierungstechnologien.** Um eine flexible und kosteneffiziente Datenbereitstellung zu gewährleisten, kommen Datenvirtualisierungstechnologien ins Spiel. Sie ermöglichen es, die physischen Daten in den vorhandenen Datenquellen zu belassen, ohne sie aufwendig verschieben oder kopieren zu müssen, und gleichzeitig die Daten auf der Ebene der virtualisierten Datensätze zu integrieren.
- **Projekteingabe und Datenerfassung.** Data Stuarts und Data Engineers können Daten zu den Datensätzen, die zum Trainieren von datengesteuerten KI-Modellen verwendet werden, hinzufügen oder schnell löschen. In der Praxis ändern sich solche Datensätze häufig, da zu Beginn eines Projekts nicht klar

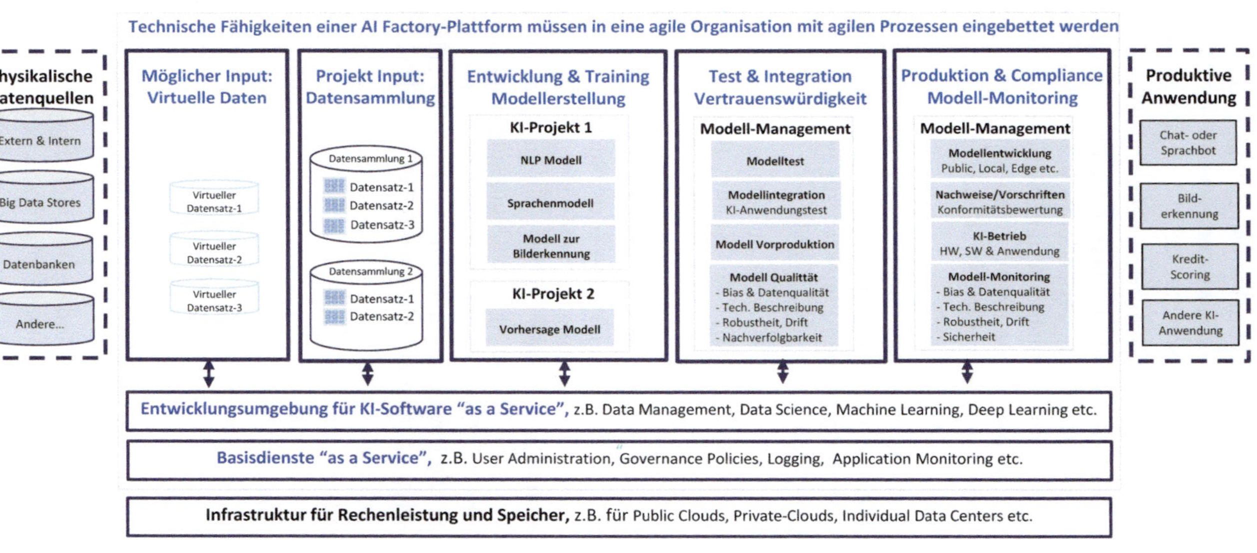

Abbildung 3.3: Überblick über eine typische Architektur eine AI Factory.

ist, welche Daten am besten zu betrachten sind. Daher können einem Projekt mehrere Datensätze zugewiesen werden, was oft als Datensammlung bezeichnet wird. Benutzerzugriffsrechte, Geschäftsinformationen und Geschäftsregeln können auch auf Projektebene leicht hinzugefügt werden.

Obwohl zum Beispiel der Datensatz 1 – lassen Sie uns ebenfalls exemplarisch das Geschäftsobjekt „Kunde" erstellen – in verschiedenen Projekten verwendet werden könnte, könnte nur der Chief Data Officer das Recht haben, Änderungen an diesem Datensatz 1 aufgrund des geschäftskritischen Charakters des Geschäftsobjektes „Kunde" und der entsprechenden Datenschutzregel zu genehmigen.

- **Entwicklung und Training.** Jedes KI-Projekt verfügt über eine eigene KI-Entwicklungsumgebung, die die Erstellung und das Training spezifischer KI-Modelle unter Verwendung der den Projekten zugewiesenen spezifischen Datensammlungen ermöglicht.

  KI-Projekt 1 könnte sich beispielsweise auf einen KI-basierten Sprachroboter konzentrieren, der einen digitalen Kundendienst „Lesen Sie Ihren Stromzähler ab" per Telefon anbietet. Um dies zu erreichen, könnten NLP-Modelle und Sprachmodelle in Kombination mit einem Bilderkennungsmodell – zur Erkennung des Status des Stromzählers – benötigt werden. Aus diesem Grund müssen alle benötigten Text-, Sprach- und Bilddaten in der entsprechenden Datensammlung enthalten sein. Sie werden zum Trainieren der drei Modelle verwendet. Darüber hinaus sind alle relevanten KI-Methoden in der Regel Teil der KI-Entwicklungsumgebung. Im Falle der Bilderkennung können z. B. verschiedene künstliche neuronale Netze [27] eingesetzt werden. Die Bewertung und der Vergleich der Leistung dieser verschiedenen KI-Methoden ist ein wichtiger Teil der Entwicklungsarbeit.

  Das KI-Projekt 2 könnte sich exemplarisch auf die Vorhersage eines bestimmten Ergebnisses konzentrieren, die Korrektheit des gemeldeten Stromverbrauchs. Um diese Erwartung zu erfüllen, werden historische Daten über den gemeldeten Stromverbrauch der Kunden benötigt und die Information, ob dieser korrekt war oder nicht. All dies ist in der Datenerhebung 2 enthalten. Es werden auch verschiedene KI-Methoden – Korrelationsmaschinen – verglichen. Diese beiden Beispiele sollen zeigen, dass die Anzahl und Art der Datensammlungen und KI-Modelle in einer Organisation sehr unterschiedlich sein können. Den Überblick zu behalten ist der Schlüssel.

- **Test und Integration.** Je mehr KI-Modelle in einer Organisation eingesetzt werden, desto wichtiger werden Entwicklungsstandards, um den Überblick zu behalten. Dies gilt insbesondere für den Test und die Integration von KI-

Modellen in den Geschäftsprozess. Typische Schritte, für die allgemeine Regeln erforderlich sind, sind der Entwicklertest, der Integrationstest und der Benutzerakzeptanztest, die alle zu einem endgültigen Vorproduktionsmodell führen.

Aufgrund des hochgradig statistischen Charakters datengesteuerter KI-Modelle ergeben sich aus der aktuellen Forschung und Diskussion neue Arten von Key Performance Indicators (KPIs) für die Qualität eines KI-Modells, typischerweise in den Bereichen Verzerrung (Bias), Robustheit, Drift, Fairness und Erklärbarkeit. Die KPIs müssen von der AI Factory verwaltet werden. Herausforderungen, Lösungen und Empfehlungen für die die Prüfung, Auditierung und Zertifizierung von KI wird im Projekt „ExamAI – KI Testing & Auditing" [8] diskutiert.

Mit zunehmender Kritikalität der KI-Lösung sollte die Gründlichkeit bei der Fehlerüberwachung, wiederum nach folgenden Kategorien, die oft als Vertrauenswürdigkeit zusammengefasst werden, zunehmen:

- Verzerrung (bias) aufgrund der Qualität der Trainingsdaten
- Robustheit in Bezug auf alle möglichen Änderungen in den produktiven Eingabedaten
- Drift in Bezug auf Änderungen der Leistung im Laufe der Zeit
- Fairness, d. h. die Fähigkeit oder fehlende Fähigkeit, alle Benutzer gleich zu behandeln, und
- Erklärbarkeit [9], sodass man weiß, warum das KI-Modell entsprechend handelt und was es tun soll.

Insbesondere ist zur Bewertung der Entscheidungsfindung eine revisionssichere Protokollierung von Fall zu Fall von zentraler Bedeutung. Fall für Fall, Entscheidung für Entscheidung ist eine revisionssichere Protokollierung von zentraler Bedeutung. Bei hohem Risiko kann sogar eine „Echtzeit"-Überwachung erforderlich sein. Die Maßnahmen ermöglichen es, die Leistung im Einsatz bestmöglich zu handhaben und so gut wie möglich neue Effekte und Risiken zu entdecken, die vorher nicht bekannt waren. All dies zusammengenommen ist zur Schaffung von Erklärbarkeit signifikant und sollte mittels menschlicher Aufsicht, Kontrolle und der Vertrauenswürdigkeit eines KI-Modells sichergestellt werden.

- **Produktion und Compliance.** Nicht zuletzt müssen KI-Modelle während der Produktion überwacht werden. Dies beginnt mit der Bereitstellung neuer Versionen und der Verfolgung der bereitgestellten Versionen, der verschiedenen Anwendungen und der verwendeten Geräte. Eine konsistente

Bereitstellung aller KI-Modelle ist wichtig. Wir dürfen nicht vergessen, dass ein KI-Modell auf einem zentralen Computer oder direkt auf dem „Edge"-Gerät des Nutzers, z. B. einem Smartphone, ausgeführt werden kann. Um diese Herausforderung zu meistern, wurde ein völlig neuer Markt für Überwachungslösungen geschaffen: AI Operation Solutions („AI Ops").

Damit Menschen einem KI-Modell vertrauen können, sollte sein Verhalten vorhersehbar sein, d. h. es sollte immer so funktionieren, wie im Voraus festgelegt [5]. Daher ist eine detaillierte Beschreibung des implementierten Verhaltens der KI-Lösung das Herzstück aller Konformitäts- und Kontrollverfahren. Konformitätsbewertungsverfahren sind der typische Prozess zur Kontrolle, ob diese detaillierte Beschreibung einer bestimmten KI-Lösung mit der tatsächlichen Leistung der KI-Lösung in der Produktion übereinstimmt. Mehrere Konformitätsbewertungen werden vom Anbieter der KI-Lösung selbst durchgeführt. Darüber hinaus können weitere formale und rechtliche Anforderungen erforderlich sein, um eine vollständige Konformität zu gewährleisten. Aus diesem Grund können riskante KI-Lösungen unabhängige Konformitätsprüfungen erfordern, z. B. durch Dritte und Experten.

In der Praxis werden datengesteuerte KI-Modelle stets einer kontinuierlichen Verbesserung unterzogen (siehe Kapitel 2). Für den Aufbau einer AI Factory spielen die nachfolgenden Aspekte eine entscheidende Rolle.

- **Infrastuktur der AI Factory.** Eine AI Factory kann in verschiedenen Umgebungen betrieben werden, je nach Größe des Entwicklungsteams und der gesamten Organisation. So kann sie auf einem einzelnen Computer eines einzelnen Entwicklers laufen, aber auch über mehrere Rechenzentren und verschiedene Cloud-Technologien verteilt sein, die große internationale Entwicklerteams bedienen. Um diese Komplexität zu bewältigen, sind drei technische Trends wichtig: Open-Source-Software, Container-Technologien und Cloud-Plattformen.
- **Open-Source-Software** hat den Vorteil, dass der Nutzer weniger von einem einzigen Softwareanbieter mit proprietären Lösungen abhängig ist, die einen Wechsel der Lösung im Allgemeinen erschweren. Außerdem profitieren Open-Source-Softwarelösungen von der großen weltweiten Open-Source-Entwicklergemeinschaft, die durch offene Standards gemeinsam Innovationen vorantreibt. Mehrere internationale Softwareunternehmen veröffentlichen ihre KI-Methoden über markengeschützte Open-Source-KI-Bibliotheken. Open-Source-Software bietet daher Flexibilität durch allgemeine Verfügbarkeit, eine große Entwicklergemeinschaft, die Innovationen vorantreibt, und moderate Investitionen. Typische Open-Source-

Module einer KI-Fabrik sind: Datenmanagement, Datenwissenschaft, maschinelles Lernen und Deep-Learning-Funktionen. Die Kehrseite von Open-Source-Software ist, dass sie nicht immer „unternehmenstauglich" ist, das heißt, dass sie nicht komplett stabil, getestet und vollständig mit Fehlerkorrekturen und kontinuierlichen Updates unterstützt wird. Für jedes Unternehmen muss insofern das richtige Gleichgewicht gefunden werden.

- **Containertechnologien** ermöglichen es dem Benutzer, den Container und seinen Inhalt – in der Regel mehrere andere Softwarepakete – einfach von einem Computer zum anderen zu verschieben, unabhängig von einem bestimmten Betriebssystem oder einer bestimmten Cloud-Plattform. So wie ein Containerschiff Waren und Produkte in Standardcontainern durch die reale Welt transportiert, erleichtert eine Software-Container-Plattform den Transport und die Verwaltung von Standardsoftware-Containern, um Softwarelösungen durch die IT-Welt zu bewegen und zu betreiben. So kann die AI Factory in einem Container bereitgestellt werden, der eine schnelle Installation, eine schnelle Skalierung oder eine einfache Migration in neue Umgebungen ermöglicht. Daher werden moderne KI-Lösungen häufig mit Container-Technologien entwickelt und betrieben.
- **Cloud-Technologien** bieten eine kurze Markteinführungszeit, da der Nutzer cloudbasierte KI-Lösungen sofort mieten und nutzen kann. Hardware und Software müssen nicht gekauft oder installiert werden, da beides vorinstalliert ist. Es müssen keine neuen KI-Lösungen oder -Prozesse entwickelt werden, da beides sofort verfügbar ist. Das Gleiche gilt für die finanzielle Seite der Lösung, denn die Preismodelle in der Cloud sind meist nutzungsabhängig: Sie zahlen, was Sie nutzen.

3.5 KI-Fabriken müssen an die Geschäftsergebnisse angepasst werden

Die bisher beschriebenen Trends erfordern eine Anpassung einer AI Factory an die individuellen Bedürfnisse des jeweiligen Unternehmens. Jede KI-Fabrik muss an die Anforderungen und die Größe der jeweiligen Organisation angepasst werden. Es bedarf einer detaillierten Planung der Architektur, der Technologien sowie der Art und Weise des Einsatzes von KI im Unternehmen [4]. Es gibt keine „Einheitsgröße für alle". Je nach Anzahl der Mitarbeiter in der AI Factory, der Anzahl der verwalteten KI-Modelle und der Investitionen in KI sind mehr oder weniger Anstrengungen erforderlich, um die optimale Nutzung der Ressourcen zu gewährleisten. Fokussierte Workshops spielen eine Schlüsselrolle, um diese wichtige Anpassung einer AI Factory an die individuellen Anforderungen zu realisieren.

Tabelle 3.1: Workshop-Formate zur Anpassung einer AI Factory

Workshop-Schwerpunkt	Themen	Ergebnisse
KI im Geschäft	Digitale Best-Practice-Modelle Beispiele für KI-Geschäftsmodelle von Wettbewerbern KI-Fabrik-Referenzen in der Branche; eigene Lücken bei Prozessen und Mitarbeitern	KI-Geschäftsstrategie Überblick über Wettbewerber Status des eigenen KI-Reifegrades und SWOT-Analyse
KI-Use Cases	Identifizierung, Beschreibung und Priorisierung von Business Use Cases Geschäftswert, z.B. Kostensenkung oder Wachstum und Machbarkeit Nutzergruppen und Nutzerzufriedenheit	Schritt-für-Schritt-Plan zur Umsetzung von „Your Journey to AI" Schätzung des Business Case und des Implementierungsaufwandes Marketingplan pro Benutzergruppe
Daten für KI	Daten für KI Sammeln, Erkunden und Optimieren von Datensätzen, die für die Anwendungsfälle relevant sind Definition und Beschreibung von Rollen und Regeln für eine gemeinsame Datenverwaltung Sammeln von Geschäftsdaten und Metadaten zur Verfolgung der Datenqualität	Liste der Datenquellen, Modelle, Metadaten und deren Relevanz Datenstrategie einschließlich Data Governance und Compliance Funktionale ML- & DL-Modelle plus KPIs zur Kontrolle der Qualität
KI-Methoden	Entwickeln & Testen von ML- & DL-Modellen mit eigener oder Open-Source-Software Erstellen vertrauenswürdiger Modelle, z.B. Bias, Fairness, Drift und Erklärbarkeit Implementierung von Best Practices für den Einsatz von Modellen	Entwicklungsstandards für das Training und die Produktion der KI Strategie für KI-Vertrauenswürdigkeit und kontinuierliche Verbesserung Einsatzstandards für KI einschließlich Produktionspipeline
KI-Betrieb	Kontinuierliche Überwachung des Modells Analysieren der Leistung anhand von KPIs Veröffentlichung der Modelle im gesamten Unternehmen	Monitoring-Fähigkeit Quantitative Kontrolle des Geschäftes Strategie zur Förderung von Vertrauen und Nutzung

Typische Workshop-Formate zur Anpassung einer AI Factory an die Bedürfnisse einer Organisation konzentrieren sich entweder auf das KI-Geschäftsmodell, den KI-Anwendungsfall, die Daten für KI, die KI-Methoden oder den KI-Betrieb. Dazu gibt die Tabelle 3.1 einen Überblick über Schwerpunkte, Themen und Ergebnisse im Hinblick auf Workshops zu der Anpassung von Ai Factories. Diese Workshops sollten mit allen Personen durchgeführt werden, die für die entsprechenden Themen und Ergebnisse verantwortlich sind. Dies können je nach Größe der Organisation mehr oder weniger Personen sein; auf jeden Fall müssen Geschäftsleitung, Entwickler und IT-Betreiber immer gemischt sein. Die Workshops sollten wiederholt und die entsprechenden Ergebnisdokumente müssen ebenfalls in regelmäßigen Abständen aktualisiert werden. Dieser Workshop-basierte Planungsprozess ermöglicht einen starken Geschäftsfokus, schnelle Ergebnisse und ein schrittweises Vorgehen zur Überwachung und Optimierung der Geschäftsergebnisse.

3.6 Schlussfolgerungen

Die explodierende Zahl von KI-Modellen in der Entwicklung und im produktiven Einsatz erfordert einen industrialisierten Ansatz zur Kontrolle, Entwicklung und Verwaltung von KI-Anwendungen im großen Maßstab, hier AI Factory genannt. Um diese AI Factories zu betreiben, werden neue Jobrollen und unterschiedliche Verantwortlichkeiten geschaffen, um KI-Produkte zu definieren, Daten und KI-Algorithmen bereitzustellen sowie KI-Modelle zu entwickeln, zu testen und zu verwalten und einen stabilen Betrieb zu gewährleisten. Die Zusammenarbeit dieser Jobrollen wird im Rahmen des kontinuierlichen KI-Entwicklungs- und Betriebsprozesses beschrieben. Abbildung 3.2 hilft bei der Diskussion, welche Jobrollen in Ihrem Unternehmen für die Implementierung einer AI Factory benötigt werden könnten.

AI Factories werden auf der Grundlage neuer Technologien und Architekturen betrieben. Open-Source-Software und Container-Technologien ermöglichen es zum Beispiel, immer die besten KI-Softwarepakete zu verwenden und sie überall einzusetzen. Wichtige Fähigkeiten zum Entwickeln, Testen, Bereitstellen und Überwachen von KI-Modellen sind in Abbildung 3.3 dargestellt, die für eine vertrauenswürdige KI entscheidend sind und mit dem kommenden europäischen KI-Gesetz übereinstimmen. Daher sind AI Factories insbesondere für „Hochrisiko“-KI-Anwendungen wichtig.

Abbildung 3.3 ermöglicht auch eine Gegenprüfung, welche Fähigkeiten eine Organisation heute hat und morgen benötigt. Darüber hinaus ist ein Plattformansatz erforderlich, um den sicheren, homogenen und skalierbaren Betrieb der KI-Fabrik zu gewährleisten. Hier kommen Cloud-Technologien ins

Spiel, zudem bieten Hybrid- und Multi-Cloud-Architekturen die entscheidende Balance zwischen Datenschutz, technologischer Unabhängigkeit und Innovation. Des Weiteren zeigt Tabelle 3.1 einen Überblick über Workshop-Formate zur erfolgreichen Implementierung einer KI-Fabrik.

Quellen

[1] Iansiti, M., & Lakhani, K. R. (2020) The AI Factory. In: Iansiti, M., & Lakhani, K. R., Competing in the age of AI: strategy and leadership when algorithms and networks run the world. Harvard Business Press

[2] EU Commission (2020) White Paper on Artificial Intelligence – A European approach to excellence and trust. Brussels

[3] EU Commission (2021) Proposal for a Regulation of the European Parliament and of the Council – Laying down harmonised rules on Artificial Intelligence, Brussels (2021)

[4] Hechler, E., Oberhofer, M., Schaeck, T. (2020) Deploying AI in the enterprise. ISBN-13 (electronic): 978-1-4842-6206-1, apress

[5] Stanton, B. and Jensen, T. (2021), Trust and Artificial Intelligence, NIST In-teragency/Internal Report (NISTIR), National Institute of Standards and Technology, Gaithersburg, MD, https://tsapps.nist.gov/publication/get_pdf.cfm?pub_id= 931087, zuletzt abgerufen am 10.08.2022

[6] Datenethikkommission der Bundesregierung (2019) Gutachten. Berlin

[7] Buxmann, P., Schmidt, H. (2021) Künstliche Intelligenz. ISBN: 978-3-662-61793-9, Springer Gabler, (2021)

[8] Gesellschaft für Informatik (2021) Exam AI: Abschlussbericht ExamAI – KI Testing und Auditing. Report. https://gi.de/fileadmin/PR/Testing-AI/Abschlussbericht_ExamAI_-_KI_Testing_und_Auditing.pdf, zuletzt abgerufen am 26.03.2022

[9] Bundesministeriums für Wirtschaft und Energie (2021) Technologieprogramm KI-Innovationswettbewerb des Bundesministeriums für Wirtschaft und Energie: Erklärbare KI. Report. https://www.digitale-technologien.de/DT/Redaktion/DE/Downloads/Publikation/KI-Inno/2021/Studie_Erklaerbare_KI.pdf, zuletzt abgerufen am 08.12.2022

[10] IDC (2020): IDC Forecasts Strong 12.3 % Growth for AI Market in 2020 Amidst Challenging Circumstances. Online article, https://www.bloomberg.com/press-releases/2020-08-04/idc-forecasts-strong-12-3-growth-for-ai-market-in-2020-amidst-challenging-circumstances, zuletzt abgerufen am 08.12.2022

[11] Brosseau, D., Ebrahim, S., Handscomb, C., Thaker, S. (2019). The journey to an agile organization. Report, McKinsey & Company

[12] Tractica (2020) Artificial Intelligence Software Market to Reach $126.0 Billion in Annual Worldwide Revenue by 2025. https://www.businesswire.com/news/home/20200106005317/en/Artificial-Intelligence-Software-Market-to-Reach-126.0-Billion-in-Annual-Worldwide-Revenue-by-2025-According-to-Tractica, zuletzt abgerufen am 08.12.2022

[13] Marr, B. (2019) Artificial intelligence in practice: how 50 successful companies used AI and machine learning to solve problems. John Wiley & Sons

[14] Deutsches Institut für Normung (2020) Normungsroadmap Künstliche Intelligenz, 1. Auflage

[15] Aastha, J., Shah, D., Churi, P. (2019) A Review on Business Intelligence Systems Using Artificial Intelligence. In: Smys S., Tavares J., Balas V., Iliyasu A. (eds) Computational Vision and Bio-Inspired Computing. ICCVBIC 2019. Advances in Intelligent Systems and Computing 1108

[16] Ashta, A, Herrmann, H. Artificial intelligence and fintech (2021) An overview of opportunities and risks for banking, investments, and microfinance. Strategic Change. Briefings in Entrepreneurial Finance 30(3): 211-222

[17] Anagnoste, S. (2018). Robotic Automation Process – The operating system for the digital enterprise. In: Proceedings of the International Conference on Business Excellence 12(1):54–69

[18] Hentzen, J. K., Hoffmann, A., Dolan, R., Pala, E. (2021) Artificial intelligence in customer-facing financial services: a systematic literature review and agenda for future research. International Journal of Bank Marketing

[19] De Silva, D., Alahakoon, D. (2022) An artificial intelligence life cycle: From conception to production. Patterns, 100489

[20] Bouyon, S. (2015) Recent trends in EU home ownership. ECRI Commentary No. 10691. Centre for European Policy Studies.

[21] Simon, J. P. (2019) Artificial intelligence: scope, players, markets and geography. Digital Pol-icy, Regulation and Governance 21(3):208–237

[22] Sarker, I. H. (2022) AI-Based Modeling: Techniques, Applications and Research Issues Towards Automation, Intelligent and Smart Systems. SN Computer Science 3, 158 https://doi.org/10.1007/s42979-022-01043-x, zuletzt abgerufen am 29.11.2022

[23] Clarke, R. (2019) Principles and business processes for responsible AI. Computer Law & Se-curity Review, 35(4), 410–422

[24] Kurshan, E., Shen, H., & Chen, J. (2020) Towards self-regulating AI: challenges and oppor-tunities of AI model governance in financial services. In Proceedings of the First ACM International Conference on AI in Finance (pp. 1–8)

[25] O'Leary, D. E. (2013) Artificial intelligence and big data. IEEE intelligent systems, 28(2):96-99

[26] Schrotenboer, D. W. (2019) The Impact of Artificial Intelligence along the Customer Journey: A Systematic Literature Review. Bachelor thesis. University of Twente

[27] Krogh, A. (2008) What are artificial neural networks? Nature Biotechnology 26(2):195–197

[28] Bengio, Y. et al. (2013) Representation learning: a review and new perspectives. IEEE Trans-actions on Pattern Analysis and Machine Intelligence 35(8):1798–1828

Kapitel 4 Erfolg mit KI-Geschäftsmodellen – vier Faktoren für datengetriebene KI

Wolfgang Hildesheim, Taras Holoyad

Die Reife, die KI-Systeme in den vergangenen beiden Jahrzehnten erreicht haben, bilden heute für viele Unternehmen die Basis ihres Erfolgs. Nicht wenige Unternehmen haben große Teile ihres Geschäftsmodells auf datengetriebene KI umgestellt: Streaming-Dienste binden ihre Zuschauer oder Zuhörer dank datengetriebener personalisierter Empfehlungen dauerhaft an sich, Onlinehändler schlagen ihren Kundinnen und Kunden mittels datengetriebener KI-Einschätzungen potenziell interessante weitere Produkte zum Kauf vor, Hersteller von Mobiltelefonen und Tablets bringen ihren Geräten dank datengetriebener KI sprechen und hören bei. Die Liste ließe sich mühelos um zahlreiche weitere Beispiele aus der Praxis verlängern. Insofern kann es kaum überraschen, dass immer mehr Unternehmen, Organisationen und Behörden, die bisher nicht auf datengetriebene KI setzen, sich fragen, wie sie von diesem Technologietrend profitieren können.

Um Digitalisierung im Allgemeinen und Innovationen auf der Basis von künstlicher Intelligenz im Besonderen erfolgreich zu realisieren, sind vier Faktoren besonders wichtig: Daten, Talente, spezialisierte Software sowie die Sicherstellung der Vertrauenswürdigkeit der KI. Alle vier Faktoren sollten eingebettet sein in eine Unternehmenskultur, in der das Management in KI investiert, Innovation fördert und eine realistische Erwartungshaltung hat. Denn Erfolg mittels KI kommt nicht über Nacht: Mitarbeiter brauchen Zeit und Unterstützung, um die Möglichkeiten von KI auszuprobieren, Fehler zu machen, „Schritt für Schritt“ Produkte und Dienstleistungen zu verbessern sowie eine langfristige Strategie, um ihr Unternehmen und die Welt mit KI besser zu machen.

Im Folgenden stellen wir die vier wichtigsten Faktoren vor, anhand derer sich in der Praxis entscheidet, ob ein Unternehmen, eine Organisation oder eine Behörde die Chancen der modernen Datenwelt nutzen und mit datengetriebener künstlicher Intelligenz erfolgreich sein wird. Zur praktischen Umsetzung der Erfolgsfaktoren sind Denkanstöße im Anschluss an die Beschreibung jedes Faktors in grauen Kästchen herausgestellt.

4.1 Daten

Ein wichtiger Erfolgsfaktor für KI sind Daten. KI verarbeitet Daten. KI analysiert Daten. Viele KI-Systeme werden mit Daten trainiert. KI-Systeme machen auf der Basis von Daten Vorhersagen. Daten sind damit eine elementare Voraussetzung für KI: Ohne Daten gibt es keine KI.

Die weltweit verfügbaren Daten wachsen schnell. Schätzungen gehen davon aus, dass sich die jährlich generierten Daten von 64 Zettabyte im Jahre 2022 auf 181 Zettabyte in 2025 verdreifachen wird [1]. Abbildung 4.1 zeigt qualitativ, dass diese Datenexplosion von der weltweiten Digitalisierung getrieben wird: Die steigende Anzahl von digitalen Sensoren, Maschinen und Endgeräten erzeugt immer mehr Daten. Viele davon sind an das Internet angeschlossen, sodass die Daten dann auch öffentlich im „Internet of Things (IOT)" verfügbar sind. KI kann diese Daten im Sensor, auf dem Gerät oder in der Cloud auswerten [2]. Außerdem werden immer mehr Bilder, Videos und Multimedia-Daten erzeugt und gespeichert. Bereits einzelne Nutzerinnen und Nutzer haben heute oft Tausende von Fotos und Videos auf dem eigenen Mobiltelefon. Die Speicherkapazität heutiger Endgeräte entspricht dabei der Speicherkapazität ganzer historischer Rechenzentren. Nicht nur das Datenvolumen explodiert also, sondern auch die Möglichkeit, diese zu speichern und verfügbar zu machen. Auch das Volumen der digitalen Texte, Dokumente und Internetseiten wächst stetig in allen Ländern und Sprachen.

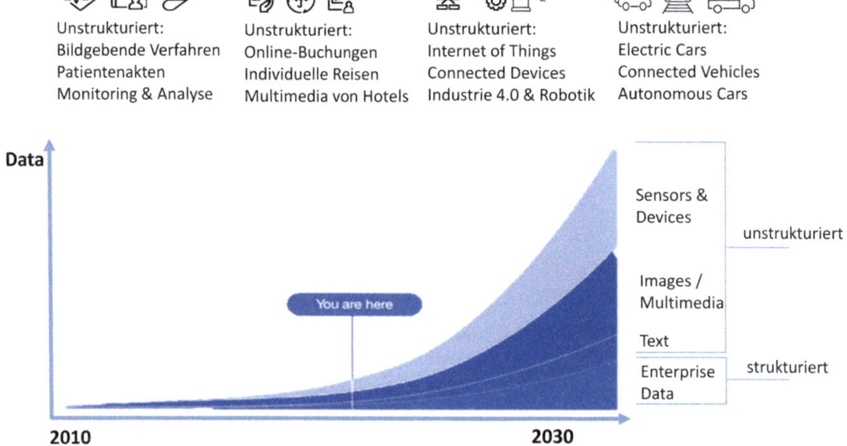

Abbildung 4.1: Datenexplosion & Datenvielfalt machen neue Geschäftsmodelle möglich. Beispiele für KI-Verarbeitung von unstrukturierten Daten.

Die oben beschriebenen Daten sind in der Regel unstrukturiert, das heißt, man kennt zunächst weder Kontext noch Bedeutung einzelner Datenfelder. Eine systematische Untersuchung durch Menschen ist hier in der Regel zu aufwendig, sodass datengetriebene KI insbesondere für die Analyse unstrukturierter Daten viele neue Möglichkeiten eröffnet. Die Datenexplosion unstrukturierter Daten geht daher Hand in Hand mit der wachsenden Bedeutung derer Auswertung durch KI. Gleiches gilt auch für die Welt der strukturierten Daten, welche seit Jahren in Organisationen und Unternehmen gespeichert und verarbeitet werden. Strukturiert heißt hierbei, dass die Bedeutung eines Datenfelds bekannt ist, etwa dass es ein Name ist. Mit anderen Worten sind diese Daten durch entsprechende Metadaten bereits strukturiert und damit auch semantisch leichter erschließbar. Da auch dieses Datenvolumen sehr schnell wächst, sind Mustererkennung, Vorhersagen und automatisierte Entscheidungen auf der Basis strukturierter Daten durch KI ebenso möglich, nötig und im Trend, wie die Auswertung unstrukturierter Daten.

Das explodierende Datenvolumen bringt eine große Datenvielfalt mit sich. Beides zusammen wird oft als der „Big Data"-Trend bezeichnet. Big Data stellt insofern die Herausforderung dar, viele Daten und viele verschiedene Datenformate gleichzeitig zu verarbeiten. In dem Zusammenhang wird Big Data auch oft durch die vier großen „V" definiert [3]:

1. **Volume**, entsprechend dem Datenvolumen, dem Datenumfang und der Datenmenge
2. **Variety**, entsprechend der Vielfalt der Datentypen, Datenformate und Datenquellen
3. **Velocity**, in Bezug auf die Geschwindigkeit, mit der die Daten generiert, transferiert, verarbeitet – z. B. in Echtzeit – und gelöscht werden sowie
4. **Veracity**, in Bezug auf die Echtheit, die Glaubwürdigkeit und Qualität von Daten

Die Herausforderung für KI-Technologie ist es heute, mit allen diesen verschiedenen Aspekten von Daten zurechtzukommen. So gibt es sowohl spezielle KI-Systeme, die große Datenmengen reduzieren und Relevantes darin finden, als auch KI-Systeme, die darauf spezialisiert sind, kleine Datensätze automatisch in Echtzeit zu verarbeiten. Es gibt beispielsweise KI-Systeme, die gleichzeitig eine Vielzahl von Datenformaten verarbeiten und inhaltliche Verbindungen herstellen und bewerten. Auch kann ein KI-System darauf trainiert werden, die Verlässlichkeit einzelner Datensätze zu überprüfen. Ein aktueller Trend ist es beispielsweise, sogenannte Transformer-Modelle auf großen Teilen des Internets mittels verteilter Lernverfahren (engl. federated learning) zu trainieren. Dies erlaubt es dem KI-System, Texte mit hoher Qualität zu schreiben, die schwer von Texten zu unterscheiden sind, die Menschen geschrieben haben. Auch können KI-Systeme inzwischen intelligente Verbindungen zwischen Texten und Bildern automatisch finden und auswerten. Dies nennt man Multimodalität. Die Vielfalt und Diversität der Daten spiegelt sich in der Vielfalt und Diversität der realisierten datengetriebenen KI-Produkte und -Services wider.

Die Verarbeitung von Big Data mittels KI ermöglicht zahlreiche Innovationen. Neue Geschäftsmodelle entstehen durch die Verarbeitung sektorspezifischer Daten durch KI-Systeme. Die Bedeutung von Daten für die Zukunft und die Frage, wie man im Interesse der Bürger ethisch korrekt mit Daten umgeht, hat die deutsche Regierung bewogen, das Datenethikgutachten in Auftrag zu geben, welches viele der oben angesprochenen Aspekte im Detail diskutieren [5]. Auch der aktuelle Vorschlag der Europäischen Union für ein europaweites KI-Gesetz betont die Bedeutung eines transparenten und kontrollierten Umgangs mit Daten, beispielsweise mit den Trainings- und Testdaten, insbesondere bei datengetriebenen KI-Lösungen mit hohem Risiko [6].

Abbildung 4.1 zeigt Beispiele aus vier unterschiedlichen Industrien, bei denen die Verknüpfung von sektorspezifischen, unstrukturierten Daten und KI-Techologie innovative Geschäftsmodelle schafft:

- Im **Gesundheitssektor** unterstützen KI-Systeme Ärzte bei der Auswertung der Bilder von Patienten aus den unterschiedlichen bildgebenden Verfahren oder der Patientenakte. Aufgrund der Menge an Bildern und Texten gewinnen daher KI-Werkzeuge in der Diagnostik stetig an Bedeutung und intelligente Funktionen hinzu. Gleiches gilt beispielsweise für das Monitoring, die Überwachung und Analyse des Gesundheitszustandes des Patienten. Vor diesem Hintergrund entstehen aufgrund der Integration von KI neue intelligente, digitale Lösungen. Zusätzlich verspricht die KI-Analyse von DNA-, chemischen und anderen mikrobiologischen Daten richtungsweisende Entdeckungen im Bereich Gesundheit, Krankheit und der Evolution.
- In der **Touristik** haben sich große Teile der Reiseplanung, Reisebuchung und Reiseabwicklung vom klassischen Reisebüro zum Internetdienst verschoben. Dies ist nur aufgrund von digitalen Geschäftsmodellen möglich, die Texte, Bilder, Blogs, Mails, Videos und Reiseplattformen nutzen. Eine große Vielzahl individueller Reiseangebote und Alternativen kann in kurzer Zeit verglichen und gebucht werden. Verlässliche datengetriebene Vorhersagen und Empfehlungen treffen die Bedürfnisse des Kunden. KI-Systeme unterstützt den Reisenden damit, seine individuelle Reise zu planen und

durchzuführen, ebenso den Anbieter, seine Angebote mit Multimedia, 3D und virtueller Realität schon vor Reisestart zielgenau und attraktiv zu vermarkten.

- In der **Industrie** und dem **Maschinenbau** werden die vielfältigen Maschinen, Roboter und Produktionsanlagen auf Basis von Daten und mittels KI geplant, überwacht und optimiert.
- In der **Automobilindustrie** stehen die KI-basierten Geschäftsmodelle im Zentrum der Transformation der Industrie. Smarte Assistenten unterstützen den Fahrer und das Fahrzeug in jeder Situation. Autonome Fahrzeuge sind der Inbegriff von intelligenten Produkten, die mittels datengetriebener KI-Systeme realisiert werden. Auch hier stellt der intelligente Umgang mit Daten einen entscheidenden Erfolgsfaktor dar.

FRAGEN ZUM ERFOLGSFAKTOR *DATEN*

Haben Sie eine Datenstrategie?

Welche Daten haben Sie heute verfügbar, z. B. privat oder öffentlich?

Welche Daten hätten Sie gern, z. B. um mehr zu verkaufen oder Kosten zu senken?

Welche Daten ermöglichen Ihnen innovative Produkte und Services?

Wie sammeln, filtern, verbessern, verwalten und verteilen Sie Ihre Daten?

Was müssen Sie für erfolgreiche KI-Lösungen an Ihrer Datenstrategie ändern?

Welche Arbeitsprozesse können mittels einer Datenstrategie im eigenen Unternehmen beschleunigt werden?

4.2 Talente

Ein wichtiger Erfolgsfaktor für KI-basierte Geschäftsmodelle sind Talente. Denn das Benutzen, Entwickeln und Vermarkten von KI-Lösungen erfordert geschulte Mitarbeiter. Diese sind jedoch knapp und werden aufgrund ihrer KI-Expertise gesucht. Die Überblickstudie aus 2019 zu Professuren und Studiengängen zu künstlicher Intelligenz in Deutschland belegt den entsprechenden steigenden Fokus der Universitäten auf KI eindrucksvoll [8]. Die Anzahl der KI-bezogenen Studiengänge, der neuen KI-bezogenen Berufsbezeichnungen und Arbeitsweisen steigt stetig und unterstreicht die Wichtigkeit der Investitionen in Talente, die Erfahrungen mit KI haben. Zusätzlich spielen Ökosysteme zwischen allen Beteiligten und Partnern eine wichtige Rolle beim sektorspezifischen Aufbau von Wissen und Erfahrung beim Einsatz von KI. Aus diesem

Grund kann die Entwicklung von Talent nicht nur einer Organisation – zum Beispiel den Universitäten – überlassen werden. Vielmehr müssen auch Unternehmen hier aktiv werden und beispielsweise Mitarbeiter auf hohem Niveau weiterbilden. Ebenso bedeutend ist das eigene KI-Ökosystem. Unternehmen sollten sich daher fragen: Wie viele Mitarbeiterinnen und Mitarbeiter beschäftigen sich offiziell mit KI? Wie viele KI-Experten lassen sich im zugehörigen Ökosystem ausmachen? Denn ohne Talente und ohne versierte Spezialisten gibt es keine KI. Investitionen in KI-Talente sind somit zwingend nötig.

Abbildung 4.2 zeigt typische Jobrollen in der Informationstechnologie (IT) und ihren typischen Anteil an der Realisierung von KI-Geschäftsmodellen. Die Liste umfasst bekannte Rollen und Verantwortlichkeiten, um digitale Produkte zu planen, zu entwickeln, zu betreiben sowie in der Laufzeit zu überwachen. Nicht jede Organisation mag alle diese Jobrollen kennen. Gerade in kleineren Teams werden oft mehrere der Verantwortlichkeiten von einer Person übernommen. Trotzdem kann man mithilfe der Liste die Anzahl der Mitarbeiter zählen, die mit KI-Systemen arbeiten, beziehungsweise den Anteil ihrer Arbeit in Zusammenhang mit KI abschätzen. Als Ergebnis bekommt man einen Überblick über die Anzahl der vorhandenen KI-Talente der eigenen Organisation. Organisation sollten sich fragen, ob das hierfür vorhandene Personal ausreicht oder ob mehr KI-Talente gebraucht werden. Ein Aufwuchs an KI-Talenten sollte dabei gezielt geplant werden. Wie KI-Talente optimal zusammenarbeiten, wurde bereits in Kapitel 3 diskutiert.

Auch die nationale Strategie für künstliche Intelligenz der Bundesregierung [9] betont die Bedeutung von gezieltem Aufbau von KI-Talenten sowie der nationalen und internationalen Zusammenarbeit. Eine Reihe von Initiativen und Förderprogrammen wurden hierzu aufgesetzt. Hierbei spielt das Konzept eines KI-Ökosystems eine wichtige Rolle. Abbildung 4.3 zeigt die Struktur eines KI-Ökosystems. Dieses kann sich auf ein ganzes Land beziehen, eine Stadt, eine Organisation oder ein Unternehmen. Jeder hat ein eigenes KI-Ökosystem, welches er nach seinen Bedürfnissen und Themen aufbaut. Daher wird dies in der Abbildung als „Ihr KI-Ökosystem" bezeichnet. Wichtig ist, dass möglichst viele gesellschaftliche Beteiligte in Bezug auf den gewünschten Kontext eingebunden sind: von den Schulen, über die Forschung und Universität, über Start-ups, junge und etablierte Unternehmen, Industrieverbände, Verwaltungen bis hin zur Politik und Regierung, welche den Rechtsrahmen setzt. Der Wert eines KI-Ökosystems für eine Organisation ist vielfältig.

Üblicher Anteil von KI bei der Rolle	Name der Jobrolle	Verantwortlichkeit der Jobrolle	Anzahl der Mitarbeiter in eigener Organisation	Anteil von KI in eigener Organisation
Hoch	Computer Linguist	Verarbeitung von Sprache		
	Data Scientist	Auswertung von Daten		
	Deep Learnung-Experte	Entwicklung von tiefen neuronalen Netzen		
	Machine Learning-Experte	Entwicklung von ML- & DL-Modellen		
	UIMA-Experte	Wissensmanagement für Sprachmodelle		
	Virtual Reality-Experte	Virtuelle Realität verstehen und nutzen		
Mittel	Augmented Reality-Experte	Erweiterte Realität verstehen und nutzen		
	Avatar Designer	Avatare entwickeln und einsetzen		
	Data Engineer	Verarbeitung von Daten		
	Data Stuart	Regeln und Rechte in Bezug auf Daten		
	KI-Trainer	KIs trainieren		
Niedrig	Anwendungsverantwortlicher	Betrieb einer IT-Anwendung		
	Anwendungsentwickler	Entwicklung einer IT-Anwendung		
	Anwendungsmanager	Management einer IT-Anwendung		
	Compliance Officer	Konformität mit Gesetzen sicherstellen		
	Fachseitiger Experte	Fachwissen einbringen in IT-Anwendungen		
	IT-Koordinator	IT-Projekte planen und koordinieren		
	IT-Sicherheitsverantwortlicher	IT-Sicherheit sicherstellen und überprüfen		
	Verantwortlicher für Laufzeitüberwachung	Monitoring von Anwendungen im Betrieb		
	Product Owner	Entwicklung und Betrieb von IT-Produkten		
	Verantwortlicher für ein Rechenzentrum	Stabiler Betrieb von Rechenzentren		

Abbildung 4.2: Übersicht über typische KI-Jobrollen sowie IT-Jobrollen mit potenziellem KI-Fokus.

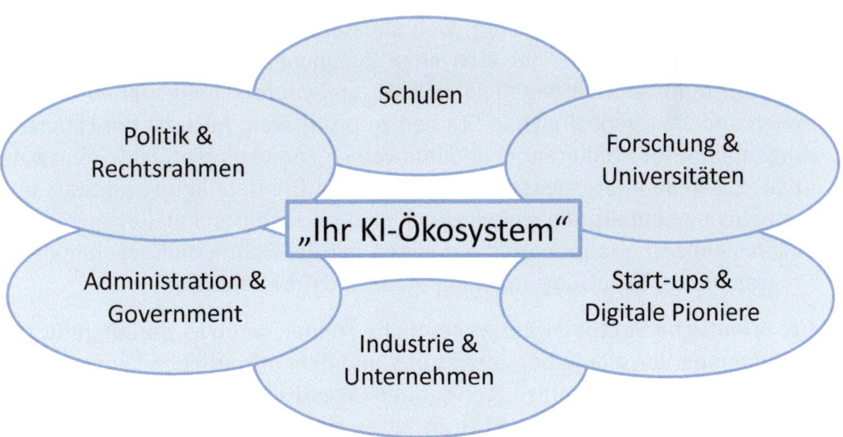

Abbildung 4.3: Ein KI-Ökosystem sollte jeden gesellschaftlichen Partner einbinden, der wichtig ist.

- **Schulen** sollten frühzeitig das Interesse für KI unterstützen. Lokale Schülerpraktika, Unternehmensbesuche im Umfeld KI, Vorträge, Boys- und Girlsdays, Besuch von Technikausstellungen und Museen – z. B. das Futurium [9] in Berlin oder das Deutsche Museum [11] in München – sind einige der vielen Möglichkeiten, Begeisterung für KI zu schaffen. Es sind vor allem die jungen Menschen, die zukünftig „Good AI" schaffen werden.
- **Forschung und Universitäten** orientieren sich klassischerweise am akademischen Curriculum und den weltweiten KI-Forschungstrends. Da es hier sehr viele Schwerpunkte gibt und sich diese schnell entwickeln, ist die Frage nach einem passenden Forschungsschwerpunkt wichtig. Dieser könnte sich auch durch die Zusammenarbeit mit lokalen Unternehmen, etwa im Rahmen von Masterarbeiten, Promotionen oder geförderten Forschungsprojekten, ergeben. Öffentliche Förderprojekte erleichtern dabei insbesondere die Finanzierung, erhöhen die lokale Relevanz und schaffen Arbeitsplätze.
- Die Gründung von **KI-Start-ups** aus den Universitäten und Fachhochschulen heraus sollte gezielt gefördert werden. Gleiches gilt für die Zusammenarbeit mit jungen digitalen Firmen. Beide sind oft agiler und innovativer als eingesessene Unternehmen. In Zusammenarbeit mit Hochschulen können neue KI-Technologien schnell in innovative Produkte umgesetzt werden. Start-ups kombinieren typischerweise Unternehmertum und Freude an führenden KI-Technologien.
- Für **Industrie und Unternehmen** ist die Entwicklung und Nutzung von KI-Technologie strategisch wichtig, weil sie stark von deren Wettbewerbsvorteilen profitieren. Daher ist eine enge Zusammenarbeit mit Hochschulen und Forschungseinrichtungen vorteilhaft, um von forschungsnahen Innovationen und sektorspezifischen Studien zu profitieren. Auch ist die Finanzierung talentierter Studierender und innovativer Forschungsprojekte eine gute Chance, eigene Interessensgebiete zu fördern. Die Beteiligung an Start-ups ermöglicht ebenfalls die Entwicklung neuer Geschäftsmodelle. In diesem Zusammenhang erlauben Abstimmungen mit der Politik maßgeschneiderte Programme zur Schaffung von Kompetenz und Arbeitsplätzen.
- Der **öffentliche Sektor** ist der wesentliche Treiber, wenn es darum geht, mit KI-Systemen Vorteile in der Verwaltung und dem öffentlichen Leben für die Bürger zu realisieren. Mit zielgerichteten Investitionen in die Bereitstellung von Daten, Sandboxes oder KI-Hubs ist es möglich, ein attraktives Umfeld für Erfinder und Unternehmer zu schaffen. Der KI-Transfer-Hub Schleswig-Holstein [12] ist ein gutes Beispiel: ein starkes Ökosystem aus lokaler Wirt-

schaft und lokaler Wissenschaft mit breiter öffentlicher Förderung. Nicht alles sollte daher selbst gemacht werden, sodass eine enge Abstimmung mit den Partnern im KI-Ökosystem erfolgskritisch ist.

- Die **Politik** schafft den Rechtsrahmen und stellt Investitionen für die erfolgreiche Erforschung und Entwicklung von KI-Systemen bereit. Wichtig ist daher die Zusammenarbeit mit allen Beteiligten des KI-Ökosystems, sodass an den richtigen Stellen investiert wird. Dies erlaubt den gezielten Aufbau von sektorspezifischem Wissen und Arbeitsplätzen für sowie unter Einbeziehung von KI. Vor diesem Hintergrund ist eine Strategie für das KI-Ökosystem entscheidend.

Zusammengefasst sollte sich jede Organisation überlegen, wie das eigene KI-Ökosystem entwickelt werden kann. Das relevanteste KI-Talent entsteht oft in Verbindung mit „Ihrem KI-Ökosystem“, was auf Grundlage Ihrer identitätsstiftenden Merkmale fußt und beispielhaft in Abbildung 4.3 illustriert ist.

FRAGEN ZUM ERFOLGSFAKTOR *TALENTE*

Welche KI-Talente haben Sie heute?

Haben Sie einen Plan zum Aufbau von KI-Talenten und Ökosystemen?

Welche Talente ermöglichen Ihnen innovative Produkte und Services?

Wie entwickeln Sie Talente, die optimal zu Ihrem Thema und Sektor passen?

Wie wollen Sie Ihr KI-Ökosystem aufbauen und weiterentwickeln?

Kennen Sie die Initiativen der Nationalen Strategie für KI?

4.3 Software

Ein weiterer wichtiger Erfolgsfaktor für die Realisierung KI-basierter Geschäftsmodelle ist die Nutzung geeigneter spezialisierter Software. Alle KI-Lösungen bauen auf Software auf und bestehen insofern im Kern aus Software, die speziell für KI-Anwendungen entwickelt, bereitgestellt und vermarktet wird. Typischerweise verwenden die Entwicklungsteams hierfür entweder öffentlich in der Cloud verfügbare Software, private Softwarepakete oder Open-Source-Software. Hierbei wird unterschieden zwischen der Software, mit der KI entwickelt und trainiert wird (engl. development environment), und der Software, die zum Ablauf von KI gebraucht wird (engl. runtime environment).

Natürlich hat jedes KI-System auch andere Komponenten, wie beispielsweise die Hardware, auf der es läuft oder andere Software, in die die KI-Lösung integriert ist. Aber im Kern aller KI-Lösungen stehen immer wieder die gleichen KI-Software-Pakete, für Entwicklung und Betrieb von KI-Systemen, die es daher zu beherrschen gilt. Diese Pakete werden zügig von den großen Softwareanbietern, Open-Source-Communities und Forschungsorganisationen weiterentwickelt. Neue KI-Methoden entstehen laufend, und daher sind KI-Talente, welche die zugehörigen Softwarepakete beherrschen, sehr gesuchte Ressourcen. Organisationen sollten sich daher fragen: Wie viele und welche KI-Softwarepakete sind bekannt und werden eingesetzt? Wo wird die KI-Software entwickelt und betrieben: in der Cloud, im eigenen Rechenzentrum oder einem mobilen Endgerät? Welche eigenen KI-Modelle, KI-Produkte oder KI-Dienstleistungen gibt es? Denn ohne spezialisierte Software lassen sich KI-basierte Geschäftsmodelle nicht realisieren. Investitionen in KI-Software sind daher nötig.

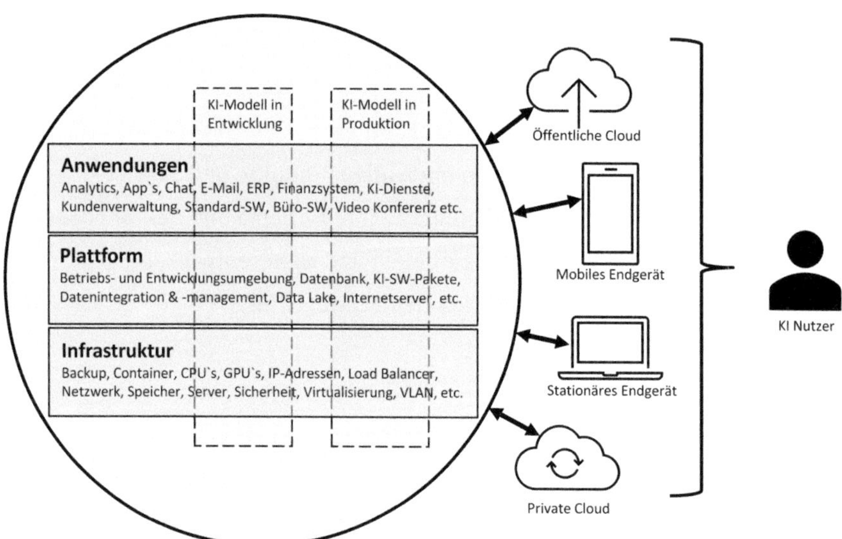

Abbildung 4.4: Grundlagen, Betriebsmodelle und Architektur der Software für KI.

Abbildung 4.4 zeigt die Grundlagen, Betriebsmodelle und typische Architektur von Software für KI-basierte Services. Der Nutzer greift entweder über sein mobiles Endgerät, ein stationäres Endgerät, zum Beispiel Laptop, PC und andere Maschinen, oder direkt über das Internet, beziehungsweise Intranet auf KI-Anwendungen aus der Cloud zu. Bekannte Anwendungen aus den öffentlichen Clouds sind Suchmaschinen, Onlineshops, soziale Medien und mobile Geschäftsmodelle. Prominente Anbieter, wie zum Beispiel Google, Amazon, Facebook und Apple (GAFA), repräsentieren große Teile des Marktes, und deren KI-Software setzt daher in der Praxis Marktstandards. Dies hat Vor- und Nachteile, sodass diese Dominanz in Bezug auf den Umgang mit KI-Systemen und Massendaten Inhalt der öffentlichen Diskussion ist. Aus diesem Grund sind die sogenannten privaten Clouds eine wichtige Alternative, die beispielsweise von Organisationen, Unternehmen und der öffentlichen Hand betrieben werden. Hier sind Entwicklung, Betrieb und Zugang unter der eigenen Kontrolle des Betreibers der privaten Cloud. Auch werden die Daten in diesem Fall umfassend kontrolliert und dadurch besonders geschützt. Folglich werden heute oft auch die klassischen Rechenzentren und Datenzentren „Private Cloud" genannt, wenn sie zum Beispiel Software als Service-Geschäftsmodelle anbieten. Der gleiche Begriff „Cloud" für den privaten und öffentlichen Betrieb wird deshalb genutzt, weil die genutzte KI-Software oft die gleiche ist: Cloud-Technologie. Diese ist durch virtualisierte Ressourcen, skalierbare Dienste und Bezahlmodelle nach Nutzung charakterisiert. Komplexere Anwendungen binden daher KI-Fähigkeiten aus verschiedenen öffentlichen und privaten Clouds zusammen ein und werden deshalb Hybrid- oder Multi-Cloud-Anwendungen genannt.

Die Entwicklung und der Betrieb von KI-Systemen setzt immer eine gewisse Infrastruktur, Plattformen und Anwendungen – alles hauptsächlich Software – voraus. Bei Cloud-Architekturen spricht man daher von Infrastruktur-as-a-Service (IaaS), Platform-as-a-Service (PaaS) und Anwendung(Software)-as-a-Sercice (SaaS). Der linke Teil von Abbildung 4.4 zeigt, welche typischen Komponenten diese umfassen.

Die Infrastruktur kann und muss bei Bedarf an das jeweilige KI-System angepasst werden. Hoch parallele Rechnerarchitekturen (GPUs) erlauben beispielsweise schnellere Trainingszeiten für rechenintensive datengetriebene KI-Systeme; Speichermedien sollten ein flexibles Datenmanagement in der KI-Entwicklung erlauben, und die Virtualisierung von Ressourcen macht deren Einsatz deutlich produktiver im Zusammenhang mit den zeitlich sich schnell ändernden Anforderungen im Lebenszyklus einer KI-Lösung. Gleichzeitig sind schnelle Entwicklungszyklen und häufige Aktualisierungen der KI-Lösung erfolgskritisch, ebenso eine gute Möglichkeit, diese im Betrieb zu überwachen und zu optimieren.

Als Plattform werden die nötigen Entwicklungs- und Produktionsumgebungen für KI bezeichnet. Die zentralen KI-Softwarepakete, die in den verschiedenen Situationen zum Einsatz kommen, sind dabei oft dieselben und stellen neben dem bereits angesprochenen flexiblen Datenmanagement die wichtigsten Software-Bestandteile dar. Die kompletten Geschäftsanwendungen laufen auf den darunterliegenden Schichten der Software-Architektur. KI-Lösungen können hierbei eigene komplette Anwendungen – einen KI-Dienst – darstellen, zum Beispiel eine Vorhersage, eine Bildverarbeitung oder einen Chatbot. Oder die KI-Lösung ist in klassische Anwendungen, wie exemplarisch das Kunden- und Finanzsystem oder den Internetauftritt, integriert.

Die Bedeutung des Erfolgsfaktors Software für KI-basierte Geschäftsmodelle ist so groß, dass eine Professionalisierung und Industrialisierung der Entwicklung, des Betriebes und der Überwachung der KI-Systeme entscheidend ist (siehe auch Kapitel 3). In Anhang A haben wir eine Übersicht über typische KI-Softwarepakete für die Entwicklung und den Betrieb von KI-Systemen zusammengestellt. In der Übersicht sind unterschiedliche Softwarewerkzeuge im Hinblick auf das maschinelle Lernen, die natürliche Sprachverarbeitung sowie die Vertrauenswürdigkeit ausgewiesen. Als Grundlage für die Übersicht diente eine virtuelle Landschaft über digitale Anwendungen des gemeinnützigen Konsortiums „Linux Foundation“ [13]. Aufgrund ständiger Weiterentwicklungen und anderer Auswahlkriterien im Bereich der KI-Software ist diese exemplarische Tabelle natürlich nicht vollständig, kann aber als Einstieg zur Analysis der KI-Softwarepakete und -Anwendungen dienen, die Ihre Organisation nutzt. Organisationen, die sehr viele dieser Bibliotheken und typischen KI-Lösungen im Einsatz haben, beschäftigen sich intensiv mit KI. Je genauer diese mit führender KI-Software vertraut sind, desto mehr können sie damit Innovationen treiben. Organisationen, die keine KI-Software nutzen, nutzen KI auch nicht. Aus diesem Grund ist KI-Software ein entscheidender Erfolgsfaktor.

FRAGEN ZUM ERFOLGSFAKTOR *SOFTWARE*

Welche KI-Software nutzen Sie heute?

Wo, wie und wer betreibt Ihre KI-Software?

In welchem KI-Bereich brauchen Sie die beste KI-Software?

Welche KI-Software-Bibliotheken kennen Ihre Entwickler?

Was ist Ihre Strategie zur Entwicklung und Sammlung eigener KI-Software?

Mit wem und wie wollen Sie Ihr KI-Software-Ökosystem aufbauen?

4.4 Vertrauenswürdigkeit von KI

Trotz zunehmender Verbreitung und Nutzung von KI-Systemen in Industrie und im öffentlichen Leben sowie steigender Popularität in der Forschung überwiegt nach aktueller Momentaufnahme innerhalb der Bevölkerung die Skepsis gegenüber künstlicher Intelligenz. Hintergrund sind häufig Sorgen vor Ausspähung, Kontrolle des gesellschaftlichen Lebens sowie vielfältigen Schäden durch autonome Maschinen und Algorithmen. Nicht zuletzt, weil diese für Laien schwer durchschaubar sind, ziehen viele Menschen die Vertrauenswürdigkeit von KI-Systemen in Zweifel. In diesem Zusammenhang wird auch technisch vom sogenannten „black box"-Problem geredet, das heißt, dass man von „außen" oder als Benutzer einer KI nicht sagen kann, wie und warum eine KI bestimmte Auskünfte gibt, beziehungsweise Entscheidungen trifft. Bei tiefen neuronalen Netzen oder KI-Lösungen, die mehrere KI-Methoden miteinander verknüpft in Reihe nutzen, gibt es hingegen auch zusätzlich prinzipiell offene Fragen bei der Erklärbarkeit von KI. Exemplarisch werden die Herausforderungen bezüglich der Erklärbarkeit von KI für Außenstehende oft anhand von Abbildungen verdeutlicht. Warum erkennt ein neuronales Netz eine Katze auf einem bestimmten Bild? Eine wichtige Charakteristik sind dabei die spitzen Ohren. Diese können nun mittels des verwendeten KI-Algorithmus für Beteiligte farblich markiert werden, sodass erklärbar wird, dass die Katze unter anderem aufgrund ihrer spitzen Ohren erkannt wird. Falls mittels des Algorithmus ein Panther oder Leopard fälschlicherweise auch als Katze erkannt werden, entsteht für Beteiligte Skepsis.

Eine ebenso einfache wie effektive Möglichkeit, diesem Punkt zu begegnen und Vertrauen aufzubauen, sind genaue Beschreibungen von KI-Lösungen. Für solche Beschreibungen bedarf es einheitlicher Standards, wie bereits heute für viele Produkte üblich oder sogar vorgeschrieben sind. Auf dieser

Basis ließen sich dann auch Qualitätskriterien definieren und umsetzen, um eine Basis für Vertrauenswürdigkeit zu schaffen. Das Vertrauen in KI-Systeme ließe sich beispielsweise mittels einer unmissverständlichen und nachvollziehbaren Darlegung von Risiken, KI-Fähigkeiten sowie Sicherheitsmaßnahmen zu konkreten KI-Anwendungen stärken. Andererseits wird auch für die Industrie eine Kontrollierbarkeit von KI-Systemen aufgrund von steigender Komplexität und zunehmenden Autonomiegraden immer relevanter. Infolgedessen ergeben sich neben gesellschaftlichem Mehrwert und hohen Kapitalerträgen aus KI-Produkten für industrielle Anwender hohe Erwartungen an deren Qualität. Mittels des Nachweises einer angemessenen Qualität von KI-Systemen kann auch in der Industrie das Vertrauen in diese gestärkt werden, etwa nach Auflösung von Unsicherheiten zu Eignung, Sicherheit, Funktionstüchtigkeit, Risikomanagement, Folgenabschätzung und Haftung. Summa Summarum ermöglicht insbesondere die Vertrauenswürdigkeit, eine Akzeptanz für KI-Innovationen innerhalb der Bevölkerung sowie bei Erforschung und Weiterentwicklung von KI-Systemen zu schaffen.

Mit Blick auf aktuelle Trends und Perspektiven praktischer KI-Anwendungen (siehe auch Kapitel 3 sowie Anwendungsbeispiele in den Kapiteln 10 bis 13) können gemeinschaftlich akzeptierte Qualitätsanforderungen eine Abgestimmtheit bei Gütekriterien sowie der Bedeutung von Chancen und Risiken bei Herstellern, Anwendern und der Politik schaffen. Dazu ermöglichen weltweit durchgeführte Arbeiten zu Normung und Standardisierung die Abstimmung von Spezifikationen zu KI-Qualität. Insbesondere in Verknüpfung mit Gesetzen können Anforderungen aus Normen eine entscheidende Rolle für den Marktbeintritt von KI-Produkten spielen. Vor diesem Hintergrund kann mittels Qualitätsanforderungen an KI-Systeme ein gemeinschaftlich geschaffenes Vertrauen dem wirtschaftlichen Mehrwert sowie einer einheitlichen Folgenabschätzung zugrunde gelegt werden. Die Definition von Qualitätskriterien kann in Abhängigkeit von eingebetteten KI-Methoden (z. B. regelbasiert oder datengetrieben) sowie des Anwendungskontexts erfolgen. Vor diesem Hintergrund bergen KI-Komponenten aufgrund des breiten Methoden- und Fähigkeitsspektrums Risiken auf unterschiedlichen Ebenen, zum Beispiel Risiken für das menschliche, körperliche und geistige Wohlbefinden, Daten, Finanzen, Nachhaltigkeit sowie Gleichbehandlung und Parteilichkeit. Infolgedessen dürfen KI-Systeme bei allen Beteiligten nicht undifferenziert beurteilt werden.

In Anlehnung an den Europäischen Vorschlag zu einem KI-Gesetz [7], die Ethik-Leitlinien der europäischen Hochrangigen Expertengruppe für künstliche Intelligenz [14], ein Ausbildungsprogramm zum Testen von KI-Software [15] sowie KI-Zertifizierungskonzepte von Fraunhofer [16] ist in Abbildung 4.5

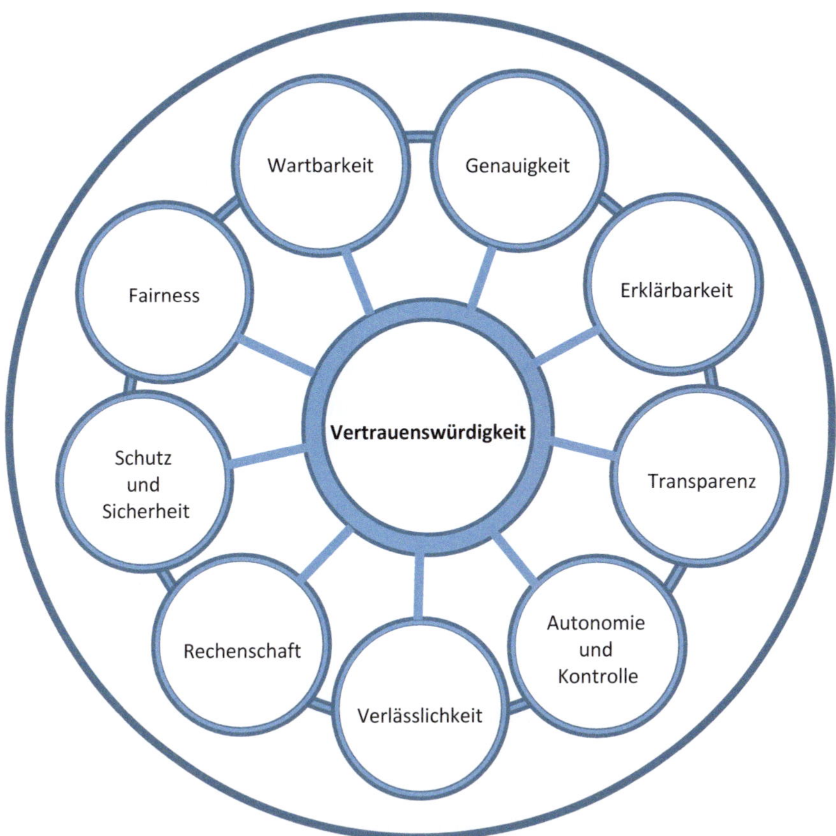

Abbildung 4.5: Qualitätskriterien zur Schaffung von Vertrauenswürdigkeit für künstliche Intelligenz.

ein Überblick über die entscheidenden Qualitätskriterien zur Schaffung von Vertrauenswürdigkeit von KI dargestellt.

Die Qualitätskriterien aus Abbildung 4.5 werden in der ein oder anderen Form in allen Veröffentlichungen zu Vertrauenswürdigkeit genannt und in Kapitel 14 detaillierter erläutert. Zur Erfüllung von Qualitätsanforderungen ist nicht jedes Kriterium hierbei immer für jede KI-Lösung gleichermaßen relevant. Zum Beispiel muss ein KI-System für die Optimierung einer Maschine gegebenenfalls nicht auf „Fairness" getestet werden. Nichtsdestotrotz spielen alle Kriterien eine Rolle bei der Beurteilung von Vertrauenswürdigkeit komplexer KI-Lösungen und stehen miteinander in Beziehung. Aufgrund von Wechselbeziehungen zwischen den einzelnen Kriterien kann je nach konkretem Anwendungsfall die Verbesserung der Qualität in Bezug auf ein Kriterium in Einbußen oder Verbesserungen bei anderen Anforderungen resultieren. In dem Zusammenhang sei an die Diskussion um die Vertrauenswürdigkeit von sozialen Netzwerken, öffentlichen Suchmaschinen oder weiteren, datenverarbeitenden digitalen Diensten erinnert: Während das Vertrauen in soziale Netzwerke innerhalb der Bevölkerung Deutschlands ab 2015 bis heute gesunken ist [17], wird die Skepsis gegenüber digitalen Technologien in Anbetracht von Äußerungen wie „Das Ende des Zufalls" immer größer. Allerdings ist mit Innovationen aus dem Bereich KI häufig auch die Neugier über erfolgreich schätzbare Zukunftsszenarien verbunden, beispielsweise aufgrund von Fragen wie „Gibt es eine Formel, die unsere Zukunft berechnen kann?" [18].

Überprüfung von Qualitätsmerkmalen

Auf Grundlage des Trainingskatalogs „Certified Tester AI Testing (CT-AI) Syllabus" vom „International Software Testing Qualifications Board" werden regelmäßig zertifizierte Tester von KI-Systemen geschult. Im Rahmen der Schulung wird der Umgang mit unterschiedlichen Testebenen für KI-Systeme vermittelt. Ein Nachweis als „Certified Tester" kann eine Einstellungsvoraussetzung bei Unternehmen mit dem Fokus auf Softwaretests sein.

In Anlehnung an den Trainingskatalog lassen sich verschiedene technische Ebenen eines Systems gegen Qualitätsanforderungen prüfen. Die technischen Ebenen umfassen Tests für KI-Systeme, Daten, weitere zum System zugehörige Komponenten wie Benutzeroberflächen oder Kommunikationsmittel, Integrationstests eingebetteter Komponenten sowie Feldtests des Gesamtsystems. Darüber hinaus sind auf nicht-technischer Ebene kundenseitige Tests bezüglich Akzeptanz von Bedeutung.

Wie in Abbildung 4.6 illustriert, kann jede technische Ebene gegen Qualitätskriterien überprüft werden. Für jeden Tester ist zu entscheiden, ob zu testende Ebenen gegen Qualitätsmerkmale grundsätzlich sinnvoll prüfbar sind und welche Voraussetzungen je nach regulatorischen Forderungen und technischen Vorgaben zwingend erfüllt werden müssen. Beispielsweise können auf Grundlage der Tabelle Anforderungen für Qualitätskriterien einzelner Ebenen strukturiert formuliert werden. Aufgrund des breiten Methoden- und Fähigkeitsspektrums (siehe Kapitel 5 bis 7) unterscheiden sich die Anforderungen an Qualitätskriterien bereits zwischen regelbasierten und datengetriebenen Charakteristiken einer konkreten Anwendung. Zur Verdeutlichung der Charakteristiken einzelner Qualitätskriterien aus Abbildung 4.6 liefert Kapitel 14 eine detailliertere Beschreibung jedes Begriffs mit Bezug auf künstliche Intelligenz.

Ebenen für Prüfungen / Qualitätskriterien	KI-Modelle	Daten	Einzelne, eingebettete Systemkomponenten wie Benutzeroberflächen oder Kommunikationsmittel	Systemintegration	Gesamtsystem
Schutz und Sicherheit					
Erklärbarkeit					
Transparenz					
Verlässlichkeit					
Genauigkeit					
Wartbarkeit					
Fairness					
Kontrollierbarkeit durch Menschen und Autonomie					
Rechenschaft					

Abbildung 4.6: Prüfungen einzelner Ebenen im Hinblick auf Qualitätskriterien.

Aufgrund der entscheidenden Rolle zur Schaffung von Akzeptanz für KI-Produkte und -Services bei Anwendern sowie Notwendigkeiten bei Erfüllung gesetzlicher Anforderungen zum Inverkehrbringen repräsentiert auch die Vertrauenswürdigkeit einen Erfolgsfaktor für Systeme mit eingebetteten KI-Komponenten. Allen beteiligten Wirtschaftsakteuren sollten unmissverständlich einheitliche Anforderungen an KI-Systeme für Konformitätsbewertungsprozesse wie Test, Zertifizierung, Inspektion und Kalibrierung aus regulatorischer Perspektive vermittelt werden.

Mit Bedeutung für die Konformitätsbewertung sowie die Erwartungen der Europäischen Kommission an die Qualität von KI-Systemen sind in den Kapiteln 15 bis 17 regulatorische Prozesse und Anforderungen mit Relevanz für das Inverkehrbringen von KI-Produkten diskutiert. Anhand der später beschriebenen KI-Projekte aus der Praxis wird auch exemplarisch gezeigt, wie eine übersichtliche Beschreibung sowie ein allgemeines KI-Label, einschließlich eines zusätzlichen „Trustworthy-Scores“, zur Schaffung von Transparenz und Vertrauen in KI-Produkte und -Services beitragen können.

Quellen

[1] Statista: Volumen der jährlich generierten/replizierten digitalen Datenmenge weltweit in den Jahren 2012 und 2020 und Prognose für 2025, Online Statistik, https://de.statista.com/statistik/daten/studie/267974/umfrage/prognose-zum-weltweit-generierten-datenvolumen/, zuletzt abgerufen am 8.10.2022

[2] Wikipedia: Internet of Things, https://en.wikipedia.org/wiki/Internet_of_things, zuletzt abgerufen am 8.10.2022

[3] Wikipedia: Big Data, https://de.wikipedia.org/wiki/Big_Data, zuletzt abgerufen am 8.10.2022

[4] Wikipedia: GPT-3, https://en.wikipedia.org/wiki/GPT-3, zuletzt abgerufen am 8.10.2022

[5] Datenethikkommission der Bundesregierung: Gutachten. Berlin (2019)

[6] EU Commission: White Paper on Artificial Intelligence – A European approach to excellence and trust. Brussels (2020)

[7] European Commission: Proposal for a Regulation of the European Parliament and of the Council – Laying down harmonised rules on Artificial Intelligence, Brussels (2021)

[8] VDI/VDE Innovation und Technik GmbH: Künstliche Intelligenz in Forschung und Lehre, https://www.plattform-lernende-systeme.de/files/Downloads/Diverses/Studie_KI_in_Studium_und_Lehre.pdf, zuletzt abgerufen am 9.10.2022

[9] Bundesregierung, Nationale Strategie für Künstliche Intelligenz „Made in Germany“, https://www.ki-strategie-deutschland.de/home.html

[10] Das Futurium ist ein Haus der Zukünfte. Hier dreht sich alles um die Frage: Wie wollen wir leben? In der Ausstellung können Besucher und Besucherinnen viele mögliche Zukünfte entdecken, im Forum gemeinsam diskutieren und im Futurium Lab eigene Ideen ausprobieren. https://futurium.de/de

[11] Das Deutsche Museum bietet eine ganze Reihe von Veranstaltungen zu KI an: https://www.deutsches-museum.de/suche?tx_solr%5Bq%5D=k%C3%BCnstliche+intelligenz, zuletzt abgerufen am 15.10.2022

[12] Künstliche Intelligenz in Schleswig-Holstein, Der KI-Transfer-Hub: ein starkes Netzwerk aus Wissenschaft und Wirtschaft gefördert vom Europäischen Fonds für regionale Entwicklung (EFRE), den Bund und das

Land Schleswig-Holstein, https://kuenstliche-intelligenz.sh/de/startseite, zuletzt abgerufen 16.10.2022

[13] Linux Foundation Landscape. Zuletzt abgerufen am 29.10.2022 von https://landscape.lfai.foundation/

[14] Europäische Kommission, Hochrangige Expertengruppe für künstliche Intelligenz: Ethik-Leitlinien für eine vertrauenswürdige künstliche Intelligenz, 2019.

[15] International Software Testing Qualifications Board: Syllabus – Certified Tester AI Testing (CT-AI), Version 1.0, 2021

[16] Fraunhofer-Institut für Intelligente Analyse- und Informationssysteme IAIS: Vertrauenswürdiger Einsatz von künstlicher Intelligenz, 2019

[17] Statista Research Department: Umfrage in Deutschland zum Vertrauen in soziale Netzwerke im Internet 2022, zuletzt abgerufen am 24.10.2022 von https://de.statista.com/statistik/daten/studie/377228/umfrage/umfrage-in-deutschland-zum-vertrauen-in-soziale-netzwerke-im-internet/

[18] 3sat Wissenschaftsdoku: Das Ende des Zufalls – Deutschland, 2015

TEIL 2 – Eine dreidimensionale Taxonomie für KI-Systeme

Kapitel 5 Methoden, Fähigkeiten, Kritikalität – ein dreidimensionaler Blick auf KI

Thomas Schmid, Wolfgang Hildesheim, Taras Holoyad

Der Einsatz von KI-Systemen ist ein Erfolgs- und Wachstumsfaktor in zahlreichen Branchen und Anwendungen. Immer mehr Produkte, Services oder Apps werden als „intelligent" oder mit künstlicher Intelligenz ausgestattet vermarktet. Die Frage, was das genau bedeutet, ist jedoch im Einzelfall nicht immer leicht zu beantworten. Während die Verwendung bestimmter prominenter Schlüsseltechnologien wie neuronaler Netze eine Eingruppierung als KI-basiertes System nahelegt, ist dies für viele andere Methoden zur Realisierung von KI-Systemen weniger offensichtlich. In der Praxis stellt sich daher nicht nur für Kunden, sondern auch für Entscheider, Entwickler und Regulierer schnell die Frage: Ist das tatsächlich künstliche Intelligenz? Und falls ja, warum? Steckt in einem gegebenen System KI-Technologie? Und falls ja, welche? Welche Algorithmen und Methoden tragen das Etikett „KI" tatsächlich zurecht? Und welche nicht? Und welche Fähigkeiten muss ein Produkt oder Service überhaupt realisieren, um berechtigterweise als KI-Produkt oder KI-Service bezeichnet zu werden? Was macht ein System intelligent, und woran lässt sich das erkennen?

In der öffentlichen Diskussion lassen sich diese Fragen bislang kaum eindeutig beantworten. Im besten Fall ist dies „nur" auf eine Art babylonische Sprachverwirrung zurückzuführen, das heißt, es liegt an zu unterschiedlichen Begriffen beziehungsweise dem Mangel an einer einheitlichen Sprache. Doch teils geht es auch um ein unterschiedliches Verständnis und unterschiedliche Blickwinkel, die sich beispielsweise aus unterschiedlichen Industriebranchen oder unterschiedlichen Forschungsrichtungen ergeben. Bereits an der ganz elementaren Frage, was künstliche Intelligenz im Kern eigentlich ist, scheiden sich traditionell die Geister. Und zwar selbst unter denjenigen, die es theoretisch am besten wissen müssten: Noch nicht einmal unter den Erforschern und Entwicklung herrscht Konsens in dieser Hinsicht [1] – für die vergangenen 70 Jahre lassen sich in der wissenschaftlichen Fachliteratur mittlerweile mehr als 100 teils sehr unterschiedliche Definitionen des KI-Begriffs zählen [2]. Während KI-Experten also sozusagen weiterhin die eine richtige Formulierung suchen, entstehen zeitgleich nicht nur reale KI-Produkte und -Services, sondern wächst damit eingehend auch der Bedarf an einheitlichen technischen Beschreibungen der zugrunde liegenden Systeme. Denn erst auf Basis einer gemeinsamen Sprache wird es möglich, auch die Qualität, Tests, Zertifikate und den Marktzugang für KI-Systeme – oder mit anderen Worten: die praktische Anwendung – einheitlich zu regeln.

Vor diesem Hintergrund schlagen wir entgegen dem allgemeinen Trend vor, auf eine vermeintlich allumfassende Grundsatz-Definition von künstlicher Intelligenz zu verzichten und stattdessen vielmehr eine systematische Beschreibung der tatsächlichen Eigenschaften eines gegebenen KI-Systems zu nutzen. Von abstrakten Begrifflichkeiten wollen wir also den Fokus mehr auf konkrete Charakterisierungen gegebener Systeme lenken. Hierfür haben wir eine neuartige Taxonomie für KI-Systeme eingeführt, die genau das ermöglicht: die AI=MC²-Taxonomie. Der Name AI=MC² ist dabei einerseits inspiriert von der berühmten Formel E=MC² des Physikers Albert Einstein, welche besagt, dass Energie gleich der Masse mal der Lichtgeschwindigkeit ins Quadrat ist; was im ganzen Universum gilt, welches aus Energie besteht. Andererseits ist AI=MC² zugleich ein Akronym für die wesentlichen Merkmale, anhand derer wir ein KI-System (engl. AI) charakterisieren werden: die verwendeten KI-Methoden (engl. Methods), die damit realisierten KI-Fähigkeiten (engl. Capabilities) sowie die damit verbundene Kritikalität (engl. Criticality) des KI-Systems.

Die Grundidee unserer aus drei Dimensionen bestehenden Taxonomie entstand im Jahr 2020 und wurde nach einer Veröffentlichung als eigenständiges Buch im Beuth-Verlag [3] auch Teil der ersten Normungsroadmap Künstliche Intelligenz [4] des Deutschen Instituts für Normung (DIN). Im Folgejahr wurde die ursprüngliche Taxonomie von uns überarbeitet und nach einer externen wissenschaftlichen Begutachtung in der deutschen Fachzeitschrift Künstliche Intelligenz [5] veröffentlicht. Diese überarbeitete Fassung wiederum floss auch in der zweiten Auflage der Normungsroadmap Künstliche Intelligenz ein. Die vorliegende Version der AI=MC²-Taxonomie baut darauf auf und beinhaltet zusätzliche Optimierungen sowie der Taxonomie als auch deren Aufbereitung (etwa die Einführung eines Farbcodes). Sie stellt somit den aktuellen Stand unserer Arbeit dar. Im Folgenden erläutern wir zunächst Inspiration und Motivation für die AI=MC²-Taxonomie, danach den grundlegenden Aufbau und schließlich anhand beispielhafter Use Cases dessen Einsatzmöglichkeiten.

5.1 Vorbild Lebensmittelkennzeichnung

Mit Blick auf KI erwarten Experten nicht nur in Zukunft ein starkes Wachstum, bereits heute ist KI in vielen Produkten und Services enthalten und erfährt eine zunehmende Verbreitung. Jenseits traditionell schon immer technikaffiner Wirtschaftsbereiche wie etwa der industriellen Automation erobert KI damit zunehmend den Alltag des Durchschnittsbürgers. Besonders viele KI-basierte Services tragen wir sogar rund um die Uhr in unseren Taschen mit uns herum – in Form von Apps, die etwa zur Sprach- oder Gesichtserkennung dienen. Andere Dienste, etwa von Google oder Amazon, nutzen KI-Algorithmen, um ihre Webservices „intelligenter" zu machen. Viele Unternehmen setzen datengetriebene KI dazu ein, um Prognosen über ihre Kunden zu treffen und diese entsprechend zu kontaktieren oder personalisierte Angebote zu machen. Aber auch in Produkten der Unterhaltungselektronik wie Kameras, Spielzeug wie Puppen, Küchengeräten wie Spülmaschinen, Haushaltshilfen wie Staubsaugrobotern, Haustechnik wie Rollladensteuerungen oder in intelligenten beziehungsweise selbstfahrenden Automobilen stecken heute Technologien, die viele Experten als künstliche Intelligenz einordnen würden.

Mit einer gewissen Sicherheit lässt sich daher folgern: Egal, ob Mann oder Frau, jung, oder alt – die meisten Menschen in Deutschland oder Europa dürften schon einmal in Kontakt mit KI gekommen sein. Gut möglich allerdings, dass dies einem Großteil dieser Menschen gar nicht bewusst ist. Und sehr wahrscheinlich, dass die wenigsten dieser Menschen eine Vorstellung davon haben, an welcher Stelle genau KI im Spiel war, wie diese eigentlich funktioniert oder ob ihnen dadurch womöglich Risiken entstehen könnten. Denn anders als bei vielen anderen Produkten und Services, die Unternehmen in Deutschland oder Europa auf den Markt bringen, ist eine Kennzeichnung von KI-Technologie bislang nicht erforderlich und wird höchstens zu Marketingzwecken genutzt. Ebenso wenig existiert hier bislang eine einheitliche Systematik, um eine solche Kennzeichnung einfach und verbrauchergerecht umzusetzen. Mangels transparenter Kennzeichnung haben Verbraucher bislang also wenig Chancen, sich aktiv für oder gegen bestimmte Technologien zu entscheiden. Man spricht in dem Zusammenhang auch vom „Black box"-Problem, weil der Durchschnittskunde nicht weiß, was, wie und warum eine KI etwas macht und kann. Für die Akzeptanz und Vertrauenswürdigkeit KI-basierter Produkte und Services insgesamt ist dieser Status Quo wenig hilfreich.

Dass es besser geht, zeigt eine andere Branche, deren Produkte wir tagtäglich um uns haben: die Lebensmittelindustrie. Seit mehr als 40 Jahren müssen Anbieter von Lebensmitteln in Deutschland gesetzliche Auflagen zur Kennzeichnung ihrer Produkte erfüllen. Aus Sicht von Verbrauchern eine Erfolgsstory und ein einfaches Hilfsmittel, das viele Kunden heute ganz selbstverständlich beim Einkauf nutzen – sei es, weil sie auf nachhaltige Produkte aus ökologischem Anbau setzen, weil sie aufgrund von Unverträglichkeiten bestimmte Inhaltsstoffe meiden müssen oder weil sie schlicht das Preis-/ Leistungsverhältnis unterschiedlicher Produkte überprüfen wollen. Anbieter waren lange skeptisch gegenüber einer Kennzeichnungspflicht. Der Präsident des deutschen Lebensmittelverbands (ehemals Bund für Lebensmittelrecht und Lebensmittelkunde (BLL)) etwa hielt die Idee von einheitlichen und verpflichtenden Angaben für Lebensmitteln noch Mitte des vergangenen Jahrhunderts für nutzlos und geradezu absurd [6]: *„Sie (die Lebensmittelwirtschaft) glaubt aber nicht, dass bei der großen Vielfalt auf dem Lebensmittelgebiet und bei der Kompliziertheit der Herstellungsverfahren dem Verbraucher mit detaillierten Angaben gedient sein würde. Im Gegenteil: Solche detaillierten Angaben würden nach unserer Meinung zu einer Vielzahl von Missverständnissen führen.“*

Dies sah man jedoch auf der Ebene europäischer Regierungen anders, was dazu führte, dass Ende der 1970er Jahre auf EU-Ebene (damals noch Europäische Gemeinschaft) eine Richtlinie für die Etikettierung und Aufmachung von für den Endverbraucher bestimmten Lebensmitteln sowie deren Bewerbung. In Deutschland folgte dann 1981 die Lebensmittelkennzeichnungs-Verordnung (LMKV), welche diese Regeln analog für den deutschen Markt einführte. Ursprünglich war das Hauptziel des Gesetzgebers, den Verbraucher beim Kauf verpackter Lebensmittel vor Übervorteilung durch den Anbieter zu bewahren und Klarheit bezüglich der Beschaffenheit, der Menge, des Gewichts sowie der Frische eines Produkts zu schaffen.

Seit 2014 gilt in Deutschland statt den deutschen Kennzeichnungsregeln der LMKV die 2011 beschlossene EU-Lebensmittelinformationsverordnung (LMIV) [7]. Diese betrifft nicht nur packungsbezogene Angaben, sondern generell die Information über Lebensmittel, egal in welcher Form. Mit dieser EU-Verordnung werden zusätzlich zu bereits bestehenden Auskunftspflichten eine umfassendere Herkunftskennzeichnung und eine verbindliche Nährwertdeklaration vorgeschrieben. Weiter legt die Verordnung eine Mindestschriftgröße fest, reguliert den Fernabsatz und schreibt vor, dass Allergiehinweise im Rahmen der Zutatenliste hervorgehoben gekennzeichnet werden müssen.

Verpackte Lebensmittel (Fertigpackungen) müssen in der EU heute folgende Pflichtangaben machen:

- Bezeichnung des Lebensmittels (Um was für ein Produkt handelt es sich?)
- Zutatenverzeichnis (in absteigender Reihenfolge nach ihrem Gewichtsanteil, inklusive Zusatzstoffe mit Namen oder ihrer E-Nummer)
- Mindesthaltbarkeitsdatum
- Nettofüllmenge
- Hersteller, Verpacker oder Importeur
- Los-/Chargen-Nummer
- Nährwertkennzeichnung

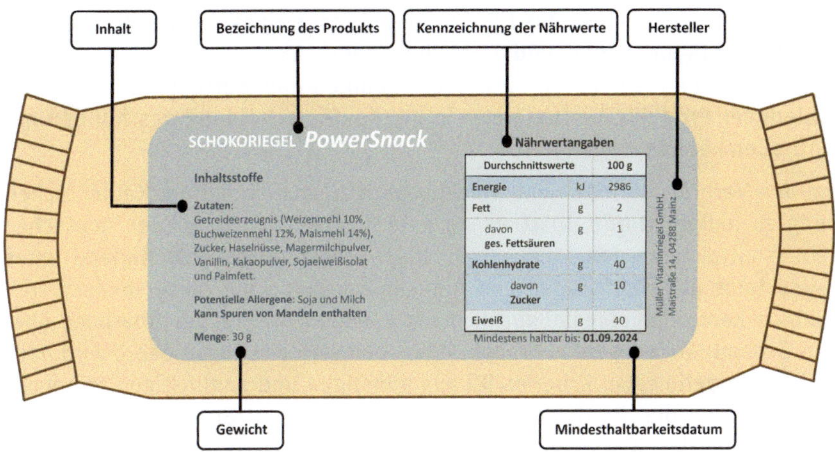

Abbildung 5.1: Beispiel-Kennzeichnung eines fiktiven Vitaminriegels nach gesetzlichen Vorgaben.

Herzstück der Lebensmittelkennzeichnung ist heute für viele Verbraucher die so genannte Nährwertkennzeichnung. Neben den oben genannten allgemeinen Produkteigenschaften erfordern die gesetzlichen Vorgaben zur Nährwertkennzeichnung seit 2016, dass auch der Energiegehalt und sowie die enthaltenen Mengen Fett, gesättigten Fettsäuren, Kohlenhydraten, Zucker, Eiweiß und Salz zwingend ausgewiesen werden müssen [7]. Zusätzlich können auf freiwilliger Basis die Menge an enthaltenen Ballaststoffen oder ungesättigten Fettsäuren aufgeführt werden. Der wesentliche Mehrwert ergibt sich hier einerseits aus der Einheitlichkeit der Kennzeichnung, die nicht nur in einheitlicher Tabellenform, sondern auch jeweils bezogen auf 100 Gramm oder Milliliter des Lebensmittels erfolgen muss. Manche Unternehmen geben darüber hinaus zur besseren Orientierung auf freiwilliger Basis die Nährwerte für eine Portion oder eine Verzehreinheit an. Für Nahrungsergänzungsmittel, natürliches Mineralwasser und Tafelwasser existieren eigenständige Regelungen zur Nährwertkennzeichnung, diese weichen aber in erster Linie aus Sachgründen von der allgemeinen Regel ab (etwa, weil der Gehalt bestimmter Mineralien in natürlichem Mineralwasser relevanter als in anderen Lebensmitteln ist). Auch die vierzehn Stoffe (beziehungsweise Erzeugnisse daraus), die am häufigsten Allergien oder Unverträglichkeiten auslösen, müssen immer gut sichtbar auf dem Etikett stehen. Insgesamt können nur wenige Lebensmittelarten, wie etwa unverpacktes Obst und Gemüse, in Europa ohne eine entsprechende Kennzeichnung verkauft werden. Im

Umkehrschluss bedeutet das für den Verbraucher, dass die meisten Lebensmittel bereits im Laden und ohne besondere Expertise miteinander verglichen werden können, und dass die jeweiligen Nährwerteigenschaften verschiedener Produkte und Anbieter in die Kaufentscheidung des Kunden mit einfließen können.

Um den Verbraucherinnen und Verbrauchern zusätzlich bei der Kaufentscheidung zu helfen, wurde 2020 als neueste Kennzeichnung für den deutschen Lebensmittelmarkt der sogenannte „Nutri-Score" eingeführt. Anhand eines Leitsystems aus Buchstaben und Ampelfarben kann mit dieser bislang freiwilligen Kennzeichnungsmöglichkeit ein zusammenfassender Überblick über den Gesamtnährwert eines Produkts gegeben werden. Dieser Score wird nach einheitlich definierten Kriterien [8] aus günstigen und ungünstigen Nährwerteigenschaften des Produktes berechnet. Die Stufe A (Grün) steht dabei für die höchste, die Stufe E (rot) für die niedrigste Nährwertqualität. Durch den zusammenfassenden Charakter der „Nutri-Score"-Kennzeichnung können Verbraucher sogar ohne detaillierten Vergleich der Nährwertangaben unterschiedlicher Lebensmittel innerhalb einer Produktgruppe auf einen Blick einschätzen und gegebenenfalls ihre Kaufentscheidung danach ausrichten. So lassen sich etwa aus verschiedenen Fertigsuppen diejenigen mit dem günstigeren Nährwert auszuwählen.

Zusammenfassend ergeben diese Regelungen, dass Verbraucherinnen und Verbraucher heute vielfältige Möglichkeiten haben, sich über die Lebensmittel, die sie kaufen und essen, zu informieren. Dies ermöglicht ihnen etwa, eher ungesunde Lebensmittel (wie stark zuckerhaltige Süßigkeiten) oder für einzelne Konsumentinnen oder Konsumenten gefährliche Produkte (die allergische Reaktionen auslösen können) zu vermeiden oder deren Konsum ärztlichen Empfehlungen anzupassen. Entgegen etwaiger Befürchtungen haben Kennzeichnungspflicht und Transparenz gegenüber den Käuferinnen und Käufern keinen nennenswerten Rückgang bei Herstellung und Vertrieb von stark zucker-, fett- oder salzhaltigen Lebensmittel geführt. Wohl aber lässt sich feststellen, dass ernährungsbewusste Konsumentinnen und Konsumenten sich dadurch heute erheblich leichter auf dem immer umfangreicher und vielfältiger werdenden europäischen Lebensmittelmarkt orientieren können. Dank der Lebensmittelinformationsverordnung und ihrer Systematik der Nährwertkennzeichnung werden Lebensmittel heute einheitlich und transparent beschrieben, Risiken in Bezug auf bestimmte Inhaltsstoffe können besser vermieden werden und bewusste Kaufentscheidungen sowie Vergleiche werden möglich. Insofern kann die Einführung der Lebensmittelkennzeichnung als Erfolg und als klares Vorbild für eine Kennzeichnung von künstlicher Intelligenz betrachtet werden.

5.2 Konzept und Aufbau der AI=MC²-Taxonomie

Einheitliche Kennzeichnungen und Produkttransparenz für jedermann, wie sie auf dem Lebensmittelmarkt seit vielen Jahren üblich sind, fehlen im Zusammenhang mit KI-basierten Produkten und Services bislang. Um dies zu ermöglichen, erfordert es nach unserer Auffassung insbesondere ein direktes Analog zu der Nährwertkennzeichnung, mit dem sich der Einsatz Künstlicher Intelligenz für ein gegebenes Produkt beziehungsweise einen gegebenen Service im Kern beschreiben lässt. Ziel muss es sein, die wesentlichen KI-Eigenschaften so eindeutig und allgemein verständlich wie möglich zu beschreiben. Auf diese Weise bekämen sowohl Fachleute als auch interessierte Kundinnen und Kunden eine Möglichkeit, besser zu verstehen, was das verwendete System tatsächlich auszeichnet und gegebenenfalls auch, welche Risiken davon ausgehen könnten. Auf Grundlage einer solchen einheitlichen Kennzeichnung könnten darüber hinaus allgemein verständliche weitergehende Kennzeichnungen wie Gütesiegel oder Warnhinweise definiert werden.

Die von uns entwickelte **AI=MC²**-Taxonomie stellt eine fundierte Systematik zur Beschreibung von KI-Systemen dar und ermöglicht dadurch eben diese einheitliche Kennzeichnung, welche als Grundlage für einen wachsenden KI-Markt unverzichtbar ist. Die AI=MC²-Taxonomie nutzt drei voneinander unabhängige Kriterien, um ein gegebenes KI-Produkt oder einen gegebenen KI-Service zu charakterisieren. Diese Kriterien bestimmen den Namen unserer Taxonomie, der sich aus den beiden Agronymen **AI** und **MC²** zusammensetzt. **AI** steht dabei für *Artificial Intelligence* und **MC²** für *Methods, Capabilities and Criticality.* Diese drei Dimensionen – zu Deutsch: Methoden, Fähigkeiten und Kritikalität – sind so gewählt, dass sie einen ähnlich grundlegenden Überblick ermöglichen wie die Nährwertkennzeichnung auf Lebensmitteln. Zuordnungen entsprechend dieser drei Dimensionen können entweder in Form einer Liste (Abbildung 5.2), einer zweidimensionalen Matrix (Abbildung 5.3) oder einer dreidimensionalen grafischen Darstellung (Abbildung 5.4) repräsentiert werden. Die Nutzung einer eindeutigen Farbkodierung für diese Methoden, Fähigkeiten und Kritikalität, wie in unseren Abbildungen vorgeschlagen, erleichtert dabei zusätzlich den Überblick.

Die Auswahl der drei Charakterisierungskriterien beziehungsweise Dimensionen begründet sich dabei wie folgt:

1. **KI-Methoden.** Die erste Dimension, die das AI=MC² betrachtet, ist das Spektrum der zur Entwicklung des Systems verwendeten Algorithmen und Methoden. Diese Dimension orientiert sich konzeptionell an Erkenntnissen aus Informatik, Mathematik und angrenzenden Naturwissenschaften. Wäh-

rend es als zwingend betrachtet werden kann, dass ein System, welches als KI-basiert bezeichnet wird, KI-Methoden einsetzt, so sagt diese Tatsache allein noch nicht viel darüber aus, wie genau das System funktioniert und was dabei zu beachten ist. Denn sowohl als Technologie als auch als wissenschaftliche Disziplin ist die künstliche Intelligenz der Gegenwart überaus heterogen und umfasst teils sehr unterschiedliche Verfahren. Aus einer eher abstrakten Perspektive lässt sich das Gesamtspektrum an KI-Methoden nach jetzigem Stand in vier wesentliche Teilgebiete unterteilen: klassische KI, symbolische KI, hybride Lernverfahren und maschinelles Lernen. Diese vier Teilgebiete umfassen zahlreiche individuelle Algorithmen und sind durch jeweils unterschiedliche Eigenschaften und Ursprünge gekennzeichnet (vgl. Kapitel 6). Ein besonders tiefgreifender Unterschied besteht dabei zwischen klassischer und symbolischer KI einerseits und hybriden Lernverfahren und maschinellem Lernen andererseits: Während KI-Funktionalität auf Basis klassischer und symbolischer KI-Methoden verkürzt gesprochen ingenieursmäßig „in Handarbeit" als fest definierte Ablaufanweisungen entwickelt wird und erst im Produktivbetrieb mit einer größeren Menge an Daten konfrontiert ist, wird bei hybriden Lernverfahren und maschinellem Lernen bereits die KI-Funktionalität selbst fast ausschließlich automatisiert aus sogenannten Trainingsdaten abgeleitet – was ohne eine größere Menge hierfür geeigneter Daten grundsätzlich nicht möglich ist.

2. **KI-Fähigkeiten.** Neben den zur Entwicklung verwendeten Algorithmen und den damit verbundenen Implikationen (zum Beispiel für Umsetzung und Überprüfung von Fairness und Robustheit) sind für die Interaktion mit der Außenwelt insbesondere die dadurch realisierten Fähigkeiten eines gegebenen KI-Systems entscheidend. Die zweite Dimension, die das $AI=MC^2$ betrachtet, ist daher das erzielte beziehungsweise erzielbare Spektrum an KI-Fähigkeiten. Diese Dimension orientiert sich konzeptionell an Erkenntnissen aus Biologie, Kognitionswissenschaften und Theorien des Lernens aus angrenzenden Geisteswissenschaften. Angesichts der zahlreichen bereits bekannten beziehungsweise realisierten Anwendungen ist auch hier wieder von einem vergleichsweise breit gefassten Spektrum unterschiedlichster Fähigkeiten auszugehen (vgl. Kapitel 7). Das Gesamtspektrum an KI-Fähigkeiten lässt sich dabei in vier wesentliche Teilgebiete unterteilen: Wahrnehmen, Verarbeiten, Handeln und Kommunizieren. Mit Blick auf das Vorbild Mensch ist hier insbesondere festzustellen, dass zwar einerseits für den gesunden Durchschnittsmensch Fähigkeiten aus allen vier Bereichen beziehungsweise viele der Teilfähigkeiten aus jedem Bereich angenommen werden können. Viele aktuell existieren Anwendun-

gen – etwa KI-basierte Bilderkennung für die medizinische Diagnostik – realisieren hingegen nur einen vergleichsweise kleinen Ausschnitt dieses Fähigkeitsspektrums. Werden nur einzelne KI-Teilfähigkeiten realisiert, spricht man auch von sogenannter „schwacher“ KI [9]. Im Gegensatz dazu würde eine sogenannte „starke“ KI, die eine nicht unerhebliche Zahl an KI-Forschern noch zu entdecken hofft [10], dieses Spektrum wohl fast vollständig realisieren.

3. **KI-Kritikalität.** Die Analyse beziehungsweise Kennzeichnung von KI-Methoden und KI-Fähigkeiten spiegelt primär eine technische Perspektive wider, weniger jedoch die gesellschaftliche Dimension von KI. Die dritte Dimension, die die AI=MC²-Taxonomie betrachtet, bildet daher unterschiedliche Stufen von Risikopotenzial eines gegebenen KI-Systems ab und wird als Kritikalität bezeichnet. Die Dimension der KI-Kritikalität führt insbesondere eine Repräsentation für externe Einstufungen beziehungsweise Technikfolgenabschätzungen ein, wie sie künftig voraussichtlich von Zertifizierungs- oder Zulassungsstellen vorgenommen werden. Aufgrund aktueller Gesetzgebungspläne der EU (siehe auch Kapitel 11) ist bereits absehbar, dass der Gesetzgeber KI-Systeme in mehrere Risikoklassen eingruppieren wird. Ausschlaggebender Faktor hierfür dürften die Auswirkungen möglicher Fehlfunktionen auf Nutzerinnen und Nutzer werden. Nach aktuellem Stand wird es in den kommenden Jahren EU-weite gesetzliche Marktvorgaben für vier Klassen von KI (von Systemen mit wenig Risiko bis hin zu Hochrisiko-Systemen) geben. Unter der Annahme, dass auch KI-Systeme ohne Schadenpotenzial existieren, beziehungsweise dass manche Systeme nicht als mit Risiken verbunden eingestuft werden, ergibt sich somit ein Spektrum aus fünf Kritikalitätsstufen (vgl. Kapitel 8).

Mithilfe dieser drei Dimensionen lässt sich ein gegebenes KI-basiertes Produkt beziehungsweise ein System, welches eine bestimmte Anwendung oder Dienstleistung mittels KI realisiert, einheitlich und umfassend beschreiben. Insbesondere lässt sich allgemein verständlich aufzeigen, wie das System mit der Umwelt interagiert, wie „intelligent“ es sich dabei tatsächlich verhalten kann und ob durch den Einsatz des Systems Risiken für die Nutzerinnen und Nutzer zu erwarten sind. Im Folgenden zeigen wir verschiedene Einsatzmöglichkeiten für diese dreidimensionale Taxonomie auf.

5.3 Anwendungsszenarien und Nutzen der AI=MC²-Taxonomie

Der Mangel an einer einheitlichen Kennzeichnung von KI führt bislang regelmäßig zu Missverständnissen und erschwert nicht nur ein gemeinsames Verständnis, sondern bringt auch zahlreiche praktische Nachteile mit sich. So entstehen etwa bereits im Rahmen der Produktion Schwierigkeiten, wenn etwa Unternehmen mangels einheitlicher technischer Beschreibungen ihrer Systeme nicht effektiv branchenweit beziehungsweise entlang einer gemeinsamen Wertschöpfungskette zusammenarbeiten können. Qualitativ hochwertige Produkte und Services können sich ohne eine klare Vergleichbarkeit nur schwer von der Konkurrenz abheben. Für Regulierer wird die einheitliche Regelung von Märkten mittels bewährter Instrumente wie Tests oder Zertifikate erschwert. Und für Kundinnen und Kunden erscheinen KI-Systeme im Wesentlichen wie undurchschaubare Kisten (engl. black boxes), über die sie sich ohne detaillierte Technikkenntnisse kaum informieren können und denen entsprechend eher mit Misstrauen begegnet wird.

Eine Kennzeichnung von KI-Anwendungen auf Grundlage einer Kombination aus technischen, funktionellen und funktionellen, ethischen und rechtlichen Kriterien wird daher ähnlich wie die Kennzeichnung von Lebensmitteln in Form von Nährwertangaben vielfältige Impulse für den Markt für KI-basierte Produkte und Services geben. Eine einheitliche Beschreibung und ein gemeinsames Verständnis, wie es die AI=MC²-Taxonomie bietet, erlaubt darüber hinaus aber auch strukturierte, branchenweit einheitliche Konzeptionen und Entwicklungsprozesse sowie eine einfachere Entwicklung von Kriterien und Instrumenten für ein effektives Risikomanagement und eine effiziente Beurteilung der Konformität und Qualität. Darüber hinaus wird die Durchführung fallbezogener Auswertungen von KI-Produkten und -Dienstleistungen erheblich vereinfacht, was sowohl Marktzugänge für Innovationen beschleunigen als auch die allgemeine gesellschaftliche Akzeptanz für KI erhöhen wird.

Im Folgenden stellen wir exemplarisch einige Einsatzmöglichkeiten der AI=MC²-Taxonomie für unterschiedliche praktische Anwendungsbereiche vor.

Einsatzmöglichkeit 1: Kennzeichnung von KI-Produkten und -Services

Mit einem wachsenden Markt für KI werden Konsumentinnen und Konsumenten in den kommenden Jahren zunehmend mit KI-basierten Produkten und Services konfrontiert werden. Es ist daher absehbar, dass parallel dazu verbraucherseitig der Wunsch nach mehr Transparenz wachsen wird. Für die

AI=MC²-Taxonomie stellt dies sozusagen den Standard-Anwendungsfall dar: Analog zu der oben beschriebenen Nährwertkennzeichnung für Lebensmittel kann die dreidimensionale AI=MC²-Taxonomie dazu genutzt werden, um konkrete KI-basierte Produkte oder Services für die Verbraucherinnen und Verbraucher transparent zu charakterisieren.

Abbildung 5.2 zeigt eine an die Nährwertkennzeichnung angelehnte (fiktive) tabellarische Charakterisierung eines KI-basierten Chatbots (für eine ausführlichere Beschreibung auch Kapitel 12). Leicht ersichtlich ist hier, dass der Service einzelne Fähigkeiten aus den KI-Fähigkeitsspektren „Verstehen" und „Kommunizieren" anbietet und diese mittels Methoden aus dem KI-Methodenspektrum „Maschinelles Lernen" realisiert. Darüber könnte eine solche Kennzeichnung weitere Angaben über den Hersteller, den Namen des Produktes, gegebenenfalls zu den zur Realisierung der KI-Fähigkeit genutzten Daten sowie gegebenenfalls Gütesiegel oder Warnhinweise enthalten.

Abbildung 5.2: Tabellarische Kennzeichnung eines KI-Services auf Basis der AI=MC²-Taxonomie.

Einsatzmöglichkeit 2: Konzeptions- und Analysehilfe für die KI-Entwicklung und -Zertifizierung

Die Einstufung einer bestimmten KI-basierten Anwendung hinsichtlich ihrer Kritikalität beziehungsweise ihres Risikopotenzials wird künftig voraussichtlich nicht von Herstellern und Entwicklern, sondern von externen Gremien oder Zulassungsstellen zu bewerten sein. Parallel zu einer von KI-Fähigkeiten und KI-Methoden tendenziell eher unabhängigen Kritikalitätseinstufung kann die AI=MC²-Taxonomie in der Phase Regulierern und Zertifizierern dabei helfen, schneller sachgerechte Testparameter beziehungsweise -strategien für eine gegebene KI-basierte Anwendung zu identifizieren. Auch Hersteller und Entwickler können die zweidimensionale Taxonomie von KI-Fähigkeiten und KI-Methoden bereits vor einer solchen Einstufung gewinnbringend nutzen, etwa um alternative Methoden gegeneinander abzuwägen oder einen schnellen Überblick darüber zu gewinnen, welches Fachpersonal zur Realisierung bestimmter KI-Fähigkeiten zu gewinnen ist.

Abbildung 5.3 zeigt eine zweidimensionale Betrachtung der AI=MC²-Taxonomie, die die dritte Dimension (KI-Kritikalität) außen vorlässt. Diese Darstellung orientiert sich an einem Positionspapier der hochrangigen Expertengruppe für künstliche Intelligenz der Europäischen Union [11], welches primär zwischen KI-Methoden und KI-Fähigkeiten unterscheidet. Beide Kriterien ergänzen sich dabei zwar komplementär, sind jedoch unabhängig voneinander zu betrachten beziehungsweise zu spezifizieren. Durch grafische Abbildung beider Dimensionen auf zwei separaten Achsen lässt sich dann eine Klassifizierungsmatrix zeichnen, an der sich für ein gegebenes KI-System konkret kennzeichnen beziehungsweise ablesen lässt, welche Fähigkeiten mit welchen Methoden realisiert werden. Bei modularen KI-Systemen ermöglicht eine solche Matrix, auf einen Blick grafisch abzubilden, welche Subfunktionalitäten mittels welchen Algorithmen realisiert wurden; dadurch wird etwa auch eine nach Subkomponenten getrennte Bewertung der KI-Funktionalität vereinfacht.

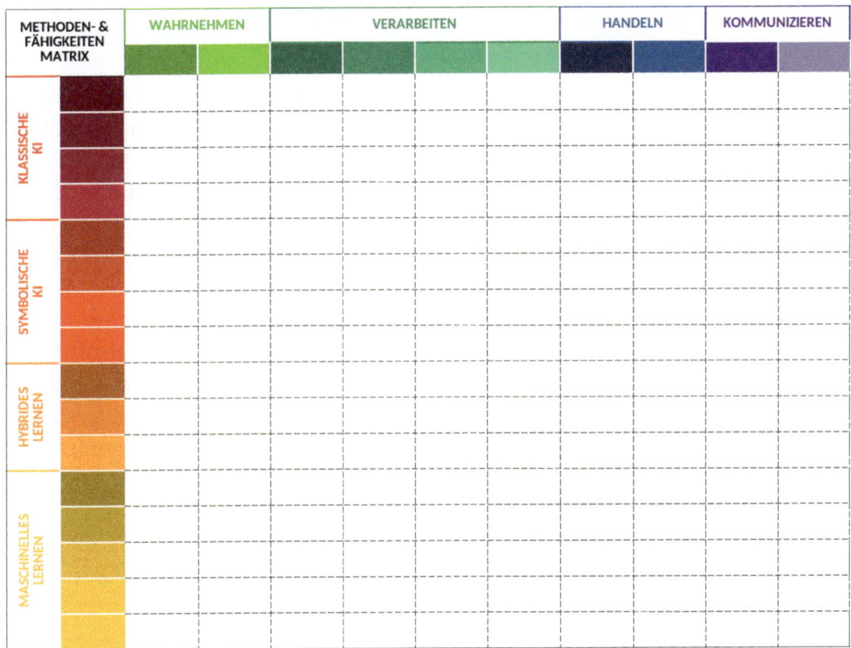

Abbildung 5.3: Zweidimensionale Repräsentation von KI-Methoden und KI-Fähigkeiten.

Einsatzmöglichkeit 3: Vergleich KI-basierter Produkte und Services für Entscheider und Regulierer

Neben individuellen Produktkennzeichnungen und des Einsatzes in den Bereichen Entwicklung und Zertifizierung kann eine dreidimensionale Repräsentation der AI=MC²-Taxonomie auch dazu genutzt werden, um vergleichende grafische Übersichten KI-basierter Produkte und Services zu erstellen. Gibt es etwa für eine bestimmte Produktkategorie wie KI-gesteuerte intelligente Staubsaugerroboter eine größere Anzahl an Produkten unterschiedlicher Hersteller, so können diese anhand der verwendeten KI-Methoden, der mittels KI realisierten Fähigkeiten sowie der jeweiligen Kritikalitätseinstufung miteinander verglichen werden. Produktmanager, unabhängige Marktbeobachter oder Regulierungsbehörden können auf dieser Basis leichter und schneller neue Produkttrends identifizieren, Strategien unterschiedlicher Marktteilnehmer miteinander vergleichen oder gegebenenfalls erforderliche Regulierungsmaßnahmen identifizieren. Analog lassen sich so auch für Forschungsprojekte eine Art Innovationslandkarte erstellen und so Trends und der neueste Technologiestand leichter charakterisieren.

Abbildung 5.4 zeigt eine dreidimensionale Repräsentation der AI=MC²-Taxonomie, in welchem KI-basierte Anwendungen entsprechend der KI-Methoden, der KI-Fähigkeiten und der KI-Kritikalität räumlich lokalisiert werden können. Eine Anwendung, die mittels Deep Learning eine KI-gestützte Hochrisiko-Bildverarbeitung (wie etwa Gesichtserkennung) realisiert, würde hier auf der x-Achse (KI-Fähigkeiten) weit links (Wahrnehmen), auf der y-Achse (KI-Kritikalität) weit oben (Substanzielles Risiko) und auf der z-Achse (KI-Methoden) weit vorn (Maschinelles Lernen) lokalisiert werden. Eine als wenig risikobehaftet eingestufte Software zur automatisierten Generierung schriftlicher Sportberichte mittels symbolischer KI würde hingegen auf der x-Achse im mittleren Bereich (Verarbeiten), auf der y-Achse im unteren Bereich (geringes Risiko) und auf der z-Achse im mittleren Bereich (Symbolische KI) repräsentiert werden.

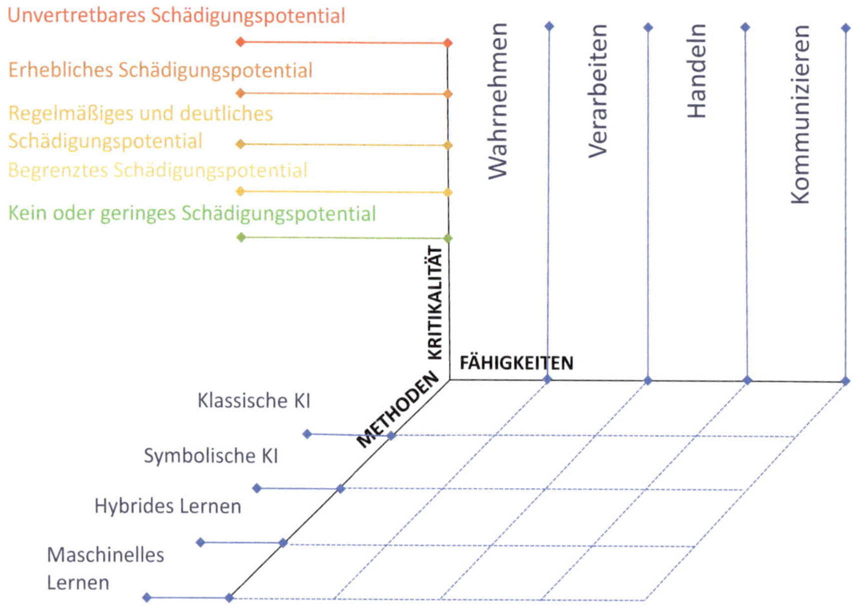

Abbildung 5.4: Dreidimensionale Darstellung der AI=MC²-Taxonomie.

Quellen

[1] Wang, P. (2019) On defining artificial intelligence. Journal of Artificial General Intelligence, 10(2), 1–37.

[2] Monett, D., and Lewis, C. W. P. (2018) Getting clarity by defining Artificial Intelligence – A Survey. In: Müller, V. C., ed., Philosophy and Theory of Artificial Intelligence 2017. Berlin: Springer. 212–214.

[3] Schmid, T., Hildesheim, W., Holoyad, T., Schumacher, K. (2020) Managing and Understanding Artificial Intelligence Solutions – The AI-Methods, Capabilities and Criticality Grid and its Value for Decision Makers, Developers and Regulators- 1. Auflage, Beuth-Verlag, Berlin, 2020. ISBN 978-3-410-30407-4

[4] Deutsches Institut für Normung (2020) Normungsroadmap Künstliche Intelligenz, Berlin. https://www.din.de/resource/blob/772438/6b5ac6680543eff9fe372603514be3e6/normungsroadmap-ki-data.pdf

[5] Schmid, T., Hildesheim, W., Holoyad, T., Schumacher, K. (2021) The AI Methods, Capabilities and Criticality Grid – A Three-Dimensional Classification Scheme for Artificial Intelligence Applications. Künstliche Intelligenz (2021). https://doi.org/10.1007/s13218-021-00736-4

[6] www.lebensmittelverband.de/de/verband/historie/geschichte-der-lebensmittelkennzeichnung; zuletzt abgerufen am 17.10.2022

[7] Verordnung (EU) Nr. 1169/2011 (Lebensmittel-Informationsverordnung)

[8] Rexroth, A. (2020) Der neue Nutri-Score zur erweiterten Nährwertkennzeichnung. In: Ernährung im Fokus 04/2020, S. 261

[9] Searle, J. R. (1980) Minds, brains and programs. Behavioral and Brain Sciences, 3, 417–457

[10] Yanyu, W. (2019) Debate on The Issue of “Whether AI Can Surpass Human”: An Analysis Based on the Historical Perspective. In 2019 IEEE International Conference on Advanced Robotics and its Social Impacts (ARSO) (pp. 227-234). IEEE

[11] EU Commission (2018) A definition of AI: Main capabilities and scientific disciplines. Report of the High-Level Expert Group on Artificial Intelligence. Brussels

Kapitel 6 Klassifizierung von KI-Methoden

Thomas Schmid, Wolfgang Hildesheim, Taras Holoyad, Kinga Schumacher

Moderne KI wird durch ein breites Spektrum von teils sehr unterschiedlichen Algorithmen und Methoden realisiert. Dieses vielfältige Methodenspektrum ist über Jahrzehnte aus unterschiedlichsten Disziplinen und Denkschulen hervorgegangen, die in einigen Fällen als Weiterentwicklungen aufeinander aufbauen. Gleichzeitig konkurrieren oft verschiedene KI-Methoden aber auch in gegebenen Anwendungsszenarien direkt miteinander. Aufgrund historischer Entwicklungen wird das Spektrum der KI-Methoden häufig stark vereinfacht in symbolische und subsymbolische (manchmal auch numerisch genannte) KI unterteilt. Tatsächlich bilden diese beiden Paradigmen bis heute die Grundlage vieler KI-Ansätze [1]. Schlüsselmethoden symbolischer KI sind die Bereiche Wissensrepräsentation und logisches Schließen, während subsymbolische KI als Kernmethoden insbesondere neurale Netzwerke und weitere maschinelle Lernverfahren umfasst.

Allerdings ist diese althergebrachte Unterscheidung zwischen symbolischer und subsymbolischer KI nicht erschöpfend und spiegelt den aktuellen Stand der Technik bereits seit Längerem nicht mehr vollständig wider. Sie vernachlässigt beispielsweise klassische KI-Methoden des Problemlösens, Optimierens, Planens und des Entscheidens. Zudem haben die Entwicklungen der vergangenen Jahrzehnte die traditionellen Grenzen zwischen symbolischer und subsymbolischer KI weiter verschwimmen lassen und immer mehr kombinierte oder hybride Ansätze hervorgebracht, die sich in dem überaus diversen Methodenspektrum sogenannter hybrider Lernverfahren widerspiegeln. Insgesamt lassen sich so heute vier grundlegende Felder von KI-Methoden unterscheiden: klassische KI, symbolische KI, hybrides Lernen und maschinelles Lernen. Sowohl Algorithmen maschinellen Lernens als auch des hybriden Lernens erfordern für die erfolgreiche Realisierung bestimmter Funktionalitäten bereits während der Entwicklungsphase eine möglichst umfassende Menge an Daten und können daher zusammenfassend auch als datengetriebene KI bezeichnet werden. Methoden klassischer und symbolischer KI hingegen werden durch Definition von Fakten, Regeln oder Formeln entwickelt und können entsprechend als regelzentrierte KI subsummiert werden.

Im Folgenden beschreiben wir die derzeit wichtigsten Methoden in den vier grundsätzlichen Feldern der KI auf Basis wissenschaftlicher Erkenntnisse beziehungsweise Taxonomien. Die Tabellen 6.1 bis 6.4 geben einen in drei

Granularitätsebenen (Disziplin, Methoden, Beispiele) unterteilten Überblick über diese Methoden und benennen namhafte Vertreter jeder Technologie. In einigen Fällen beziehen wir uns über Einordnung und Unterteilung von Methoden auch auf Standard-Lehrbücher wie Russell/Norvig [2]. Verwandte Vorarbeiten, wie zum Beispiel Klassifizierungsschemata von Forschungseinrichtungen [3][4], KI-Organisationen (ACM[1], Plattform Lernende Systeme[2]) wurden ebenfalls berücksichtigt. Unsere im Folgenden beschriebene Methoden-Taxonomie stellt eine Momentaufnahme dar, die naturgemäß nicht erschöpfend sein kann und mit der zu erwartenden Entwicklung neuer KI-Technologien künftig noch aktualisiert werden wird. In vielen Fällen ist es auch nicht möglich, eine klare Linie zwischen den Kategorien zu ziehen, oder Methoden lassen sich mehr als einer Kategorie zuordnen. In solchen Fällen wurden die Methoden der Kategorie zugeordnet, für die sie ursprünglich vorgeschlagen wurden.

6.1 Klassische künstliche Intelligenz

Aus historischer Perspektive gehören algorithmische Strategien des Problemlösens, Optimierens, Planens und der Entscheidungsfindung zu den am frühesten entwickelten Verfahren künstlicher Intelligenz [5]. Im Folgenden werden wir Methoden aus diesem Bereich als *Klassische KI-Methoden* zusammenfassen. Tabelle 6.1 gibt einen Überblick über dieses Methodenspektrum. Aus heutiger Sicht können diese ab der ersten Hälfte des vergangenen Jahrhunderts aufkommenden Algorithmen als eine Art Brückentechnologie verstanden werden, welche einen fließenden Übergang von einer herkömmlichen Programmierung von Rechnern mittels einfacher Befehlseingabe hin zur Realisierung kognitiver Fähigkeiten, die denen des Menschen ähneln, markiert. Ungeachtet ihrer teils beachtlichen Historie sind die beschriebenen klassischen KI-Methoden weiterhin zentral für die KI des 21. Jahrhunderts. Auch modernste Anwendungen wie Googles‘ weltbekannte Spiele-KI „Alpha Go“ nutzen als eine von mehreren KI-Methoden beispielsweise baumbasierte Suchalgorithmen [6]. Der Einsatz von Optimierungsmethoden wie der Familie der Gradientenabstiegsverfahren bildete darüber hinaus nicht nur die Basis dafür, neuronale Netze überhaupt erst lernfähig zu machen [7], sondern ermöglicht dem modernen KI-Entwickler heute sogar eine automatisierte Suche nach optimalen Konfigurationen eines Algorithmus (sogenanntes Hyperparameter-Tuning) [8].

Unter dem eher allgemeinen Oberbegriff „Problemlösen“ beziehen wir uns im Folgenden auf deterministische Algorithmen, die Probleme lösen, indem

---

1 https://dl.acm.org/ccs (zuletzt abgerufen am 15.10.2022)

2 www.plattform-lernende-systeme.de (zuletzt abgerufen am 15.10.2022)

sie ein mittels Berechnung oder Suche identifizierbares Ziel formulieren. In der Literatur wird hierbei teils auch zwischen direkten beziehungsweise starken und indirekten beziehungsweise schwachen Strategien unterschieden [9]. Direkte Strategien lösen ein Problem entweder mittels Auflösung einer mathematischen Formel oder mittels exakter Zuordnung zu bereits bekannten Problemen. Im Gegensatz dazu stellen indirekte Strategien im wesentlichen heuristische Suchmethoden dar und kommen immer dann zum Einsatz, wenn ein gegebenes Problem nicht oder nur schwierig mit direkter Mathematik lösbar ist. Typische Vertreter solcher Methoden sind etwa Tiefensuche, Breitensuche, direktionale Suche, Branch & Bound, Simplex A* und der MiniMax-Algorithmus [10].

Im Gegensatz zu Problemlösungsmethoden steht bei Optimierungsalgorithmen weniger der Weg zum Ziel im Vordergrund, vielmehr konzentrieren sie sich auf die optimale Lösung. Angesichts einer langen Tradition und einer Vielzahl konkurrierender Optimierungsverfahren kann es kaum verwundern, dass hierfür auch mehrere unterschiedliche Taxonomien vorgeschlagen wurden (zum Beispiel [11][12][13][14][15]). Bei näherer Betrachtung dieser einzelnen Taxonomien fällt jedoch auf, dass sich auf dieser Basis vier grundsätzlich voneinander unterscheidbare Klassen von Optimierungsalgorithmen identifizieren lassen: nicht-heuristische Optimierung, heuristische und meta-heuristische Optimierung, Stellvertreter-Optimierung sowie hyperheuristische und hybride Optimierung [16]. Viele für moderne KI-Anwendungen besonders wichtige Algorithmen (zum Beispiel Gradientenabstiegsverfahren, genetische Algorithmen oder Schwarmintelligenz) werden hierbei zu den heuristischen beziehungsweise meta-heuristischen Optimierungsmethoden gezählt.

Methoden aus dem Bereich Planen und Planerkennung umfassen autonome beziehungsweise semiautonome Verfahren wie Zustandsraumsuche, Planungsgraphen, hierarchisches Planen, nicht-deterministisches Planen, Zeit- und Ressourcenplanung und Generierung von Plänen [2]. Im Gegensatz zur reinen Planungsmethoden haben Planerkennungsmodelle und -verfahren wie deduktive Planerkennung, Erkennung durch Plansynthese, Erkennung durch Planbibliotheken oder Planerkennung zum Ziel, durch abduktives Schließen tatsächliche Ereignisse oder Handlungen abbilden und hypothetische Erklärungen vorschlagen zu können [17]. Planungsmethoden spielen insbesondere in der Robotik, in Dialogsystemen und bei der Mensch-Maschine-Interaktion eine wichtige Rolle.

Methoden des algorithmischen Entscheidens wenden die Erkenntnis der (mathematischen) Entscheidungstheorie auf definierte Probleme an [18]. Nach Russell/Norvig lässt sich hier zwischen einfachen Entscheidungsstrategien (die nur einmalige Entscheidungen adressieren) und komplexen Entscheidungsstrategien (die wiederkehrende oder sequenzielle Entscheidungen adressieren) unterscheiden [2]. Zu den komplexen beziehungsweise sequenziellen Strategien zählen insbesondere Markov-Entscheidungsprozesse und spieltheoretische Methoden. Von besonderer Bedeutung sind Methoden der algorithmischen Entscheidungsfindung bei der Realisierung sogenannter Agenten, wie sie etwa für intelligente Computerspiel-Gegner entwickelt werden.

Tabelle 6.1: Übersicht über das Methodenspektrum Klassische KI.

FELD	DISZIPLIN	METHODEN	BEISPIELE
KLASSISCHE KÜNSTLICHE INTELLIGENZ	Problemlösen	Direktes Problemlösen	Ableitungen
			Formeln
			Exakte Zuordnung zu bekannten Problemen
		Suchmethoden	Breitensuche
			Tiefensuche
			Bidirektionale Suche
			Simplex A*
			MiniMax
	Optimierung	Nicht-heuristisch	Branch & Bound
		Heuristisch & Meta-heuristisch	Gradientenabstiegsverfahren
			Evolutionäre Algorithmen
			Genetische Algorithmen/ Programmierung
			Schwarmintelligenz
			Simulated Annealing
		Stellvertreter-Optimierung	Stochastische Modellierung
			Bayes'sche Optimierung
		Hyperheuristisch & hybrid	Hyperheuristiken
			Memetische Algorithmen
	Planen & Planerkennung	Autonomes & Semiautonomes Planen	Steady State Search
			Planungsgraphen
			Hierarchisches Planen
			Nicht-deterministisches Planen
			Zeit- & Ressourcen-Planung
			Plan-Generierung
		Planerkennung	Abduktive Planerkennung
			Deduktive Planerkennung
			Bibliothek-basierte Planerkennung
			Synthese-Planerkennung
	Entscheiden	Singuläres Entscheiden	Entscheidungsnetzwerke
			Entscheidungstheoretische Expertensysteme
		Sequentielles Entscheiden	Spieltheorie
			Markov-Entscheidungsprozess

6.2 Symbolische künstliche Intelligenz

Das Methodenspektrum der symbolischen künstlichen Intelligenz zeichnet sich meist durch einen deduktiven Ansatz aus. Das bedeutet, dass aus einer konkreten Eingabe mittels logischer Regeln oder Beziehungen algorithmisch eine Schlussfolgerung abgeleitet wird. Zentrale Konzepte symbolischer KI-Verfahren sind Techniken der Wissensrepräsentation sowie Methoden zur Anwendung von Wissen auf eine bestimmte Eingabe. Wissen kann dabei entweder in Form von sicherem oder unsicherem Wissen vorliegen. Durch logisches Schließen können aus diesem Wissen Erkenntnisse gezogen werden.

Formale Wissensrepräsentation umfasst Konzepte wie Ontologien [19], semantische Netze, Wissensgraphen und -karten, die Informationen sammeln und in Strukturen, Syntax, Semantik und Semiotik systematisch anordnen [20]. Der Fokus standardisierter Beschreibungssprachen wie Resource Description Framework (RDF) und Web Ontology Language (OWL) liegt auf der Erstellung unikaler Spezifikationen für Objekte, Eigenschaften und allgemeine Konzepte durch logische Beziehungen [21]. Mit diesen und weiteren semantischen Webstandards und -technologien können in logischer Beziehung stehende Daten zwischen den Domänen verschiedener Anwendungen geteilt werden, was eine semantische Interoperabilität ermöglicht [20]. Allgemein gesprochen basieren grundlegende Konzepte der ontologischen Modellierung auf Taxonomie, Kalkülen, Deduktion, Abduktion sowie der Verarbeitung und Modellierung von Ontologien. Darüber hinaus können logische Beziehungen und Abstraktionen von Domänen anhand von Wissensgraphen, semantischen Netzen und Wissenslandkarten repräsentiert werden. Im Falle graphenbasierter Wissensabstraktion liefern Traversierungsalgorithmen gängige Lösungen im Hinblick auf Fragen der Suche, Verifizierung und Aktualisierung von Knoten. Darüber hinaus können logisch verknüpfte Daten mit Aussagen- und Prädikatenlogiken, Logiken höherer Stufen, nicht-monotonen, Temporal- und Modallogiken modelliert werden [2].

Bei bestimmten Arten von Wissen wird seine Anwendung häufig durch klassische Methoden des logischen Schließens operationalisiert. Hierzu können insbesondere Erfüllbarkeit und andere formale Verifikationsverfahren zum Einsatz kommen [22]. Für logisches Schließen auf der Grundlage unsicheren Wissens sind probabilistische Ansätze verbreitet, doch auch nicht-probabilistische Ansätze wurden hierfür vorgeschlagen [23]. Beim probabilistischen Schließen können Informationen durch die Entnahme von Stichproben und deren Verarbeitung durch relationale Wahrscheinlichkeitsmodelle oder das Konzept der Bayes'schen Inferenz aus einer Wissensbasis abgeleitet werden [24]. Im Hinblick auf unsicheres Wissen dominiert die Bayes'sche Regel das KI-Feld der Quantifizierung von Unsicherheiten [2]. Nicht-probabilistische Ansätze können auf mehrdeutige Informationen im Fall von Vagheit unter Berücksichtigung von Hinweisen angewendet werden. In diesen Situationen können ein Wahrheitsverwaltungssystem (Truth Maintenance System, TMS) und das Schließen mit Standardinformationen für qualitative Ansätze verwendet werden [25]. Darüber hinaus können nicht-probabilistische Ansätze mithilfe von regelbasierten Methoden oder Fuzzy-Mengen umgesetzt werden. Darüber hinaus stellt die Dempster-Shafer-Theorie (Schließen mit Glaubensfunktionen) einen verbreiteten nicht-probabilistischer Ansatz dar, im Rahmen dessen alle verfügbaren Evidenzen miteinander zu einem Grad des Vertrauens verrechnet werden [26]. Andere Ansätze für unsicheres Schließen beinhalten räumliches Schließen, fallbasiertes Schließen [27], qualitatives und psychologisches Schließen [2].

Tabelle 6.2: Übersicht über das Methodenspektrum Symbolische KI.

FELD	DISZIPLIN	METHODEN	BEISPIELE
SYMBOLISCHE KÜNSTLICHE INTELLIGENZ	Wissens-repräsentation	Ontologien	Resource Description Framework (RDF)
			W3C Web Ontology Language (OWL)
			Web Service Modeling Language (WSML)
			Topic Maps
			Knowledge Interchange Format (KIF)
		Wissensgraphen & Semantische Netzwerke	Wissensgraphen & -netzwerke
			Existenzgraphen
			Graph-Traversal-Algorithmen
			Mapping
			Semantic Web
		Modellierung mittels Formaler Logik	Propositionale Logik & Prädikatenlogik
			Logiken höherer Ordnungen
			Nicht-monotone Logiken
			Temporal-Logiken
			Modal-Logiken
		Quantifizierung von Unsicherheit & Repräsentation unsicheren Wissens	Bayes'sche Regel
			Bayes'sche Netzwerke
	Logisches Schließen	Formale Verifikation	Resolutionsverifikation
			Konnektivitätsverifikation
			SAT Solver
			SMT Solver
			Model Checking
		Interaktive Verifikation	Tactical Theorem Verification
	Probabilistisches Schließen	Bayes'sches Schließen	Präzise Inferenz
			Näherungsweise Inferenz
			Markov-Ketten
		Relationale probabilistische Modelle	Relationale probabilitische Modell in geschlossenen & offenen Universen
		Probabilistisches Schließen Mit Zeit & Unsicherheit	Hidden-Markov-Modelle
			Kalman-Filter
			Dynamische Bayes'sche Netzwerke
	Nicht-Probabilistisches Schließen	Qualitative Ansätze	Schließen mit Standard-Information
			Wahrheitsmanagementsysteme
		Regelbasierte Ansätze	Regelbasiertes Schließen mit Sicherheit
		Schließen mit Unsicherheit	Fuzzy-Mengen & -Logik
		Schließen mit Glaubensfunktion	Dempster-Shafer-Theorie
	Weitere Ansätze für unsicheres Schließen		Räumliches Schließen
			Fallbasiertes Schließen
			Qualitative Physik
			Psychologisches Schließen

6.3 Hybride Lernverfahren

Das Methodenspektrum des hybriden Lernens zeichnet sich durch die Verbindung von Konzepten aus anderen Methodenspektren aus, zum Beispiel wenn neuronale Netze durch angewandte evolutionäre Algorithmen trainiert werden, um die Netzwerkgewichte anzupassen [28]. Derartige Kombinationen wurden für zahlreiche Anwendungsbereiche vorgeschlagen, etwa für finanzwirtschaftliche Anwendungen [29], ozeanographische Prognosen [30], Prognosen ambulanter Patientenbesuche [31], die Verbindung von Metaatomen zu Metamolekülen [32] und die Klassifizierung von Teesorten [33].

Aufgrund der außerordentlichen wissenschaftlichen Kreativität in diesem Methodenspektrum gestaltet sich ein umfassender Überblick über alle Formen des hybriden Lernens als schwierig. Ein großer Teil hybrider Verfahren konzentriert sich auf eine Kombination symbolischer und subsymbolischer künstlicher Intelligenz, um dadurch KI-Systeme zu schaffen, die sowohl induktiv als auch deduktiv arbeiten. In jüngster Vergangenheit werden zum Beispiel wieder vermehrt Kombinationen aus maschinellem Lernen und Wissensmodellierung erforscht [34]. Ein prominenter Teilbereich sind hybride neuronale Systeme, die wiederum weiter in Unified Neural Architectures, Transformation Architectures und Hybrid Modular Architectures [35] unterteilt werden können. Im Gegensatz zu subsymbolischen KI-Methoden ermöglichen diese Verfahren entweder die Extraktion von Regeln oder die Verwendung einer zusätzlichen Form der Wissensrepräsentation. Im Gegensatz zu symbolischen Methoden werden solche Wissensrepräsentationen allerdings häufig auf Grundlage gegebener Daten algorithmisch modifiziert (zum Beispiel [36]).

Im weiteren Sinne kann hybrides Lernen auch als Lernen mit Wissen betrachtet werden. Zu diesem Zweck wurden in den vergangenen Jahrzehnten verschiedene Ansätze vorgeschlagen, zum Beispiel Lernen durch Logik und Schließen [37], induktive logische Programmierung [38], erklärbare künstliche Intelligenz (XAI) und relevanzbasiertes Lernen [39]. Ein neuerer Ansatz hybrider KI ist Conversational Learning oder aktives dialogbasiertes Lernen, das die Leistung des maschinellen Lernens durch die Einbeziehung von im Dialog gesammeltem menschlichem Wissen verbessern soll [40].

Tabelle 6.3: Übersicht über das Methodenspektrum Hybride Lernverfahren.

FELD	DISZIPLIN	METHODEN	BEISPIELE
HYBRIDES LERNEN	Hybride neuronale Systeme	Neuronale Einheitsarchitekturen	Konstruktivistisches maschinelles Lernen
		Transformationsarchitekturen	Regelextraktion für neuronale Netze
		Hybride modulare Architekturen	Neuro-Fuzzy Expertensysteme
	Lernen mit Wissen	Lernen mittels Logik & Schließen	Current-Best-Learning
		Induktive logische Programmierung	Sequential Covering-Algorithmus
			Konstruktive Induktionslgorithmen
		Erklärbare künstliche Intelligenz	Local Interpretable Model-agnostic Explanations (LIME)
		Relevanzbasiertes Lernen	
	Konversationelles Lernen	Lernen mittels aktivem Dialog	Überwachtes konversationelles Lernen
			Bestärkendes konversationelles Lernen

6.4 Maschinelles Lernen

Im Gegensatz zum Methodenspektrum symbolischer KI zeichnet sich das Methodenspektrum maschinelles Lernen durch einen induktiven Ansatz aus, das heißt, durch die algorithmische Ableitung mathematischer Beziehungen aus Einzelfällen. Zu diesem Zweck wird in der Regel zwischen zwei breiteren Ansätzen für das maschinelle Lernen unterschieden: überwachtes Lernen, bei dem Zielparameter vorgegeben werden, und unüberwachtes Lernen, bei dem dies nicht der Fall ist. Um diese beiden Hauptansätze herum haben sich auch alternative Lernparadigmen wie teilüberwachtes, bestärkendes oder adversarielles Lernen etabliert.

Überwachtes Lernen kommt in der Regel bei Regressions- oder Klassifizierungsaufgaben zum Einsatz. Praktische Anwendungen des überwachten Lernens werden seit Langem von diskriminativen Verfahren wie logistischer Regression [41], Entscheidungsbäumen [42] oder neuronalen Netzen [43] dominiert. Neuronale Netze gelten dabei als besonders flexibel, da sie theoretisch jede beliebige mathematische Funktion ohne jegliches Vorwissen erlernen können [44]. Obwohl ihre erfolgreiche Anwendung die Annahme und Definition einer Kernel-Funktion voraussetzt, wurden auch Stützvektor-Maschinen (engl. support vector machines) [45] in vielen Anwendungen erfolgreich eingesetzt.

Einige überwachte Lernalgorithmen, wie Naive Bayes [46] oder Hidden-Markov-Modelle [47], erzeugen eine geschätzte Wahrscheinlichkeitsverteilung für Eingabe- und Ausgabevariablen. Während sie noch weitgehend als überwachte Lerntechniken anerkannt sind, spricht man in diesem Fall auch von generativen Verfahren. Neuere Beispiele für generative Verfahren sind Techniken wie Generative Adversarial Networks [48], die jedoch einem adversariellen Lernparadigma folgen. Dieses Paradigma stammt ursprünglich aus dem Bereich der Bildverarbeitung und stellt eine Weiterentwicklung des klassischen überwachten Lernens dar, die darauf beruht, dass zwei maschinelle Lernverfahren gegeneinander operieren, um die Eigenschaften eines gegebenen Datensatzes nachzuahmen.

Unüberwachtes Lernen hingegen wird üblicherweise für Clusteranalysen oder Dimensionsreduktionsaufgaben verwendet. Einer der ältesten und am weitesten verbreiteten Algorithmen ist k-Means [49]. Neben anderen statistisch motivierten Methoden wie hierarchischem Clustering [50] wurden biologisch inspirierte Algorithmen wie Kohonens Self-Organizing Map [51] oder Grossbergs Adaptive Resonance Theory [52] vorgeschlagen. Darüber hinaus wurden für Regressionsaufgaben diverse unüberwachte Verfahren vorgeschlagen (z. B. [53][54]), die hauptsächlich für die Dimensionsreduktion eingesetzt werden [55].

Nicht alle Lernalgorithmen können klar als überwacht oder unüberwacht klassifiziert werden. Ein Multi-Layer Perceptron zum Beispiel, das zu den überwachten Methoden zählt, kann dazu eingesetzt werden, einen bestimmten Datensatz auf sich selbst abzubilden [56]. Wird anschließend die Output-Schicht eines solchen Autoencoders entfernt, bleibt ein Netz übrig, das die ursprünglichen Daten der Anzahl der verborgenen Neuronen entsprechend auf einen neuen Datensatz einer niedrigeren Dimension abbildet. Dieses Prinzip ist beispielsweise eine wichtige Grundlage für Deep Learning [57]. Ein weiteres Beispiel für „Zwischenformen" des maschinellen Lernens sind Algorithmen des sogenannten teilüberwachten Lernens, die überwachtes und unüberwachtes Lernen verschmelzen und damit nur für einen Teil der verwendeten Daten einen bestimmten Zielwert benötigen [58]. Das ermöglicht nicht nur die Analyse unvollständiger Datensätze, sondern erzielt in manchen Fällen sogar bessere Ergebnisse als klassische Methoden des überwachten Lernens (z. B. [59][60][61]). Bei teilüberwachten Lernalgorithmen müssen allerdings im Voraus Annahmen über die Dichteverteilung gemacht werden. Im Fall ungünstiger Annahmen können die Ergebnisse deutlich schlechter ausfallen als bei einer überwachten Lernmethode [62]. Allerdings gibt es bislang kaum Beweise dafür, dass überwachtes und unüberwachtes Lernen im menschlichen Gehirn ähnlich wie beim teilüberwachten Lernen stattfinden [63].

Einen alternativen Ansatz verfolgt das bestärkende Lernen [64], welches Feedback für Prognosen, aber keinen exakten Zielwert benötigt. Analog zum behavioristischen Lernen berücksichtigt die Methode nur, ob das Lernziel erreicht wurde oder nicht. Besonders in den Bereichen Robotik [65] und adaptive Regelung [66] hat sich bestärkendes Lernen als besonders hilfreich erwiesen.

Tabelle 6.4: Übersicht über das Methodenspektrum Maschinelles Lernen.

FELD	DISZIPLIN	METHODEN	BEISPIELE
MASCHINELLES LERNEN	Bestärkendes Lernen	Temporal-Differenz-Lernen	Q-Learning
			State-action-reward-state-action (SARSA)
		Monte-Carlo-Methoden	Markov-Ketten Monte Carlo
		Adaptive Dynamische Programmierung	Aktive adaptive dynamische Programmierung
			Passive adaptive dynamische Programmierung
	Überwachtes Lernen	Neuronale Netze	Multi-layer-Perzeptron
			Learning Vector Quantization (LVQ)
			Radial Basis Networks (RBF)
			Adaptive Resonanztheorie (ART)
			Faltende neuronale Netze (CNN)
			Rekurrente neuronale Netze (RNN)
			Time-Delay-Netze (TDNN)
			Long-Short Term Memory (LSTM)
			Hopfield-Netzwerke
			Boltzmann-Maschine
		Statistisches Lernen	Lineare Regression
			Logistische Regression
			Entscheidungsbäume
			Random Forests
			AdaBoost
			XGBoost
			CatBoost
			Stützvektormaschinen (SVM)
		Probabilistische Methoden	Naive Bayes
			Fuzzy-Klassifizierer
	Teilüberwachtes Lernen	Statistische Methoden	Expectation-Maximization mit generativen Modellen
			Transduktive Stützvektormaschinen
		Modifizierte Lernkonzepte	Selbstlernen
			Gemeinsames Lernen
		Graphenbasiertes Lernen	Graph-basierte Methoden
	Unüberwachtes Lernen	Clustering	k-Means
			Hierarchisches Clustering
			DBSCAN
			OPTICS
			Gaussian Mixture
			Spectral Clustering
			Selbstorganisierende Karte
		Dimensionsreduktion	Hauptkomponentenanalyse (PCA)
			Multidimensional Scaling (MDS)
			T-SNE
			Uniform Manifold Approximation & Projection
			Autoencoder
		Probabilistische Methoden	Fuzzy c-Means
	Adversarielles Lernen	Generative Methoden	Generative Adversarial Networks (GAN)
			Bayes'sche Adversarielle Netze
			Adversarielle Autoencoders
		One-Shot Learning	Siamesische neuronal Netze

Quellen

[1] Goertzel, Ben (2012) Perception Processing for General Intelligence: Bridging the Symbolic/Subsymbolic Gap. Artificial General Intelligence 79–88

[2] Russell, S. J. & Norvig, P. (2014) Artificial Intelligence: a modern approach. 3. Ed., Harlow: Pearson

[3] Corea, F. (2019) AI Knowledge Map: how to classify AI technologies. An Introduction to Data, Springer Cham.

[4] Mishra, Niebles, J. C. (2019) The AI Index 2019 Annual Report. Stanford University, Human-Centered Artificial Intelligence Institute

[5] McCorduck, P., Minsky, M., Selfridge, O., Simon, H. A. (1977) History of artificial intelligence. In Proceedings of the 5th international joint conference on Artificial intelligence-Volume 2 (pp. 951–954)

[6] Silver, D., et al (2016) Mastering the game of Go with deep neural networks and tree search. nature, 529(7587), 484–489

[7] Widrow, B., Lehr, M. A. (1990) 30 years of adaptive neural networks: perceptron, madaline, and backpropagation. Proceedings of the IEEE, 78(9), 1415–1442

[8] Chandra, K., et al (2019). Gradient descent: The ultimate optimizer. arXiv preprint arXiv:1909.13371.

[9] Rolland, E., Patterson, R. A. A (2009) Taxonomy of Problem Solving and Heuristic Search. Technical Report, University of California Riverside

[10] Korf, R.E. (1988) Search: A Survey of Recent Results. In: H.E. Shrobe (ed.), Exploring Artificial Intelligence, Survey Talks from the National Conferences on Artificial Intelligence. Morgan-Kaufmann Publishers, Inc., San Mateo, California

[11] Leon, A (1966) A classified bibliography on optimization. Recent advances in optimization techniques. Wiley, New York, pp 599–649

[12] Archetti, F, Schoen, F (1984) A survey on the global optimization problem: general theory and computational approaches. Ann Oper Res 1(2):87–110

[13] Törn, A, Zilinskas, A (1989) Global optimization. Springer, Berlin

[14] Talbi, EG (2002) A taxonomy of hybrid metaheuristics. J Heuristics 8(5):541–564

[15] Neumaier, A (2004) Complete search in continuous global optimization and constraint satisfaction. Acta Numer 13:271–369

[16] Stork, J., Eiben, A. E., Bartz-Beielstein, T. (2020) A new taxonomy of global optimization algorithms. Natural Computing, 1–24

[17] Kautz, H. A., Allen, J. F. (1986) Generalized Plan Recognition. AAAI 86:32–37

[18] Horvitz, E. J., Breese, J. S., Henrion, M.: Decision theory in expert systems and artificial intelligence. International Journal of Approximate Reasoning 2(3):247–302 (1988)

[19] Guarino, N., Oberle, D., Staab, S. (2009) What Is an Ontology?. In: Staab, S., Studer, R. (eds) Handbook on Ontologies. International Handbooks on Information Systems. Springer, Berlin, Heidelberg

[20] Rebstock, M. (2008) Ontology-based Business Integration, 1st Ed. Springer-Verlag, Berlin

[21] Maniraj, V., Sivakumar, R. (2010) Ontology languages – A review. International Journal of Computer Theory and Engineering 2(6):887–891

[22] Prasad, M. R., Biere, A., Gupta, A. (2005) A survey of recent advances in SAT-based formal verification. International Journal on Software Tools for Technology Transfer 7(2):156–173

[23] Besold, Tarek R., et al (2017) Reasoning in non-probabilistic uncertainty: Logic programming and neural-symbolic computing as examples. Minds and Machines 27(1):37–77

[24] Luger, G. F. (2008) Artificial Intelligence: Structures and Strategies for Complex Problem Solving. 5. Ed., Alpha Books

[25] Doyle, J. (1977) Truth maintenance systems for problem solving. 5th International Joint Conference on Artificial Intelligence

[26] Gros Dut, X.E. et al. (1997) Dempster-Shafer Theory. NDT Data Fusion

[27] Dutta S. et al. (1993) Integrating Case- and Rule Based Reasoning. INSEAD, Fontainebleau, France. Elsevier

[28] Leung, F. H. F., Lam, H. K., Ling, S. H., Tam, P. K. S. (2003) Tuning of the Structure and Parameters of a Neural Network Using an Improved Genetic Algorithm. IEEE Transactions on Neural Networks 14(1):79–88

[29] Bahrammirzaee, A. (2010) A comparative survey of artificial intelligence applications in finance: artificial neural networks, expert system and hybrid intelligent systems. Neural Computing and Applications 19(8):1165–1195

[30] Corchado, J. M., Aiken, J. (2002) Hybrid artificial intelligence methods in oceanographic forecast models. IEEE Transactions on Systems, Man, and Cybernetics, Part C (Applications and Reviews) 32(4):307–313

[31] Hadavandi, E. et al. (2012) Developing a hybrid artificial intelligence model for outpatient visits forecasting in hospitals. Applied Soft Computing 12(2):700–711

[32] Liu, Z., Zhu, D., Lee, K. T., Kim, A. S., Raju, L., Cai, W. (2020) Compounding metaatoms into metamolecules with hybrid artificial intelligence techniques. Advanced Materials 32(6)

[33] Pawiak, P., Maziarz, W. (2014) Classification of tea specimens using novel hybrid artificial intelligence methods. Sensors and Actuators B: Chemical 192:117–125

[34] Martin, A., Hinkelmann, K., Gerber, A., Lenat, D., van Harmelen, F., Clark, P. (2019) Preface. In: Martin, A., Hinkelmann, K., Gerber, A., Lenat, D., van Harmelen, F., Clark, P., eds., Proceedings of the AAAI 2019 Spring Symposium on Combining Machine Learning with Knowledge Engineering

[35] McGarry, K., Wermter, S., MacIntyre, J. (1999) Hybrid neural systems: from simple coupling to fully integrated neural networks. Neural Computing Surveys 2(1):62–93

[36] Schmid, T. (2020) Using Learning Algorithms to Create, Exploit and Maintain Knowledge Bases: Principles of Constructivist Machine Learning. Proceedings of the AAAI 2020 Spring Symposium on Combining Machine Learning and Knowledge Engineering in Practice (AAAI-MAKE 2020). Stanford University, Palo Alto, California, USA

[37] Komendantskaya, E. (2007) Learning and deduction in neural networks and logic. PhD thesis, Department of Mathematics, University College Cork, Ireland

[38] Muggleton, S., De Raedt, L. (1994) Inductive logic programming: Theory and methods. Journal of Logic Programming 19:629-679

[39] Schiller, D., Huber, T., Lingenfelser, F., Dietz, M., Seiderer, A., Andr, E. (2019) Relevance-Based Feature Masking: Improving Neural Network Based Whale Classification Through Explainable Artificial Intelligence. Proceedings of Interspeech 2019:2423–2427

[40] Shashank, S., Labutov, I., Mitchell, T. (2019) Learning to Ask for Conversational Machine Learning. Proceedings of the 2019 Conference on

Empirical Methods in Natural Language Processing and the 9th International Joint Conference on Natural Language Processing

[41] Peng, C.-Y. J. et al. (2002) An introduction to logistic regression analysis and reporting. The Journal of Educational Research 96(1):314

[42] Loh, W.-Y. (2014) Fifty Years of Classification and Regression Trees, *International Statistical Review* 82:329–348

[43] Krogh, A. (2008) What are artificial neural networks? Nature Biotechnology 26(2):195–197

[44] Hornik K. et al. (1989) Multilayer feedforward networks are universal approximators. Neural Networks 2(5):359–366

[45] Cristianini, N., Shawe-Taylor, J. (2000) An introduction to support vector machines and other kernel-based learning methods, Chap. 6, pp. 93124. Cambridge University Press

[46] Lewis, D. D. (1998) Naive (Bayes) at forty: the independence assumption in information retrieval. In: C. Ndellec & C. Rouveirol (eds.), Machine Learning: ECML-98, Lecture Notes in Computer Science 1398:415

[47] Eddy, S. R. (2004) What is a hidden Markov model? Nature Biotechnology 22(10):1315–1316

[48] Creswell, A., White, T., Dumoulin, V., Arulkumaran, K., Sengupta, B., Bharath, A. A. (2018) Generative adversarial networks: An overview. *IEEE signal processing magazine*, *35*(1), 53–65.

[49] Jain, A. K. (2010) Data clustering: 50 years beyond k-means. Pattern Recognition Letters 31(8):651–666

[50] Murtagh F. (1983) A survey of recent advances in hierarchical clustering algorithms. The Computer Journal 26(4):354–359

[51] Kohonen, T. (2001) Self-organizing maps, Springer Series in Information Sciences 30, 3rd ed.

[52] Carpenter, G. et al. (1988) The ART of adaptive pattern recognition by a self-organizing neural network. Computer 21(3):77–88

[53] Carreira-Perpinan, M. A., Lu, Z. (2008) Dimensionality reduction by unsupervised regression. IEEE Conference on Computer Vision and Pattern Recognition

[54] Kramer, O. (2011) Dimensionality reduction by unsupervised k-nearest neighbor regression. 10th International Conference on Machine Learning and Applications and Workshops

[55] Lee, J. et al. (2010) Unsupervised dimensionality reduction: overview and recent advances. IEEE International Joint Conference on Neural Networks (IJCNN), pp. 18

[56] Hinton, G. E., Salakhutdinov, R. R. (2006) Reducing the dimensionality of data with neural networks. Science 313(5786):504–507

[57] Bengio, Y. et al. (2013) Representation learning: a review and new perspectives. IEEE Transactions on Pattern Analysis and Machine Intelligence 35(8):1798–1828

[58] Seeger, M. (2006) Semi-supervised Learning, Chap. 2 (A Taxonomy for semi-supervised learning methods), pp. 1732. MIT Press, Cambridge

[59] Bair, E., Tibshirani, R. (2004) Semi-supervised methods to predict patient survival from gene expression data. PLoS Biol 2(4):e108

[60] Goldberg, A. B., Zhu, X (2006) Seeing stars when there aren‘t many stars: graph-based semi-supervised learning for sentiment categorization. Proceedings of the First Workshop on Graph Based Methods for Natural Language Processing, pp. 4552. Association for Computational Linguistics

[61] Fergus, R. et al. (2009) Semi-supervised learning in gigantic image collections. Advances in Neural Information Processing Systems, p. 522–530

[62] Zhu, X., Goldberg, A.B. (2009) Overview of Semi-Supervised Learning. In: R. J. Brachman & T. Dietterich (eds.) Introduction to Semi-supervised Learning, Chap. 2, pp. 920. Morgan & Claypool

[63] Zhu, X. et al. (2007) Humans perform semi-supervised classification too. Proceedings of the National Conference on Artificial Intelligence 22:864869

[64] Sutton, R. S., Barto, A. G. (2018) Reinforcement Learning. MIT Press, 2nd Edition

[65] Kober, J., Bagnell, J. A., Peters, J. (2013) Reinforcement learning in robotics: A survey. International Journal of Robotics Research 32(11):1238–1274

[66] Lewis, F. et al. (2012) Reinforcement learning and feedback control: using natural decision methods to design optimal adaptive controllers. IEEE Control Systems 32(6):76–105

Kapitel 7 Klassifizierung von KI-Fähigkeiten

Thomas Schmid, Wolfgang Hildesheim, Taras Holoyad, Kinga Schumacher

Die im Verhältnis zu anderen Lebewesen herausragenden kognitiven Fähigkeiten des Menschen sind seit jeher Inspiration und Motivation für die Erschaffung künstlicher Intelligenz (KI). Viele frühe KI-Pioniere strebten mit ihrer Arbeit insbesondere die Entwicklung fortschrittlicher und automatisierter Formen des Problemlösens an [1]. „Intelligentes" Verhalten wurde in diesem Zusammenhang weitgehend mit „rationalem" Verhalten gleichgesetzt – das heißt, Forscherinnen und Forscher versuchten anfangs primär, rationale Entscheidungsprozesse des Menschen in Formeln und Algorithmen zu übersetzen und dadurch berechenbar zu machen. Das ursprüngliche Ziel der KI-Forschung war, damals noch vergleichsweise primitive Rechenmaschinen zu einem rationalen Problemlösen nach dem Vorbild des Menschen zu befähigen. Als zentrale „Probleme", zu deren Lösung Maschinen befähigt werden sollten, wurden Suchen, Mustererkennen, Lernen, Planen und logisches Schließen betrachtet [1]. Ob sich darüber hinaus auch weitere, noch komplexere menschliche Fähigkeiten mithilfe von Computern realisieren lassen [2][3], war lange Gegenstand hitziger wissenschaftlicher Debatten [4].

Man muss sich dabei nicht zuletzt vergegenwärtigen, dass Computer in der Anfangszeit künstlicher Intelligenz in den 1950er Jahren selbst für einfache Rechenaufgaben noch raumfüllende Technik und aus heutiger Sicht irrwitzig lange Rechenzeiten benötigten. Auch deshalb wurden menschenähnliche Roboter, sprechende Maschinen und andere visionäre KI-Konzepte bis zur Mitte des vergangenen Jahrhunderts vor allem von Schöpfern von Gruselromanen [5], Theaterstücken [6] oder Kinofilmen [7] erdacht. Spätestens Ende des 20. Jahrhunderts wurde jedoch klar, dass auch viele zunächst als zu komplex geltende menschliche Fähigkeiten wie die semantische Analyse von Bildern [8] und die Erkennung von Sprache [9] durchaus mithilfe von Algorithmen realisiert werden können. In den vergangenen 20 Jahren wurden diese KI-Fähigkeiten nicht zuletzt dank neuronaler Netze und anderer lernender Algorithmen teils derart perfektioniert, dass sie in einigen Fällen heute sogar die Fähigkeiten eines Durchschnittsmenschen übertreffen können [10]. In jüngster Vergangenheit wurden die Möglichkeiten von KI-Systemen insbesondere um die Fähigkeit zur zielgerichteten Erzeugung von Text [11], gesprochener Sprache [12] und Bildern [13] erweitert. Die Kombination dieser Fähigkeiten in einem einzigen System ermöglicht es heute, dass KI-Systeme sich sogar in klassischen Debattierrunden auf Augenhöhe mit Menschen messen können [14].

Trotz dieser Vielfalt an bereits umsetzbaren KI-Fähigkeiten berufen sich viele Wissenschaftlerinnen und Wissenschaftler weiterhin regelmäßig auf das mit Abstand bekannteste Klassifizierungsschema, welches die Fähigkeiten von KI-Systemen allerdings mit einer beinahe provozierend reduzierten Komplexität unterscheidet: Seitdem John Searle in den 1980er Jahren vehement gegen eine dem Menschen tatsächlich gleiche künstliche Intelligenz argumentiert hatte [15], unterscheiden Wissenschaftler regelmäßig zwischen sogenannter starker und sogenannter schwacher KI. Starke KI (engl. strong AI) wird dabei in der Literatur häufig als eine Maschine mit einer ähnlichen Intelligenz wie ein durchschnittlicher Mensch definiert, aber auch als eine Maschine, die in der Lage ist, Intelligenz auf jedes beliebige Problem anzuwenden und nicht nur auf ein bestimmtes Problem (engl. Artificial General Intelligence) [16]. Teils wird starke KI auch mit einer sogenannten Superintelligenz gleichgesetzt, die dem Menschen nicht nur insgesamt ebenbürtig ist, sondern dessen Fähigkeiten sogar insgesamt übertrifft – also nicht nur in einem oder einigen wenigen Aspekten. Eine solche Superintelligenz existiert derzeit nicht, und Fachleute bezweifeln, ob eine solche Superintelligenz jemals geschaffen werden kann [17]. KI-Systeme, die die Kriterien starker KI nicht erfüllen, weil sie nur eine begrenzte Menge menschlicher Fähigkeiten realisieren, werden dann im Umkehrschluss als schwache KI (engl. weak AI) bezeichnet. Wenn sogar nur eine einzige Fähigkeit mittels künstlicher Intelligenz realisiert wird, ist oft auch von sogenannter begrenzter KI (engl. narrow AI) die Rede (z.B. [18]).

Um jenseits dieser auch für Experten schwierigen Grundsatzdebatten eine praxisnahe Beschreibung von KI-Fähigkeiten zu ermöglichen, schlagen wir vor, diese auf Basis wissenschaftlicher Erkenntnisse und Systematiken zu menschlichen Fähigkeiten zu klassifizieren. Die Fähigkeiten des Menschen wurden insbesondere von Psychologie, Erziehungswissenschaften und Sozialwissenschaften umfassend untersucht und charakterisiert. Während psychologische Studien häufig darauf abzielen, einzelne kognitive Fähigkeiten zu untersuchen oder zu erklären, betrachten Wissenschaftler in Bildungskontexten menschliche Fähigkeiten in der Regel als erzieltes oder zu erzielendes Ergebnis eines Lernprozesses. In der Konsequenz wurden in diesem Bereich seit den 1950er-Jahren nicht nur sogenannte Lernziele, sondern insbesondere umfassende Systematiken hierfür definiert und evaluiert [19]. Taxonomien wie die von Benjamin S. Bloom und Robert M. Gagné bilden menschliche Fähigkeiten detailliert und differenziert ab und bilden auch deshalb heute die Grundlage moderner europäischer Bildungssysteme [20].

Gagné unterscheidet zwischen fünf grundlegenden Kategorien [21}: mündliche Informationen, intellektuelle Fähigkeiten, kognitive Strategien, Einstellungen und motorische Fähigkeiten. Bloom [22] hingegen unterscheidet zwischen einer kognitiven, einer affektiven und einer psychomotorischen Domäne, die jeweils weiter in spezifischere Kategorien von Fähigkeiten unterteilt werden. Basierend auf Blooms Ideen wurden Taxonomien für affektive Lernziele [23], für die psychomotorische Domäne, die die Kontrolle und Koordination der Muskeln bezeichnet [24], sowie für die kognitive Domäne [22] postuliert. Diese dreiteilige Struktur wird im Folgenden in Form dreier grundlegender Fähigkeitsspektren mit den Bezeichnungen Wahrnehmen, Verarbeiten und Handeln repräsentiert. Eine grundlegende menschliche Fähigkeit, die durch diese didaktisch motivierten Taxonomien nur indirekt abgebildet wird, ist das Kommunizieren, welches wir daher als viertes grundlegendes Fähigkeitsspektrum hinzufügen. Jedes der vier Fähigkeitsspektren ist hierarchisch konzipiert und gliedert sich entsprechend in zwei oder mehr Familien von Fähigkeiten, welches sich wiederum weiter in Einzelfähigkeiten unterscheiden lassen.

Die oben beschriebenen wissenschaftlichen Beobachtungen und Erkenntnisse über menschliche Fähigkeiten bilden die wesentliche Grundlage für unsere im Folgenden vorgeschlagene hierarchische Klassifizierung von KI-Fähigkeiten. Diese soll in erster Linie dazu dienen, die Fähigkeiten, die KI-Systeme heute nutzen können, strukturiert einzuordnen. Dass einige der hierfür aufgeführten Teilfähigkeiten in den unteren Ebenen bislang noch nicht mittels künstlicher Intelligenz realisiert werden oder wurden, stellt dabei unserer Meinung nach in keinem Fall ein Manko dar, sondern vielmehr einen Beleg für die Nachhaltigkeit und Zukunftssicherheit des Konzepts insgesamt. Durch das Aufzeigen perspektivisch erreichbarer KI-Fähigkeiten lässt unsere Klassifizierung von KI-Fähigkeiten insbesondere Raum für künftige Entwicklungen von KI-Systemen, die zum jetzigen Zeitpunkt nur erahnbar sind. Wir verweisen in diesem Zusammenhang insbesondere noch einmal darauf, dass die Realisierung menschlicher Fähigkeiten mittels künstlicher Intelligenz in der Vergangenheit mit einer gewissen Regelmäßigkeit bereits lange vor ihrer tatsächlichen Realisierung in Kunst [25] und Popkultur [26] formuliert und thematisiert wurden.

7.1 Wahrnehmen

Traditionell gesehen bezieht sich der Begriff Wahrnehmung auf Fähigkeiten, die der Mensch dank seiner Sinnesorgane realisiert. So unterschieden antike griechische Philosophen beispielsweise zwischen den fünf Sinnen Sehen,

Hören, Riechen, Schmecken und Tasten [27]. In jüngerer Zeit haben sich Naturwissenschaftlerinnen und Naturwissenschaftler allerdings darauf verständigt, eine noch feinere Differenzierung zwischen den eigentlichen Sinnesorganen einerseits, welche Wahrnehmungsstimuli aufnehmen und in gewisser Weise vorverarbeiten, und den damit verbundenen Sinnesmodalitäten andererseits, welche im Grunde den zur weiteren kognitiven Verarbeitung vorgesehenen Output der Sinnesorgane beschreiben, vorzunehmen. Hinsichtlich der konkreten Wahrnehmungsfähigkeiten ist hier anzumerken, dass das Spektrum der von Menschen wahrnehmbaren Stimuli kleiner ist als das Spektrum spezialisierter technischer Sensoren, die aktuell eine Vielzahl akustischer, biologischer, chemischer, elektrischer, magnetischer, optischer, mechanischer, strahlungsbasierter und thermischer Stimuli erfassen können [28]. Dies ist ein Beispiel für die bereits zuvor erwähnten Bereiche, in denen KI-Fähigkeiten menschliche Fähigkeiten qualitativ erweitern beziehungsweise ergänzen können.

Bei der Beschreibung der menschlichen Wahrnehmung konzentrieren sich heute viele Forscherinnen und Forscher auf Sinnesmodalitäten und weniger auf Sinnesorgane. Der Begriff „Modalität“ beschreibt dabei in der Regel eine Codierung oder Repräsentation, die aus der Umwandlung eines Sinnesreizes entsteht [29]. Die olfaktorische Wahrnehmung des Menschen kann beispielsweise einerseits in vier Primärmodi unterteilt werden: blumig, fruchtig, brenzlig und ranzig [30]. Andererseits sehen andere Klassifizierungsschemata ausreichend Belege, dass sich für die olfaktorische Wahrnehmung bis zu neun Modi unterscheiden lassen [31]. Neben der sensorischen Aufnahme und Repräsentation betrachten manche Forscher aber auch die Verwendung der Modalität durch den Organismus „zur Lenkung intentionalen Verhaltens“ als wichtiges Charakteristikum einer Modalität [32].

Wie bereits beschrieben, hat die modalitätsbasierte Perspektive auf die menschliche Wahrnehmung das klassische Fünf-Sinne-Schema griechischer Philosophen infrage gestellt. In der Folge wurden daher mehrere alternative Schemata vorgeschlagen [33], die diese ersetzen sollten. Obwohl die Anzahl der Sinne in solchen Klassifikationsschemata zwischen acht und siebzehn Sinnen schwankt, scheint ein wachsender stärkerer Konsens darüber zu herrschen, dass zusätzlich zu den klassischen fünf Sinnen, die eine Wahrnehmung externer Sinnesreize ermöglichen, auch sogenannte interne Sinne wie etwa Körperbewusstsein und Gleichgewichtssinn zur menschlichen Wahrnehmung insgesamt beitragen, indem sie das Identifizieren von Störungen und Anomalien und somit eine effektive Selbstregulierung erlauben [32]. Auch der sogenannte Tastsinn wird häufig als sozusagen aggregierender Sinn oder kleine Sinnesfamilie betrachtet, welche die Wahrnehmung von Temperatur, Druck und Schmerz beinhaltet [34].

Mit Blick auf diese naturwissenschaftlichen Erkenntnisse zur menschlichen Wahrnehmung schlagen wir vor, das Spektrum von KI-Fähigkeiten im Bereich Wahrnehmen in Anlehnung an menschliche Sinnesmodalitäten zu strukturieren (Tabelle 7.1). Auf diese Weise ergibt sich zunächst eine Domäne aus externen Wahrnehmungsfähigkeiten, die sich weitgehend an den oben beschriebenen Sinnesmodalitäten orientieren. Mit dieser Strukturierung lässt sich zum Beispiel abbilden, dass in jüngerer Zeit mehr und bessere KI-Systeme entwickelt werden konnten, die eine Aufnahme von Bild-, Ton- und Tastsignalen und ihre Umwandlung in verarbeitbare Informationen realisieren. An KI-Anwendungen für die Geruchs- und Geschmackswahrnehmung hingegen wird zwar bereits seit einiger Zeit geforscht, praxistaugliche KI-Systeme hierfür sind bislang jedoch rar. Weiter unterscheiden wir davon interne Wahrnehmungsfähigkeiten, wie sie etwa für Roboter oder cyber-physische Geräte insgesamt relevant sind.

Tabelle 7.1: Übersicht über das Fähigkeitenspektrum Wahrnehmen.

SPEKTRUM	DOMÄNE	FÄHIGKEIT	BEISPIELE
WAHRNEHMEN	Extern	Sehen	Optische Texterkennung (OCR)
			Gesichtserkennung
			Objekterkennung
			Gestenerkennung
			Infrarotsicht
		Hören	Spracherkennung
			Musikerkennung
			Geräuscherkennung
			Erkennung von Radarsignalen
		Riechen	Duftstoffdetektion
			Säuredetektion
			Branddetektion
			Caprylsäure-Detektion
		Schmecken	Zucker-Detektion
			Säure-Detektion
			Salz-Detektion
			Bitterstoff-Detektion
			Umami-Detektion
		Berühren	Temperaturekrennung
			Druckerkennung
			Schmerzerkennung
			Elektromagnetismus-Erkennung
	Intern	Eigenwahnehmung	Erkennung eigener Bewegung
			Erkennung von Körperpositionen
		Gleichgewicht	Balance-Erkennung

7.2 Verarbeiten

Die menschliche Fähigkeit, Informationen zu verarbeiten, ist eine entscheidende und nach Überzeugung vieler Wissenschaftler eine Voraussetzung für intelligentes Verhalten. In dieses Fähigkeitsspektrum fallen insbesondere Fähigkeiten, die über ein bloßes Wahrnehmen von externen Vorgängen oder Zuständen hinausgehen; im Alltag und in der Umgangssprache werden solche menschlichen Fähigkeiten verkürzt auch häufig als Verstehen bezeichnet. Analog zu diesen menschlichen Fähigkeiten existieren auch KI-Systeme, die nicht nur ein bestimmtes Objekt auf Basis von Kameraaufnahmen wahrnehmen oder detektieren können, sondern darüber hinaus auch noch fähig sind, diesem Objekt weitere Eigenschaften, die sich nicht aus dem Bild ergeben, zuzuordnen. Oder die dazu in der Lage sind, auf Basis des erkannten Objekts neue Assoziationen oder neue Inhalte zu erzeugen. Auf der anderen Seite bildet das Fähigkeitsspektrum Verarbeiten in vielen Fällen auch die Grundlage dafür, in der Folge Handlungen auf Basis solcher Verarbeitungsergebnisse durchzuführen oder diese Ergebnisse nach außen zu kommunizieren. Diese Fähigkeiten zu handeln und zu kommunizieren, werden im weiteren Verlauf als eigene Fähigkeitsspektren vorgestellt (siehe Abschnitte 7.3 und 7.4).

Das Fähigkeitsspektrum Verarbeiten ist somit von besonderem Interesse für die Beschreibung von KI-Fähigkeiten. Auf den ersten Blick wäre ein naheliegendes Vorbild für deren Klassifizierung zum Beispiel eine Taxonomie kognitiver Funktionen, wie sie im Bereich der funktionalen Modellierung vorgeschlagen wurde [35]. Diese konkrete Übersichtsarbeit dient jedoch primär der Strukturierung von Forschungsarbeiten im Fachgebiet Modellierung und eignet sich daher nur bedingt für andere Zwecke. Zielführender und praktikabler erscheint es uns, ein auf sogenannten Lernzielen basierendes Klassifizierungsschema aus den Bildungswissenschaften zu verwenden. In diesem Zusammenhang ist die Bloomsche Taxonomie für kognitive Lernergebnisse besonders bekannt und einflussreich. Nachdem verschiedene Disziplinen sie kritisiert hatten [36][37][38], wurde sie später von Anderson und Krathwohl angepasst [39]. Es ist insbesondere hervorzuheben, dass die stufenförmige Bloomsche Taxonomie für kognitive Lernziele, das heißt für zu erlernende kognitive Fähigkeiten, heute in der Praxis in allen europäischen Bildungssystemen dazu verwendet wird, um das Bildungswesen von der Grundschule bis zum Hochschulabschluss zu organisieren [20].

Blooms überarbeitete Taxonomie unterscheidet grundsätzlich zwischen vier verschiedenen Wissensdimensionen: faktisch, konzeptionell, prozedural und metakognitiv [40]. Diese Anordnung zeigt bereits einen aufsteigenden Charakter hinsichtlich der Komplexität von Wissen und der damit verbundenen Verarbeitung an. Während etwa im Zusammenhang mit faktischem Wissen eher grundlegende Fähigkeiten wie Erinnern beschrieben werden, werden im Umgang mit metakognitivem Wissen anspruchsvolle Fähigkeiten wie etwa Dekonstruieren oder Reflektieren genannt. Auf einer zweiten Ebene unterteilt die Bloomsche Taxonomie diese vier Wissensdimensionen weiter in sechs aufeinander aufbauende Fähigkeiten. Diese werden im Folgenden noch für jede Wissensdimension näher beschrieben. Durch Kombination von Wissensdimensionen und Verarbeitungsstufen lassen sich mithilfe von Blooms überarbeiteter Taxonomie 24 kognitive Fähigkeiten des Menschen ebenso sinnvoll wie praxisnah unterscheiden (Tabelle 7.2).

Verarbeiten von Faktenwissen. Faktisches Wissen ist die am wenigsten komplexe Wissensdimension und meint die Kenntnis von Terminologien sowie spezifischen Details hierzu. Typische Beispiele sind die Kenntnis von Personen, Ereignissen oder Orten. Die am wenigsten komplexe Fähigkeit innerhalb dieses Bereiches stellt das Auflisten oder Wiedergeben von Fakten dar. Die Fähigkeiten, Fakten zusammenzufassen oder mit Fakten auf Fragen zu antworten, sind demgegenüber bereits weitergehende Verarbeitungsprozesse. Weitaus komplexer sind die Fähigkeiten, Fakten auszuwählen oder gegebene Fakten zu überprüfen. Die komplexeste Fähigkeit in diesem Bereich ist die Fähigkeit, neue Fakten zu generieren.

Verarbeiten von konzeptuellem Wissen. Konzeptuelles Wissen geht über reine Fakten hinaus und bezieht sich insbesondere auf ein Wissen über Strukturen, Klassifikationen, Prinzipien und Zusammenhänge. Typische Beispiele hierfür sind Beziehungen zwischen Personen wie Vater/Sohn oder Ehefrau/Ehemann. Innerhalb dieses Bereichs stellt das Erkennen von Zusammenhängen die einfachste Fähigkeit dar. Die Fähigkeiten, Objekte oder Personen auf Basis von konzeptuellem Wissen zu klassifizieren oder entsprechende Klassifizierungsschemata zu erstellen, stellen demgegenüber komplexere Prozesse dar. Als noch komplexer werden die Fähigkeiten, auf Basis von konzeptuellem Wissen zu differenzieren oder zu bewerten, betrachtet. Die komplexeste Fähigkeit in diesem Bereich ist die Fähigkeit, neue Konzepte aufzubauen beziehungsweise zu entwickeln.

Verarbeiten von prozeduralem Wissen. Prozedurales Wissen geht ähnlich wie konzeptuelles Wissen über reine Fakten hinaus und bezieht sich im Unterschied zu konzeptuellem Wissen auf die Kenntnis spezifischer Vorgehensweisen, Abläufe und Prozesse. Typische Beispiele hierfür sind Kochtätigkeiten wie das Backen eines Kuchens, welches definierte Arbeitsschritte in einer bestimmten Reihenfolge und unter bestimmten zeitlichen Vorgaben erfordert. Innerhalb dieses Bereichs stellt das Erinnern von Abläufen die einfachste Fähigkeit dar. Die Fähigkeiten, Abläufe zu präzisieren oder auszuführen gehen darüber hinaus und sind demgegenüber bereits als komplexer zu betrachten. Noch komplexer sind die Fähigkeiten, neue Abläufe in bestehende zu integrieren oder Abläufe zu bewerten. Die komplexeste Fähigkeit in diesem Bereich ist das Entwerfen oder Entwickeln neuer Vorgehensweisen, Abläufe oder Prozesse.

Verarbeiten von metakognitivem Wissen. Metakognitives Wissen stellt die komplexeste und abstrakteste Wissensdimension dar und bezieht sich auf strategisches Wissen, Wissen über kognitive Aufgaben (einschließlich kontextuellen und bedingten Wissens) und Selbstkenntnis. Typische Beispiele hierfür ist das Wissen um die richtige Vorgehensweise zur Erreichung eines spezifischen Ziels unter gegebenen Bedingungen oder auch Wissen über sich selbst als Person. Innerhalb dieses Bereichs stellt das Identifizieren alternativer Strategien für ein bestimmtes Ziel die am wenigsten komplexe Fähigkeit dar. Die Fähigkeiten, zukünftige Ereignisse vorherzusagen oder unter mehreren Strategien die unter gegebenen Umständen geeignetes auszuwählen, sind demgegenüber bereits komplexer. Noch komplexer sind die Fähigkeiten, Wissen zu dekonstruieren oder zu reflektieren. Die komplexeste Fähigkeit in diesem Bereich ist das Schaffen oder Entwickeln neuen metakognitiven Wissens wie etwa Strategien oder Selbstverständnissen.

Fähigkeiten, die im hier beschriebenen Spektrum Verarbeiten enthalten sind, decken ein weitgefasstes Feld menschlicher Kognition ab und stellen daher einen idealen Referenzrahmen für KI-Fähigkeiten dar. In Bezug auf aktuell bereits realisierbare KI-Fähigkeiten lassen sich anhand dieses Schemas insbesondere die Fähigkeiten Auswerten, Erinnern, Entscheiden oder Vorhersagen leicht abbilden. Diese rationalen Fähigkeiten stellen den Kern vieler fortgeschrittener KI-Systeme dar und werden häufig mit Fähigkeiten aus den Fähigkeitsspektren Wahrnehmen, Handeln oder Kommunizieren kombiniert.

Tabelle 7.2: Übersicht über das Fähigkeitenspektrum Verarbeiten.

SPEKTRUM	DOMÄNE	FÄHIGKEIT	BEISPIELE
VERARBEITEN	Faktisch	Auflisten	Kontext-spezifische Terminologie
			Datenbank-Abfragen
		Zusammenfassen	Fact Retrieval
			Statistisches Reporting
		Antworten	Daten-Assoziation
			Deduktive Wissensextraktion
		Auswählen	Semantische Suche
			Anwendung abstrakter Kriterien
		Überprüfen	Parsen (Syntaktische Analyse)
			Vollständigkeitsprüfung
		Generieren	Protokoll-Erstellung
			Erzeugung von Logging-Daten
	Konzeptuell	Wiedererkennen	Pattern Matching
			Erkennung benannter Entitäten
		Klassifizieren	Medizinische Diagnostik
			Gefahrstoff-Erkennung
		Erstellen	Erklärung
			Argumentationsketten
		Differenzieren	Begriffsklärung
			Anomalie-Detektion
		Bewerten	Semantische Interpretation
			Automatisierte Notenvergabe
		Aufbauen	Gruppenbildung
			Erstellung von Businessplänen
	Prozedural	Erinnern	Prozess-Erinnern
			Ablaufbeschreibung
		Präzisieren	Prozess-Operationalisierung
			Algorithmus-Optimierung
		Ausführen	Diskurs-Modellierung
			Malen nach Zahlen
		Integrieren	Fusion von Sensordaten
			Ergänzung von Prozessmodellen
		Bewerten	Vergleich unterschiedlicher Prozesse
			Korrektur falscher Abläufe
		Entwerfen	Prozessentwurf
			Automatisierte Prozessmodellierung
	Metakognitiv	Identifizieren	Auswahl geeigneter Strategien
			Auswahl geeigneter Fähigkeiten
		Vorhersagen	Zustandsbestimmung
			Instandhaltungsprognosen
		Anwenden	Transfer-Ansätze
			Nutzung individualisierter Strategien
		Dekonstruieren	Kodierungswechsel-Strategien
			Erkennung von Vorurteilen
		Reflektieren	Selbstoptimierungsmethoden
			Retrospektive Strategie-Bewertung
		Schaffen	Narrativ-Generation
			Individuelle Lebensplanung

7.3 Handeln

Für den Menschen ist Handeln eine wesentliche Fähigkeit, um sich selbst oder seine Umwelt zu beeinflussen. In dieses Fähigkeitsspektrum fallen insbesondere motorische Fähigkeiten, die es erlauben, Körperteile zu bewegen oder Objekte physisch zu beeinflussen. Im Alltag ermöglichen es diese Fähigkeiten dem Menschen beispielsweise, sich fortzubewegen, sich sportlich oder handwerklich zu betätigen oder ein Musikinstrument zu spielen. Gleichwohl kennen Menschen auch Formen des Handelns, die zumeist eher nicht als physisch verstanden werden, etwa das Abschließen von Verträgen. Wir unterscheiden daher im Folgenden zwischen physischem und nicht-physischem Handeln (Tabelle 7.3). Auch Kommunikation erlaubt es gegebenenfalls, die Umwelt zu beeinflussen, und kann insofern als eine Form des Handelns verstanden werden [35]. Aufgrund der Bedeutung und der Vielgestaltigkeit von Kommunikation, wird Kommunikationsfähigkeit hier jedoch als eigenes Fähigkeitsspektrum verstanden und repräsentiert (siehe Abschnitt 7.4).

Physisches Handeln. Ähnlich wie für kognitive Fähigkeiten (siehe Abschnitt 7.2) wurden auch für motorische beziehungsweise psychomotorische Fähigkeiten des Menschen Lernziel-Taxonomien vorgeschlagen. Die Taxonomien von Harrow [41] und Simpson [42] unterscheiden jeweils sieben beziehungsweise sechs Fähigkeiten. Die bekanntere Taxonomie von Dave [43] reduzierte dies noch einmal auf die fünf wesentlichen Fähigkeiten Imitieren, Manipulieren, Präzisieren, Integrieren und Naturalisieren. Nicht zuletzt aufgrund ihrer Bekanntheit ist Daves Taxonomie eine hilfreiche Referenz, um die Bewegungsfähigkeit von handelnden KI-Systemen weiter zu differenzieren. Im Bereich künstliche Intelligenz ist physische Bewegung eng mit dem Gebiet der Robotik verknüpft, welches sich mit mechanisch oder physisch ausgeführten Handlungen wie Roboterwahrnehmung, Bewegungsplanung, Sensoren und Manipulatoren oder Kinematik und Dynamik beschäftigt. Technische Ansätze in diesem Bereich sind häufig inspiriert von der menschlichen Fähigkeit zur Kontrolle und Koordination von Muskeln [42]. Auch im verwandten Fachgebiet Mensch-Roboter-Interaktion wird teils versucht, durch eine Kombination aus Mechatronik- und Software-Komponenten handlungs- und interaktionsfähige KI-Systeme zu entwickeln. Davon abzugrenzen sind Fähigkeiten von KI-Systemen, externe physische Komponenten zu steuern, etwa im Bereich autonomes Fahren, Industrie 4.0, Smart Home oder allgemein KI-basierte Endkundenprodukte.

Nicht-physisches Handeln. Sowohl für Mensch als auch Maschine sind Handlungen bekannt, die auf die Veränderung einer nicht-physischen Umwelt abzielen und als nicht-physisches oder virtuelles Handeln verstanden werden können. Insbesondere infolge der Zunahme vernetzter Kommunikation über das Internet wird teils sogar erörtert, inwieweit physische und virtuelle Handlungen rechtlich ähnlich zu bewerten sind [44]. Im Bereich künstlicher Intelligenz wurden unter dem Begriff „intelligente Agenten" zahlreiche Systeme entworfen und eingesetzt, die durch ihr Handeln eine nicht-physische Umwelt beeinflussen können [45]. Für solche Agenten lässt sich Handeln beschreiben als etwas, das ein Agent tut und das „als intentional beschrieben werden kann" [46]. Allerdings existiert ähnlich wie beim Begriff künstliche Intelligenz zahlreiche konkurrierende Definitionen [47] sowie zahlreiche konkurrierende Taxonomien [48] für intelligente Agenten. Da solche Agenten außerdem teils auch physisch handeln können und in der Regel nicht nur Fähigkeiten aus dem Spektrum Handeln aufweisen [49], eignen sich entsprechend Systematiken nur bedingt zur Beschreibung der Fähigkeit, nicht-physisch zu handeln. In den meisten Taxonomien und Fachartikeln werden intelligenten Agenten jedoch entweder die nicht-physische Fähigkeit, unidirektionale Aktionen wie Bank-Überweisung auszulösen, oder die nicht-physische Fähigkeit, bidirektionale Transaktionen wie Käufe oder Verkäufe auszulösen, zugeschrieben. Entsprechend schlagen wir eine Unterscheidung nicht-physischen Handelns in diese beiden Fähigkeiten vor. Nicht-physisches Handeln in Form von Kommunizieren wird im nächsten Abschnitt als eigenes Fähigkeitsspektrum vorgestellt.

Tabelle 7.3: Übersicht über das Fähigkeitenspektrum Handeln.

SPEKTRUM	DOMÄNE	FÄHIGKEIT	BEISPIELE
HANDELN	Physisch	Bewegen	Imitieren
			Manipulieren
			Präzisieren
			Integrieren
			Naturalisieren
		Steuern	Autonomes Fahren
			Industrie 4.0
			Smart Home
			Intelligente Haushaltsgeräte
	Nicht-Physisch	Aktion auslösen	Smart Contracts
			Bank-Überweisung
			Terminreservierung
			Computerspielgegner
		Transaktion auslösen	Kaufen
			Verkaufen
			Rückabwickeln
			Tauschen

7.4 Kommunizieren

Ähnlich wie Handlungsfähigkeit ist die Fähigkeit zu kommunizieren für den Menschen entscheidend, um mit seiner Umwelt und insbesondere anderen Menschen in Kontakt und Austausch zu treten. Die Bedeutung der menschlichen Kommunikationsfähigkeit geht dabei deutlich über die Relevanz im sozialen Alltagskontext, etwa an der Supermarktkasse oder im familiären Umfeld, hinaus: Viele Wissenschaftler halten die Weiterentwicklung dieser Fähigkeit im Rahmen der Evolution vom Affen zum Menschen für eine wesentliche Voraussetzung für das Entwickeln von Kultur und größeren, hochkomplexen Zivilisationen. Folglich ist insbesondere die Fähigkeit, unter Nutzung von Rückkanälen und wechselnden Rollen zu kommunizieren, ein wichtiges Kennzeichen des Menschen.

Obwohl es sich um eine zentrale und intensiv untersuchte menschliche Fähigkeit handelt, ist es Kommunikationsforschern bislang schwergefallen, sich auf eine gemeinsame Definition oder Taxonomie hierfür zu einigen [50]. Tatsächlich ist die Zahl der Konzepte zur Definition von Kommunikation derart groß, dass Forscher sogar eigens ein Klassifikationsschema vorgeschlagen, haben, um diese Begriffsdefinitionen anhand dreier spezifischer Kriterien leichter unterscheiden und vergleichen zu können [51]. Eine der simpelsten, primär technologisch motivierten Definitionen versteht unter Kommunikation die Übertragung von Informationen zwischen den jeweiligen Subjekten [52]. In einem stärker sozialwissenschaftlich motivierten Ansatz wird Kommunikation hingegen primär über die Fähigkeit zu kommunizieren definiert. Diese wird beschrieben als Fähigkeit zu verarbeiten, zu verstehen und zwischen Äußerung und Information zu unterscheiden, das heißt, zwischen „dem Informationswert von Inhalten" und „den Gründen, aus denen die Inhalte geäußert wurden" zu unterscheiden [53]. Insofern wird die Fähigkeit zu kommunizieren, ähnlich wie die Fähigkeit zu handeln, als eine Fähigkeit höherer Ebene betrachtet, die sowohl Fähigkeiten des Wahrnehmens als auch des Verarbeitens voraussetzen.

Während Kommunikationsformen in vielen populärwissenschaftlichen Darstellungen meist nach Medium (z. B. mündlich, schriftlich usw.) unterschieden werden, findet in der modernen Kommunikationsforschung eine Unterscheidung nach Anzahl der Beteiligten (intrapersonell, interpersonell, transpersonell) breitere Anerkennung. Interessant ist an dieser Systematik insbesondere, dass Kommunikation demnach weder einen unmittelbaren individuellen Empfänger (transpersonell) noch einen externen Empfänger (intrapersonell) zwingend erfordert. Ebenso regelmäßig wird der Einfluss von Rückkanälen (engl. Feedback) auf den Kommunikationsprozess zur Differenzierung von Kommunikation genutzt [54]. Auf dieser Basis lässt sich ein unidirektionales Kommunizieren ohne Feedback von bidirektionalem oder omnidirektionalem Kommunizieren (jeweils mit Feedback) unterscheiden. Analog schlagen wir als grundlegende Struktur dieses Fähigkeitsspektrums vor, zwischen Kommunizieren ohne Feedback (unidirektional) und Kommunizieren mit Feedback (bidirektional, omnidirektional) zu unterscheiden (Tabelle 7.4). Unidirektionales Kommunizieren impliziert dann eine eindeutige und statische Rollenverteilung zwischen Sender und Empfänger; im Zusammenhang mit KI-Systemen sind damit im Falle der Senderrolle insbesondere die Befähigung zur Erzeugung von Kommunikationsformen verbunden, etwa die Fähigkeit, Text, Sprache oder Bilder zu erzeugen. Bidirektionales Kommunizieren bedeutet dagegen, dass zwei beteiligte Gesprächspartner Sender- und Empfängerrolle dynamisch wechseln können. Im menschlichen Kontext ist dies in der Regel im persönlichen Gespräch der Fall, im Zusammenhang mit KI-Systemen beispielsweise bei intelligenten Chatbots. Auch bei omnidirektionaler Kommunikation können Sender- und Empfängerrolle beliebig zwischen den Beteiligten wechseln, im Unterschied zur bidirektionalen Kommunikation nehmen jedoch mehr als zwei Beteiligte an der Kommunikation teil. Da sowohl bidirektionales als auch omnidirektionales Kommunizieren einen Rückkanal (Feedback) erfordern, sind die damit verbundenen Fähigkeiten als eine Art Meta-Fähigkeiten zu verstehen, deren Realisierung zwingend die Realisierung von Fähigkeiten des Wahrnehmens und Verarbeitens erfordern.

Tabelle 7.4: Übersicht über das Fähigkeitenspektrum Kommunizieren.

SPEKTRUM	DOMÄNE	FÄHIGKEIT	BEISPIELE
KOMMUNIZIEREN	Ohne Feedback	Unidirektional	Texterzeugung
			Spracherzeugung
			Bilderzeugung
			Videoerzeugung
			Gestenerzeugung
			Mimikerzeugung
	Mit Feedback	Bidirektional	Chatbots
			Sprachassistenten
			Klärungsdialoge
			Computernetzwerke
			Multimodale Interaktion
		Omnidirektional	Gruppenunterricht
			Gesprächsmoderation

Quellen

[1] Minsky, M. (1961) Steps toward artificial intelligence. Proceedings of the IRE, 49(1), 8–30

[2] Dreyfus, Hubert (1965) Alchemy and AI. RAND Corporation

[3] Dreyfus, Hubert (1972) What Computers Can't Do, New York: MIT Press, ISBN 978-0-06-090613-9

[4] Kenaw, S. (2008) Hubert L. Dreyfus's critique of classical AI and its rationalist assumptions. Minds and Machines, 18(2), 227–238

[5] Butler, S. (1872). Erewhon. Trübner and Ballantyne

[6] Čapek, K. (1920) R.U.R. – Rossumovi Univerzální Roboti

[7] Lang, F. (1927). Metropolis. Paramount Pictures

[8] Sevak, J. S., Kapadia, A. D., Chavda, J. B., Shah, A., & Rahevar, M. (2017) Survey on semantic image segmentation techniques. In 2017 International Conference on Intelligent Sustainable Systems (ICISS), pp. 306–313

[9] Yu, D., & Deng, L. (2016) Automatic speech recognition (Vol. 1). Berlin: Springer

[10] He, K., Zhang, X., Ren, S., & Sun, J. (2015) Delving deep into rectifiers: Surpassing human-level performance on imagenet classification. In Proceedings of the IEEE international conference on computer vision, pp. 1026–1034

[11] Gatt, A., & Krahmer, E. (2018) Survey of the state of the art in natural language generation: Core tasks, applications and evaluation. Journal of Artificial Intelligence Research, 61, 65–170

[12] Nazir, O., & Malik, A. (2021) Deep Learning End to End Speech Synthesis: A Review. In 2021 2nd International Conference on Secure Cyber Computing and Communications (ICSCCC), pp. 66-71 IEEE

[13] Shamsolmoali, P., Zareapoor, M., Granger, E., Zhou, H., Wang, R., Celebi, M. E., & Yang, J. (2021) Image synthesis with adversarial networks: A comprehensive survey and case studies. Information Fusion, 72, 126–146

[14] Reed, C. (2021) Argument technology for debating with humans. Nature 591:373–374

[15] Searle, J. R. (1980) Minds, brains and programs. Behavioral and Brain Sciences, 3, 417–457

[16] Goertzel, B. (2014) Artificial general intelligence: concept, state of the art, and future prospects. Journal of Artificial General Intelligence, 5(1), 1

[17] Walsh, T. (2017) The singularity may never be near. ai Magazine, 38(3), 58–62

[18] Rajiv Joshi; Matthew Ziegler; Arvind Kumar; Eduard Alarcon (2020) Research Directions in AI Algorithms and Systems. From Artificial Intelligence to Brain Intelligence, River Publishers, pp.11–26.

[19] Pritz, T. S. (2010) Learning outcomes: What are they? Who defines them? When and where are they defined? Educational assessment, evaluation and accountability, 22(2), 119–137

[20] Méhaut, P., & Winch, C. (2012) The European qualification framework: Skills, competences or knowledge? European Educational Research Journal 11(3):369–381

[21] Gagné, R. M. (1972) Domains of learning. Interchange 3(1):18

[22] Bloom, B. S. (1956) Taxonomy of educational objectives. Vol. 1: cognitive domain. McKay, New York

[23] Krathwohl, D. R., et al (1964) Taxonomy of Educational Objectives, Handbook II, Affective Domain. David McKay C

[24] Simpson, E. J. (1967) The classification of educational objektives, psychomotor domain. In: C. J. Cotrell & E. F. Hauck (Hrsg.) Educational Media in Vocational and Technical Education: A Report of a National Seminar, pp. 3847. Ohio State University

[25] Stephens, E., & Heffernan, T. (2016) We have always been robots: The history of robots and art. In Robots and Art (pp. 29–45). Springer, Singapore

[26] Watson, I. (2003) The aims of artificial intelligence: A science fiction view. IEEE Intelligent Systems, 18(2), 78–80

[27] Johansen, T. K.: Aristotle on the sense-organs. Cambridge University Press (1997)

[28] Fraden, J.: Handbook of Modern Sensors. Physics, Design and Applications. Springer, 4th Ed. (2010)

[29] McGann, M.: Perceptual modalities: modes of presentation or modes of interaction? Journal of Consciousness Studies, 17(1-2), 72–94 (2010)

[30] Boring, E. G.: A new system for the classification of odors. The American Journal of Psychology, 40(2):345-349 (1928)

[31] Zwaardemaker, H.: Die Physiologie des Geruchs. Leipzig: Engelmann (1895)

[32] Ritchie, J. B., Carruthers, P.: The bodily senses. In: Matthen, M. (Ed.) The Oxford Handbook of the Philosophy of Perception, pp. 353–370 (2015)

[33] Biggs, S., Matthen, M., Stokes, D.: Sorting the Senses. In. Stokes, D., Matthen, M., Biggs, S. (Eds.) Perception and its modalities. Oxford University Press, USA (2015)

[34] Macpherson, F.: Individuating the Senses. In F. Macpherson (ed.) The Senses: Classic and Contemporary Philosophical Readings, Oxford University Press (2011)

[35] Metzler, T., & Shea, K. (2011). Taxonomy of cognitive functions. In DS 68-7: Proceedings of the 18th International Conference on Engineering Design (ICED 11), Impacting Society through Engineering Design, Vol. 7: Human Behaviour in Design, Lyngby/Copenhagen, Denmark, 15.–19.08. 2011 (pp. 330–341).

[36] Sockett, H. (1971) Blooms taxonomy: a philosophical critique (I). Cambridge Journal of Education 1(1):1625

[37] Pring, R. (1971) Blooms taxonomy: a philosophical critique (2). Cambridge Journal of Education 1(2):8391

[38] Furst, E.j. (1981) Blooms taxonomy of educational objectives for the cognitive domain: philosophical and educational issues. Review of Educational Research 51(4):441–453

[39] Anderson, L. W. Krathwohl, D. R. (2001) A taxonomy for learning, teaching and assessing: a revision of Blooms taxonomy of educational objectives. Longman, New York

[40] Krathwohl, D. R. (2002) A Revision of Blooms Taxonomy. Theory into Practice 41(4), 212–218

[41] Harrow, A.J. (1972). A taxonomy of the psychomotor domain. New York: David McKay Co.

[42] Simpson E. J. (1972). The Classification of Educational Objectives in the Psychomotor Domain. Washington, DC: Gryphon House

[43] Dave, R. H. (1970). In R. J. Armstrong et al., Developing and Writing Behavioral Objectives. Tucson, AZ: Educational Innovators Press

[44] Heinrichs, J. H. (2021) Virtual action. *Ethics and Information Technology, 23*(3), 317–330

[45] Russell, S. J. & Norvig, P. (2014) Artificial Intelligence: a modern approach. 3. Ed., Harlow: Pearson

[46] Davidson, D.: Essay III. In: Davidson, D. (Ed.) Essays on Actions and Events, Oxford: Oxford University Press (1980)

[47] Franklin, S., & Graesser, A. (1996). Is it an Agent, or just a Program? A Taxonomy for Autonomous Agents. In International workshop on agent theories, architectures, and languages (pp. 21–35). Springer, Berlin, Heidelberg.

[48] Vinaja, R., & Raisinghani, M. (2002) A multi-attribute profile-based classification for intelligent agents. AMCIS 2002 Proceedings, pp. 1495–1502

[49] Müller, J. P. (1999) Architectures and applications of intelligent agents: A survey. *The Knowledge Engineering Review, 13*(4), 353–380

[50] Craig, T. (1999) Communication Theory as a Field. Communication Theory 9

[51] Dance, Frank E. X. (1970) The Concept of Communication, Journal of Communication 20

[52] Shannon, C. E.: A mathematical theory of communication. The Bell system technical journal, 27(3):379–423 (1948)

[53] Luhmann, N.: What is communication?. Communication theory, 2(3):251–259 (1992)

[54] Van Ruler, B.: Communication theory: An underrated pillar on which strategic communication rests. International Journal of Strategic Communication, 12(4), 367–381 (2018)

Kapitel 8 Klassifizierung von KI-Kritikalität

Thomas Schmid, Wolfgang Hildesheim, Taras Holoyad

Da künstliche Intelligenz zunehmend in allgemein verfügbaren Produkten und Dienstleistungen zum Einsatz kommt, wurde in den vergangenen Jahren immer häufiger thematisiert, welche Risiken damit einhergehen. In der Öffentlichkeit besonders stark diskutiert wurden etwa Sorgen vor den Folgen autonomer Waffensysteme [1] oder einer außer Kontrolle geratenen Super-KI mit übermenschlichen Fähigkeiten [2][3][4]. Doch bereits deutlich unterhalb dieser relativ extremen Beispiele können KI-basierte Systeme problematische Eigenschaften aufweisen. So können etwa Systeme datengetriebener künstlicher Intelligenz, die mittels ungünstig verteilter Daten erzeugt wurden, unerkannte Verzerrungen aufweisen, die beispielsweise bestimmte Personengruppen benachteiligen [5]. In zahlreichen Anwendungsszenarien stellen solche technischen Unzulänglichkeiten echte Risiken für Menschen und die Gesellschaft insgesamt dar, etwa bei KI-basierten Verfahren zur Gesichtserkennung [6], zur Bewertung der Rückfälligkeit von Straftätern [7] oder auch zur Steuerung von physischen Geräten [8].

Um Risiken und Schäden zu minimieren, müssen alle technischen Komponenten (Hardware, Software und Trainingsdaten), menschlichen Akteure (Entwickler, Hersteller, Prüfer und Nutzer) sowie Lebenszyklusphasen (Entwicklung, Implementierung, Konformitätsbewertung und Anwendung) entsprechend beurteilt werden. Ein effektiver und zielgerichteter Umgang mit Risiken und Schädigungspotenzialen ist allerdings nicht allein eine technische Aufgabe, sondern erfordert fachbereichsübergreifend Sachkenntnis und Zusammenarbeit – nicht zuletzt mit Risikomanagement, Rechtsabteilungen und der Führungsebene [9]. Ein professioneller Umgang beginnt bei der Kenntnis potenzieller Risiken durch KI-basierte Systeme, aber erfordert insbesondere auch angemessene, zielgerichtete Mechanismen, um mit diesen umzugehen. Insofern besteht hier erkennbar Bedarf für ein klares Regelwerk, welches Risiken allgemein verständlich benennt, einordnet und einen zielführenden Umgang mit diesen definiert. Dieser Bedarf ist heute wesentlich höher als noch um die Jahrtausendwende, als nur eine Hand voll Unternehmen ihr Geschäftsmodell und ihren Erfolg auf KI-basierten Prozessen begründeten. Insbesondere in Fällen, in denen staatliches Handeln (etwa durch Justiz oder Polizei) mithilfe von KI-Systemen automatisiert wird, ist ein effektives Risikomanagement unverzichtbar, um Grundrechte, Bürgerrechte und rechtsstaatliche Prinzipien zu bewahren.

Vor diesem Hintergrund ist es wenig überraschend, dass in den vergangenen Jahren mehrere Systematiken zur Klassifizierung von Risiken durch KI-Systeme entwickelt wurden. Hervorzuheben sind insbesondere die von der Datenethikkommission der Bundesregierung vorgeschlagene Kritikalitätspyramide, die an der TU Kaiserslautern entwickelte Risikomatrix sowie die von EU-Kommission vorgeschlagene gesetzliche Einführung sogenannter Risikoklassen:

- **Kritikalitätspyramide.** Das von der Datenethikkommission vorgeschlagene Klassifizierungssystem [10] unterscheidet zwischen fünf sogenannten Kritikalitätsstufen (Abbildung 8.1). Hierbei hat die niedrigste Kritikalitätsstufe (Stufe 1) das niedrigste Schädigungspotenzial und die höchste Stufe (Stufe 5) das höchste Schädigungspotenzial. Ziel der Kritikalitätspyramide ist eine Definition klarer Richtlinien für die zuverlässige Identifikation von KI-Produkten und Dienstleistungen. Insbesondere wird dabei differenziert, in welchen Fällen umfangreiche Regulierungen oder Verbote erforderlich und in welchen Fällen Beschränkungen für KI-Anwendungen überflüssig sind. Der Begriff der Kritikalität basiert hier auf zwei Aspekten eines „sozio-technischen“ Systems: eines möglichen Schadenseintritts (zum Beispiel verursacht durch menschliches Handeln und/oder algorithmusdeterminierte Systeme) und das Ausmaß des Schadens (zum Beispiel Recht auf Privatsphäre, Grundrecht auf Leben und körperliche Unversehrtheit sowie Diskriminierungsverbot). Unterschieden wird dabei außerdem zwischen algorithmusbasierten KI-Anwendungen (die hauptsächlich als Assistenzsysteme dienen), algorithmusgetriebenen KI-Anwendungen (die nicht allein entscheiden, aber den Spielraum des entscheidenden Menschen einschränken) und algorithmusdeterminierten KI-Anwendungen (die gänzlich ohne menschliche Kontrolle operieren können).
- **Risikomatrix.** Auch die vom Algorithm Accountability Lab der Technischen Universität Kaiserslautern vorgeschlagene Risikomatrix unterscheidet fünf unterschiedliche Kategorien, sogenannte Risikoklassen [11]. Hierbei hat die niedrigste Risikoklasse (Klasse 0) das niedrigste Schädigungspotenzial und die höchste Risikoklasse (4) das höchste Schädigungspotenzial. Ähnlich wie bei der Kritikalitätsmatrix ist das Ziel dieser Systematik nicht allein, unterscheidbare Risikoklassen zu definieren, sondern auch Handlungsoptionen für jede dieser Klassen aufzuzeigen. Im Unterschied zur Kritikalitätsmatrix wird jedoch nicht allein das unmittelbare Schädigungspotenzial eines KI-Systems zur Einteilung der Klassen verwendet, sondern auch die Möglichkeit der Betroffenen, sich einem solchen System zu entziehen. Die Autoren heben damit insbesondere hervor, dass für Gesellschaften und Länder ein Schädigungspotenzial auch ökonomischen Charakter haben kann, etwa bei starker Abhängigkeit von einer einzelnen

KI-Lösung oder einem einzigen Anbieter – also sozusagen im Fall eines Monopols. Dieser Aspekt wurde in den vergangenen Jahren – insbesondere im Zusammenhang mit sozialen Netzwerken und Suchmaschinen thematisiert, die besonders stark auf KI-basierte Funktionen und Angebote setzen.

- **Gesetzesvorschlag der EU.** Die in der öffentlichen Debatte geäußerten Argumente zu möglichen Risiken durch KI-basierte Systeme wurden auch von der EU-Kommission zur Kenntnis genommen, die daraufhin im Frühjahr 2020 einen Gesetzesentwurf zur Regulierung von KI-Systemen vorgelegt hat [12]. Zum Zeitpunkt des Erscheinens dieses Buchs wurde das Gesetzesvorhaben noch nicht verabschiedet, aber aus dem Entwurf lassen sich bereits zentrale Konzepte ableiten, die die Regulierung von KI-Systemen in Europa in den kommenden Jahrzehnten prägen dürfte (siehe auch Kapitel 15). Ziel ist insbesondere, feste Kriterien zur Konformitätsbewertung von Hochrisiko-Systemen zu entwickeln. Die EU-Kommission unterscheidet dabei zwischen Systemen mit inakzeptablen Risiken (die verboten werden müssen), hohen Risiken (die reguliert werden müssen) und begrenzten oder minimalen Risiken (für die keine Regulierung geplant ist). Auch wenn dies formal eine Unterscheidung in drei Klassen darstellt, ist eine inhaltliche Differenzierung in vier Stufen oder Klassen hinsichtlich Risiken beziehungsweise Schädigungspotenzial erkennbar (inakzeptabel, hoch, begrenzt, minimal) [13], zu denen impliziert noch eine fünfte Klasse von KI-Systemen angenommen werden muss, welche kein Schädigungspotenzial aufweist.

Es lässt sich feststellen, dass alle drei beschriebenen Klassifizierungsansätze nicht nur von KI-Systemen ausgehen, die entweder verboten werden müssen oder völlig unbeschränkt eingesetzt werden müssen, sondern differenzierter auch von KI-Systemen ausgehen, die nur unter bestimmten Voraussetzungen zum Einsatz kommen können. Aus diesem Grund gehen wir in unserer Klassifizierung von einer grundsätzlich fünfteiligen Abstufung von Kritikalität beziehungsweise Schädigungspotenzial sowie den damit verbundenen Charakteristiken und Konsequenzen aus. Da die genaue regulatorische Ausgestaltung der EU-weiten Regulierung hierzu aktuell noch Gegenstand des gesetzgeberischen Prozesses ist (siehe auch Kapitel 15), ist derzeit noch unklar, ob es bei der dreiteiligen Unterscheidung im Gesetzesentwurf bleiben wird oder ob populäre fünfgliedrige Klassifizierungssysteme wie die Kritikalitätspyramide oder die Risikomatrix Grundlage der Regulierung werden könnten. Gleichzeitig ähneln sich die unterschiedlichen Klassifizierungsschemata bei näherer Betrachtung durchaus in vielen Aspekten, sodass wir im Folgenden die drei oben genannten Ansätze jeweils bezogen auf das Schädigungspotenzial miteinander vergleichen.

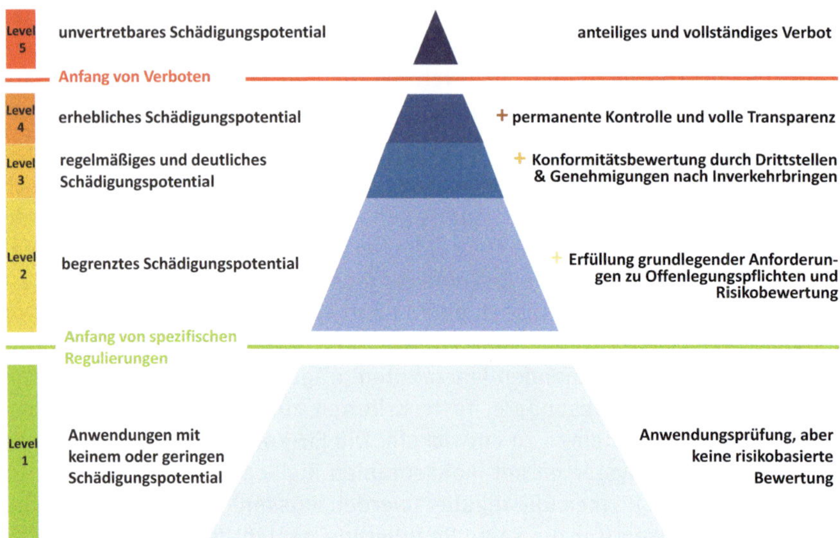

Abbildung 8.1: Schematische Darstellung der fünfstufigen Kritikalitätspyramide nach einer Empfehlung der Datenethikkommission der Bundesregierung [8].

8.1 Kein oder geringes Schädigungspotenzial

Grundsätzlich kann davon ausgegangen werden, dass nicht jedes KI-System im Betrieb ein Risiko für Menschen darstellt beziehungsweise von diesem eine Schädigung eines oder mehrerer Menschen durch das System zu erwarten ist. Dies ergibt sich einerseits in einigen Fällen bereits durch das Anwendungsgebiet selbst. Bei KI-basierten Systemen zur automatisierten Bewertung von Produkten und Dienstleistungen (Kaufempfehlungen wie „Kunden, die dieses Produkt kauften, kauften auch ...“) wird beispielsweise angenommen, dass kein oder höchstens ein geringes Schädigungspotenzial besteht [11]. Ähnlich wird auch bei technischen Anwendungen wie Anomalie-Erkennungssystemen in der industriellen Produktion argumentiert, wo KI-basierte Systeme Objekte bewerten, ohne dass dies direkte Auswirkungen auf den Menschen hat [11]. Ein vorhandenes, aber als gering zu betrachtendes Schädigungspotenzial existiert etwa, wenn das Risiko eines geringfügigen finanziellen Nachteils besteht. Im Fall einer fehlerhaften KI-basierten Steuerung für einen Getränkeautomaten etwa werden Betroffene – unabhängig von der KI-basierten Steuerung – durch die allgemeinen rechtlichen Regelungen zum Schadensersatz geschützt, nach denen Vertragspartner zur Erbringung ihrer vertraglich geschuldeten Leistung verpflichtet sind [10]; ähnlich gegenüber Herstellern, die entsprechend der rechtlichen Vorgaben zur Produkthaftung verpflichtet sind, Kunden funktionierende Geräte zu überlassen [14].

KI-Systeme mit keinem oder sehr geringem Schädigungspotenzial werden innerhalb der Kritikalitätspyramide auf der untersten Stufe, Stufe 1, angesiedelt [10]. Die Datenethikkommission spricht in diesem Zusammenhang von unproblematischen Anwendungskontexten. Für Stufe-1-Systeme solle daher in der Regel von Entwicklern, Auftraggebern oder Betreibern nicht gefordert werden, für den Betrieb eines solchen Systems eine ethisch-rechtliche Kontrolle zu durchlaufen. Auch besondere Kontrollen jenseits allgemeiner Qualitätsanforderungen (wie sie auch für Produkte ohne algorithmische Elemente gelten) sind nach Auffassung der Datenethikkommission für KI-Systeme der Stufe 1 nicht erforderlich.

In der Risikomatrix werden KI-Systeme ohne oder mit geringem Schädigungspotenzial als Systeme der Risikoklasse 0 bezeichnet [11]. Diese sollten auf Korrektheit überprüft werden, unterliegen jedoch keiner risikoadaptierten Beurteilung und müssen auf technischer Ebene nicht reguliert werden. Für KI-Systeme dieser Klasse existieren entsprechend weder Transparenzpflichten noch eine Notwendigkeit zur fortlaufenden Kontrolle. Nur im Verdachtsfall sollen nachträgliche Systemanalysen (post hoc) durchgeführt werden. Werden dabei Fehler identifiziert, sollte dies nach Auffassung der Autoren auch Einfluss auf das Gesamtschadenspotenzial haben und gegebenenfalls dazu führen, dass das System in eine höhere Risikoklasse eingruppiert wird [11].

Der Gesetzesvorschlag der EU-Kommission unterscheidet wie oben beschrieben formal drei Klassen, inhaltlich vier Klassen von KI-Systemen, von denen ein Risiko oder eine potenzielle Schädigung ausgeht [12]. Für Systeme ohne Schädigungspotenzial hingegen werden darin keine Regelungen genannt. Folglich können aus dem Gesetzesentwurf – im Unterschied zur Kritikalitätspyramide und der Risikomatrix – keine Definitionen oder Rechtsfolgen für KI-Systeme mit geringem Risiko beziehungsweise ohne Schädigungspotenzial abgeleitet werden. Es bleibt jedoch festzustellen, dass das geplante Gesetz die Existenz von KI-Systemen, die kein oder nur ein geringes Schadenspotenzial aufweisen, nicht negiert.

8.2 Begrenztes Schädigungspotenzial

Eine erste Steigerung gegenüber KI-Systemen ohne oder mit geringem Schädigungspotenzial stellen KI-Systeme mit einem zwar nicht geringen, aber begrenzten Schädigungspotenzial dar. Beispiele sind Systeme zur nicht-personalisierten, dynamischen Preisgestaltung, etwa im Onlinehandel. Auch ohne Personalisierung können solche Systeme eine versteckte Diskriminierung aufweisen [10], das heißt, dass bestimmte Personen aufgrund persönlicher Eigenschaften oder der Zugehörigkeit zu bestimmten Personengruppen benachteiligt werden. Vom Entwickler nicht beabsichtigte Ungleichgewichtungen sind insbesondere bei datengetriebenen KI-Methoden aus dem Methodenspektrum Maschinelles Lernen (vgl. Abschnitt 6.4) ein regelmäßig zu beobachtendes Phänomen [10]. Die marktdominierende Suchmaschine Google wird mit Blick auf die Risiken personalisierter Suchergebnisse teils ebenfalls ein mindestens begrenztes Schädigungspotenzial zugeschrieben [15].

KI-Systeme mit einem begrenzten Schädigungspotenzial werden innerhalb der Kritikalitätspyramide auf der zweituntersten Stufe, Stufe 2, angesiedelt. Für Systeme dieser Stufe sieht die Datenethikkommission grundsätzlich staatliche Vorgaben vor, wie etwa verpflichtende Ex-Post-Kontrollen bei Verdacht auf fehlerhafte Systeme. Auch sollten Hersteller und Betreiber verpflichtet werden, Risikofolgenabschätzungen zu erstellen und zu veröffentlichen. Für bestimmte Bereiche, etwa den Banken- oder Gesundheitssektor, werden zusätzliche Offenlegungspflichten gegenüber Aufsichtsinstitutionen, weitergehende Transparenzpflichten, die Einführung sogenannter Code of Conduct oder Auskunftsrechte für Betroffene vorgeschlagen. Um eine übermäßige Belastung von Herstellern und Betreiber von Stufe-2-Systemen zu vermeiden, sollen die von diesen geforderten Maßnahmen allerdings grundsätzlich nur eine beschränkte Reichweite haben.

In der Risikomatrix werden KI-Systeme mit einem begrenzten Schädigungspotenzial als Systeme der Risikoklasse 1 bezeichnet [11]. Für diese wird eine fortlaufende technische Überwachung des Betriebs und der Funktionalität empfohlen – nicht jedoch des zugrundeliegenden Programmcodes oder zur Erstellung verwendeter Trainingsdaten. Für KI-Systeme, die mittels Methoden des maschinellen Lernens realisiert werden, ist eine solche Funktionalitätsüberprüfung insbesondere mittels sogenannter Black-Box-Analysen möglich, bei denen vordefinierte Eingaben mit den resultierenden Ausgaben des KI-Systems verglichen und analysiert werden. Solche fortlaufenden Überprüfungen sollen insbesondere sicherstellen, dass unbekannte Fehler zeitnah identifiziert werden und gegebenenfalls eine Neubewertung des Gesamtschädigungspotenzials möglich ist.

Der Gesetzesvorschlag der EU-Kommission unterscheidet wie oben beschrieben formal drei Klassen, von denen eine von einem begrenzten oder minimalen Risiko ausgeht. Im Vergleich dazu ermöglichen sowohl Kritikalitätspyramide als auch Risikomatrix eine feingranularere Unterscheidung, insbesondere eine Differenzierung zwischen KI-Systemen mit minimalem und KI-Systemen mit begrenztem Risiko beziehungsweise Schädigungspotenzial. Sofern im weiteren Verlauf des EU-Gesetzgebungsprozesses keine weitere Ausdifferenzierung mehr stattfinden sollte, würden KI-Systeme mit begrenztem oder minimalem Schädigungspotenzial vermutlich analog zu KI-Systemen ohne oder mit geringem Schädigungspotenzial keiner Regulierung unterworfen werden.

8.3 Regelmäßiges oder deutliches Schädigungspotenzial

Ist das Schädigungspotenzial eines KI-Systems zeitlich oder qualitativ nicht begrenzt, sondern regelmäßig oder deutlich feststellbar, müssen gegebenenfalls auch regelmäßige oder umfangreiche Gegenmaßnahmen ergriffen werden. Ein solches Schädigungspotenzial besteht beispielsweise, falls die Kreditwürdigkeit von Bankkunden mithilfe eines ungleichgewichteten KI-Systems bestimmt wird und die daraus resultierende Verzerrung unmittelbaren Einfluss auf die Geschäftsbeziehung hat [16]. Analog kann Bewerbern in Einstellungsverfahren ein potenzieller Schaden bei einer automatisierten Ablehnung durch eine nicht gleichgewichtete KI-basierte Bewertung entstehen [17]. Ähnliche Szenarien sind insbesondere in Anwendungsfällen zu erwarten, in denen Fähigkeiten aus dem Fähigkeitenspektrum Verarbeiten (vgl. Abschnitt 7.2) mithilfe von Methoden aus dem Methodenspektrum Maschinelles Lernen (vgl. Abschnitt 6.4) realisiert werden.

KI-Systeme mit einem regelmäßigen oder deutlichen Schädigungspotenzial werden innerhalb der Kritikalitätspyramide auf der mittleren Stufe, Stufe 3, angesiedelt. Zusätzlich zu den bereits für Stufe 2 vorgesehenen Regulierungen hält die Datenethikkommission für Stufe-3-Systeme in spezifischen Fällen auch Zulassungsverfahren (Ex-ante-Kontrollen) sowie bei erteilter Zulassung gegebenenfalls auch darüber hinaus regelmäßige Kontrollen durch Drittparteien (Audits) für erforderlich.

In der Risikomatrix werden KI-Systeme mit einem regelmäßigen oder deutlichen Schädigungspotenzial als Systeme der Risikoklasse 2 bezeichnet [11]. Damit ist den Autoren zufolge ein Level an Kritikalität erreicht, welches nicht nur eine fortlaufende Kontrolle des Systems, sondern auch eine verpflichtende Offenlegung algorithmischer Details hierzu erfordert. So sollten etwa Art und Qualität der Eingabedaten, verwendete Kriterien zur Qualitätsbewertung (durch den Hersteller) sowie gegebenenfalls Fairnesskriterien transparent gemacht werden. Im Fall einer automatisierten Personalauswahl mittels maschinellen Lernens müsste dann etwa spezifiziert werden, welche Daten aus den Bewerbungen verwendet werden, mit welcher Qualität die Auswahl möglich ist und nach welchen Kriterien ein KI-System trainiert wurde. Auch ob ein System der Risikoklasse 2 vollautomatisch Entscheidungen trifft (oder ob das KI-System nur als Assistenzsystem eingesetzt wird) sowie welche Widerspruchsmöglichkeiten bestehen, sollte transparent kommuniziert werden.

Der Gesetzesvorschlag der EU-Kommission unterscheidet wie oben beschrieben formal drei Klassen, von denen eine von einem hohen Risiko durch das jeweilige KI-System ausgeht. Im Vergleich dazu ermöglichen sowohl Kritikalitätspyramide als auch Risikomatrix eine feingranularere Unterscheidung, insbesondere eine Differenzierung zwischen KI-Systemen mit regelmäßigem oder deutlichem und KI-Systemen mit erheblichem Risiko beziehungsweise Schädigungspotenzial. Sofern im weiteren Verlauf des EU-Gesetzgebungsprozesses keine weitere Ausdifferenzierung mehr stattfinden sollte, würden KI-Systeme mit regelmäßigem oder deutlichem Schädigungspotenzial vermutlich analog zu KI-Systemen mit erheblichem Schädigungspotenzial einer umfassenden Regulierung unterworfen werden.

8.4 Erhebliches Schädigungspotenzial

Bestehen nicht nur immaterielle oder materielle, sondern sogar unmittelbare physische Risiken für Menschen, ist von einem erheblichen Schädigungspotenzial des KI-Systems auszugehen. Dies ist insbesondere der Fall, wenn es aufgrund des Einsatzes eines KI-Systems zu Unfällen oder Verletzungen kommen kann oder Krankheiten nicht oder falsch erkannt werden könnten. Unabhängig von der im einzelnen verwendeten KI-Methode ist dieses Risiko grundsätzlich in allen Anwendungsfällen gegeben, in denen Fähigkeiten aus dem Fähigkeitenspektrum Handeln (vgl. Abschnitt 7.3) realisiert werden. Prominente Beispiele sind etwa KI-basierte Chirurgie-Systeme [18] oder der Bereich selbst fahrender Automobile [19] beziehungsweise autonomer Fahrzeuge insgesamt. Aber auch Anwendungsfälle, ohne die KI-Fähigkeit zu handeln, wie etwa KI-basierte Diagnostik [20], weisen regelmäßig ein erhebliches Schädigungspotenzial für den Menschen auf.

KI-Systeme mit einem erheblichen Schädigungspotenzial werden innerhalb der Kritikalitätspyramide auf der zweithöchsten Stufe, Stufe 4, angesiedelt. Zusätzlich zu den bereits für Stufe 2 und 3 vorgesehenen Regulierungen werden hier nach Auffassung der Datenethikkommission weitere Kontroll- und Transparenzpflichten bis hin zu einer detaillierten Veröffentlichung der Input-

Faktoren der verwendeten KI-Methoden, deren Gewichtung, der Datengrundlage insgesamt sowie des algorithmischen Entscheidungsmodells in nachvollziehbarer Form erforderlich. Auch eine kontinuierliche externe Kontrolle durch eine Live-Schnittstelle oder weitere Schutzmaßnahmen zur Vermeidung von Schädigungen sollten demnach vorgeschrieben werden.

In der Risikomatrix werden KI-Systeme mit einem erheblichen Schädigungspotenzial als Systeme der Risikoklasse 3 bezeichnet [11]. Sofern diese lernende Komponente – also Methoden aus den Methodenspektren Maschinelles Lernen oder Hybrides Lernen – besitzen, dürfen für diese Komponenten nur noch Methoden verwendet werden, die erklärende Modelle nutzen und deren Ausgaben somit ein ausreichendes Maß an Nachvollziehbarkeit aufweisen. Dies wird beispielsweise von vielen Fachleuten für sogenannte Entscheidungsbäume als gegeben angesehen [21] und für Deep-Learning-Methoden eher infrage gestellt [22].

Der Gesetzesvorschlag der EU-Kommission zielt insbesondere auf Hochrisiko-KI-Systeme ab, die als zentrale Risikoklasse in besonderem Maße beschränkt und kontrolliert werden soll. Sofern im weiteren Verlauf des EU-Gesetzgebungsprozesses keine weitere Ausdifferenzierung mehr stattfinden sollte, würden KI-Systeme mit erheblichem Schädigungspotenzial vermutlich als Hochrisiko-KI-Systeme betrachtet und ebenso wie KI-Systeme mit regelmäßigem oder deutlichem Schädigungspotenzial einer umfassenden Regulierung unterworfen werden.

8.5 Unvertretbares Schädigungspotenzial

Eine nicht unerhebliche Anzahl von Anwendungsgebieten für KI-Systeme weisen derart hohe Risiken für Menschen auf, dass es als gesellschaftlicher Konsens gilt, dass deren Einsatz aufgrund des Schädigungspotenzials als unvertretbar gilt. Ein vielbeachtetes und vieldiskutiertes Beispiel hierfür stellen autonome Waffensysteme dar, die aufgrund einer KI-basierten Steuerung unabhängig von einer menschlichen Kontrolle Menschen verletzen oder töten können [1]. Fachleute halten den Einsatz solcher Systeme daher für ähnlich unvertretbar wie den Einsatz von Atomwaffen, biologischen Kampfstoffen oder chemischen Kampfstoffen [23]. Obwohl nicht zwingend mit unmittelbaren physischen Folgen verbunden, gilt auch die KI-basierte Echtzeit-Identifikation von Personen anhand biometrischer Merkmale als derart tiefer Eingriff in menschliches Leben, dass deren Einsatz zumindest in westlichen Demokratien in der Regel als unvertretbar gilt [24]. Ähnliches gilt für KI-basierte Systeme zur Überwachung und Kontrolle von Bürgerinnen und

Bürgern beziehungsweise ganzer Gesellschaften, wie sie beispielsweise zum Teil in China zum Einsatz kommen [25].

KI-Systeme mit einem unvertretbaren Schädigungspotenzial werden innerhalb der Kritikalitätspyramide auf der höchsten Stufe, Stufe 5, angesiedelt. Für diese kann nach Auffassung der Datenethikkommission ein vollständiges oder teilweises Verbot der Inbetriebnahme beziehungsweise des Inverkehrbringens (ex ante) infrage kommen. Darüber hinaus kann ein nachträgliches Verbot bereits in Betrieb befindlicher beziehungsweise in Verkehr gebrachter Stufe-5-Systeme (ex post) bei Verstößen gegen gesetzliche Regelungen oder bei Nichteinhaltung kritischer Systemanforderungen verhängt werden.

In der Risikomatrix werden KI-Systeme mit einem unvertretbaren Schädigungspotenzial als Systeme der Risikoklasse 4 bezeichnet [11]. Die Unvertretbarkeit ergibt sich hier insbesondere aus Entscheidungssituationen, die den Autoren zufolge nicht durch KI-Systeme entschieden werden dürfen, die eine oder mehrere lernende Komponenten besitzen.

Für KI-Systeme mit einem unvertretbaren Risiko beziehungsweise Schädigungspotenzial soll laut dem Gesetzesvorschlag der EU-Kommission die Möglichkeit von Verboten geschaffen werden. Dies gilt insbesondere, wenn KI-Anwendungen gegen die Werte der Europäischen Union beziehungsweise deren Grundwerte verstoßen. In diesem Fall wird entweder bereits der Marktzugang im Vorfeld verboten oder ein bereits auf dem Markt befindliches KI-System wird gegebenenfalls aus dem Verkehr gezogen. In dieser Konsequenz für KI-Systeme mit unvertretbarem Risiko oder Schädigungspotenzial stimmen Kritikalitätspyramide, Risikomatrix und Gesetzentwurf miteinander überein.

Quellen

[1] Russell, S. (2022) Banning Lethal Autonomous Weapons: An Education. Issues in Science and Technology 38(3), 60–65

[2] Müller, V. C. (Ed.). (2016) Risks of artificial intelligence (p. 291). Boca Raton, FL: CRC Press

[3] Tegmark, M. (2017) Life 3.0: Being human in the age of Artificial Intelligence. Pegbuin Random House UK, 134–161

[4] Bostrom, N. (2014) Superintelligent: Swenarien einre kommenden Revolution. Suhrkamp

[5] Mehrabi, N., Morstatter, F., Saxena, N., Lerman, K., & Galstyan, A. (2021) A survey on bias and fairness in machine learning. ACM Computing Surveys (CSUR), 54(6), 1–35

[6] Zou, J., Fu, X., Gong, C., & Shi, Y. (2021) Is Face Recognition Being Abused? – A Case Study from the Perspective of Personal Privacy. In 2021 7th Annual International Conference on Network and Information Systems for Computers (ICNISC), pp. 957–962

[7] Miron, M., Tolan, S., Gómez, E., & Castillo, C. (2021) Evaluating causes of algorithmic bias in juvenile criminal recidivism. Artificial Intelligence and Law, 29(2), 111–147

[8] Torresen, J. (2018) A review of future and ethical perspectives of robotics and AI. Frontiers in Robotics and AI, 4, 75

[9] Cheatham, B., Javanmardian, K., & Samandari, H. (2019) Confronting the risks of artificial intelligence. McKinsey Quarterly, 2, 38

[10] Datenethikkommission der Bundesregierung (2019) Gutachten. Berlin

[11] Krafft, T. & Zweig, K. A. (2019) Transparenz und Nachvollziehbarkeit algorithmenbasierter Entscheidungsprozesse – Ein Regulierungsvorschlag aus sozioinformatischer Perspektive, Berlin

[12] Europäische Kommission (2020) Vorschlag für eine Verordnung des Europäischen Parlaments und des Rates zur Festlegung harmonisierter Vorschriften für künstliche Intelligenz (Gesetz über künstliche Intelligenz) und zur Änderung bestimmter Rechtsakte der Union: COM

[13] TÜV (2021) Whitepaper des TÜV AI LAB: Vorschlag für eine Risikoklassifizierung von KI-Systemen

[14] Bilski, N. & Schmid, T. (2019) Verantwortungsfindung beim Einsatz maschinell lernender Systeme. Neue Juristische Online-Zeitschrift (NJOZ) 2019(20), S. 657–688

[15] Krafft, T. D. & Zweig, K. A. (2018) Wie Gesellschaft algorithmischen Entscheidungen auf den Zahn fühlen kann, in: (Un)berechenbar? Algorithmen und Automatisierung in Staat und Gesellschaft (Hrsg. Resa Mohabbat Kar, Basantha Thapa, Peter Parycek), Kompetenzzentrum Öffentliche IT, 2018, 471–492

[16] Sadok, H., Sakka, F., & El Maknouzi, M. E. H. (2022) Artificial intelligence and bank credit analysis: A review. Cogent Economics & Finance, 10(1)

[17] Hunkenschroer, A. L., & Luetge, C. (2022) Ethics of AI-enabled recruiting and selection: A review and research agenda. *Journal of Business Ethics*, 1–31

[18] Andras, I. et al (2020) Artificial intelligence and robotics: a combination that is changing the operating room. World journal of urology, 38(10), 2359–2366

[19] Hussain, R., & Zeadally, S. (2018) Autonomous cars: Research results, issues, and future challenges. IEEE Communications Surveys & Tutorials, 21(2), 1275–1313

[20] Shen, J. et al (2019) Artificial intelligence versus clinicians in disease diagnosis: systematic review. JMIR medical informatics, 7(3), e10010

[21] Kingsford, C., & Salzberg, S. L. (2008) What are decision trees? Nature biotechnology, 26(9), 1011–1013

[22] Belle, V., & Papantonis, I. (2021) Principles and practice of explainable machine learning. Frontiers in big Data, 39

[23] Taddeo, M. & Floridi, L. (2018) Regulate artificial intelligence to avert cyber arms race. Nature 556:296–298

[24] Smith, M., & Miller, S. (2022) The ethical application of biometric facial recognition technology. Ai & Society, 37(1), 167–175

[25] Mac Síthigh, D., & Siems, M. (2019) The Chinese social credit system: A model for other countries?. The Modern Law Review, 82(6), 1034–1071

Kapitel 9 Analysieren und Vergleichen mit der AI=MC²-Taxonomie

Thomas Schmid, Wolfgang Hildesheim, Taras Holoyad, Kinga Schumacher

Die von uns eingeführte AI=MC²-Taxonomie kann auf sehr unterschiedliche Weise genutzt werden. Im naheliegendsten Fall wird die Taxonomie für eine Produktkennzeichnung analog zur Lebensmittelkennzeichnung verwendet (vgl. Abschnitt 5.1), das heißt, nach abgeschlossener Produktentwicklung und vor der eigentlichen Markteinführung. Ebenso kann jedoch die zweidimensionale Darstellung als Methoden-Fähigkeiten-Matrix bereits im Rahmen der Produktentwicklung genutzt werden, um alternative Entwürfe und Konzepte zu kommunizieren und zu vergleichen. Angesichts der absehbaren KI-Regulierung (vgl. Kapitel 15) ist jedoch zu erwarten, dass auch eine Einstufung hinsichtlich Risiko beziehungsweise Kritikalität künftig sowohl im Vorfeld einer Markteinführung als auch als Vergleichskriterium an Gewicht gewinnen wird.

Zur Illustration des Nutzens unseres Klassifikationssystems für systematische Vergleiche von KI-Systemen und -Komponenten zeigen wir deren Anwendung hierfür anhand zweier ausgewählter Beispiele auf. Zunächst nutzen wir die AI=MC²-Taxonomie in einer dreidimensionalen Darstellung, um unterschiedliche Kritikalitätsstufen eines Narrow-AI-Services grafisch abzubilden, welcher mittels einer einzelnen KI-Methode eine einzelne KI-Fähigkeit realisiert. Im zweiten Beispiel dagegen betrachteten wir ein Weak-AI-System, welches sich aus mehreren unterschiedlichen Komponenten zusammensetzt, die eine Reihe unterschiedlicher Fähigkeiten realisieren. In beiden Fällen zeigt die dritte Dimension, die KI-Kritikalität, die gesellschaftliche Relevanz und gegebenenfalls weitere Implikationen wie Zulassungsverfahren oder Zertifizierungen auf.

9.1 Verkehrszeichenerkennung

Nicht erst seit selbst fahrende Autos in greifbare Nähe gerückt sind, wird an einer effizienten Bildverarbeitung zur Erkennung von Verkehrszeichen gearbeitet. Eine funktionierende Verkehrszeichenerkennung ermöglicht, innerhalb eines gegebenen Fotos (zum Beispiel Abbildung 9.1) sowohl einen oder mehrere Bereiche zu identifizieren, die ein Verkehrsschild enthalten, als auch diesen Bereichen die inhaltliche Bedeutung eines Verkehrszeichens (beispielsweise „Achtung, Baustelle“) zuzuordnen. Diese Aufgabe ist in der Grundlagenforschung bereits seit mehr als dreißig Jahren untersucht worden, seit einigen Jahren ist sie jedoch auch für die praktische Anwendung in der Automobilindustrie von besonderem Interesse. Daher ist es nur folgerichtig, dass parallel zur Entwicklung autonomer Fahrzeuge nicht nur die Menge der verfügbaren Bilddaten, sondern auch die Anzahl der kommerziell verfügbaren Erkennungssysteme deutlich zugenommen hat.

In der Praxis wird heute die Erkennung von Verkehrszeichen in der Regel durch eine Verknüpfung von Kameras und KI-basierter Bildverarbeitung realisiert. Dadurch sollen etwa während des Fahrtbetriebs Geschwindigkeitsbegrenzungen oder Hinweisschilder identifiziert werden. Im Fall selbst fahrender Autos kann diese Information dann zur Änderung des Fahrverhaltens genutzt werden. Technisch anspruchsvoll macht diese Aufgabe einerseits, dass entsprechende Systeme eine Vielzahl unterschiedlicher Verkehrszeichen sowie Bildvariationen erkennen müssen, damit diese richtig eingeordnet werden können. Andererseits wird diese nicht ganz einfache Aufgabe im Realbetrieb noch zusätzlich dadurch erschwert, dass das gleiche Verkehrsschild bei unterschiedlichen Licht- oder Wetterverhältnissen unterschiedlich wahrgenommen werden kann und etwa in der Nacht oder bei Regen schlechter zu erkennen ist als an einem sonnigen Nachmittag.

Abbildung 9.1: Verkehrszeichenerkennung (Foto: flickr/branchfree, Lizenz: CC BY 2.0).

Um eine KI-basierte Verkehrszeichenerkennung zu schaffen, ist es erforderlich, die Fähigkeit Sehen aus dem Fähigkeitsspektrum Wahrnehmen zu realisieren. Technisch ähnelt diese Aufgabenstellung der Videoanalyse, der Szenenanalyse oder der Photometrie. Die Fähigkeiten Hören, Riechen, Schmecken, Berühren, Eigenwahrnehmung und Gleichgewichtssinn sind hierfür ebenso wenig erforderlich wie die Fähigkeiten aus den Fähigkeitsspektren Verstehen, Handeln oder Kommunizieren. Sofern also nur eine einzige Fähigkeit mittels einer KI-Methode realisiert wird, ist ein solches System als begrenzte KI einzuordnen. Allerdings ist es natürlich möglich – und im Fall selbstfahrender Automobile sogar unumgänglich – ein solches begrenztes KI-System mit einem oder mehreren begrenzten KI-Systemen zu kombinieren, um so eine größere Anzahl an Fähigkeiten in einem einzigen Gerät zu vereinen. Nur so lässt sich realisieren, dass autonome Fahrzeuge ihr Tempo oder ihre Fahrtrichtung unter Umständen automatisch anhand des Outputs der Verkehrszeichenerkennung anpassen können.

Die verbreitetste Methode zur Realisierung von Fähigkeiten im Bereich Sehen sind sogenannte neuronale Netze beziehungsweise sogenannte faltende neuronale Netze (engl. convolutional neural networks) [1]. Es handelt sich dabei um eine Methode des überwachten maschinellen Lernens, die in der Lage ist, Bildvariationen in Bezug auf Farbe, Form, Vorhandensein von Piktogrammen oder Text, Beleuchtung, Verdeckung und sonstigen Faktoren zu verarbeiten. Diese Methoden gehören zum Methodenspektrum Maschinelles Lernen, das heißt, zu einem Methodenspektrum, dessen Nutzen und Qualität hochgradig einem Lernvorgang und von den hierfür verwendeten Daten abhängig ist. Trotz potenzieller Nachteile dieser Methoden hinsichtlich Nachvollziehbarkeit, Bias oder Fairness, dominieren neuronale Netze das Anwendungsgebiet Bilderkennung und damit die KI-Fähigkeit Sehen. Ansätze aus den Methodenspektren Klassische künstliche Intelligenz oder Symbolische künstliche Intelligenz werden dagegen in der Regel nicht eingesetzt, um die KI-Fähigkeit Sehen zu realisieren.

Obwohl die heutigen Verkehrszeichenerkennungssysteme sowohl für ihre Hersteller als auch die Unternehmen, die sie im Automobilkontext einsetzen, wirtschaftliche Chancen bieten, ist ihr Einsatz in der Praxis durchaus mit erheblichen Risiken verbunden. So können Mitfahrenden etwa Schäden in Form von Strafzetteln oder sogar Unfällen drohen, wenn ein solches System während einer Fahrt ein Verkehrszeichen nicht richtig erkennt. Die Kritikalität dieser Aufgabe hängt allerdings nicht allein von der verwendeten Methode und der realisierten Fähigkeit, sondern insbesondere auch vom konkreten Anwendungsfall ab. Das Schädigungspotenzial und die regulatorischen Maßnahmen für einfache Assistenzsysteme (z. B. in Müllwagen) werden ganz offensichtlich nicht die gleichen sein wie für die Steuerungskomponenten autonomer Fahrzeuge. Die Kritikalität der KI-basierten Verkehrszeichenerkennung kann daher grundsätzlich überall zwischen 1 (Anwendungen ohne oder mit geringem Schädigungspotenzial) und 5 (Anwendungen mit unvertretbarem Schädigungspotenzial) liegen. Im Straßenverkehr beispielsweise kann für Anwendungsbereiche wie autonomes Fahren von einem erheblichen Schädigungspotenzial (Stufe 4) ausgegangen werden. Zusätzliche Genehmigungsverfahren, Audits und Kontrollen durch Dritte sollten durchgeführt werden (z. B. durch Verwendung des „German Traffic Sign Recognition Benchmark“ [2]).

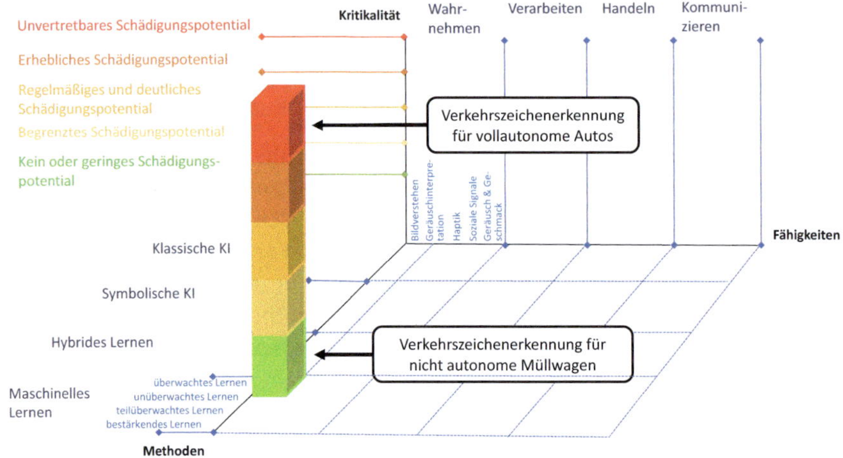

Abbildung 9.2: Grafische Einordnung des Use Case Verkehrsschilderkennung mit unterschiedlicher Kritikalitätseinstufung.

Diese unterschiedlichen Anwendungsszenarien lassen sich entsprechend ihrer Kritikalität in einer dreidimensionalen Darstellung der $AI=MC^2$-Taxonomie darstellen (Abbildung 9.2). Regulierungsverantwortliche können dadurch auf einen Blick erkennen, dass es sich bei der KI-basierten Verkehrszeichenerkennung aus technischer Sicht zwar eigentlich eher um eine Nische handelt, deren gesellschaftliche Implikationen jedoch weitreichend sind. Darüber hinaus wird klar ersichtlich, dass die Regulierung der Verkehrszeichenerkennung keine Einzelmaßnahme, sondern eine Differenzierung und verschiedene regulatorische Maßnahmen erfordert, die vom Kontext und der Kritikalität abhängen. Ein herkömmlicher Müllwagen mit dem gleichen KI-System für die Verkehrszeichenerkennung als reines Assistenzsystem bietet z. B. nicht das gleiche Schädigungsrisiko wie ein autonomes Fahrzeug und ist daher regulatorisch anders zu behandeln.

9.2 Automatisierte Schadensregulierung

Für Versicherungen ist die Regulierung gemeldeter Schadensfälle eine wesentliche Herausforderung ihres Geschäftsmodells. Kern von Versicherungsverträgen ist die Vereinbarung, dass ein Versicherungsunternehmen unter bestimmten, vertraglich definierten Bedingungen eine Zahlung leistet. Der Versicherte verpflichtet sich im Gegenzug zu Beitragszahlungen und der Meldung von Schadensfällen, die durch den Versicherungsschutz abgedeckt sind. Im Rahmen einer Schadensregulierung muss der Versicherer klären, ob er für einen gemeldeten Schaden eintreten wird oder nicht. Dies setzt regelmäßig eine eingehende Prüfung des Sachverhalts und des Schadens voraus. Im Fall eines Haftpflichtschadens prüft der Versicherer etwa zunächst, ob der Anspruch des Geschädigten berechtigt und ob der Schaden im Rahmen des abgeschlossenen Vertrages auch versichert ist. Für die Überprüfung sind unter Umständen Mitarbeitende zur Einholung und Beurteilung von Informationen aus mehreren Quellen (z. B. personenbezogene Daten, geografische Angaben, Versicherungsbedingungen oder medizinische Daten) erforderlich.

Da viele dieser Vorgänge repetitiv und nach gleichem Muster erfolgen, haben viele Versicherungen damit begonnen, Teile ihrer Schadensregulierung mithilfe von Computersystemen zu automatisieren und zu beschleunigen. Unterstützt durch KI-basierte Systeme lassen sich sowohl Qualität als auch Effizienz der Schadensregulierung verbessern, besonders im Hinblick auf eine konsistente, korrekte und schnelle Verarbeitung. Ein weiterer Anwendungsfall für KI-Systeme ist in diesem Zusammenhang die Verwendung datengetriebener KI-Methoden, um die Umstände eines gemeldeten Unfalls zu rekonstruieren, den entstandenen Schaden einzuschätzen und eine Beurteilung der rechtlichen, finanziellen und gesundheitlichen Implikationen vorzunehmen [3]. Neueste KI-Lösungen sind heute dazu in der Lage, eine automatische Abwicklung von Schadensmeldungen, welche Nutzer per Mobiltelefon-App einreichen, auf Grundlage einer Analyse abstrakter Bildaufnahmen beziehungsweise Schadensmuster (vgl. Abbildung 9.3) zu entscheiden.

Abbildung 9.3: Automatisierte Schadensregulierung nutzt Handybilder (Foto: IBM Deutschland).

Um ein System zur intelligenten Schadensregulierung zu entwickeln, ist es erforderlich, eine oder mehrere Fähigkeiten mittels KI-Methoden zu realisieren. Je mehr Fähigkeiten realisiert werden, desto stärker kann der Gesamtprozess automatisiert beschleunigt werden. Für die Erfassung von Schadensmustern sind ähnlich wie für eine Verkehrszeichenerkennung Fähigkeiten im Bereich Sehen, also aus dem Fähigkeitsspektrum Wahrnehmen erforderlich. Im einfachsten Fall dienen hierfür Bilddaten aus handelsüblichen Kameras als Grundlage, aber auch die Nutzung von Röntgenaufnahmen oder anderen medizinischen Bilddaten ist hier denkbar. Um in einem nächsten Schritt Entscheidungen im Hinblick auf identifizierte Schäden zu treffen, sind Fähigkeiten aus dem Fähigkeitsspektrum Verarbeiten erforderlich. Typischerweise werden hier Fähigkeiten zur Verarbeitung von Faktenwissen oder konzeptuellem Wissen genutzt, etwa zur Klassifizierung oder Bewertung von Sachverhalten. Fähigkeiten zur Verarbeitung von prozeduralem oder metakognitivem Wissen kommen eher selten zum Einsatz. Bei vollautomatisierten Systemen, die etwa auch selbstständig Zahlungsanweisungen veranlassen können, werden auch Fähigkeiten aus dem Spektrum Handeln realisiert sein. In besonders fortschrittlichen Systemen ist darüber hinaus denkbar, dass Fähigkeiten aus dem Spektrum Kommunizieren realisiert werden, etwa die Fähigkeit, in Sprach- oder Textform mit Versicherten, Zeugen oder Sachverständigen zu kommunizieren.

Um diese Fähigkeiten zu realisieren, können verschiedene KI-Methoden zur Anwendung kommen. Für die Bildanalyse (Fähigkeitsspektrum Wahrnehmen) kommen mittlerweile überwiegend neurale Netzwerke aus dem Methodenspektrum Maschinelles Lernen zum Einsatz (vgl. Abschnitt 9.1), und auch die Bilderkennung von Schäden stellt hier keine Ausnahme dar. Um die Fähigkeit,

Daten auszuwerten, Entscheidungen zu treffen oder Vorhersagen zu machen (Fähigkeitsspektrum Verarbeiten) zu realisieren, werden häufig sogenannte formale Methoden aus dem Methodenspektrum Symbolische Künstliche Intelligenz , zunehmend aber auch Methoden des maschinellen Lernens eingesetzt. Während für die Realisierung von Fähigkeiten aus dem Fähigkeitenspektrum Verarbeiten auch Techniken aus dem Methodenspektrum Klassische Künstliche Intelligenz eingesetzt werden könnten, ist deren Verwendung hierfür in der Praxis aktuelle eher weniger stark verbreitet.

Da sich eine derart komplexe Aufgabe wie eine automatisierte Schadensregulierung wie beschrieben aus unterschiedlichen Fähigkeiten, die mit unterschiedlichen Methoden realisiert sein können, zusammensetzt, ergibt sich hier insgesamt ein komplexes KI-System aus mehreren Komponenten. Die Beurteilung der Kritikalität eines solchen Systems erfordert eine individuelle Beurteilung jeder einzelnen Komponente, da deren Risikobewertung je nach Kontext anders ausfallen kann. Zentrale Komponenten eines solchen Systems zur automatisierten Schadensregulierung sind eine Schadenserkennung, eine intelligente Textanalyse samt Wissenssammlung (engl. knowledge base), eine Fallbeurteilung sowie ein Transaktionsmanagement zur Automatisierung von Zahlungen (vgl. Abbildung 9.4). Im Fall einer zu regulierenden Beule im Kotflügel wird ein regelmäßiges oder deutliches Schädigungspotenzial durch Systemfehler (Stufe 3) vermutlich die höchste denkbare Kritikalitätsstufe darstellen; im Vergleich dazu kann das Risiko eines fehlerhaft regulierten Schadens an einem Atomkraftwerk natürlich erheblich höher sein und womöglich sogar ein unvertretbares Schädigungspotenzial (Stufe 5) erreichen. Bei der KI-basierten Verarbeitung eines verbeulten Kotflügels weisen Fallbeurteilung und Zahlungsautomatisierung eine höhere Risikostufe (hier: regelmäßiges oder deutliches Schädigungspotenzial, Stufe 3) im Vergleich mit anderen Verarbeitungsschritten (Stufe 2) auf. Das liegt daran, dass Beurteilung und Abwicklung maßgeblich im Kontext dieser Prozesse abgeschlossen werden.

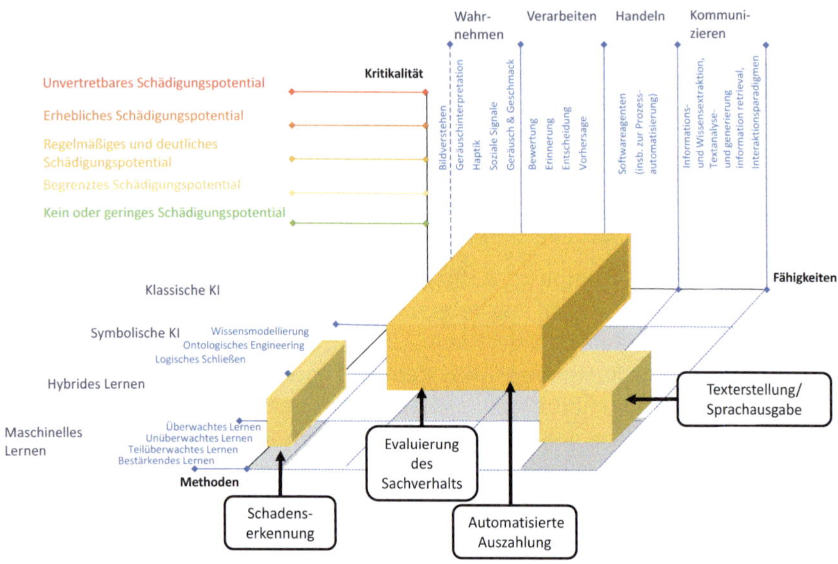

Abbildung 9.4: Grafische Einordnung des Use Cases Automatisierte Schadensregulierung mit Kritikalitätseinstufung der einzelnen KI-Komponenten.

Diese unterschiedlichen KI-Komponenten des automatisierten Schadensregulierungssystems lassen sich entsprechend ihrer Kritikalität in einer dreidimensionalen Darstellung der AI=MC²-Taxonomie darstellen (Abbildung 9.4). Entscheidungsträger können dadurch auf einen Blick erkennen, dass bestimmte Komponenten wie die Fallbeurteilung eine höhere Kritikalitätsstufe aufweisen als andere Komponenten. Berücksichtigt man, dass für diese Prozessschritte sowohl regelbasierte als auch „Black-Box"-Methoden zur Verfügung stehen, können Entscheidungsträger auf dieser Basis beispielsweise zwischen unterschiedlichen KI-Methoden auswählen oder angemessene Anforderungen für Audits solcher Fallbeurteilungsphasen je nach verwendeter KI-Methode festlegen.

Quellen

[1] Wali, Safat B., et al. (2015) Comparative survey on traffic sign detection and recognition: a review. Przeglad Elektrotechniczny 1(12):40–44

[2] Stallkamp, Johannes, et al (2011) The German traffic sign recognition benchmark: a multi-class classification competition. Proceedings of the 2011 international joint conference on neural networks. pp. 1453–1460.

[3] Perallos A. et al (2015) Intelligent Transport Systems: Technologies and Applications, Wiley

TEIL 3 – KI in der Praxis

Kapitel 10 KI-basierter Kundenservice – Der Virtuelle Assistent der HUK24

Leonhard Fischer

10.1 Darstellung der Organisation und Arbeitsweise

Die HUK24 ist mit mehr als 2,8 Millionen versicherten KFZ der sechstgrößte KFZ-Versicherer und im Neugeschäft der größte KFZ-Direktversicherer in Deutschland[3]. Neben Fahrzeugversicherungen hat die HUK24 Sachversicherungen, wie Hausrat-, Privathaftpflicht- und Wohngebäudeversicherungen sowie Produkte aus den Bereichen Rechtsschutz, Vorsorge und Gesundheit im Angebot. Als reine Online-Versicherung bietet die HUK24 ihren Kundenservice vollständig online an. Zusätzlich stellt sie im Schadensfall alle Kontaktkanäle des Mutterkonzerns HUK-COBURG bereit. Ein Schaden kann sowohl per Telefon als auch per Online-Schadensmeldung gemeldet werden. Des Weiteren können Nachrichten über das Kontaktformular an die HUK24 geschickt werden.

Kundinnen und Kunden der HUK24 können Anträge oder Datenänderungen jederzeit direkt im Online-Selfservice bearbeiten. Rund 96 % der Anliegen werden über standardisierte Formulare auf der Webseite erledigt. Der so entstehende Kostenvorteil ist der Schlüssel zur Preisführerschaft und ermöglicht so das digitale Wachstum[4]. Neben dem Preisvorteil hat die Kundenzufriedenheit eine hohe strategische Bedeutung für die HUK24. Die Kunden der HUK24 erteilen dabei Bestnoten[5] unter Berücksichtigung sämtlicher Features und Online-Serviceleistungen wie Kundenportal, Live-Chat, Online-Antrag, Online-Schadensmeldung, digitale Dokumentenverwaltung, Online-Rechner usw.

Wie schafft es die HUK24, als reine Online-Versicherung, gleichzeitig ein umfassendes Produktportfolio anzubieten und Bestnoten bei der Kundenzufriedenheit zu erreichen?

3 Vgl. V.E.R.S. Leipzig GmbH, Branchenmonitor 2015–2020 Kraftfahrtversicherung/IPSOS-Finanzmarktpanel, Gesamtjahr 2021

4 Vgl. McKinsey & Company, Daten der Geschäftsberichte der deutschen Versicherer; Marktschnitt: V.E.R.S. Leipzig GmbH, Branchenmonitor 2015-2020

5 Zum Beispiel: Focus Money, Das sind die digitalen Überflieger des Jahres, Ausgabe 24/2021

10.2 Der „Virtuelle Assistent" übernimmt Aufgaben des Versicherungsberaters

Die Online-Strategie setzt insbesondere auf die Nutzung KI-basierter Anwendungen. Herzstück ist der *Virtuelle Assistent* der HUK24, ein System, das verschiedene KI-Fähigkeiten in der Suche, dem Kontaktformular und im Chatbot bereitstellt. Der *Virtuelle Assistent* übernimmt dabei klassische Aufgaben eines Versicherungsberaters: Er geht individuell auf die Kundenanliegen ein und stellt Vorschläge in Form von „Next Best Action" (NBA) oder „Next Best Offer" (NBO) bereit.

Die HUK24 verfolgt mit dem *Virtuellen Assistenten* mehrere Ziele: E-Mail-Vermeidung, Vollautomatisierung, Kundenzufriedenheit und Ertragssteigerung. Diese haben eine direkte Abhängigkeit untereinander. Alle Ziele werden durch die Nutzung der KI im „Virtuellen Assistenten" erreicht. Das KI-System erkennt zuverlässig die Kundenanliegen und unterstützt den Kunden beim „Selfservice". Dort werden die Daten, im Gegensatz zur E-Mail, strukturiert verarbeitet und erhöhen somit die Vollautomatisierungsquote. Diese führt dann wiederum zu einer Erhöhung der Kundenzufriedenheit und senkt die Kosten. Abbildung 10.1 zeigt einen Überblick über den „Selfservice".

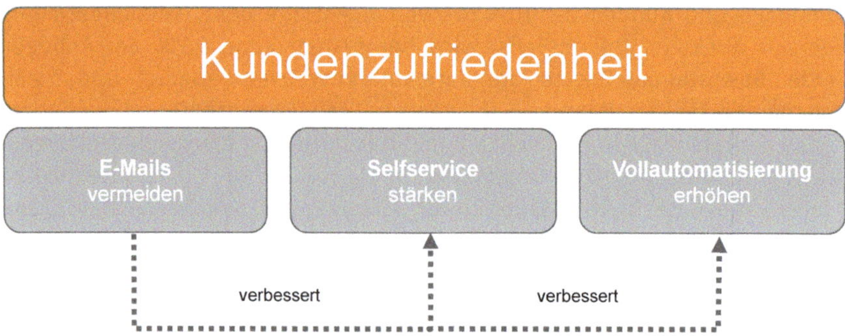

Abbildung 10.1: Selfservice erhöht die Vollautomatisierung und die Kundenzufriedenheit.

Primär stärkt der *Virtuelle Assistent* den „Selfservice". Eine wichtige Messgröße dafür ist die Anzahl der eingehenden E-Mails. Jede E-Mail ist ein Indiz dafür, dass ein Kunde sein Anliegen nicht im Selfservice lösen konnte oder nicht im Selfservice lösen wollte. Pro Jahr hat die HUK24 ca. 30 Millionen Besucher auf der Webseite. Somit entsteht auch ein großes E-Mail-Volumen. Diese Kundenanliegen werden mit sehr hoher Qualität durch Online-Versicherungsexperten in einer eigenen Abteilung bearbeitet. Aus Kundensicht entspricht dies der Erwartungshaltung, verzögert aber die Bearbeitung des Vorgangs und bedeutet für die HUK24 vermeidbare Mehrkosten. Viele der Kunden möchten das Anliegen direkt im Selfservice erledigen.

Das Ziel der HUK24 ist es, passende Onlineservices bereitzustellen und mit Unterstützung des Virtuellen Assistenten die Usability für die Nutzer optimal zu gestalten. Dadurch entsteht eine Win-Win-Situation für beide Seiten. Einerseits können E-Mails vermieden werden, und andererseits wird für den Kunden ein Mehrwert geschaffen. Dieser zeigt sich durch eine Reduktion der Wartezeit auf die E-Mail-Antwort und folglich in sinkenden Transaktionskosten.

Wie lassen sich solche Kundenkontakte effizient automatisieren und gleichzeitig die Zufriedenheit der Kundinnen und Kunden steigern?

10.3 KI übernimmt das Suchen und Antworten

Die Anfragen in der Suche, im Kontaktformular oder im Chatbot werden über die Webseite entgegengenommen und vom KI-System mittels Natural Language Understanding (NLU) analysiert (siehe Abbildung 10.2). Ziel ist es, das Anliegen des Kunden unter Nutzung eines vortrainierten Sprachmodells zu erkennen und dem Kunden den passenden Antwortvorschlag auszuspielen.

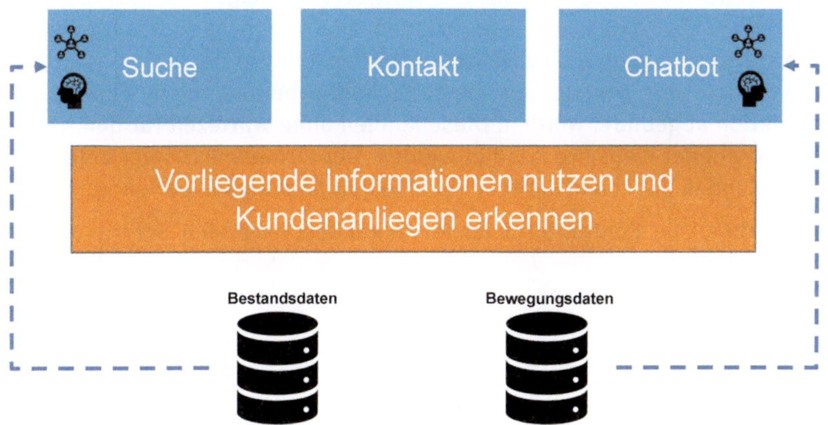

Abbildung 10.2: Der Virtuelle Assistent und seine Komponenten.

Im Folgenden wird auf die drei Funktionen des *Virtuellen Assistenten* eingegangen.

1. **KI-basierte Suche.** Über die Webseiten-Suche erhält die HUK24 Anfragen, die meist nur aus einem oder zwei Worten bestehen. Suchbegriffe wie zum Beispiel „Kfz-Versicherung“ oder „E-Scooter“ werden über den Service *IBM Watson Discovery* interpretiert, und es wird eine Liste mit passenden Treffern ausgespielt. In Abhängigkeit von der Relevanz werden die Treffer in priorisierter Reihenfolge dargestellt.

   Mit *IBM Watson Discovery* können strukturierte und unstrukturierten Daten schnell und einfach durchsucht werden. Das System nutzt zentrale Watson-APIs wie Natural Language Understanding (NLU) und bietet über einfache Oberflächen die Möglichkeit, Daten schnell anzureichern und zu indizieren. So können vorhandene Dokumente genutzt werden, sodass ein weiteres Training der KI nicht erforderlich wird.

   Discovery verfügt über eine leistungsstarke Analyse-Engine, die Einblicke in die Daten bietet. Erreicht wird dies mittels „Smart Document Understanding“, „Content Mining“, „Natural Language Understanding“ und „Synonymen“. Mit integrierten Funktionen zur Verarbeitung natürlicher Sprache (NLU) können Daten aus vielen verschiedenen Dokumenttypen wie JSON, HTML, PDF und Microsoft™ Word extrahiert werden.

2. **Kontaktformular mit KI-basiertem Antwortvorschlag.** Im Kontaktformular auf www.huk24.de steht dem Kunden eine Möglichkeit zur Verfügung, komplexere Anliegen zu schildern. Bei der Analyse der Daten zeigt sich, dass viele der gemeldeten Kundenanliegen bereits durch eine Online-Funktion abgebildet werden. Diese können ohne Wartezeit für den Kunden direkt auf der Webseite erledigt werden. Der *Virtuelle Assistent* unterstützt den Kunden dabei und sorgt so für eine optimale User Experience.

   Der Ablauf im Kontaktformular ist folgender: Im ersten Schritt wird die Kundenanfrage an den *IBM Watson Assistant Service* geschickt. Dieser erkennt das Anliegen mittels KI-basierter Mustererkennung und liefert bis zu zwei passende Antwortvorschläge. Sind diese für den Nutzer hilfreich, ist das Anliegen erledigt. Sind diese nicht hilfreich, kann der Nutzer die E-Mail abschicken. Der Vorgang, insbesondere, wie der Erkennens-/Verstehensalgorithmus des Chatbots den „Selfservice“ im Kontaktformular optimiert, ist in Abbildung 10.3 gezeigt.

   Die Komponente *IBM Watson Assistant* ist ein KI-gestützter Agent, der präzise Antworten liefert, aus bisherigen Kundenanfragen lernt und so Probleme ohne lange Wartezeiten lösen kann. Der Service nutzt dazu „Natural

Language Understanding“, „Intent Classification“, „Auto Correction“ und „Irrelevant Detection“.

3. **KI-basierter Chatbot.** Als Teil des Chatbots, ermöglicht der *IBM Watson Assistant* einfache Dialoge. Die Eingaben des Nutzers werden, wie auch beim Kontaktformular, analysiert, mit darauf folgender Erkennung des Anliegens. Entsprechend einer definierten Dialogstruktur wird der Kunde dann bis zum Abschluss des Anliegens durch das System geführt. Durch mehrfaches Nachfragen kann das Anliegen weiter konkretisiert und so die für den Kunden optimale Lösung gefunden werden. Der digitale Assistent ist anhand eines Anwendungsbeispiels in Abbildung 10.4 dargestellt.

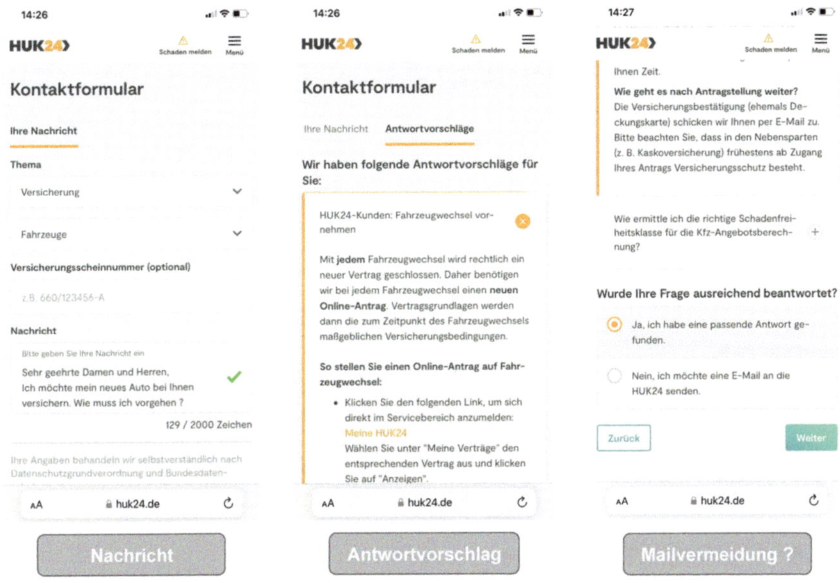

Abbildung 10.3: Erkennens-/Verstehensalgorithmus des Chatbots optimiert den „Selfservice“ im Kontaktformular.

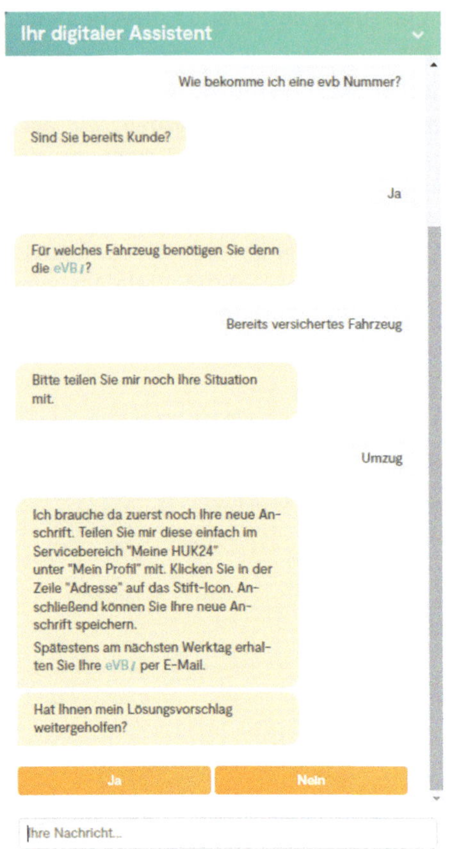

Abbildung 10.4: Chatverlauf „EVB Nummer/ Änderung Adresse".

10.4 Sicherheit und Datenschutz

Sicherheit und Datenschutz haben bei der HUK24 höchste Priorität. Die für den *Virtuellen Assistenten* nötigen Services werden in einer hochabgesicherten Umgebung betrieben. In dieser werden FIPS 140-2 Level 3 Crypto Services genutzt, um die Infrastruktur abzusichern. Auf Anwendungsebene wird die Payload in allen relevanten Bereichen verschlüsselt. Datensparsamkeit wird schon bei der Implementierung gelebt. Im *Virtuellen Assistenten* werden nur Daten verarbeitet, die zur Erfüllung des Zwecks erforderlich sind. Erreicht wird dies durch einen Anonymisierungsservice für personenbezogene Daten.

Der *Virtuelle Assistent* trifft keine „eigenen" unkontrollierten Entscheidungen, die vertragliche Aspekte der Kunden berühren. Entscheidungen über Vertragsabschluss oder Schadensregulierung werden durch die KI nicht beeinflusst. Der *Virtuelle Assistent* unterstützt den Nutzer der HUK24 mit passenden Hilfestellungen, um die nötigen Anliegen im Selfservice durchführen zu können.

10.5 Business Case und quantitative Verbesserung

Durch den Einsatz eines KI-Systems im *Virtuellen Assistenten* konnten manuelle Bearbeitungen und Kosten deutlich reduziert werden. Das System gibt dabei Hilfestellungen und optimiert die Kundenreise. Pro Jahr werden mehr als 3,2 Millionen Anfragen durch den Virtuellen Assistenten bearbeitet. Davon entfallen jeweils 1,3 Millionen auf die Suche und auf den Chatbot. Rund 600.000 Anfragen werden über das Kontaktformular bearbeitet.

Der *Virtuelle Assistent* stellt einen zusätzlichen Kundenkanal dar. Ziel ist es, dem Kunden die nötige Hilfestellung bei weniger komplexen Anliegen zu geben. Komplexe Sachverhalte werden weiterhin über die Mitarbeiter der HUK24 bearbeitet. In den letzten Jahren konnten die „E-Mails pro Besucher" um mehr als 20 % reduziert werden. Der KI-basierte *Virtuelle Assistent* trägt bedeutend zur Einsparung bei.

10.6 Erfahrungen und Empfehlungen

Der Erfolg des *Virtuellen Assistenten* der HUK24 wird durch mehrere Faktoren begünstigt. Sehr früh wurde festgelegt, nur datengetrieben vorzugehen. Für jedes Release wird das Ziel mit den relevanten KPI definiert. Diese sind zum Beispiel Wissenslücken, Abbruchquoten, E-Mail-Vermeidung oder Dialogfeedback. Alle Veränderungen werden durch Analysen gestützt oder verworfen. Nur begründete Anpassungen werden durchgeführt. Um dieses System betreiben zu können, wird eine große Anzahl tagesaktueller Messdaten benötigt. Wichtig ist hier, dass diese immer Ende-zu-Ende und aus Kundensicht implementiert sind. Sie müssen die Kundeninteraktion und die Kundenreise verstehen. Die Kundenzufriedenheit steigt nicht mit dem Ausspielen des richtigen Textes. Erst wenn das Anliegen des Kunden erledigt ist, kann die Kundenzufriedenheit nachhaltig gesteigert werden.

Ein weiterer wesentlicher Faktor für den Erfolg ist die Geschwindigkeit, mit der Anpassungen durchgeführt werden. Veränderungen müssen schnell erkannt werden, um nötiges Training des KI-Systems und Anpassungen von Texten umgehend vorzunehmen. Für die HUK24 hat es sich dabei bewährt, dass keine organisatorischen Brüche existieren. In einem agilen Team werden alle nötigen Anpassungen zum *Virtuellen Assistenten* analysiert, entschieden und umgesetzt.

10.7 Ausblick

Der *Virtuelle Assistent* verarbeitet Texteingaben über die Suche, das Kontaktformular und den Chatbot auf www.huk24.de. Dies ist sowohl über Mobil- aber auch Desktop-Geräte möglich. Aktuell wird die Anbindungen von Messengern und von natürlicher Sprache geprüft. Neben der Auswahl der möglichen Use Cases ist auch die Klärung rechtlicher Fragen von Bedeutung. Messenger würden eine bidirektionale Kommunikation ermöglichen. Rückfragen zu einer von HUK24 initiierten Anfrage könnten dann durch das KI-System beantwortet und fallabschließend bearbeitet werden. Die Kommunikation in natürlicher Sprache wird durch „Speech-to-Text“ und für den Rückweg durch „Text-to-Speech“ Services unterstützt. Dies verspricht eine Verbesserung der User Experience für den Kunden, da die Eingabe des Textes entfällt. Voraussetzung hierfür sind eine hohe Qualität bei der Transkription. Dies sowie die technischen, kommerziellen und regulatorischen Rahmenbedingungen sollen in einer Vorstudie evaluiert werden.

FIKTIVE KI-KENNZEICHNUNG MITTELS AI=MC²

Wie in Teil 2 dieses Buches beschrieben, könnte eine KI-Kennzeichnungspflicht nach dem Vorbild der Lebensmittelkennzeichnung helfen, Transparenz und Akzeptanz von KI-basierten Produkten und Services zu erhöhen. Zur Illustration dieses Konzepts haben die Herausgeber ein solches fiktives KI-Label für das in diesem Kapitel vorgestellte KI-Projekt „Virtueller Assistent“ entworfen (siehe unten).

In der Kopfzeile des Labels werden Hersteller, Modell-Version und Name der Anwendung gezeigt. In der Mitte ist auf der Basis der AI=MC²-Taxonomie die Lösung technisch genau und normiert beschrieben. Man erkennt so zum Beispiel leicht, dass die gezeigte KI-Lösung „kommuniziert“, aber nichts wahrnehmen kann, keine Verarbeitungsfähigkeiten hat und nicht fähig ist, physisch oder nicht-physisch zu handeln. Zusätzlich findet links eine Kurzbeschreibung der Arbeitsweise der Anwendung Platz, auch genutzte relevante Normen und Standards werden gelistet. Auf der rechten Seite des Labels wird auf potenzielle Risiken hingewiesen sowie auf einen ebenfalls fiktiven „TRUSTWORTHY-SCORE“ in Anlehnung an den bekannten „NUTRI-SCORE“ auf Lebensmitteln. Auch in der Gesamtoptik ist das KI-Label an die Nährstofftabellen auf Lebensmitteln angelehnt.

Künstliche Intelligenz

Das KI-Modell (NLP) des Chatbot im Kundenservice erkennt die Anliegen der Kunden, beantwortet Fragen und macht Vorschläge für Antworten in Suche und Kontaktformular des HUK24-Internetauftritts.
Der Chatbot ist von den Experten der HUK24 auf der Basis von qualitätsgesicherten Antworten trainiert und trifft insofern keine eigenständigen Entscheidungen über Angebote der HUK24.
Deutsch als Sprache wird untersützt.

BAFIN Norm 4711.4712
CE – KI Label V.0

Hersteller: HUK24
Modell Version: V3.4 aus 2022

Anwendung: Chatbot im Kundenservice

Fähigkeit	Methode	Daten
Wahrnehmen		
Verstehen		
Handeln		
Kommunizieren >Sprachverarbeitung (NLP) >>Dokumenten-Analyse >>Extraktion von Wissen	Maschinelles Lernen >Überwachtes Lernen >>Neuronales Netz Wissensrepresentation	Häufige Fragen und Antworten Konform mit Europäischer Datenschutzgrundverordnung

Risiko sehr gering

TRUSTWORTHY-SCORE
A B C D E

Kapitel 11 KI-basierte Objekterkennung auf Luftbildern

Marcel Ziems

Das Landesamt für Geoinformation und Landesvermessung Niedersachsen (LGLN)[6] mit seinen mehr als 2.000 Mitarbeitenden an über 50 Standorten visiert den Einsatz von künstlicher Intelligenz zur Bilderkennung von Gebäuden auf Luftbildern und dem anschließenden Vergleich mit Daten aus dem entsprechenden Liegenschaftskataster an. Im Bundesland Niedersachsen gibt es über 10 Millionen dokumentationspflichtige Gebäude bei einer Änderungsrate von 1 bis 3 Prozent pro Jahr. In einem ersten Schritt werden die neuen Luftbilder nach Veränderungen gegenüber der Datenbank durchsucht – bis vor Kurzem geschah dies noch rein manuell. Heute hilft ein KI-System dabei, die entsprechend 100.000 bis 300.000 geänderten Gebäude zu identifizieren. Dieser Anwendungsfall heißt „Gebäudefeldvergleich". Weiter Anwendungsfälle sind in Vorbereitung.

Grundsätzlich repräsentiert das Liegenschaftskataster, zusammen mit dem Grundbuch, den Eigentumsnachweis über Grund und Boden in Deutschland. Hierzu gehören unter anderem die Geometrien der Flurstücke und Gebäude. Üblicherweise wurden diese händisch seit dem 19. Jahrhundert jeweils bei deren Entstehung, beispielsweise bei einer Grenzteilung oder dem Neubau eines Gebäudes, gemessen und in das Liegenschaftskataster eingetragen. Das Liegenschaftskataster von heute liegt zwar als Vektordatensatz vor, aber da sich die Mess- und Dokumentationsmethoden in den letzten 200 Jahren weiterentwickelt haben, existieren lokale Qualitätsunterschiede. Dem entgegen fordert die voranschreitende Digitalisierung einen stets aktuellen Datensatz mit einheitlicher Qualität – eine gigantische Herausforderung für die damit betrauten Behörden. Dementsprechend setzt das Landesamt für Geoinformation und Landesvermessung (LGLN) in Niedersachsen seit 2022 verstärkt künstliche Intelligenz (KI) ein, um die Mitarbeiter zu unterstützen, so beispielsweise fehlende Gebäude, hier eine bislang nicht registrierte Garage, ressourcenschonend nachzuführen (siehe Abbildung 11.1).

6 www.lgln.niedersachsen.de

Abbildung 11.1: Anwendungsfall für KI: Finde die wenigen fehlenden Gebäude (hier Garage in Blau) in den Massendaten des Liegenschaftskatasters (Gebäude und Flurstücke in Gelb).

11.1 Die KI-Lösung „*Gebäudefeldvergleich*“

Das erste Einsatzszenario eines KI-Systems im Liegenschaftskataster betrifft den Realitätsabgleich zur Identifikation von Veränderungen an Gebäudegrundrissen. Als Datengrundlage und Referenz stehen zyklisch aktualisierte hoch aufgelöste Luftbilder inklusive Infrarotkanal sowie Höheninformationen aus Light Detection and Ranging (Lidar)-Daten zur Verfügung. Abbildung 11.2 zeigt beispielhaft die Eingangsdaten von links nach rechts: a) ein RGB-Luftbild, b) den zugehörigen Infrarotkanal welcher die Vegetation (hell) von den versiegelten Flächen (dunkel) abgrenzt und c) Lidar-Daten, welche erhöhte Objekte wie Gebäude und Bäume als helle Bereiche herausstellen.

Ein gewichtiger Vorteil eines maschinengestützten Vorgehens ist, dass diese komplementären Informationen direkt zusammen verarbeitet werden können. Dementsprechend basiert das KI-Modell auf den genannten fünf Bildkanälen.

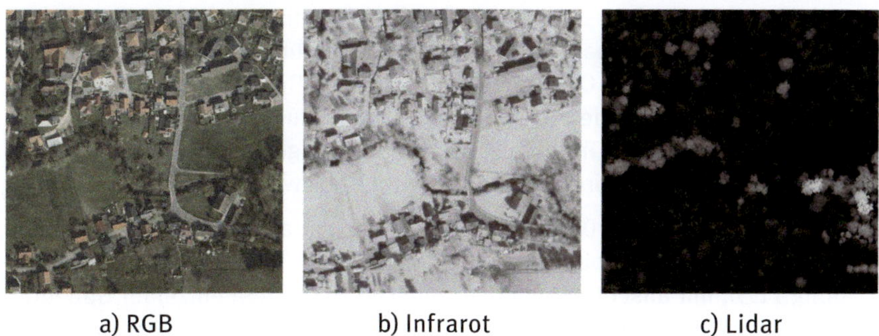

Abbildung 11.2: Bilddaten unterschiedlicher Sensoren dienen als Input.

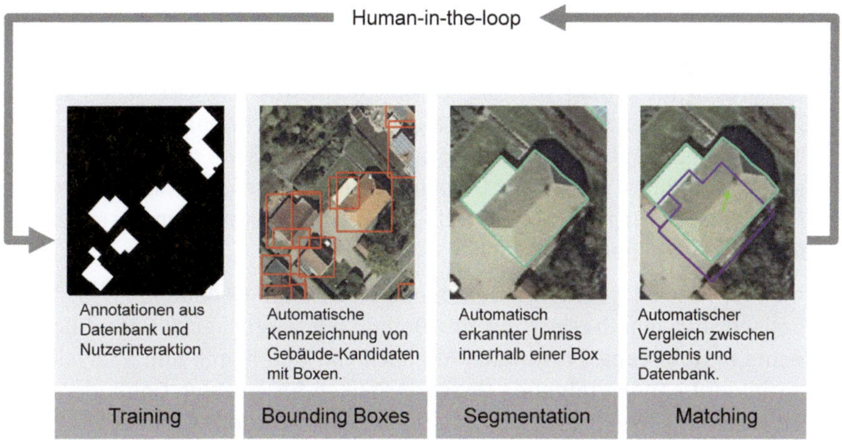

Abbildung 11.3: Mehrstufiger Ansatz zur quantitativen Objekterkennung.

Abbildung 11.3 zeigt die einzelnen Prozessschritte:

1. In einem ersten Schritt wird das Training der KI-Modelle ausgeführt (erstes Bild von links in Abbildung 11.3). Die Qualität der hierfür erstellten Trainingsdaten ist ein zentraler Aspekt des gesamten Ansatzes. Deshalb werden hochgenau eingemessene Gebäude ($<$ 4 cm Toleranz) aus der bestehenden Datenbank verwendet. Diesem Kriterium entsprechen circa drei Millionen der zehn Millionen Gebäudegrundrisse, welche in den letzten 30 Jahren beispielsweise mittels differenziellen GPS vor Ort gemessen wurden. Entscheidend für den Erfolg des Modells ist ebenfalls die repräsentative Auswahl der Trainingsdaten. Für Trainingsdaten werden

Gebäude und Gebiete so ausgewählt, dass sie möglichst dem Suchmuster entsprechen: Für Aktualisierung sind dies Neu- und Anbauten in Bau- und Gewerbegebieten, für Qualitätsverbesserungen Bestandsgebäude in weniger beeinflussten Gebieten. Dementsprechend wurden circa 10.000 Gebäudegrundrisse für das Training repräsentativ ausgewählt, welche, wie später noch ausgeführt wird, sukzessive verbessert werden.

2. & 3. Der zweistufige Deep-Learning-Ansatz umfasst die Erkennung jener Bildbereiche, die Gebäude darstellen (zweites Bild von links in Abbildung 11.3), mit anschließender verfeinerter Extraktion einzelner Gebäudeumrisse mittels eines neuronalen Netzwerks auf Grundlage der semantischen Segmentierung (zweites Bild von rechts in Abbildung 11.3). Die Gebäudeerkennung basiert auf dem Open-Source-Algorithmus Scaled-YOLO v4 (YOLO für You Only Look Once) nach Wang et al. (2020) [1]. Da dem Modell Gebäude als Objektklassen antrainiert werden, erfolgt die Kennzeichnung von identifizierten Gebäuden mittels umschreibenden Rechtecken (Bounding Boxes). Für die Segmentierung der so erkannten Bildbereiche wird der von Chen et al. (2017) [2] beschriebene Open-Source-Algorithmus DeepLab V3+ eingesetzt. Um anschließend die Grundrisse der in den Luftbildern erkannten Gebäude in Vektorform zu ermitteln, werden die Segmentierungsmasken mittels automatischer Kantenanalyse (Kaas et al. 1987) [3] nachbearbeitet.

4. In einem vierten Schritt werden die so ermittelten Gebäudeumrisse automatisch und regelbasiert mit der Datenbank verglichen (erstes Bild von rechts in Abbildung 11.3). Nach Abgleich von Datenbank und analysierten Luftbildern können folgende Charakteristiken für einzelne Gebäude ermittelt werden: *korrekt*, *neu*, *obsolet*, *veränderter Grundriss* und *verschoben*. Im letzten Fall wird ein Verschiebungsvektor berechnet.

Alle Schritte basieren auf Open-Source-Komponenten, werden über eine Web-API ausgeführt und mittels Cloud-Native umgesetzt. Die Nutzung erfolgt daher über Web-Browser, ist somit geräteunabhängig und damit ideal für eine verteilte, dezentrale Nutzung.

11.2 „Human-in-the-Loop“ – die Veränderung der Arbeitsprozesse

Das System wurde so entworfen, dass die KI Vorschläge erstellt, die finale Entscheidung jedoch weiterhin von einem menschlichen Experten getroffen wird. Als Mensch-Maschine-Schnittstelle dient ein Web-Interface, welches beispielsweise dem Experten Änderungen in dem Liegenschaftskataster vorschlägt. Bei Annahme des Vorschlags werden automatisch das PDF-Anschreiben an Eigentümer und Vermessungsstelle mit einer entsprechenden Bildbeschreibung generiert. Abgelehnte oder mit dem Editor nachbearbeitete Vorschläge werden zur Verbesserung der Trainingsdaten herangezogen. Diesen Ansatz bezeichnet man auch als „Human-in-the-Loop"-Prozess. Schlussendlich ist durch den Einsatz von KI ein neuer Arbeitsprozess entstanden, in dem der Mensch weiterhin eine zentrale Rolle bei bestimmten Entscheidungen spielt und gleichzeitig das KI-Modell mit neuen Trainingsdaten verbessert. Dieses Vorgehen ermöglicht es, das Modell kontinuierlich anzupassen und die Ergebnisse aus der Bilderkennung stetig zu verbessern. Die folgende Abbildung 11.4 zeigt beispielhaft das Interface für „neue" Gebäude, die der Bearbeiter im nächsten Schritt bewertet.

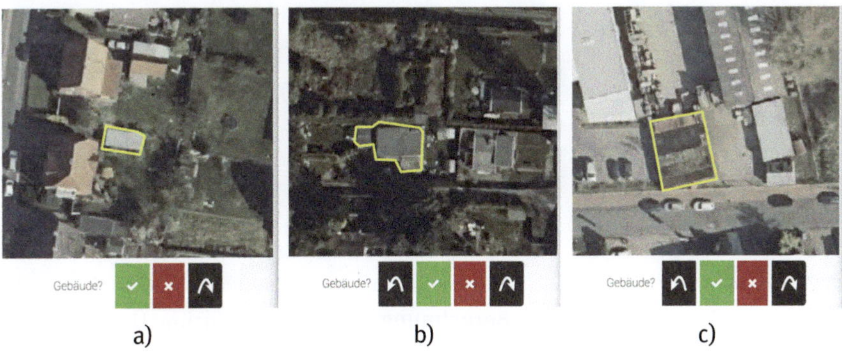

Abbildung 11.4: Mithilfe der Objekterkennung entscheidet der Bearbeiter über den nächsten Schritt.

11.3 Business Case

Die Effizienzsteigerung gegenüber dem rein manuellen Arbeitsprozess für die Durchmusterung der Bilddaten wird auf 60 % geschätzt. Dabei vermischen sich Effekte der Prozessdigitalisierung und der KI. Für die Qualitätsverbesserung der Bestandsdaten wird eine Effizienzsteigerung von bis zu 80 % erwartet, sobald die Trainingsdaten und damit das Modell entsprechende Qualitäten erreicht haben. Für einen rein manuellen Prozess fehlen ohnehin Fachkräfte und finanzielle Ressourcen. Daher besteht mit Blick auf den Use Case aufgrund der Qualitätsverbesserung die Chance für eine kurzfristige flächendeckende Produktivsetzung des KI-Systems. Abbildung 11.5 zeigt den aktuellen Entwicklungsstand des Use Case. Die Gebäude im historischen Datenbestand sind aufgrund von prozessbedingten Ungenauigkeiten während der ursprünglichen Digitalisierung lokal um ca. 4 m in eine Richtung verschoben. Die KI schlägt eine lokale Anpassung der Daten in Richtung der Pfeile vor. Der operative Einsatz für diesen Use-Case ist für das Jahr 2023 geplant.

Abbildung 11.5: Automatische Berechnung zur Korrektur (grüne Umringe und Pfeile) der historischen Daten (gelb) mithilfe der Objekterkennung (blau).

Das Liegenschaftskataster ist Ländersache. Die vorgeschlagene Lösung wird in Niedersachsen erprobt und kann dann in den anderen Bundesländern für vergleichbare Anwendungsfälle als Software as a Service (SaaS) oder „*On Premise*" eingesetzt werden.

11.4 Schlussfolgerungen und Empfehlungen

Das LGLN als technisch orientierte Behörde hatte zu Beginn des Projektes im Jahr 2020 keine praktischen Erfahrungen mit KI, cloud-basierter IT oder agiler Softwareentwicklung. Ein Entwicklungsteam des Technologie-Partners IBM gab die entscheidende Starthilfe, insbesondere im Umgang mit großen Datenmengen, Benutzeroberflächen, der Nutzung von Cloud-Services, wie z. B. IBM Watson und Kubernetes sowie beim agilen Arbeiten auf Distanz. Quasi nebenbei mussten Datenhaltungskomponenten, Datenmodelle und Architekturen modernisiert werden. Parallel zu diesen ersten Schritten wurde im LGLN sukzessive ein eigenes agiles Team mit den notwendigen Kompetenzen aufgebaut. Eine Schlüsselrolle spielt dabei auch der Data Scientist, also eine Rolle, die mit Domänenwissen Daten analysiert, KI-Modelle auswählt und Trainingsdaten weiterentwickelt. Der Teamaufbau beanspruchte ungefähr ein Jahr und zeigte positive Auswirkungen auf weitere innovative Vorhaben im LGLN.

Die aufgebaute Lösung kann leicht auf eine Reihe weiterer Anwendungsfälle im LGLN erweitert werden, wie beispielsweise Bombenkratererkennung, Baumerkennung, Analysen der Wälder, Analysen der Flächennutzung und vieles mehr. Zudem wird die Handhabung der KI-Modelle sukzessive vereinfacht, indem unterschiedliche KI-Modelle (Abbildung 11.3 zeigt aktuell noch drei Modelle) zu einer „*Ende-zu-Ende*“-Lösung zusammengefasst werden. Damit sinkt die Komplexität für die Parametrisierung noch weiter, was wiederum eine schnellere Evolution der KI-Modelle erlaubt.

Aufgrund der Skalierbarkeit, der Cloud-nativen Architektur (einsatzfähig in allen modernen Rechenzentren) und des Open Source-Prinzips kann die vorgestellte Lösung leicht von den Verwaltungen anderer Bundesländer adaptiert werden. Damit entspricht das Vorgehen auch dem Onlinezugangsgesetz, wo nach dem Prinzip „*Einer für Alle*“ (EfA) gearbeitet werden soll. Das bedeutet, dass jede Verwaltung Leistungen so digitalisieren soll, dass andere Bundesländer sie nachnutzen können [4].

Quellen

[1] Wang, C.-Y., Bochkovskiy, A., & Liao, H.-Y. M. (2020) Scaled-YOLOv4: Scaling Cross Stage Partial Network. CoRR, abs/2011.08036. https://arxiv.org/abs/2011.08036

[2] Chen, L.-C., Papandreou, G., Schroff, F., & Adam, H. (2017) Rethinking Atrous Convolution for Semantic Image Segmentation. http://arxiv.org/abs/1706.05587

[3] Kass, M., Witkin, A. and Terzopoulos, D. (1987) Snakes: Active Contour Models. Proceedings of the 1st International Conference on Computer Vision (ICCV'87), London, June 1987, 259–268

[4] OZG-Leitfaden 2022, Leitfaden zum Digitalisierungsprogramm des IT-Planungsrates, Herausgeber: Bundesministerium des Innern und für Heimat, Referat DV 4, abgerufen am 12.09.2022 von leitfaden.ozg-umsetzung.de

FIKTIVE KI-KENNZEICHNUNG MITTELS AI=MC²

Wie in Teil 2 dieses Buches beschrieben, könnte eine KI-Kennzeichnungspflicht nach dem Vorbild der Lebensmittelkennzeichnung helfen, Transparenz und Akzeptanz von KI-basierten Produkten und Services zu erhöhen. Zur Illustration dieses Konzepts haben die Herausgeber ein solches fiktives KI-Label für das in diesem Kapitel vorgestellte KI-Projekt „Gebäudefeldvergleich" entworfen (siehe unten).

In der Kopfzeile des Labels werden Hersteller, Modell-Version und Name der Anwendung gezeigt. In der Mitte ist auf der Basis der AI=MC²-Taxonomie die Lösung technisch genau und normiert beschrieben. Man erkennt so zum Beispiel leicht, dass die gezeigte KI-Lösung „Gebäude wahrnimmt", aber keine Handlungen oder Kommunikationen vornimmt. Zusätzlich findet links eine Kurzbeschreibung der Arbeitsweise der Anwendung Platz, auch genutzte relevante Normen und Standards werden gelistet. Auf der rechten Seite des Labels wird auf potenzielle Risiken hingewiesen sowie auf einen ebenfalls fiktiven „TRUSTWORTHY-SCORE" in Anlehnung an den bekannten „NUTRI-SCORE" auf Lebensmitteln. Auch in der Gesamtoptik ist das KI-Label an die Nährstofftabellen auf Lebensmitteln angelehnt.

Kapitel 12 Luminous – ein neues KI-Sprach- und Bild-Weltmodell mit europäischem Kontextwissen

Jonas Andrulis

Aleph Alpha[7] ist ein führendes europäisches Unternehmen bei der Erforschung und Entwicklung der nächsten Generation in Richtung starker künstlicher Intelligenz und damit auf der Machine-Learning, AI und Data (MAD) Landscape von Matt Turck sogar einziger europäischer Teilnehmer mit diesem Fokus. Mit dem Firmensitz in Heidelberg ist es das Ziel, Deutschland und Europa als entscheidende Akteure im Bereich der künstlichen Intelligenz zu etablieren und zur digitalen Souveränität in einer neuen Ära beizutragen. Aleph Alpha erforscht, entwickelt und betreibt eine neue KI-Basistechnologie für den öffentlichen und privaten Sektor: ein sogenanntes Weltmodell mit europäischem Kontextwissen. Diese KI-Spitzenforschung macht eine Vielzahl kreativer und neuer KI-Anwendungsfälle möglich. Damit unterstützt die neue Technologie bei allen Arten der modernen Wissensarbeit: etwa beim Analysieren von Bildern, beim Verfassen von Texten, bei der Beantwortung offener Fragen, beim Erstellen von Zusammenfassungen oder bei der Vereinfachung komplexer Texte.

12.1 AI Made in Europe: Das Sprachmodell „Luminous"

Aus Perspektive von Jonas Andrulis: Nach der Führung zweier erfolgreicher Softwareunternehmen im Bereich künstliche Intelligenz war ich bei Apple in Cupertino (USA) leitend in der KI-Forschung der Abteilung Sonderprojekte tätig. Dort konnte ich aus erster Hand erfahren, wie eine neue Generation von KI in atemberaubender Geschwindigkeit neue und revolutionäre Möglichkeiten schafft. Mit den dort erworbenen Erfahrungen gründete ich im Jahr 2019 gemeinsam mit Samuel Weinbach in Heidelberg Aleph Alpha, um eine neue Klasse von generalisierender KI zu erforschen sowie für Partner und Kunden nutzbar zu machen. Es ist dabei in Heidelberg ein Team aus internationalen Experten entstanden, das neue KI-Modelle für das Verstehen von Inhalten aus Bildern und Texten erforscht und industriereif entwickelt hat.

Das auf Grundlage europäischer Sprachen und Kulturkreise geschaffene Weltmodell „Luminous" ist eine souveräne technische Basis für die Zusam-

7 www.aleph-alpha.com

menarbeit zwischen Menschen und Maschinen während der nächsten industriellen Revolution in Europa. Mithilfe des Modells kann ein breites Fähigkeitsspektrum aus der natürlichen Sprachverarbeitung abgedeckt werden, wie beispielsweise:

- maschinelle Beantwortung inhaltlicher Fragen auf Basis von Weltwissen oder auf einer Wissensbasis in Form von Dokumenten
- komplexe Texte in einfache Texte übersetzen – in mehreren europäischen Sprachen
- Vervollständigung und Erstellung von Texten zu bereits bestehenden Textpassagen, frei oder auf Basis von Stichpunkten
- gemeinsame Analyse von Inhalten aus Bildern und Texten sowie Erstellung inhaltlicher Zusammenfassungen aus Dokumenten mit Texten und Bildern
- neue Möglichkeiten der Mensch-Maschine-Interaktion, z. B. in einer freien umgangssprachlichen Unterhaltung

Für Training und Betrieb des Weltmodells wurde in Deutschland nicht nur eines der leistungsfähigsten KI-Rechenzentren der Welt aufgebaut, wir konnten für dieses Vorhaben auch ein Team von internationalen Forschern, Ingenieuren und anderen Experten der besten Hochschulen und führenden Technologieunternehmen der USA und aus dem Rest der Welt gewinnen.

Finanziert wurde der Firmenstart von Aleph Alpha nicht nur von den beiden Gründern, sondern nach dem ersten Jahr auch von Venture Capital-Investoren, was mit einem Volumen von insgesamt 28 Millionen Euro den deutschen Deeptech-Finanzierungsrekord aufstellte. Eine Finanzierung in dieser Höhe war nötig, da allein die Kosten für die Rechenleistung zum einmaligen Training von Luminous im siebenstelligen Bereich liegen. Darüber hinaus benötigt das erfolgreiche Training eines so komplexen Weltmodells zahlreiche weitere Experimente und Testläufe.

12.2 Eine neue KI-Architektur: der Transformer

Grundlage für die Technologie war eine vorangegangene Innovation: Dank einer neuen Generation spezialisierter KI-Hardware war es seit 2018 möglich, Weltmodelle in einer neuen Größenordnung zu trainieren. Dabei sind nicht nur die Beschleunigungskarten für Grafik (engl. Graphics Processing Unit, GPU), sondern insbesondere auch die schnelle Verbindung zwischen den GPUs und damit auch den Knoten eines Hochleistungs-KI-Clusters essenziell. Mit neuer Technik wurde es möglich, große künstliche neuronale Netze zu entwerfen, in denen sich erstmals Parameter in der Größenordnung von 100 Millionen anlernen ließen. Die Parameterzahl der neuronalen Netze stieg später mit dieser Technik auf mehrere 100 Milliarden und mündete in überraschend leistungsfähigen Modellen. Im Kern dieser Entwicklung stehen Sprachmodelle, die beispielsweise einen unterbrochenen Text weiterschreiben oder eine Lücke innerhalb einer Textpassage füllen. Mit dieser Kernfunktion lässt sich so beinahe jede Aufgabe lösen, die sich in Sprache ausdrücken lässt.

Die innovative KI-Architektur, die für diese Aufgaben zum Standard wurde, beruht auf künstlichen neuronalen Netzen der 2017 vorgestellten „Transformer"-Architektur [1]. Mittels dieses Modellansatzes können natürliche Sprache und Texte in eine Sequenz aus Token umgewandelt werden, also in eine hochdimensionale Repräsentation von Worten und Wortbestandteilen. Ein Transformer ist dadurch in der Lage, komplexe tokenisierte Daten mit großen Interdependenzen zwischen den Token frei aus großen Datenmengen zu lernen. Der Schlüssel für den Lernprozess von Transformern ist „Attention" (Aufmerksamkeit). Mittels dieser Fähigkeit können in einem künstlichen neuronalen Netzwerk verschiedene Token gelernt werden, die zueinander in einer komplexen Relation in Abhängigkeit der unterschiedlichen Textinhalte stehen. So kann also die KI erkennen, welche Worte in Relation zueinander Bedeutungskomponenten erzeugen.

Dieses Vorgehen lässt sich mit folgendem Beispiel illustrieren. Nehmen wir an, das Transformer-Weltmodell erhält folgende englischsprachige Texteingabe: „The animal didn't cross the street because it was too [wide/ tired]". Je nach Schlusswort bezieht sich dabei die Präposition „es" (engl. „it") entweder auf das Tier („the animal") oder auf die Straße („the street"). Soll der Satz korrekt verstanden werden, müssen diese Worte beziehungsweise Token in Relation zueinander gesetzt werden (Abbildung 12.1). Diese Relationen müssen abhängig vom Inhalt hochdynamisch und lernbar sein und setzen Kontext- und Sprachverständnis voraus, das Maschinen in der Vergangenheit nicht leisten konnten. Dem Transformer gelingt die Modellierung der Bedeutung und kontextadaptiver Inhalte selbst umfangreicher Texte überraschend gut.

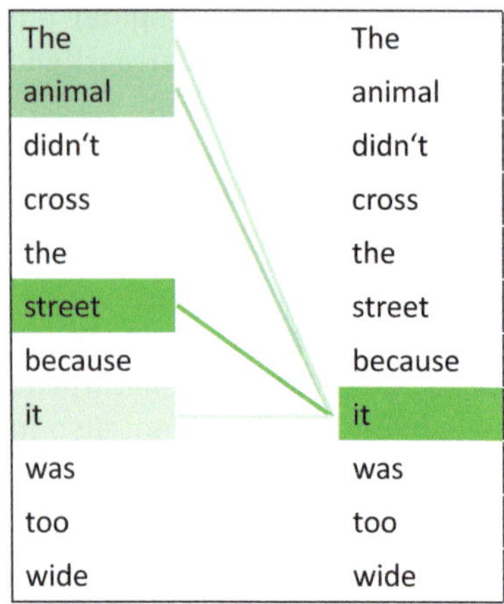

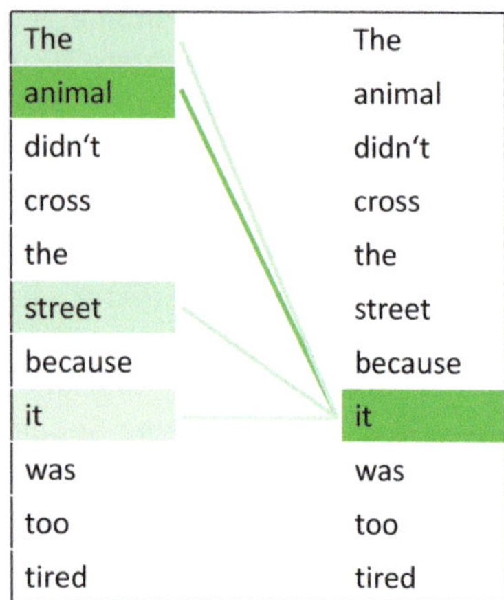

Abbildung 12.1: Gelernte Attention der Token auf Basis der verschiedenen Satzbedeutungen (eigene Darstellung nach [2]).

Ein Pionier dieser *Technologie war Googles Transformer Bidirectional Encoder Representations from Transformers* (BERT) [3]. Das erste BERT-Modell hatte 110 Millionen Parameter und wurde Open-Source verfügbar gemacht. Durch die gute Modellperformanz fand es schnell Anwendungen in der natürlichen Sprachverarbeitung in Wissenschaft und Industrie. Anschließend erreichte dann vor allem das Modell *Generative Pre-trained Transformer* (GPT)-3 des Unternehmens OpenAI mit bis zu 175 Milliarden Parametern noch einmal deutlich zuverlässigere – und in Teilen überraschend leistungsfähige – Ergebnisse [4]: Ein generalisierendes Weltmodell war mit diesem Ansatz nun in der Lage, in Sprache formulierte Probleme höherer Komplexität zu lösen.

Grundsätzlich sind GPT-Modelle autoregressiv, das heißt, sie generieren iterativ neuen Text auf Basis von Texteingaben (engl. prompts). Der Inhalt solcher Texteingaben enthält also den Kontext, auf den das Modell reagiert. Dies funktionierte vor allem für Aufgaben, die zum Allgemeinwissen gehören und die das Modell dadurch im Training häufiger gelernt hatte (wie eine inhaltliche Zusammenfassung, die Beantwortung einer fachlichen Frage oder eine Übersetzung in eine andere Sprache). Des Weiteren eignet sich GPT-3 auch für Klassifikationsaufgaben, zu denen kein Training stattgefunden hat. Diese Fähigkeit nennt man Zero-shot learning (weil kein Beispiel nötig ist) oder One- beziehungsweise Few-shot, falls ein oder wenige Beispiele dem Modell für Klassifikationsaufgaben zur Verfügung gestellt werden.

Während Modelle für die natürliche Sprachverarbeitung vor GPT-3 noch „Open Source“ waren, wie beispielsweise BERT und GPT-2, wurde das Modell GPT-3 nicht mehr öffentlich zur Verfügung gestellt. Die Rechte an GPT-3 erwarb Microsoft exklusiv. Selbst in der akademischen Veröffentlichung fehlen in der Beschreibung des Modells wesentliche Details, die zu einer Reproduktion nötig wären. Auch der Trainingsdatensatz wurde weder zur Verfügung gestellt noch vollständig beschrieben.

Aleph Alpha hat mit Luminous ein unabhängiges europäisches Transformer-Modell mit bis zu 300 Milliarden Parametern auf fünf Sprachen entwickelt und trainiert. Dazu war es nötig, die entsprechende technische Basis zu entwickeln, einen Datensatz zu kuratieren und das Training auf vielen Hundert Grafikkarten durchzuführen.

12.3 Beantwortung von Fragen und Übersetzung von Texten

Ein konkretes Beispiel der Anwendung ist in Abbildung 12.2 gezeigt. Auf Grundlage des Luminous-Modells ist ein System in der Lage, Fragen zu faktischem Wissen zu beantworten oder einen Text in eine andere Sprache zu übersetzen. Dabei wird eine der bedeutsamen Eigenschaften der Modelle deutlich: Luminous ist generalisierend und kann demnach diese beiden Aufgaben (und viele mehr) lösen, für die früher verschiedene Modelle mit eigenen Architekturen und Trainingsdaten nötig gewesen wären.

Abbildung 12.2: Anwendung von Luminous für Faktenfragen und Übersetzungsaufgaben.

Ein großer Vorteil dieser Modelle ist dabei, dass anders als bei Modellen der Vergangenheit keine vom Menschen annotierten Trainingsdaten nötig sind. Während frühere KI-Modelle noch mit von Menschen manuell erstellten Trainingsdatensätzen das Lösen einer bestimmten Aufgabe erlernen mussten, wird diese neue Generation von Modellen im Training lediglich mit einer repräsentativen Auswahl an Daten der zu lernenden Welt gefüttert. Für die Umsetzung der Fähigkeiten von Luminous aus Abbildung 12.2 war die Zusammenstellung von Trainingsdatensätzen mit mehreren Hundert Milliarden Worten erforderlich, in welchen die gesamte Vielfalt einer bestimmten Sprache (und Welt) abgebildet wurde. Als wichtige Bestandteile für Daten dienten dazu das gesammelte Internet („Common Crawl"), Wikipedia sowie frei verfügbare Bücher und andere Dokumente mit hoher Qualität und Diversität.

Bei Bereinigung und Aufarbeitung der Daten müssen deswegen Inhalte, die außerhalb der zu lernenden Verteilung liegen, erkannt und entfernt werden. Dies kann beispielsweise bedeuten, dass Programmcode, HTML-Tags, Steuerzeichen und Ähnliches zu entfernen sind. Ein weiterer herausfordernder Schritt ist das Erkennen und Entfernen von Duplikaten mittels Deduplizierung.

Bei der Qualität der Inhalte ist auch zu beachten, dass – wenn möglich – hauptsächlich Trainingsdaten aus von Menschen erstellten Textquellen verwendet werden: mit teilweise charakteristischen menschlichen Sprachfehlern sowie schlechter Grammatik und Orthographie, Sprachmischungen und Umgangssprache. Diese Trainingsdatensätze erhöhen die Nachvollziehbarkeit des Modells für die gesamte Vielfalt an Äußerungen und Sprachen. Vor diesem Hintergrund sind maschinelle Daten, Pornografie und Spam für den Trainingsprozess ungeeignet und daher nach Möglichkeit auszuschließen oder in der Menge zu reduzieren.

Während OpenAI-Modelle auf Grundlage von GPT-3 vor allem mit Texten in englischer Sprache trainiert wurden, wählte Aleph Alpha als Sprachmischung für die Trainingsdaten die fünf Sprachen Deutsch, Französisch, Spanisch, Italienisch und Englisch. Bei entsprechendem Filter auf Herkunft und Inhalt ist der kulturelle Fokus auf Europa leicht herstellbar. Innerhalb der Trainingsdaten finden sich damit auch entsprechende Dialekte und Sprachmischungen. Durch ein Kuratieren des Datensatzes in ein entsprechendes Curriculum lässt sich sicherstellen, dass die Rechenleistung optimal genutzt wird und das Modell ein sprachübergreifendes gemeinsames Bedeutungsverständnis erlernt.

Zur Evaluierung von Modellperformance und Zielfunktion wird die Metrik „Perplexität" verwendet. Diese Metrik beschreibt, wie gut das Weltmodell die hochdimensionale Verteilung der Tokens des Trainingsdatensatzes gelernt hat. Verschiedene Benchmarks erlauben die Evaluierung der Modelle im Hinblick auf komplexe Inhalte, beispielsweise die Vervollständigung von Texten oder das Beantworten von Multiple-Choice-Fragen.

12.4 Luminous vervollständigt Texte im kulturellen Kontext Europas

Im Jahr 2022 ist es Aleph Alpha gelungen, ein Modell mit ähnlichen Leistungsdaten wie die größte Version von GPT-3 zu finalisieren und in Betrieb zu nehmen. Das als „Luminous supreme" bezeichnete Modell zieht in englischen Benchmarks mit OpenAI gleich. Die Wahl eines mehrsprachigen, europäischen Datensatzes zum Training des Luminous-Modells hatte zur Folge, dass nicht nur die linguistische Verarbeitung verschiedener Sprachen stattfand, sondern auch Wissen aus dem entsprechenden kulturellen Kontext aufgenommen wurde – auch für die Beantwortung inhaltlicher Fragen. Beispielsweise können Systeme auf Grundlage des Luminous-Modells Situationen und Inhalte mit Werten und Kultur unterschiedlicher europäischer Länder inhaltlich einordnen und kontextabhängig beantworten. Abbildung 12.3 zeigt eine beispielhafte Gegenüberstellung von beantworteten Fragen mittels Luminous und GPT-3.

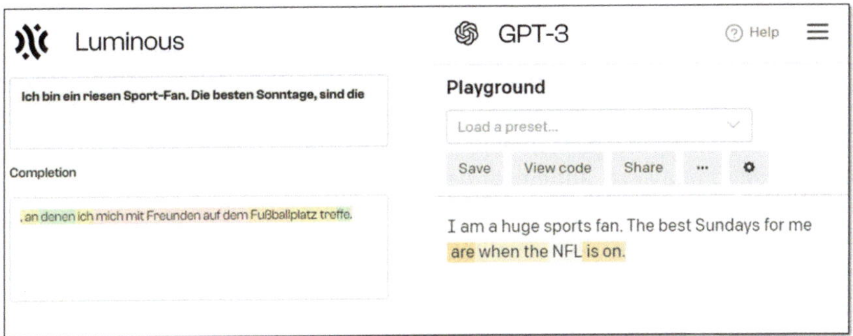

Abbildung 12.3: Im Vergleich einer typischen Eingabe von Luminous und GPT-3 wird der Fokus von Luminous auf den kulturellen Kontext deutlich.

Auf Basis des Luminous-Modells entstehen zurzeit bei vielen der Partner und Kunden von Aleph Alpha Produkte und Funktionen, die das menschenähnliche Sprachverständnis der KI in verschiedenen Branchen und auf unterschiedlichen Plattformen für neuartige Geschäftsmodelle nutzen.

12.5 Zukunftsweisende Forschung: Gemeinsames Lernen von Bildern und Texten

Im Jahr 2021 gelang es Aleph Alpha, eine Innovation auf Basis des Sprachmodells Luminous zu entwickeln, die Ende 2022 international immer noch einzigartig ist: die Erweiterung der Modellfähigkeiten auf ein multimodales Verstehen, also das gemeinsame Wahrnehmen von Bildern und Texten im Kontext. Diese Innovation hat das Team unter dem Titel „Multimodal Augmentation of Generative Models through Adapter-based Finetuning (MAGMA)“ als akademische Veröffentlichung der Community zur Verfügung gestellt.

Im Rahmen des Trainings von MAGMA übersetzt ein Image-Encoder Bildinhalte in ein Token-Format, die zusätzlich zum Sprachmodell antrainiert werden, sodass das Modell lernt, ein gemeinsames Verständnis über den Zusammenhang zwischen Bildern und Texten herzustellen. Dazu wird das Bild zur Weiterverarbeitung in viele Teilsegmente unterteilt. Durch das Einbetten in den mehrsprachig trainierten Transformer kann die gelernte „Attention“ ebenso wie das Weltwissen des Sprachmodells verwendet werden. Das multimodale Zusammenspiel wird durch den Adapter-Block im Modell ermöglicht, einem Teilnetzwerk, das zwischen den Layern des künstlichen neuronalen Netzwerkes eingefügt wird.

Die Funktionsweise von MAGMA kann anhand von Abbildung 12.4 nachvollzogen werden. Darin wird beispielhaft eine Gans samt des erklärenden Textes multimodal antrainiert. Im Beispiel entsteht durch das kombinierte „Verstehen“ der Bildbestandteile und des textlich vorgegebenen Kontexts „A picture of“ mit der gemeinsamen Attention zwischen allen Token durch die vielen Transformer-Blöcke als Ausgabe der Text „a beautiful goose“. Die MAGMA-Methode setzt auf einem bereits fertig trainierten Sprachmodell auf und lernt den zusätzlichen multimodalen Kontext nur über den eingefügten Adapter-Block. Mittels des Adapter-Blocks wird dabei die Verteilung über alle möglichen multimodalen Beobachtungen optimiert, sodass die multimodale Erweiterung mit vertretbarem Trainingsaufwand realisiert werden kann, sofern bereits ein Sprachmodell vorliegt. So wurden alle Aleph Alpha (Luminous) Sprachmodelle mit dieser Fähigkeit zu multimodalen Modellen erweitert.

Abbildung 12.5 zeigt zwei Beispiele für die Beantwortung von Fragen beziehungsweise die Vervollständigung von Benutzereingaben, die sich auf Grundlage des Bildverständnisses von MAGMA erschließen. Da das Modell in der Lage ist, die Bild- und Textinhalte gemeinsam zu verstehen, generiert es einen Ausgabetext, der die Eingabe im multimodalen Kontext vervollständigt.

Während das KI-Modell nach Abbildung a) den Ort des Schatzes auf der Karte identifiziert, wird nach Erkennung des Kontexts unter b) die Handlungen der abgebildeten Personen interpretiert.

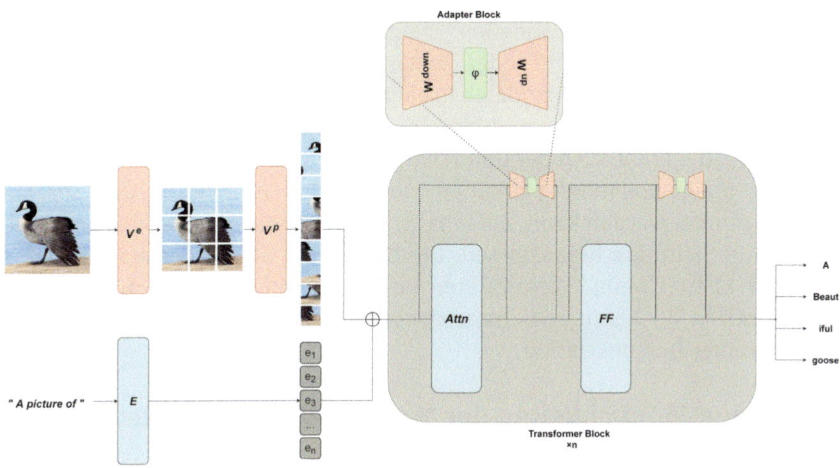

Abbildung 12.4: Funktionsweise des MAGMA-Modells.

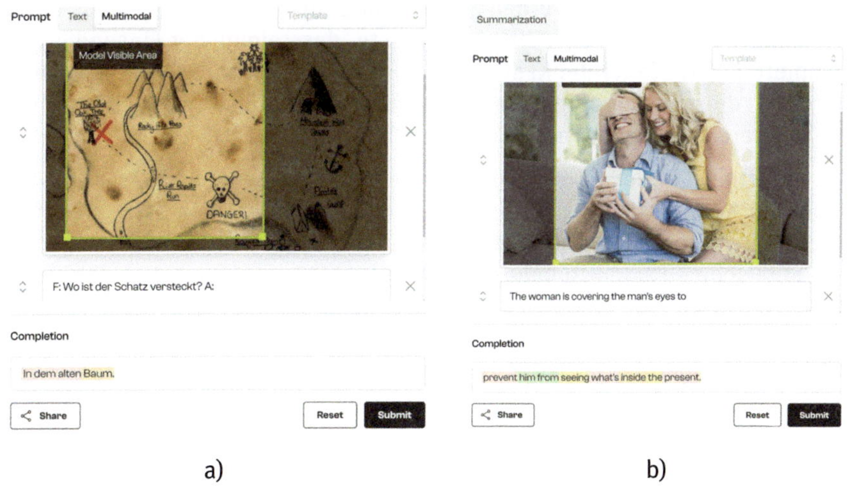

a) b)

Abbildung 12.5: Angewandtes Bildverständnis von MAGMA in der Praxis.

Das multimodale Vorgehen hat mehrere Vorteile: Grundsätzlich kann zur Lösung einer beliebigen Aufgabe zum Reduzieren von Trainingskosten auf einem vollständig trainierten Sprachmodell aufgebaut werden. Außerdem bleibt die Flexibilität und Leistungsfähigkeit des Sprachmodells erhalten. Im Gegensatz zu anderen KI-Modellen, die zum Beispiel eine Bildbeschreibung für genau ein Bild erzeugen oder im Vorfeld definierte Objekte erkennen, kann MAGMA jede im multimodalen Prompt ausdrückbare Aufgabe lösen, beispielsweise die Analyse eines Bildes, das in einen Chat-Verlauf eingebettet wurde, oder die Ermittlung der Unterschiede zweier Bilder. Die mehrsprachige Fähigkeit bleibt vollständig erhalten, sodass das Weltwissen des Sprachmodells genutzt werden kann, um Inhalte zu verstehen, die über das unmittelbar im Bild Sichtbare hinausgehen. Die besondere Stärke der multimodalen Fähigkeit kommt beim Interpretieren von Bildern mit Texten, handschriftlichen Notizen, Plakaten oder Transparenten zur Geltung, beispielsweise bei Plakaten einer Demonstration.

12.6 Neue Möglichkeiten der Mensch-Maschine-Interaktion

Im Rahmen von ersten kreativen Experimenten zeigte sich, dass die Aleph-Alpha-Modelle für die Mensch-Maschine-Interaktion fundamental neue Möglichkeiten schaffen können. Die Ergebnisse sind dabei teilweise so überwältigend, dass ein Google-Forscher einem vergleichbaren Modell ein Bewusstsein zuschrieb und von einer vergleichbaren KI verfasste Aufsätze und Dokumente in Wettbewerben gegen menschlich geschriebenen von einer Jury ausgezeichnet wurden, die nicht wusste, dass einige der Einsendungen komplett aus der Feder der KI stammten. Bei einer Vielzahl von Unternehmen wurde mit dieser Technologie die Entwicklung neuer transformativer Produkte in allen Bereichen begonnen.

Ein Hindernis bei der Integration in innovative Wertschöpfungsprozesse ist dabei die Kontrolle von Ergebnisqualität und Verhalten. Das zeigt sich beispielsweise in der Eigenschaft dieser Modelle, teilweise plausibel klingende – aber falsche – Fakten zu halluzinieren. Fragt man Luminous etwa nach dem Namen der Mutter des Nutzers, antwortet es „Maria“. Eine weitere Eigenschaft, die Anwendern Herausforderungen aufgibt, ist das schwer kontrollierbare Verhalten; so können diese Systeme in Ausnahmesituationen ungewolltes oder sogar gefährliches Verhalten zeigen und so auf Beschimpfungen des Nutzers ebenfalls mit Kraftausdrücken reagieren.

Im Zuge der Forschungsarbeit hat Aleph Alpha zur Bewältigung dieser Herausforderungen Technologien zur robusteren und leistungsfähigeren Anwendung des Luminous-Sprachmodells entwickelt. Diese Innovationen stärken Kontrolle und Vertrauen und ermöglichen die Spezialisierung von Luminous auf Grundlage von unternehmensinternem Wissen.

Um das Potenzial im Kontext von großen Unternehmen oder in der Verwaltung zu erschließen, ist ein trainiertes Modell allein nicht ausreichend. Um Verlässlichkeit sicherzustellen, ist eine vollständige Softwarearchitektur erforderlich, die Modelle über große Mengen GPUs für viele Nutzer gleichzeitig an unterschiedlichen Standorten nutzbar macht.

12.7 Fazit

Eine neue Generation von wissensbasierten Wertschöpfungsprozessen ist am Entstehen. Ausgehend von bisherigen Ergebnissen des Unternehmens Aleph Alpha stellt eine forschungsnahe Umsetzung von multimodalen Weltmodellen auf Grundlage von Transformer-Methoden einen wichtigen Beitrag zur Technologiesouveränität Europas im kommenden KI-Zeitalter dar. Die Basis unseres Wissens, aber auch unserer Kultur und Werte sind von uns in Texten und Bildern persistiert. Viele darauf basierende Möglichkeiten können in der Mensch-Maschine Zusammenarbeit der Zukunft neu gedacht werden. Das inhaltliche Beherrschen dieser Technologie ist für unseren Kulturraum dabei ebenso entscheidend wie die Umsetzung und damit der ökonomische Nutzen. Die Zukunft unserer Unternehmen und der modernen Wissensarbeit wird entscheidend von unserer Fähigkeit abhängen, diese Möglichkeiten in unserem Sinne einzusetzen und weiterzuentwickeln.

Quellen

[1] A. Vaswani et al. (2017) Attention is all you need. Proc. Adv. Neural Inf. Process. Syst., vol. 30, 2017, pp. 1–11

[2] Google AI Blog, Transformer: A Novel Neural Network Architecture for Language Understanding. Zuletzt abgerufen am 19.10.2022 von https://ai.googleblog.com/2017/08/transformer-novel-neural-network.html

[3] Devlin, J., Chang, M.-W., Lee, K., Toutanova, K. (2018) BERT: Pre-training of deep bidirectional transformers for language understanding. arXiv:1810.04805

[4] Radford, A., Narasimhan, K., Salimans, T., Sutskever, I. (2018) Improving language understanding by generative pre-training. Technical Report

Kapitel 13 Mobile Datenerfassung mithilfe künstlicher Intelligenz

Christian Pichler

Arbeits- und Ablaufprozesse stützen sich oftmals auf Daten, welche a priori bekannt sind beziehungsweise welche im Laufe eines Prozesses erfasst werden. Die prozessbegleitende Erfassung von Daten erfolgt heutzutage allerdings oft noch durch eine manuelle Datenaufnahme und eine darauffolgende manuelle Eingabe dieser Daten in Informationssysteme. Dies stellt jedoch eine repetitive Tätigkeit dar und wird oftmals durch komplizierte und umfassende Daten erschwert. Letztendlich kann dies zu einer inkorrekten Erfassung von Daten führen, welche als weiterverarbeitete Information finanziellen Schaden verursachen oder gar zu gravierenden Fehlentscheidungen führen kann. Beispiele hierfür sind die Ablesung von Strom- oder Gaszählerständen (siehe Abbildung 13.1) oder die Aufnahme von Seriennummern zur Identifikation von Zählgeräten, wo eine fehlerhafte Zuordnung des Messgeräts beziehungsweise eine fehlerhafte Ablese des Zählerstandes zu einer fehlerhaften Abrechnung führt.

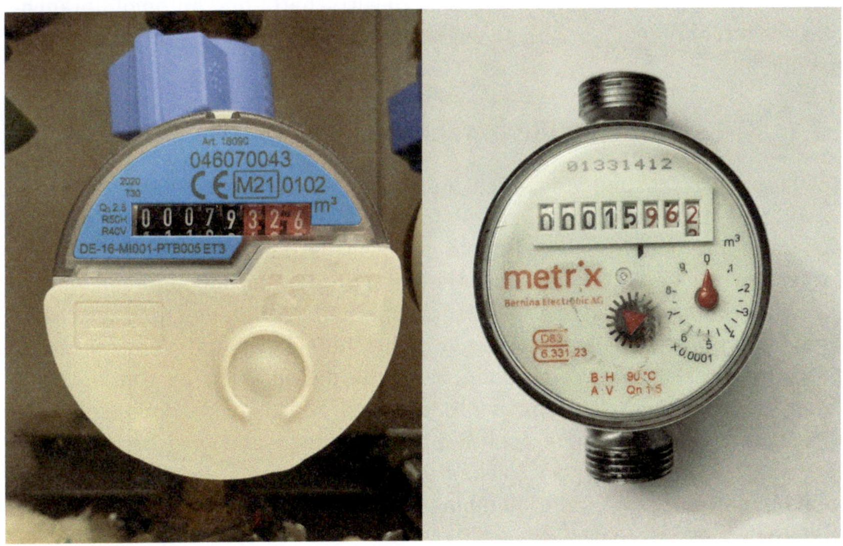

Abbildung 13.1: Beispielhafte Zählgeräte, deren Messwerte erfasst werden (Foto: Christian Pichler).

Um einer fehlerhaften Erfassung von Daten entgegenzuwirken, können Lösungen zur automatischen Datenerfassung (Data Capture) eingesetzt werden. Eine relevante Form der Datenerfassung in diesem Zusammenhang ist beispielsweise die optische Texterkennung (OCR), welche Herausforderungen in der begleitenden Datenerfassung während des Ablaufs von Geschäftsprozessen adressiert. Ein Überblick zur optischen Texterkennung wird in [1] gegeben. Dies bedeutet, dass während des Prozesses keine handschriftlichen Notizen gemacht werden, um Daten zu notieren und diese anschließend in ein Informationssystem einzutippen. Stattdessen erfolgt die automatisierte Erfassung auf Endgeräten wie etwa Mobiltelefonen. Im Beispiel der Erfassung von Zählerständen würde die Digitalisierung der Zählerstände durch ein mobiles System die manuelle Aufnahme und Eingabe der Daten ersetzen und die Datenerfassung erleichtern und verbessern.

Für diese Herausforderungen und dieses Anwendungsszenario hat das Unternehmen Anyline[8] KI-basierte mobile Scanlösungen entwickelt [2]. Anyline ist ein im Jahr 2013 in Wien gegründetes österreichisches Unternehmen. Die von Anyline entwickelte Technologie ermöglicht die Texterkennung auf Endgeräten wie Smartphones oder Tablets. Die Nutzer können mithilfe der Technologie Reifendaten, Fahrzeugdaten, Ausweise, KFZ-Kennzeichen, Führerscheine und vieles mehr scannen, um Daten im Feld verlässlich und schnell zu erfassen. Zahlreiche Unternehmen aus der Energiewirtschaft, der Automobilbranche und weiteren Bereichen nutzen inzwischen diese mobile Technologie von Anyline [3].

13.1 KI-basierte mobile Datenerfassung

Zur mobilen Erfassung von Daten bietet Anyline ein sogenanntes Software Development Kit (SDK) an, welches in mobile Applikationen integriert werden kann und dadurch einfache und verlässliche Datenerfassung in herausfordernden Umgebungen erlaubt. Als herausfordernde Umgebungen werden hier Situationen verstanden, in welchen während der Datenerfassung schwierige Konditionen wie beispielsweise schlechtes Licht und Verschmutzung herrschen oder keine Verbindung zum Internet möglich ist (siehe Abbildung 13.2). Dabei werden auch KI-Methoden aus dem Methodenspektrum Maschinelles Lernen (siehe auch Kapitel 6.4) eingesetzt, welche die Detektion und die Erkennung von Zeichenfolgen ermöglichen. Ziel ist es, in einer gegebenen Aufnahme jede Kombination aus Zahlen und Buchstaben zu erkennen.

8 www.anyline.com

Abbildung 13.2: Beispiel für zu erfassende Reifendaten (Foto: Christian Pichler).

Das SDK von Anyline bietet hier unter anderem Lösungen zur Ablesung von Zählerständen, zur automatischen Erfassung von Ausweisdokumenten und Fahrzeugkennzeichen, und zur Digitalisierung von Reifeninformationen wie etwa Reifendimensionen oder Herstellerinformation in Form sogenannter DOT-Nummern. Dies bildet die Basis für die Erfassung von Daten entlang von Prozessen, indem das SDK in mobile Applikationen integriert wird (siehe Abbildung 13.3). Dadurch werden analoge Daten in digitale Information übersetzt. Ab diesem Zeitpunkt kann die Information digital weiterverarbeitet werden. Der Einsatz derartiger Anwendungen führt dazu, dass aufgrund der besseren Datenqualität auch bessere Informationen abgeleitet werden können, wodurch wiederum verlässlichere und schnellere Entscheidungen getroffen werden können.

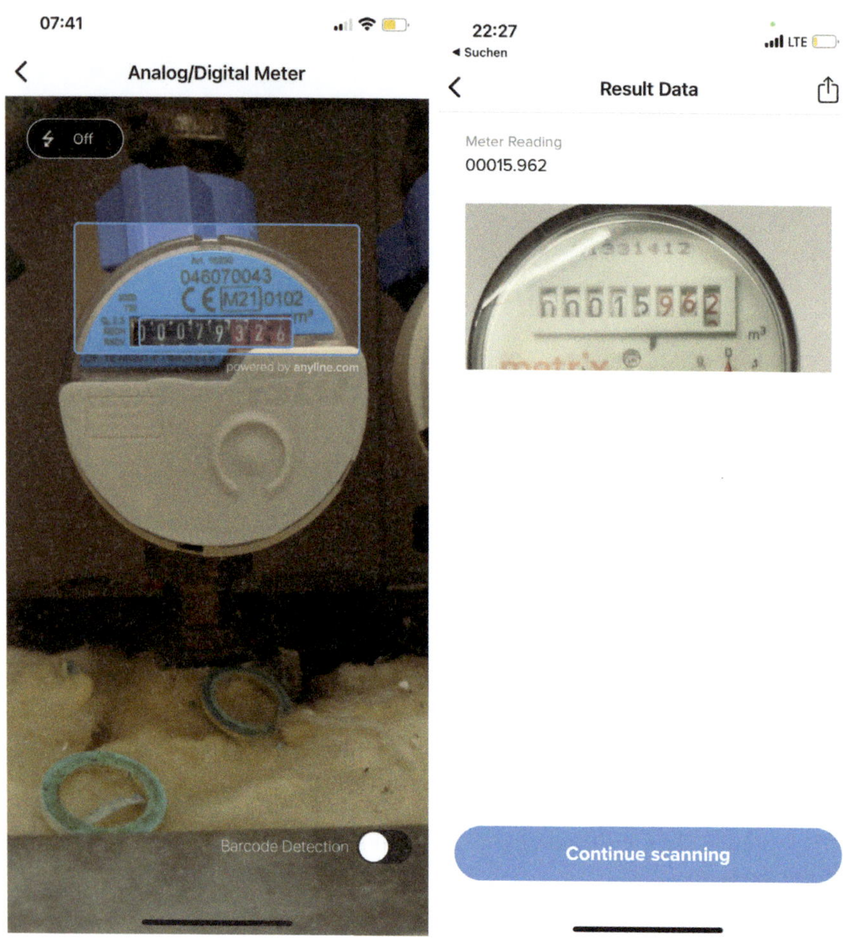

Abbildung 13.3: Integration des Anyline SDKs in mobile Applikationen zur Datenerfassung (Foto: Christian Pichler).

13.2 Entwicklung vertrauensvoller KI-basierter mobiler Datenerfassung

Die Forschung und Entwicklung von mobilen Scanlösungen zur Erfassung von Daten umfasst mehrere Schritte. Dazu zählen die Sammlung von Daten, die Aufbereitung von Daten, das Training und die Evaluierung von neuronalen

Netzen und die Evaluierung der Genauigkeit und Verlässlichkeit der Scanlösungen. Letzteres umfasst sowohl die Evaluierung im Labor als auch im Feld. Abbildung 13.4 stellt die Abfolge dieser Schritte dar.

Die Sammlung und Aufbereitung der Daten ist die Grundlage für die erfolgreiche Entwicklung einer KI-basierten Lösung. Dabei ist es notwendig, bei der Auswahl der Daten sowohl auf die Quantität als auch auf unterschiedliche Qualitätsmerkmale zu achten. Dies sind beispielsweise Bilddaten, welche unterschiedliche Einflüsse aus Umwelt und Umgebung repräsentieren, damit die KI-basierte Lösung verlässlich funktioniert. Angewandt auf das begleitende Beispiel der Zählgeräte könnte dies die Verschmutzung der Geräte an sich oder schlechte Lichtbedingungen in schwer zugänglichen Räumlichkeiten sein. Neben der manuellen Sammlung von Daten kann auch auf Methoden der künstlichen Erzeugung von Daten zurückgegriffen werden, was als synthetische Generierung von Daten bezeichnet wird. Dies reicht von einfachen Bildoperationen wie Bildrotationen bis hin zu KI-Methoden innerhalb von generativen Modellen, mit denen vollständig künstliche Bilder erzeugt werden können.

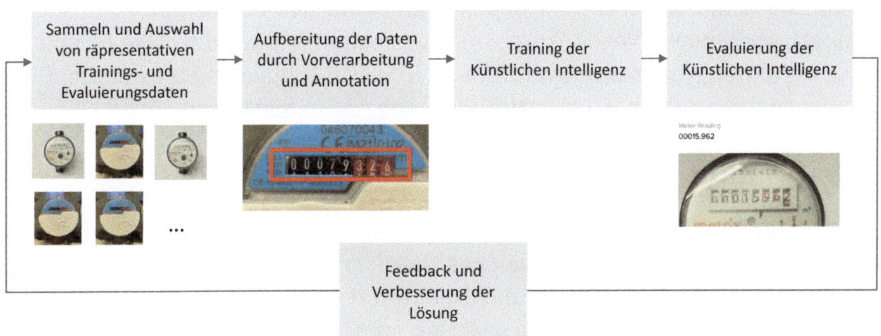

Abbildung 13.4: Entwicklung von verlässlichen KI-basierten Anwendungen.

Der nächste Schritt umfasst die Aufbereitung von Daten, um diese für das Training und die Evaluierung der künstlichen Intelligenz verwenden zu können. Dabei wird auch die sogenannte Annotation der Daten durchgeführt, im Rahmen welcher die relevante Information auf einem Bild mittels einer sogenannten Bounding Box gekennzeichnet wird und die Daten innerhalb der Bounding Box beschrieben werden. Eine Bounding Box kennzeichnet dabei einen Zielbereich, der von dem KI-System erkannt werden soll. Abbildung 13.4 zeigt ein Beispiel, in dem der eigentliche Messwert mit einer roten Bounding Box umrahmt und der Wert „79,326" abgebildet wird. Diese Zuordnung und zahlreiche weitere werden darauffolgend zum Training eines datengetriebenen KI-Systems verwendet. Je nach verwendeter KI-Methode kann die Aufbereitung der Daten auch variieren.

Die Bildbearbeitung nutzt KI-Methoden aus dem Methodenspektrum überwachtes Maschinelles Lernen, insbesondere aus dem Bereich Neuronale Netze. In [4] wird ein Einblick zu Neuronalen Netzen gegeben. Neuronale Netze werden dazu verwendet, um Information zu detektieren und in weiterer Folge die eigentliche Information (= den Text) zu erkennen.

Neben dem Einsatz von KI-Methoden zur Erfassung von Daten wird, falls notwendig, begleitend auch auf unterschiedliche Vor- und Nachverarbeitungsschritte zurückgegriffen. Dies können etwa die Rotation von Bildern, um den Text waagrecht auszurichten, die Konvertierung von Bildern oder die Anwendungen von Methoden, um die erkannte Information zu validieren, umfassen. Letzteres wäre zum Beispiel der Einsatz von Prüfsummen.

Wesentliche Erfolgsfaktoren bei der Entwicklung KI-basierter Lösungen sind deren Verlässlichkeit und Vertrauenswürdigkeit (siehe auch Kapitel 2). Bisher wurden dazu die wesentlichen Aspekte im Laufe des Entwicklungsprozesses erläutert. Im Rahmen dieses Prozesses muss geltenden Gesetzen wie beispielsweise der Datenschutz-Grundverordnung (DSGVO) Folge geleistet werden. Dies trägt wesentlich dazu bei, um vertrauensvolle Anwendungen zu entwickeln.

13.3 Erfahrungen und Empfehlungen

Ein wichtiger Schritt in der Entwicklung von Anwendungen ist ein sorgfältiges und detailliertes Verständnis, welches Problem gelöst, welche Fähigkeit realisiert und welcher Wert letztendlich generiert werden soll. Dies erlaubt es, die richtigen KI-Methoden auszuwählen und zielgerecht einzusetzen. Die gesamtheitliche Betrachtungsweise bildet einen wichtigen Eckpfeiler für die Entwicklung und Bereitstellung von vertrauenswürdigen Lösungen mit künstlicher Intelligenz.

In einem sich ständig ändernden Umfeld mit sich ändernden Rahmenbedingungen ist es essenziell, damit Schritt halten zu können und die KI-basierten Lösungen entsprechend anzupassen. Das bedeutet, dass die Werkbank zur Entwicklung von KI-Anwendungen bestmöglich organisiert und automatisiert sein muss, um schnellstmöglich auf Veränderungen reagieren zu können (siehe auch [6]. Für den hier vorgestellten Ansatz ist beispielsweise eine schnelle und effiziente Durchführung von Trainings neuronaler Netze wie auch der zugehörigen Evaluierung, um die Verlässlichkeit sicherzustellen, unumgänglich.

Es ist ebenso wichtig, den Aspekt von Vertrauen in die Forschung und Entwicklung von KI-basierten Lösungen einfließen zu lassen, um sicherzustellen, dass verlässliche und vertrauenswürdige Anwendungen entwickelt werden (siehe auch Kapitel 14). In diesem Kontext ist zum Beispiel aus Sicht eines Endbenutzers das Ergebnis der erkannten Information ausschlaggebend. Im Falle der Ablese von Zählerständen ist es für den Endnutzer wichtig, dass einerseits der Zähler korrekt identifiziert und andererseits der eigentliche Messwert korrekt abgelesen wird. Die fehlerfreie Digitalisierung des analogen Wertes ist im Falle der digitalen Ablese signifikant. Falsch digitalisierte Information würde in diesem Fall zu falschen Energieabrechnungen führen. Aus Sicht der Entwicklung wichtig zu verstehen ist, wie und warum ein bestimmtes Ergebnis zustande kam. Es muss ein genaues gesamtheitliches Verständnis darüber vorhanden sein, welche KI-Methoden und gegebenenfalls welche Daten für die Entwicklung von KI-basierten Lösungen herangezogen wurden, und welche Verarbeitungsschritte letztendlich zu einem bestimmten Ergebnis führen.

Weiter ist essenziell, die entwickelten Anwendungen laufend im Feld zu evaluieren und darauf basierend Nachbesserungen an der Verarbeitung der Bildinformation vorzunehmen. Eine laufende Evaluierung könnte beispielsweise fehlerbehaftete Erkennungen aufzeigen, dass die Zahl 5 regelmäßig als S erkannt wird. Basierend auf diesen Erkenntnissen können neue Trainingsprozesse von neuronalen Netzen zielgerichtet durchgeführt werden, um die Verlässlichkeit der Lösung zu verbessern. Dabei ist es gleichzeitig ebenso wichtig sicherzustellen, dass dadurch keine Verschlechterung eintritt. In anderen Worten: Mit jedem neuen Training von neuronalen Netzen muss sichergestellt werden, dass erlerntes Wissen nicht vergessen und neues Wissen erlernt wurde. Dies wird durch regelmäßige, wiederkehrende und automatisierte Qualitätsprüfungen adressiert. Ein Beispiel für eine grundlegende wiederkehrende Qualitätsprüfung ist die Evaluierung, ob die KI-basierte Lösung für ein bestimmtes Bild wiederkehrend dasselbe Ergebnis liefert. Neben dieser gesamtheitlichen Evaluierung ist es ebenso wichtig, dass die einzelnen Verarbeitungsschritte kontrolliert werden, um zu verstehen und nachvollziehen zu können, warum das gelieferte Ergebnis auch tatsächlich entstand.

Neben der Automatisierung von Entwicklungsprozessen und neben dem Einsatz von KI-basierten Methoden zur Erkennung von Zahlen und Buchstaben kommt dem Mensch nach wie vor eine bedeutende Rolle zu. Einerseits in der Vorbereitung, dem Training und der Evaluierung der KI-Modelle selbst. Andererseits durch die Kontrolle in der Weiterverarbeitung der automatisch erfassten Daten. Die KI-basierte Unterstützung im Rahmen der mobilen Datenerfassung entlastet den Menschen, indem die repetitiven Arbeiten verlässlich und automatisiert durchgeführt werden.

Quellen

[1] S. Mori, H. Nishida, H. Yamada (1999) Optical Character Recognition, John Wiley & Sons.

[2] Anyline (2022) About Anyline. https://anyline.com/about, zuletzt abgerufen am 12.11.2022.

[3] Anyline (2022) Anyline Success Stories. https://anyline.com/success-stories, zuletzt abgerufen am 21.11.2022.

[4] A. Krogh (2008) What are artificial neural networks? Nature Biotechnology, vol. 26, no. 2, pp. 195-197

[5] T. Schmid, W. Hildesheim, T. Holoyad, K. Schumacher (2021) The AI Methods, Capabilities and Criticality Grid. Künstliche Intelligenz, vol 35, no. 3-4, pp. 425-440

[6] M. Treveil, N. Omont, C. Stenac, K. Lefevre, D. Phan, J. Zentici, A. Lavoillotte, M. Miyazaki, L. Heidemann (2020) Introducing MLOps: How to Scale Machine Learning in the Enterprise, O'Reilly Media

FIKTIVE AI=MC²-KENNZEICHNUNG

Wie in Teil 2 dieses Buches beschrieben, könnte eine KI-Kennzeichnungspflicht nach dem Vorbild der Lebensmittelkennzeichnung helfen, Transparenz und Akzeptanz von KI-basierten Produkten und Services zu erhöhen. Zur Illustration dieses Konzepts haben die Herausgeber ein solches fiktives KI-Label für das in diesem Kapitel vorgestellte KI-Projekt „Mobile Datenerfassung mithilfe künstlicher Intelligenz" entworfen (siehe unten). Die Anwendung spart aufgrund des Ersatzes der handschriftlichen Datenaufnahme einerseits Ressourcen in Form von Geld sowie Zeit und steigert andererseits den Komfort und die Qualität bei der Abwicklung mehrstufiger Datenverarbeitungsprozesse.

In der Kopfzeile des Labels werden Hersteller, Modell-Version und Name der Anwendung gezeigt. In der Mitte ist auf der Basis der AI=MC²-Taxonomie die Lösung technisch genau und normiert beschrieben. Man erkennt so zum Beispiel leicht, dass die gezeigte KI-Lösung über die Fähigkeiten „Wahrnehmen" und „Verarbeiten" verfügt. Im Label ist auf der linken Seite eine Kurzbeschreibung über die Arbeitsweise der Anwendung dargestellt, auch genutzte relevante Normen und Standards werden gelistet. Auf der rechten Seite des Labels wird auf potenzielle Risiken hingewiesen sowie auf einen ebenfalls fiktiven „TRUSTWORTHY-SCORE" in Anlehnung an den bekannten „NUTRI-SCORE" auf Lebensmitteln. Auch in der Gesamtoptik ist das KI-Label an die Nährstofftabellen auf Lebensmitteln angelehnt und könnte grundlegend für ein zukünftiges europäisches Label für Anwendungen auf Basis von künstlicher Intelligenz sein.

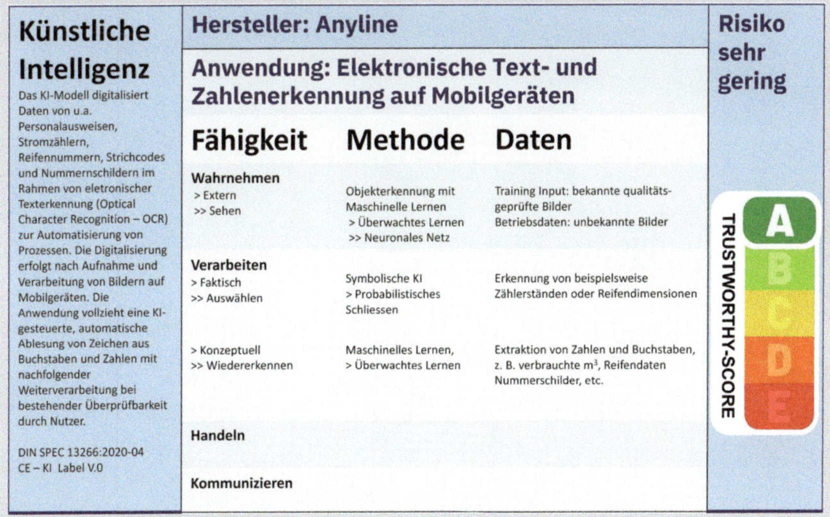

TEIL 4 – Vertrauenswürdigkeit, Normung und Regulierung

Kapitel 14 Vertrauenswürdigkeit künstlicher Intelligenz

Taras Holoyad, Wolfgang Hildesheim

Anders als KI-Technologien und die damit realisierbaren Fähigkeiten nimmt das Vertrauen in darauf basierende Produkte und Services in der Gesellschaft nur langsam zu. Ist dies berechtigt? Und welche Anforderungen müssen KI-basierte Produkte und Services erfüllen, damit Kundinnen und Kunden ihnen nicht mit Misstrauen begegnen? Nachdem von uns in Kapitel 4 die Vertrauenswürdigkeit als Erfolgsfaktor für KI-Systeme eingeführt wurde, haben wir bei Praxisbeispielen in den Kapiteln 10 bis 13 die Vertrauenswürdigkeit der betrachteten KI-Systeme mit einem Siegel bewertet. Das Siegel ist an den bekannten „Nutri-Score“ angelehnt und als „Trustworthy-Score“ ausgewiesen. Mittels des Siegels kann von Verbraucherinnen und Verbrauchern die Vertrauenswürdigkeit von Systemen auf KI-Basis bewertet werden. Grundsätzlich kann die Beurteilung von Vertrauenswürdigkeit auf Grundlage eines Satzes an Qualitätskriterien erfolgen. Dazu werden in dem aktuellen Kapitel neun geeignete Kriterien vorgestellt. Da jedem Qualitätskriterium unikale Charakteristiken zur Beschreibung eines KI-Systems zugrunde liegen, sollten aus unserer Sicht im Interesse einer eindeutigen Beschreibung der Vertrauenswürdigkeit alle neun Kriterien einzeln und unabhängig voneinander bewertet werden. Eine Vermischung oder Verrechnung von Kriterien würde die Beurteilung möglicher Risiken und damit verbundener Einsatzfolgen einschränken beziehungsweise verzerren.

14.1 Von Misstrauen zu Vertrauen

Grundsätzlich erscheint der Aufbau eines Vertrauensverhältnisses zu künstlicher Intelligenz für Menschen aufgrund des revolutionären Innovationscharakters – und damit zusammenhängend fehlenden Analogien – kontraintuitiv. Obwohl in Forschung und Entwicklung aufwendig versucht wird, mittels künstlicher Intelligenz Analogien zur menschlichen Intelligenz mittels der Nachahmung menschlicher Fähigkeiten zu schaffen, unterscheidet sich die Wissensverarbeitung eines KI-Systems von den kognitiven Fähigkeiten eines Menschen signifikant. Die Unterschiede sind auf Mängel bei algorithmischen Modellen im Hinblick auf universelle Anpassbarkeit, Einschränkungen in der Lernfähigkeit sowie Defizite in der ethischen Selbstreflexion zurückzuführen. Unabhängig davon soll KI als weltweiter Megatrend innerhalb der nächsten Jahrzehnte ein fester Bestandteil unseres gesellschaftlichen Lebens werden.

Einhergehend mit einer breiten Anwendung von KI, wird die Beurteilung der Vertrauenswürdigkeit bei KI-Systemen innerhalb von allen gesellschaftlichen Bereichen nicht wegzudenken sein: Die Europäische Kommission hat im Gesetzesvorschlag zu KI die Vertrauenswürdigkeit von künstlicher Intelligenz als eine übergeordnete Anforderung an KI-Anwendungen hervorgehoben [1]. Bislang haben allerdings nur verhältnismäßig wenige Unternehmen Qualitätsmerkmale zur Schaffung von Vertrauen innerhalb von internen Vorgaben verankert, was aus einer Studie von IBM mit 7.502 weltweit befragten KI-Entscheidern hervorgeht. Danach haben mehr als die Hälfte der befragten Unternehmen keine signifikanten Rahmenbedingungen zur Sicherstellung der Vertrauenswürdigkeit von KI-Systemen geschaffen, unter anderem im Hinblick auf Erklärbarkeit von Modellen, Informationssicherheit und Vermeidung von Verzerrungen [2].

Um dem Mangel an einheitlichen Konzepten zur Schaffung von Vertrauen in KI bei Nutzerinnen und Nutzern entgegenzuwirken, erachten wir die Beteiligung von Politik, Industrie und Wissenschaft als entscheidend, um eine angemessene Regulierung bei umsatzstarker, weltweiter Marktbeteiligung europäischer Unternehmen sicherzustellen. Zur Einigung über homogene Anforderungen an Vertrauenswürdigkeit von KI-Systemen für regulatorische Vorhaben eignet sich insbesondere die Normung auf europäischer sowie darüber hinaus internationaler Ebene.

Mit einem ersten Meilenstein auf europäischer Ebene zur Konkretisierung von Anforderungen an das Vertrauen in KI hat die „Hochrangige Expertengruppe für künstliche Intelligenz“ unter Schirmherrschaft der Europäischen Kommission im Jahr 2020 Ethik-Leitlinien für eine vertrauenswürdige KI vorgestellt [3]. Die Leitlinien enthalten unter anderem Grundsätze, Anforderungen, eine Bewertungsliste sowie technische Verfahren zur Gewährleistung einer vertrauenswürdigen KI. Darauf folgend hat die EU-Kommission im Jahr 2021 einen Gesetzesvorschlag zu künstlicher Intelligenz veröffentlicht, in dem Anforderungen an die vertrauenswürdige künstliche Intelligenz herausgestellt sind. Im Gesetzesvorschlag wurde der Fokus insbesondere auf die Themen „Konformitätsbewertung“ und „Risikobeurteilung“ von Hochrisiko-KI-Systemen unter Einbeziehung von Grundsätzen wie hohe Datenqualität, Rückverfolgbarkeit, Transparenz, menschliche Aufsicht, Präzision, Robustheit und Sicherheit gelegt [1]. Nach dem Gesetzesvorschlag sollen Verstöße gegen die Grundrechte von Menschen verhindert werden, die in Verbindung gebracht werden mit Unzulänglichkeiten auf Grundlage von unter anderem Intransparenz, Komplexität und dem vielseitigen Fähigkeitsspektrum künstlicher Intelligenz. Dazu wurden im Dokument folgende Prinzipien herausgestellt [1]:

- Würde des Menschen
- Achtung des Privat- und Familienlebens
- Schutz personenbezogener Daten
- Freiheit der Meinungsäußerung und Information
- Versammlungs- und Vereinigungsfreiheit
- Nichtdiskriminierung
- Verbraucherschutz
- Arbeitnehmerrechte
- Rechte von Menschen mit Behinderungen
- Recht auf einen wirksamen Rechtsbehelf und ein unparteiisches Gericht
- Unschuldsvermutung
- das Verteidigungsrecht
- Recht auf eine gute Verwaltung
- spezifische Rechte für Kinder

Das Thema „Vertrauenswürdigkeit" wird auch zunehmend Gegenstand der deutschen Normung: Beispielsweise sind im Standard „Künstliche Intelligenz – Life Cycle Prozesse und Qualitätsanforderungen" (DIN SPEC 92001) Spezifikationen an KI-Systeme für den vollständigen Lebenszyklus formuliert [4]. Dort sind die Qualitätskriterien „Funktionalität", „Leistungsfähigkeit", „Robustheit" und „Nachvollziehbarkeit" als Voraussetzung für die Vertrauenswürdigkeit von KI herausgestellt. Auch die Fraunhofer-Gesellschaft sieht im Whitepaper „Vertrauenswürdige KI" die Prinzipien „Ethik" und „Recht" als zentrale Grundlage künftiger Entwicklungen und stellt die folgende Frage zur Disposition: „Respektiert die KI-Anwendung gesellschaftliche Werte und Gesetze?" [5].

Erfolg mit KI-Systemen, insbesondere mit datengetriebenen KI-Systemen, setzt eine gewisse Vertrauenswürdigkeit dieser Systeme voraus (vgl. Kapitel 2). Anhand der Ausführungen lassen sich KI-Systeme auf Grundlage folgender Qualitätskriterien entwickeln, testen und bewerten:

- Schutz und Sicherheit
- Erklärbarkeit
- Fairness
- Transparenz

- Ausmaß an Autonomie des KI-Systems und Kontrollierbarkeit durch Menschen
- Verlässlichkeit
- Genauigkeit
- Wartbarkeit
- Rechenschaft

Diese Kriterien beschreiben wir nachfolgend noch detaillierter.

14.2 Neun Qualitätskriterien für Vertrauenswürdigkeit

14.2.1 Schutz und Sicherheit

Im Hinblick auf Grundwerte wie das geistige sowie physische Wohlbefinden von Menschen, die Schonung von Flora und Fauna sowie die Integrität von Finanzen und Daten sollten aus unserer Sicht Risiken mittels „Schutz“ und „Sicherheit“ minimiert und, falls möglich, vollständig abgewendet werden. Bei künstlicher Intelligenz können Risiken methodenabhängig untersucht werden. Am Beispiel des maschinellen Lernens kann die Funktionsweise von KI-Systemen mittels Analysen von Modellen sowie Trainingsdaten nachvollzogen werden, wonach sich Risiken und Einsatzfolgen bewerten lassen. Währenddessen können zum Beispiel im Rahmen der Interpretation eines KI-Systems bei Klassifizierungsaufgaben Schwächen verwendeter Modelle bei bestimmten Charakteristiken analysierter Daten identifiziert sowie manipulierte Trainingsdaten erkannt werden. Auf Grundlage der Erkenntnisse kann die Identifikation angemessener Maßnahmen zu Schutz und Sicherheit erfolgen.

Im Falle von „Informationssicherheit“ werden Informationen vor unberechtigtem Zugriff geschützt, deren Verfügbarkeit im Rahmen von Integrität, Authentizität und Rechenschaft sichergestellt wird [6]. Neben Schutz von Privatsphäre sowie Geschäftsgeheimnissen ist die Sicherstellung von Zugriffssperren für unbefugte Gruppen zur Schaffung von Integrität signifikant [7].

Nach unserer Auffassung ist zur Akzeptanz von KI-Systemen bei Nutzerinnen und Nutzern die Beurteilung der Informationssicherheit während des gesamten Lebenszyklus der KI-Anwendung (Training über Einsatz bis Stilllegung) entscheidend. Für Nutzerinnen und Nutzer von KI sind beispielsweise Informationen über Trainingsdaten und personenbezogene Daten sowie auch während der Anwendung von KI-Modellen einzubeziehende und durch das System generierte Daten von Bedeutung. Im Vergleich zu herkömmlicher Software spielen Daten bei künstlicher Intelligenz häufig eine entscheidende Rolle im Hinblick auf Geschäftsmodelle, was zusätzliche Risiken für den Datenschutz mit sich bringt. Beispielsweise können Maschinen im Zweifelsfall mit manipulierten Daten sabotiert oder Bilder, Texte und Sprachdaten zu Werbezwecken, Kontextmanipulation und damit verbundener Täuschung genutzt werden, sodass eine vorgefasste Meinung auf Grundlage von Verführung oder Angsteinflößung geschaffen werden kann. Vor diesem Hintergrund sollten nach unserer Intention durch Regulierer insbesondere Prozesse wie Einwilligung und Widerspruch für die Nutzung von personenbezogenen Daten durchgesetzt sowie die Identifikation von personenbezogenen Merkmalen aus anonymisierten Daten verhindert werden [7]. Im Hinblick auf Gesetzestexte sind zu dem Thema „Informationssicherheit“ unter anderem europäische Gesetze wie die Datenschutzgrundverordnung sowie des Weiteren nationale Gesetze wie das Bundesdatenschutzgesetz, die einzelnen Datenschutzgesetze der Bundesländer, die internen Regeln zu Datenschutz und Privatsphäre einzelner Organisationen sowie das Bürgerliche Gesetzbuch von Relevanz [5].

14.2.2 Erklärbarkeit

Ist es für einen Menschen möglich, Entscheidungen eines KI-Systems nachzuvollziehen, spricht man häufig von „Erklärbarkeit“ (engl. explainability) [6]. Datengetriebene KI-Systeme werden häufig als „Black Boxes“ bezeichnet, da deren Entscheidungsgrundlagen im Einzelfall oft selbst für Experten schwer oder gar nicht nachzuvollziehen ist. Algorithmische Werkzeuge zur Erklärbarkeit sollen es Akteuren ermöglichen, während des Lebenszyklus von KI-Systemen nachzuvollziehen, warum und auf welcher Grundlage ein KI-System eine gegebene Einzelentscheidungen getroffen hat und in welchen Fällen Abweichungen von üblichem Systemverhalten stattfinden würden. Dies umfasst insbesondere die Nachvollziehbarkeit von Details des Systemdesigns, Stabilitätskriterien für Robustheit, potenzielle Anwendungsgebiete, Charakteristiken zu Eignung sowie Nichteignung von Daten, Interoperabilität im Hinblick auf Hardware, Software, Daten und nicht-technische Prozesse, Leistungsfähigkeit sowie Rolle der KI im Gesamtsystem [8].

Verwandt mit der Erklärbarkeit, ist auch die Interpretierbarkeit zur Beschreibung von KI-Systemen maßgeblich. Während es die Erklärbarkeit ermöglicht, Einflüsse, die zur Entscheidung eines KI-Systems geführt haben, zu verstehen, wird mittels Interpretierbarkeit die Nachvollziehbarkeit für die Funktionsweise des Systems beschrieben [6].

Betrachtet man den konkreten Anwendungsfall der KI-basierten Risikobewertung bei der Abwicklung eines Versicherungsschadens aus Kapitel 9.2, so wären zur Sicherstellung von Erklärbarkeit folgende Aspekte von Relevanz:

- Verständnis, dass die Bilderkennung den Schaden für die Abwicklung erkennen muss
- Interpretierbarkeit der einzelnen KI-Komponenten in Bezug auf Ausgangsgrößen
- Nachvollziehbarkeit jeder für die Schadensabwicklung einbezogenen KI-Komponente und damit verbundenen Kritikalität

Grundsätzlich ist nach unserer Auffassung unabhängig von KI-Methode und Anwendungskontext für Beteiligte im Rahmen des Erklärungsprozesses von Bedeutung, dass die Erklärungen unmissverständlich nachvollziehbar sind, da Personen in unterschiedlichen Rollen wie Entscheider oder Wissenschaftler verschiedene Merkmale zur Erklärung hinzuziehen sowie unterschiedliche fachliche Methodiken und Tiefen bezüglich der Erklärbarkeit von KI-Systemen beherrschen. Beispielsweise können KI-Expertinnen und -Experten aus Industrie und Wissenschaft, wie etwa „Data Stuarts“ und „Machine Learning Developers“, Methoden auf Softwarebasis zur Erklärbarkeit eines KI-Systems einsetzen. Für datengetriebene KI-Systeme, insbesondere für Methoden des Methodenspektrums Maschinelles Lernen (vgl. Kapitel 6.4), bietet sich dazu das Instrumentarium des sogenannten Explainable AI (XAI) an. Dieses stellt zusätzliche Werkzeuge wie Local interpretable model-agnostic explanations (LIME) sowie SHapley Additive exPlanations (SHAP) zur Verfügung, um Merkmale zu identifizieren, die entscheidend für kritische Entscheidungen innerhalb eines KI-Systems sein können [9].

Die Herausforderungen im Hinblick auf die Erklärbarkeit insbesondere datengetriebener KI-Systeme werden durch eine Studie der Bundesregierung auf Grundlage einer Befragung von 209 entscheidenden Personen aus Unternehmen sowie wissenschaftlichen Einrichtungen mit KI-Bezug in Deutschland unterstrichen: Für die befragten Personen aus Entwicklung und Anwendung waren insbesondere neuronale Netze im Vergleich zu regelbasierten Verfahren nur teilweise oder gar nicht erklärbar [9].

Grundsätzlich lassen sich auf Grundlage der Erkenntnisse aus Erklärbarkeitsanalysen mögliche Veränderungen eines Systemverhaltens wie Fehlfunktionen vorhersagen. Allerdings sollten nach unserer Auffassung Erklärungsansätze, darunter zum Beispiel spezifische Softwarelösungen zur Erklärung von KI-Systemen, an potenzielle Nutzergruppen angepasst werden. Währenddessen könnten beispielsweise Banken oder Versicherungen ihre Ansätze zur Erklärung von KI-Systemen an Nutzergruppen anpassen, sodass die KI-Anwendungen des eigenen Hauses Verantwortlichen mit unterschiedlichem fachlichem Hintergrund erklärt werden können, unter anderem Ingenieuren, Juristen, Compliance-Beauftragten, Wirtschaftsprüfern und Kunden [10].

Summa summarum sollte aus unserer Sicht Nutzerinnen und Nutzern grundsätzlich vermittelt werden, wie Entscheidungsprozesse von KI-Systemen zustande kommen und welche Merkmale für den Entscheidungsprozess bei jeder Entscheidung von Bedeutung sind. Vor diesem Hintergrund ermöglichen es Erklärungen, das Verständnis über Anwendungsszenarien von KI-Anwendungen zu vertiefen, sodass fundierte Entscheidungen während des Einsatzes von KI getroffen werden können.

14.2.3 Fairness

Als ethisches Prinzip beschreibt „Fairness" die Gleichbehandlung unterschiedlicher Entitäten im Hinblick auf Menschen, Flora, Fauna und künstliche Systeme [6]. Währenddessen sollten beispielsweise im Hinblick auf die Anthropologie und damit verbundene Forschungsergebnisse zu Faktoren sozialer Ungleichheit, die Intersektionalität sowie die Bevorzugung von bestimmten Gruppen zum Nachteil anderer verhindert werden [11]. Im Hinblick auf KI-Systeme sind aus unserer Sicht für Akzeptanz und Risikominimierung bei Nutzerinnen und Nutzern eine Unvoreingenommenheit und Zugänglichkeit der in Verkehr gebrachten KI-Lösungen unabdingbar, falls keine gesetzlichen Vorbehalte bestehen. Grundsätzlich könnte die Voreingenommenheit von KI-Systemen unter anderem zur Benachteiligung oder Gefährdung von einzelnen Gruppen führen. Wenn sichergestellt wird, dass KI-Systeme fair sind und über angemessene Schutzmaßnahmen gegen Voreingenommenheit verfügen, womit beispielsweise Diskriminierung verhindert wird, kann eine Gleichbehandlung aller Nutzer und Interessengruppen erreicht werden. Eine Voreingenommenheit kann beispielsweise im Falle von regelbasierten Algorithmen bei fehlerhaften logischen Verknüpfungen oder der Anwendung von regelbasierten Algorithmen auf unvorteilhaft ausgewählte statistische Verteilungen im KI-System vorhanden sein. Infolgedessen kann Wissen zu einem konkreten Zusammenhang innerhalb einer Wissensrepräsentation unvollständig sowie manipuliert abgelegt werden. Vor diesem Hintergrund entstehen nach Abfrage des abgelegten Wissens Risiken für die Kontextmanipulation sowie Fehleinschätzungen im Rahmen der Entscheidungsfindung. Dagegen kann bei datengetriebenen KI-Modellen eine Benachteiligung von Gruppen auf Grundlage von Trainingsdaten mit einer Überrepräsentation bestimmter Merkmale erzwungen werden.

Mittels frei verfügbarer Softwarebibliotheken kann Fairness von KI-Modellen für bestimmte Anwendungsfälle bewertet werden. Beispielsweise ermöglicht das Open Source-Toolkit „AI Fairness 360“ die Ermittlung und Verminderung unerwünschter Verzerrungen in Datensätzen und Modellen im Hinblick auf das maschinelle Lernen.

14.2.4 Transparenz

Im Hinblick auf künstliche Intelligenz sind im Falle von „Transparenz“ Informationen zu Funktionen, Methoden, Risiken und Folgen in vollständigem Umfang offengelegt, verfügbar, verständlich und abrufbar [6]. Dies ermöglicht unter anderem die Erklärbarkeit eines KI-Systems (beispielsweise neuronale Netze), die Nachvollziehbarkeit des Datenschutzkonzepts sowie die Umsetzung von Qualitätssicherungsprozessen. Beispielsweise können KI-Systeme über die Klassifizierung eingebetteter Methoden und Fähigkeiten klassifiziert (siehe Kapitel 6 und 7) sowie in produktbeschreibende- und begleitende Unterlagen integriert werden. Währenddessen können beispielsweise auf Grundlage einer Klassifizierung für Nutzerinnen und Nutzer konkrete KI-Fähigkeiten, mögliche Anwendungsszenarien und Einschränkungen der Funktionalität herausgestellt werden.

In Anlehnung an den europäischen Gesetzesvorschlag zu KI [1] ist aus regulatorischer Sicht die Transparenz bei KI-Systemen zur Schaffung von Vertrauenswürdigkeit von KI in der Gesellschaft entscheidend. Beispielsweise lassen sich mittels Transparenz Test- und Zertifizierungsanforderungen für einzelne KI-Methoden (siehe Kapitel 16 zum KI-Gesetz) sowie Zuständigkeiten verantwortlicher Stellen eindeutig identifizieren. Allerdings können zwischen politischer Regulierung und industriellen Vorstellungen Kontroversen bezüglich der Offenlegung von Algorithmen und Trainingsdaten bestehen: Im Falle einer Offenlegung von Informationen zu KI-Modellen kann die Vertrauenswürdigkeit eines KI-Systems objektiv beurteilt werden. Dagegen kann sich die Offenlegung für Unternehmen in Bezug auf die Wettbewerbsfähigkeit nachteilig auswirken.

14.2.5 Ausmaß an Autonomie des KI-Systems und Kontrollierbarkeit durch Menschen

Grundsätzlich bildet die Autonomie beim Menschen im Hinblick auf Handeln und Verhalten die Selbstbestimmung auf Grundlage von Recht, Ethik, Selbstbild, Bedürfnissen und des selbstständig definierten Vorhabens ab. Dagegen ist eine autonome Maschine durch den Menschen grundsätzlich fremdbestimmt, was in Routinetätigkeiten auf Grundlage eines eingeschränkten

Satzes an Handlungsoptionen resultiert. Insbesondere ist für maschinelle autonome Systeme ein stabiles Systemverhalten charakteristisch, was trotz Störgrößen aus der Interaktion mit der Umgebung aufrechterhalten wird. Während des Betriebs einer autonomen Maschine werden Fehlfunktionen sowie Systemausfälle im Idealfall ohne externe Eingriffe bereits systemintern verhindert [6].

Nach unserer Auffassung ist für die Akzeptanz von künstlicher Intelligenz von Bedeutung, dass KI-Systeme durch menschliche Eingriffe kontrolliert werden können. Währenddessen können im Rahmen von Kontrolle technische, organisatorische, rechtliche und physische Maßnahmen zur Steuerung von Prozessen sowie Eindämmung von Risiken eingesetzt werden [6].

Grundsätzlich kann das Maß an Interaktion zwischen Mensch und Maschine mittels Autonomiegrad und Kontrolle beschrieben werden. Dazu liefert der Verband der Automobilindustrie ein Beispiel mit einem Schema aus fünf Autonomiestufen für Straßenfahrzeuge (siehe Abbildung 14.1). Nach dem Schema kann im Hinblick auf ein Fahrzeug der Grad an Autonomie beschrieben werden, der mit der Kontrollierbarkeit durch einen Menschen unmittelbar in Verbindung steht. Während im Schema die Stufe 1 bei Nutzung der Fahrerassistenzsysteme „Abstandsregeltempomat“ und „Spurhalteassistent“ einen geringen Autonomiegrad signalisiert, kann mittels der höchsten Stufe 5 das vollautonome Fahren beschrieben werden, was ohne Kontrolle durch einen Menschen stattfindet [12].

Falls eine Maschine nicht vollautonom arbeitet, besteht im Rahmen der Mensch-Maschine-Interaktion eine Kooperation zwischen Handlungen von Menschen und Maschinen, am Beispiel in Abbildung 14.1 in den Stufen 1 bis 4 per Fahrerassistenzsystemen. Allerdings kann eine Fehlentscheidung des Menschen zu Fehlfunktionen des Gesamtsystems führen, falls eine zu hohe Verlässlichkeit des Menschen auf die Maschine besteht. Beispielsweise könnte bei nicht verkehrsvorausschauendem Verhalten eines Fahrers die Verlässlichkeit im Hinblick auf den Bremsassistenten im Falle von Glatteis während eines Überholvorgangs zu hoch sein, sodass sich das Gesamtrisiko für den Fahrer im Straßenverkehr im Vergleich zu einem vollautonomen Fahrzeug erhöhen könnte. Dagegen geht bei vollständiger Autonomie eines KI-Systems ein hohes Schädigungspotenzial von KI-Komponenten aus, die einen Einfluss auf die Entscheidungsfindung und Routinefunktionen autonomer Systeme haben.

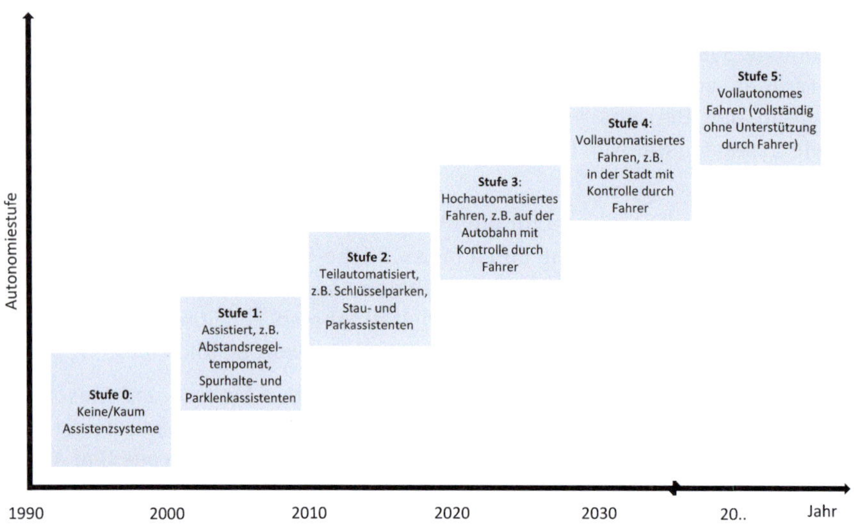

Abbildung 14.1: Entwicklung der Autonomiestufen von Autos (eigene Darstellung nach [12]).

Für Themen mit Relevanz für Autonomie und Kontrolle hat die EU-Kommission Anforderungen an Hochrisiko-KI-Systeme im Gesetzesvorschlag zu KI formuliert. Beispielsweise wird eine menschliche Aufsicht samt Protokollierungsfunktionen zur Rückverfolgbarkeit von KI-Funktionen gefordert, sodass aufgrund von unter anderem Autonomie, Fehlanwendung und unerwarteter Leistung entstehende Risiken für insbesondere Grundrechte, Sicherheit und Gesundheit von Menschen minimal gehalten werden. Nach dem Gesetzesvorschlag ist es Ziel, ein übermäßiges Vertrauen in die Funktionen von KI-Systemen zu verhindern, eine Interpretierbarkeit der Funktionen von KI-Systemen sicherzustellen und im Notfall die Systemfunktion unterbrechen zu können [1]. Damit entstehen nach unserer Auffassung neue Aufgabenfelder für Wirtschaftsteilnehmende, sodass beispielsweise für die menschliche Aufsicht entsprechende Kompetenzen und Befugnisse von Beteiligten eine Rolle spielen (u. a. auf Grundlage von Domänenwissen, naturwissenschaftlichem Hintergrundwissen sowie der Vernetzung mit Vertretern und Vertreterinnen aus Wissenschaft, Regulierung und Industrie).

Zukünftig wird es aus unserer Sicht immer bedeutsamer, die Autonomie eines KI-Systems zu beschreiben und damit zusammenhängende Folgen abzuschätzen. Je nach Anwendungskontext und verwendetem Modell eines KI-Systems kann die Autonomie entscheidend für die Vertrauenswürdigkeit eines

KI-Systems sein. Aufgrund der stetigen Zunahme der Autonomie von Systemen auf KI-Basis erachten wir eine Konzipierung von repräsentativen und einheitlichen Qualitätskriterien als unabdingbar.

14.2.6 Verlässlichkeit

Mittels Verlässlichkeit kann die Funktionsfähigkeit von Systemen auf KI-Basis in Bezug auf Zuverlässigkeit charakterisiert werden. Dies trifft insbesondere auf folgende Charakteristiken zu: Robustheit, Verfügbarkeit, Leistungsfähigkeit, Reaktionszeit und Schutz der Privatsphäre [5][13][14].

Im Rahmen der Verfügbarkeit kann ein KI-Modell im Hinblick auf Funktionsfähigkeit, Interpretierbarkeit und die Bereitstellung von Informationen je nach Berechtigung in variablem Umfang eingesetzt werden.

Darüber hinaus sollte Nutzern aus unserer Sicht vor Augen geführt werden, dass Systeme auf KI-Basis in Leistungsfähigkeit und Reaktionszeit begrenzt sind, sodass Einschränkungen in Ressourcen für beispielsweise Trainings- und Inferenzprozesse sowie die Funktion von KI-Modellen in Echtzeit bestehen.

Mittels Robustheit lassen sich KI-Systeme nach ihrer Widerstandsfähigkeit gegen Störungen sowie Stabilität im Hinblick auf die Funktionsfähigkeit charakterisieren [6]. Zur Einschätzung der Robustheit können Nutzerinnen und Nutzer Informationen zu Modellen, Charakteristiken von einsatzzweckrelevanten Daten sowie der mit dem KI-System verknüpften Infrastruktur und Sicherheitsmaßnahmen übermittelt werden. Bezüglich Sicherheitsmaßnahmen kann die Angabe von Informationen zu Absicherung vor Bedrohungen und Angreifern erfolgen. Des Weiteren können Nutzerinnen und Nutzer zur Beurteilung von Risiken sowie Einsatzfolgen im Hinblick auf potenziell parasitäre Veränderungen des Systemverhaltens sensibilisiert werden. Dazu sind aus unserer Perspektive präventive Ansätze zur Minimierung und Abwendung von Risiken von Relevanz. Grundsätzlich kann die Nachberechnung einzelner KI-Systeme auf Basis von Inferenz (beispielsweise Markov-Ketten oder Bayessche Netze) oder maschinellem Lernen (beispielsweise neuronale Netze) mittels Modellen auf Grundlage von formellen, statistischen Analyseverfahren oder Differenzialgleichungen zur Beurteilung der Funktionsfähigkeit erfolgen. Des Weiteren lassen sich datengetriebene KI-Modelle im Zuge einer Risikobeurteilung unter Einbezug unvollständiger Eingabedaten mit variierender Datenqualität untersuchen. Demzufolge kann die Robustheit eines KI-Systems auf Grundlage des überwachten maschinellen Lernens gegenüber parasitären Trainings- und Eingabedaten bewertet werden [15].

Eine weitere, bedeutende Rolle für Verlässlichkeit von KI-Systemen spielt der Schutz von Privatsphäre im Rahmen von Informationssicherheit und ist in diesem Kapitel im Abschnitt „Schutz und Sicherheit“ detaillierter herausgestellt.

14.2.7 Genauigkeit

Mittels des Kriteriums „Genauigkeit“ soll bei datengetriebenen KI-Systemen das Maß an Übereinstimmung zwischen mittels Trainingsdaten vorgegebenem Verhalten und tatsächlich generiertem Verhalten ermittelt werden. Bei einfachen Klassifizierungsaufgaben werden funktionale Anforderungen beispielsweise häufig vereinfacht anhand des Anteils korrekter Klassifikationen an der gesamten Zahl aller Klassifikationen ermittelt [6]. Für nachweislich genaue und verlässliche Systeme müssen allerdings in der Regel weitere Genauigkeitsmaße berücksichtigt und analysiert werden.

Insbesondere bei der Ermittlung von Risiken kann die Folgenabschätzung bei möglichen Variationen in der Genauigkeit aus unserer Sicht eine entscheidende Rolle spielen. In Anlehnung an den europäischen Gesetzesvorschlag zu KI könnten beispielsweise biometrische Fernidentifikationssysteme aufgrund einer potenziellen diskriminierenden Wirkung als hochriskant eingestuft werden. Während die Diskriminierung zu Bedenken im Hinblick auf Fairness führen würde, könnte die Ursache für die Fehlfunktion bei Mängeln innerhalb der Genauigkeit des verwendeten KI-Modells liegen.

Grundsätzlich würde zur Einschätzung von Vertrauenswürdigkeit die Ausräumung von Unsicherheit mittels der Gegenüberstellung von Genauigkeit und Erklärbarkeit von KI-Systemen vereinfacht werden. Allerdings kann bei vielen Anwendungsfällen die Erklärbarkeit trotz hoher Genauigkeit des KI-Modells nicht sichergestellt werden: Während regelbasierte KI-Systeme im Vergleich zu neuronalen Netzen oftmals auf Grundlage der genutzten Wahrscheinlichkeitsverteilung sowie formalisierter logischer Operationen nachvollzogen werden können, ist die Erklärbarkeit von datengetriebenen KI-Systemen, die zum Beispiel auf überwachtem maschinellem Lernen basieren, deutlich aufwendiger [8]. Trotz Schwächen in der Erklärbarkeit wird aktuell im Zuge der Mustererkennung in der Industrie breit auf maschinelles Lernen gesetzt, da bei spezifischen Anwendungsfällen regelbasierte Verfahren im Gegensatz zu datengetriebenen Verfahren aus technischen Gründen nicht sinnvoll eingesetzt werden können oder nachteilig sind. Dies ist beispielsweise bei Anwendungen wie „Videoerkennung“ oder „Spracherkennung“ der Fall.

14.2.8 Wartbarkeit

Die Wartbarkeit beschreibt die Modifizierbarkeit eines Systems bei Fehlerfall sowie im Rahmen von Optimierungsmaßnahmen. Während im Fehlerfall eine parasitäre Ursache beseitigt wird bei darauf folgender Wiederherstellung von verlässlicher Funktionalität, können im Fall der Optimierung die Ressourceneffizienz sowie charakteristische Metriken verbessert werden [16]. Am Beispiel des maschinellen Lernens könnte ein Modell im Zuge eines kontinuierlichen Trainings aufgrund der Steigerung von Genauigkeit im Rahmen der Wartung stetig optimiert werden. Grundsätzlich tragen Informationen über die Wartbarkeit eines KI-Systems im Hinblick auf Optimierung und Fehlerfall bei Nutzerinnen und Nutzern zur Sicherheit über Robustheit und Leistungsfähigkeit bei, was in einer höheren Verlässlichkeit resultiert. Infolgedessen ist die Bereitstellung von nachvollziehbaren Informationen an Nutzerinnen und Nutzer über Verantwortliche aus Industrie und Politik für in Verkehr gebrachte KI-Lösungen und damit verbundene Haftungs- und Wartungsfragen von Bedeutung [5].

14.2.9 Rechenschaft

Im Falle der Rechenschaft übernehmen Akteure wie Hersteller und Anbieter die Verantwortung für ihre Systeme. Damit verknüpft erlegt die Rechenschaftspflicht an verantwortliche Akteure auf, sich für Entscheidungen und Handlungen zu rechtfertigen [6]. Aufgrund des Beitrags zur Rechtssicherheit würde die Rechenschaftspflicht für Akteure in Bezug auf Lebenszyklusphase, KI-Komponenten, Risiken und Einsatzfolgen das Vertrauen in KI innerhalb der Gesellschaft aus unserer Sicht stärken. Davon ausgehend können bei transparent gehaltener Rechenschaftspflicht Haftungsfragen im Rahmen von Marktzugang, Vertrieb und Einsatz von KI-Systemen ressourceneffizienter gelöst werden.

Fazit und Handlungsempfehlungen

Aufgrund des breiten Methoden- und Fähigkeitsspektrums künstlicher Intelligenz sowie der Vielfalt an unterschiedlichen Qualitätskriterien stehen Politik, Wissenschaft und Industrie vor einer Herausforderung bezüglich der Entwicklung eines einheitlichen Schemas zur Beschreibung der Vertrauenswürdigkeit künstlicher Intelligenz. In Abhängigkeit von Anwendungsfällen sowie der Beschaffenheit eines KI-Modells (beispielsweise regelbasiert oder datengetrieben) entstehen verschiedene Anforderungen an Charakteristiken einzelner Qualitätskriterien.

Allein zur Förderung der Akzeptanz von KI in der Gesellschaft ist es entscheidend, dass auf europäischer Ebene ein unmissverständliches Konzept aus Normungs- und Gesetzesdokumenten zur Bewertung und Beschreibung der Vertrauenswürdigkeit von KI abgeleitet werden kann. Mittels einer europaweit homogenen Anwendung des Konzepts kann ein einheitlicher Qualitätsstandard für KI-Systeme durchgesetzt werden. In Verknüpfung mit der gesellschaftlichen Anerkennung würde ein identitätsstiftender europäischer Qualitätsstandard eine fundierte Grundlage für die Nachfrage nach wertschöpfenden, innovativen Technologien „Made in Europe" schaffen, der sich entscheidend auf die Wettbewerbsfähigkeit europäischer Unternehmen weltweit auswirken könnte.

Quellen

[1] Europäische Kommission: Vorschlag für eine Verordnung des Europäischen Parlaments und des Rates zur Festlegung harmonisierter Vorschriften für künstliche Intelligenz (Gesetz über künstliche Intelligenz) und zur Änderung bestimmter Rechtsakte der Union, 2021

[2] IBM, Morning Consult: Global AI Adoption Index 2022 – New research commissioned by IBM in partnership with Morning Consult, 2022

[3] Europäische Kommission, Hochrangige Expertengruppe für künstliche Intelligenz: Ethik-Leitlinien für eine vertrauenswürdige künstliche Intelligenz, 2019

[4] DIN SPEC 92001: „Künstliche Intelligenz – Life Cycle Prozesse und Qualitätsanforderungen“, Teil 1: Qualitäts-Meta-Modell, 2019 | Teil 2: Robustheit, 2020

[5] Fraunhofer-Institut für Intelligente Analyse- und Informationssysteme IAIS: Vertrauenswürdiger Einsatz von künstlicher Intelligenz, 2019

[6] Runze, G., Obert, O., Ziehn, J., Pöhls, H., Hauer, M., Tagiew, R., Holoyad, T.: Glossar in DIN/DKE Normungsroadmap KI – Version 2, 2022

[7] Müller-Quade, J. et al.: Whitepaper „Künstliche Intelligenz und IT-Sicherheit“, Lernende Systeme – Die Plattform für Künstliche Intelligenz, 2019

[8] Barredo Arrieta, A. et al.: Explainable Artificial Intelligence (XAI): Concepts, taxonomies, opportunities and challenges toward responsible AI, Information Fusion, Band 58, S. 82–115, 2020

[9] Kraus, T. et al.: Erklärbare KI – Anforderungen, Anwendungsfälle und Lösungen, Studie im Auftrag des Bundesministeriums für Wirtschaft und Energie, 2021

[10] Ozkiziltan, D.: Artificial Intelligence at Work: An Overview of the Literature, Governing Work in the Digital Age, 2021–

[11] Crenshaw, K.: Mapping the Margins: Intersectionality, Identity Politics, and Violence Against Women of Color, Stanford Law Review, Band 43, Nr. 6, S. 1241–1299, 1991

[12] Verband der Automobilindustrie: Automatisierung von Fahrerassistenzsystemen zum automatisierten Fahren, 2015

[13] Mikolasek, V.: Dependability and Robustness: State of the Art and Challenges, IEEE Xplore, Conference: Future Dependable Distributed Systems, 2009

[14] Avizienis, A. et al.: Basic concepts and taxonomy of dependable and secure computing, IEEE Transactions on Dependable and Secure Computing, Band 1, S. 11–33, 2004

[15] Chen, Y. et al.: Adversarial Robustness for Machine Learning, 1. Auflage, Academic Press, 2022

[16] Patton, J.: Maintainability & Maintenance Management, 4. Auflage, Patton Consultants, 2015

Kapitel 15 Normung künstlicher Intelligenz

Taras Holoyad, Martin Haimerl, Wolfgang Hildesheim, Thomas Schmid

15.1 Warum werden Normen für KI-Produkte und -Dienstleistungen benötigt?

Während des letzten Jahrhunderts wurden Normen zum Rückgrat vieler erfolgreicher Branchen entwickelt. Die Nutzung gemeinsamer Anforderungen für Produkte und Dienstleistungen – auch zwischen konkurrierenden Firmen und Unternehmen – vereinfacht die Interoperabilität zwischen Herstellern und verschiedenen Akteuren eines Ökosystems, senkt Kosten und beschleunigt die Abstimmung von Betriebsprozessen. Bei Industrieunternehmen ermöglichen Normen Zeit- und Kosteneinsparungen aufgrund der Standardisierung und Optimierung von Prozessen wie Just-in-Time-Fertigung und -Lieferung. Darüber hinaus vereinfachen Normen die Herstellung kundenspezifischer Vorfertigungen und Endprodukte mittels der Absenkung finanzieller Risiken aufgrund von festgelegten Anforderungen an Qualität, Transparenz und Konformitätsbewertungsprozesse. Zum Beispiel entsprechen die weltweit anerkannten Vorgaben für Konformitätsbewertung der ISO/IEC 17000er Normenreihe. Die Reihe ist zur Sicherstellung des Marktzuganges für Produkte auf dem Europäischen Binnenmarkt unverzichtbar und bildet weltweit die Grundlage für Konformitätsbewertungsprozesse wie Prüfung, Zertifizierung, Inspektion, Kalibrierung, Akkreditierung und Anerkennung. Mittels der harmonisierten Anwendung der Normenreihe werden nach einem einheitlichen Schema weltweit unter anderem Produkte geprüft sowie Zertifizierungsstellen notifiziert [1].

Grundsätzlich können Wirtschaftsakteure durch die Mitarbeit in Normungs- und Standardisierungsgremien wichtige Anforderungen mit Blick auf Arbeitsprozesse und den Marktzugang von Produkten vorteilhaft beeinflussen. Diese Mitgestaltung der Anforderungen ermöglicht es, Ressourcen wie Zeit und Kosten zu sparen, da die entwickelten Vorgaben mit den eigenen Unternehmensprozessen konform gehalten werden können. Zudem kann ein umsatzstarker Vertrieb sichergestellt werden, falls Verknüpfungen von Normen sowie Standards mit Gesetzen und insbesondere mit eigenen Patenten vorteilhaft genutzt werden. Die sich daraus ergebenden Mehrwerte von Normung und Standardisierung sind in Kapitel 15.7, mit Praxisbeispielen ausgeführt und in Bezug auf die sich ergebenden Handlungsempfehlungen im Kapitel 15.8 mit dem Fokus auf KI detaillierter erläutert.

Auf Grundlage des Erfolgs vieler früherer Standardisierungsbemühungen, unter anderem in Europa und Deutschland, ist die Erwartung vieler Interessengruppen innerhalb der europäischen sowie insbesondere deutschen KI-Industrie hoch, sodass Anreize und Fortschritte zur Stärkung von Innovationsschaffung und Wirtschaftlichkeit erreicht werden können [2]. Darüber hinaus fördert die Verwendung von weithin akzeptierten Standards gesellschaftlich relevante Charakteristiken wie Vertrauenswürdigkeit und Akzeptanz auch in Hinsicht auf die Anwendung von KI-Technologien [3].

Generell fördern Normung und Standardisierung von künstlicher Intelligenz das Vertrauen in KI-Technologien, indem sie anerkannte und einheitliche Vorgaben liefert. Dies wird bereits durch die Schaffung von Transparenz mittels abgestimmter Definitionen zu Terminologie sowie Charakteristiken von Methoden und Fähigkeiten künstlicher Intelligenz vorangetrieben. Des Weiteren wird in Gesellschaft, Politik, Forschung und Industrie das Vertrauen in KI mittels identifizierter und niedergeschriebener Anforderungen an Qualitäts- und Risikomerkmale wie Schutz, Sicherheit, Robustheit, Erklärbarkeit und Rechenschaftspflicht gestärkt [2].

Der Weg zu erfolgreichen Normen und Standards führt über einen strukturierten und diskussionsreichen Prozess, der gemeinhin als Normung oder Standardisierung bezeichnet wird. Im Allgemeinen beschreiben Normung und Standardisierung die Erarbeitung von Anforderungen an einen Zustand, einen Prozess oder ein Produkt, die üblicherweise in speziellen Dokumenten niedergeschrieben werden und dadurch eine Basis für den systematischen Nachweis der Umsetzung dieser Anforderungen liefert.

Unter bestimmten Voraussetzungen bilden Normen einen Grundstein für die Einhaltung von gesetzlichen Forderungen. Beispielsweise können Normen zur Nachvollziehbarkeit technischer Charakteristiken beitragen sowie als Grundlage für Qualitätskriterien und Konformitätsbewertungsverfahren dienen, um gegebene gesetzliche Vorgaben, wie beispielsweise in der geplanten KI-Verordnung der EU, umzusetzen und nachzuweisen. Dazu wird in Kapitel 16 der regulatorische Hintergrund im Hinblick auf künstliche Intelligenz erläutert, einschließlich der Rolle der europäischen Normung.

Gibt es für ein Produkt keine anwendbaren Normen, so ist zusätzlicher Aufwand, beispielsweise aufgrund eigenständig zu entwickelnder und zu validierender Labortests erforderlich, um eine Markteinführung zu erreichen. Vor diesem Hintergrund können Normen für Rechtsakte von zentraler Bedeutung sein und Markteintrittsbarrieren gezielt senken. Sie können zudem eine Basis für die Entwicklung innovativer Technologien und in dieser Richtung Rahmenbedingungen und wichtige Anreize schaffen [1].

Neben Normen und verwandten Dokumenten, in denen spezifische Anforderungen fest dokumentiert sind, existieren sogenannte De-facto-Standards. De-facto-Standards entstehen, wenn ein breites Anwendendenspektrum eine Akzeptanz für Produkte, Prozesse oder Datentypen findet. Aufgrund der breiten Akzeptanz wird üblicherweise die Interoperabilität von Systemen für Anwender gefördert. In der Informationstechnologie haben sich unter anderem folgende De-facto-Standards allein aufgrund ihrer breiten Akzeptanz bei Nutzerinnen und Nutzer für bestimmte Anwendungen durchgesetzt:

- Format: „document (*.doc)“ für die Verarbeitung von Textdokumenten
- Format: „Digital Imaging and Communications in Medicine (DICOM)“ für die Verwaltung von Bilddaten in der Medizintechnik
- Speichermedium „Secure Digital Memory Card (SD-Card)“
- Datenübertragungssystem „Universal Serial Bus (USB)“ in den Generationen 1 bis 4

Während viele Normen in der Industrie, beispielsweise Normen für Schrauben und Nägel, einen direkten Bezug zur physischen Welt haben, sind KI-Produkte und -Dienste in der Regel virtuelle Anwendungen, wie zum Beispiel Internetdienste. Dabei kristallisiert sich die Frage heraus, welche Eigenschaften Gegenstand von Normungsbemühungen sein könnten. In bisherigen Normungsdokumenten zu KI wurden häufig folgende Themen tangiert:

- Terminologie (z. B. ISO/IEC 22989)
- KI-Frameworks (z. B. ITU-T Y.3172)
- Datenqualität (z. B. ISO/IEC 5259)
- Risikomanagement (z. B. ISO/IEC 23894)
- Wissensrepräsentation (z. B. ETSI TS 103 264)
- Bias (z. B. ISO/IEC TS 12791)
- Quality of Service (z. B. ITU-T Y.3175)

15.2 Wie sieht die aktuelle Landschaft von Normen und Standards aus?

Gegenwärtig fokussieren sich die internationalen Normungs- und Standardisierungsprozesse auf die Entwicklung von Spezifikationen für KI und schließen Interessensvertreter auf der ganzen Welt aus Industrie, Forschungseinrichtungen, Behörden und nationalen Normungsorganisationen ein.

15.2.1 Organisationen für Normung und Standardisierung

Insgesamt spielen nationale sowie internationale Normungsorganisationen eine tragende Rolle bei der Entwicklung geeigneter Normen und Standards. Bei diesen Organisationen liegt das Hauptaugenmerk auf der Erarbeitung von Spezifikationen als Anforderungen zur Beschreibung einer konkreten Systematik. Grundsätzlich werden Spezifikationen von allgemein anerkannten Standardisierungsorganisationen sowie Konsortien auf Basis eines Konsenses erarbeitet, der eine breite Akzeptanz der Normen ermöglicht.

Abbildung 15.1 zeigt die Zuordnung der weltweit anerkannten Normungsorganisationen mit Blick auf ihre regionale Zugehörigkeit sowie thematische Ausrichtung. Während sich ISO, CEN und DIN auf grundlegende Normen und allgemeine Themen konzentrieren, liegt der Schwerpunkt in den Organisationen „ITU“, „IEC“, „ETSI“, „CENELEC“ und „DKE“ auf spezifischen technischen Aspekten. Unabhängig von der thematischen Ausrichtung bereiten Spiegelgremien der NSO (nationale Standardisierungsorganisationen) – in Deutschland bei „DIN“ und „DKE“ – die nationale Meinung für weitere Diskussionen auf europäischer Ebene vor, die dann bei „CEN“, „ETSI“ und „CENELEC“ sowie darüber hinaus weltweit bei ISO und IEC eingebracht werden [4].

Nachfolgend wird die Rolle der Organisationen samt thematischer und geographischer Zugehörigkeit vorgestellt:

- **Internationale Normungsorganisationen.** Weltweit findet die Normung bei internationalen Normungsorganisationen – „Standard Developing Organisations (SDOs)“ statt, darunter in der Internationalen Fernmeldeunion – „International Telecommunication Union (ITU)“, der „International Organization for Standardization (ISO)“ oder der „International Electrotechnical Commission (IEC)“. Bei der ITU konzentrieren sich die Normungsprozesse insbesondere auf die Bereiche Informations- und Kommunikationstechnologie (IKT) und Funk. Im Bereich IKT werden KI-relevante Anforderungen u. a. in verschiedenen Ausschüssen wie „Focus Groups“ und „Questions“ der ITU diskutiert. Die Gremien der ITU habe unter anderem einen Fokus auf die Themen Breitband, Nummerierung und Glasfasertechnik. Bei der ISO umfasst die Normung ein breites Spektrum an allgemeinen Themen, mit Ausnahme der Elektrotechnik. Im Gegensatz dazu konzentrieren sich die Normungsaktivitäten in der IEC auf elektrotechnische Aspekte wie elektrische Anlagen sowie Signalverarbeitung. In zahlreichen Fällen findet Normung in Zusammenarbeit zwischen SDOs in Gemeinschaftsausschüssen statt. Im Bereich KI ist das beispielsweise das Joint Technical Committee (JTC) „ISO/IEC JTC 1/SC 42 – Artificial Intelligence“ [4].

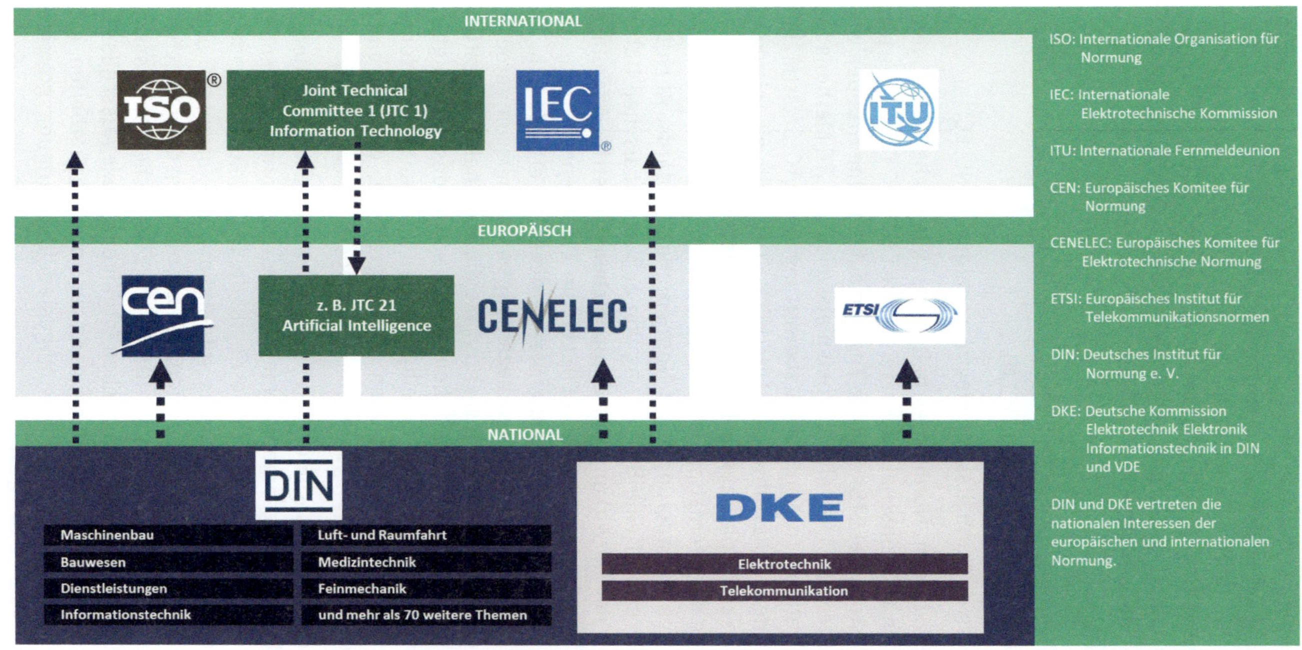

Abbildung 15.1: Zuordnung von Normungsorganisationen – regional und thematisch (Quelle: [5]).

- **Europäische Normungsorganisationen.** Grundsätzlich sind an der europäischen Normung öffentliche Stellen der europäischen Mitgliedstaaten sowie europäische und außereuropäische Unternehmen beteiligt. Vor diesem Hintergrund finden europäische Normungsaktivitäten in Arbeitsgruppen der europäischen Normungsorganisationen („European Standardisation Organisations (ESOs)“) statt. Diese ESOs umfassen die folgenden Organisationen [4]:

  - European Telecommunication Standards Institute (ETSI)
  - Comité Européen de Normalisation (CEN)
  - Comité Européen de Normalisation Électrotechnique (CENELEC)

  Bei CEN-CENELEC finden Normungsarbeiten zu künstlicher Intelligenz beim europäischen Gemeinschaftsausschuss CEN-CENELEC JTC 21 „Artificial Intelligence“ statt. Bei ETSI sind die Themen auf einzelne Gruppen wie Technical Committees (TC) verteilt, wie beispielsweise auf „TC Methods for Test and Specification“ zu Konformitätsbewertung und „TC SmartM2M“ zu Ontologien. Einen weiterführenden Überblick über weltweit relevante Normungsgremien zu KI gibt Tabelle 15.1. Bei ETSI beteiligt sich neben der europäischen auch die internationale außereuropäische Industrie direkt an der Erarbeitung von Anforderungen für Normen und Standards. Auch bei CEN und CENELEC erfolgt eine Beteiligung von außereuropäischen Unternehmen – neben der Mitwirkung der europäischen Industrie. Allerdings ist im Vergleich zu ETSI bei CEN und CENELEC ein Zwischenschritt für die Mitarbeit in der europäischen Normung/Standardisierung erforderlich. Im Rahmen des Zwischenschritts können beziehungsweise müssen europäische sowie außereuropäische Interessenten für die nationale Delegation eines Mitgliedsstaates der Europäischen Union sowie des Vereinigten Königreichs nominiert werden, um beteiligt werden zu können. Die Nominierung erfolgt von einem sogenannten Spiegelgremium, das bei einer nationalen Standardisierungsorganisation angesiedelt ist [4].

- **Nationale Normungsorganisationen.** Auf nationaler Ebene konzentrieren sich die nationalen Normungsorganisationen (NSOs) auf Normungsthemen mit Relevanz für die heimische Politik sowie auf die Diskussion zu Themen aus europäischen und darüber hinaus internationalen Normungs- und Standardisierungsgremien [2]. Währenddessen koordinieren die deutschen NSOs „Deutsches Institut für Normung (DIN)“ und „Deutsche Kommission Elektrotechnik (DKE)“ Foren zur künstlichen Intelligenz sowie Ausschüsse, die Anforderungen und die deutsche Meinung zur Normung erarbeiten, um diese in europäischen und auch weltweit angesiedelten Normungsgremien

Tabelle 15.1: Liste von Standardisierungsorganisationen mit KI-Gremien in Deutschland, Europa und international (nach [6]).

<table>
<tr><th>Bereich</th><th>Organisation</th><th>Gremium</th></tr>
<tr><td rowspan="3">International</td><td>ITU</td><td>• Study Groups 2, 5 , 13, 16, 20:
– Focus Groups
– Questions</td></tr>
<tr><td>ISO</td><td>• TC 204: Intelligent transport systems
• TC 215: Health informatics</td></tr>
<tr><td>IEC</td><td>• AG SNAIG
– Software Network and Artificial Intelligence Advisory Group</td></tr>
<tr><td rowspan="2">Europa</td><td>ETSI</td><td>• Experiential Network Intelligence
• Securing Artificial Intelligence
• Smart Machine to Machine Communications
• Methods for test and specification
• Interoperability testing
• Operational Co-ordination Group</td></tr>
<tr><td>CEN-CENELEC</td><td>• Joint Technical Committee 21, „Artificial Intelligence“</td></tr>
<tr><td rowspan="3">Deutschland</td><td>DIN</td><td>• DIN SPEC Workshops</td></tr>
<tr><td>DKE</td><td>• AK 801.0.8 Spezifikation und Entwurf autonomer/kognitiver Systeme</td></tr>
<tr><td>DIN/DKE</td><td>• Roadmap „Artificial Intelligence“
• Roadmap „Industry 4.0“
• Standardisation Council „Industry 4.0“
• Spiegelgremium NA043-01-42 GA „Künstliche Intelligenz“</td></tr>
</table>

zu vertreten (siehe Kapitel 15.6). In den Ausschüssen sind grundsätzlich Spiegelgremien zu unterschiedlichen Themen angesiedelt. In Deutschland erfolgt die Spiegelung bei DIN in Normenausschüssen (NA), bei DKE in Komitees (K) sowie Unterkomitees (UK). Zudem wird sie innerhalb von Gemeinschaftsausschüssen (GA) von DIN und DKE umgesetzt, sofern diese vorliegen. Beispielsweise entspricht dem Spiegelgremium zu künstlicher Intelligenz das NA 043-01-42 GA „Künstliche Intelligenz“. Dieses spiegelt die Arbeiten der beiden Gemeinschaftsausschüsse ISO/IEC JTC SC42 „Artificial Intelligence“ sowie CEN- CENELEC JTC21 „Artificial Intelligence“ [6].

15.2.2 Typen von Dokumenten

Aus der regulatorischen Perspektive der Europäischen Kommission haben verschiedene Typen von Normungs- und Standardisierungsdokumenten ihre entsprechende Relevanz hinsichtlich der internationalen Anerkennung (beispielsweise normative Wirkung für Forschung und Industrie) sowie der Signifikanz für Rechtsakte wie Europäische Verordnungen.

Dokumente von Normungsorganisationen

Tabelle 15.2 gibt einen Einblick in die verschiedenen Typen von Normungs- und Standardisierungsdokumenten. Nach der Europäischen Verordnung zur Normung 1025/2021/EU werden die hochwertigsten Dokumente als Normen bezeichnet. Aus europäischer Sicht muss ein Dokument entsprechende Anforderungen aus der Verordnung erfüllen, um als Norm ausgewiesen zu werden [7]. Während zur Unterscheidung der Signifikanz in Deutschland zwischen Norm, Standard und weiteren Standardisierungsdokumenten differenziert wird, erfolgt im Englischen mittels des Begriffs „Standard“ die Herausstellung des hochwertigsten Dokuments.

Gemäß der deutschsprachigen Europäischen Verordnung 1025/2012/EU bezeichnet die EU-Kommission die hochwertigsten Dokumente der nationalen, europäischen und internationalen Standardisierungsorganisationen als Normen. Nach der Verordnung zählen zum Begriff „Norm“ die Dokumententypen „Harmonisierte Europäische Norm (HEN)“, „Europäische Norm (EN)“ sowie auch die „Technische Spezifikation (TS)“, falls in der TS Spezifikationen zu Produkten, Dienstleistungen, Herstellungsmethoden oder der Bewertung von Bauprodukten niedergeschrieben sind [7].

Im Englischen werden die signifikantesten Dokumente der Europäischen Standardisierungsorganisationen als „Standards“ bezeichnet und umfassen ebenfalls die Dokumententypen HEN, EN sowie unter bestimmten Voraussetzungen die TS [7].

Tabelle 15.2: Überblick über Dokumententypen (nach [6])

	Norm	Standard	Weitere Dokumente
ITU	• Recommendation		• Guide • Technical Specification
ISO/IEC	• Guide • International Standard (IS)		• Technical Report
ETSI/ CEN-CENEELC	• Harmonised European Standard (HEN) • European Standard (EN) • U.U. Technical Specification (TS)		• Technical Specification (TS) • Group Specification (GS) • Technical Report (TR) • Guidelines
DIN	• Norm	• SPEC	• Technical Report (TR)

Eine sinnvolle Unterscheidung zwischen Norm und Standard in der deutschen Sprache kann aus Perspektive der deutschen NSO „DIN“ getroffen werden. Während dort der signifikanteste Dokumententyp einer Norm entspricht, zählen Dokumente des Typs DIN Spec als Standards (im Sinne des deutschen Sprachgebrauchs).

Die Unterscheidung zwischen Norm, Standard und weiteren Dokumenten ist in der deutschen sowie englischen Terminologie branchenübergreifend nicht streng differenziert und kann in Abhängigkeit der Perspektive von Behörden, Forschung und Industrie variieren.

Grundsätzlich unterscheiden sich Norm, Standard sowie weitere Standardisierungsdokumente insbesondere voneinander durch federführende Organe während der Erarbeitung, Abstimmungsprozesse zur Verabschiedung der Dokumente sowie Sprachstil und Struktur.

15.2.3 Konsortien

Analog zur Normung in Ausschüssen von SDO und ESO finden Aktivitäten in Standardisierungsausschüssen von Konsortien statt, die sich allgemein auf die Standardisierung konzentrieren, wie beispielsweise das „World Wide Web Consortium (W3C)“, das „Institute of Electrical and Electronics Engineers (IEEE)“ und die „Internet Engineering Task Force (IETF)“. Während sich „W3C“

und „IETF" auf die Entwicklung von Spezifikationen für das Internet spezialisieren, wie HTML, RDF, OWL, CSS und die Protokollsuite, konzentriert sich das IEEE auf Technologien zur Übertragung von Informationen, wie WiFi und Bluetooth [6].

Dokumente der Konsortien

Während die bedeutsamsten Standardisierungsdokumente von IEEE und W3C als „Standards" bezeichnet werden, tragen die Standards der IETF die Bezeichnung „Request for Comments". Aus europäischer Sicht erkennt die Europäische Kommission jedoch nur die von SDOs und ESOs herausgegebenen Dokumente als Normen – im englischen „Standards" – an. Unabhängig davon entwickeln Konsortien in eigenen Gremien, wie auch die SDOs und ESOs, ihre eigenen Standards sowie weitere Standardisierungsdokumente. Häufig sind Dokumente von Konsortien Gegenstand standardessenzieller Patente, das heißt die Umsetzung der Normen hängt von der Nutzung der Patente ab. Damit ist eine Zahlung von Lizenzgebühren von konkurrierenden Herstellern an Erfinder verbunden, wenn die in der Norm gegebene Spezifikation in einem Produkt umzusetzen ist [6].

15.2.4 KI-Komitees bei Standardisierungsorganisationen

Die folgende Abbildung 15.2 zeigt Normungsgremien von Standardisierungsorganisationen (SDOs) in Deutschland, Europa und weltweit, die aktuell Normungsdokumente zur künstlichen Intelligenz erarbeiten.

Nach dem derzeitigen Stand wurden die meisten Normungsdokumente zu KI weltweit sowie auf europäischer Ebene von der ITU (Recommendations), ISO/IEC (International Standards, Technical Reports) und ETSI (Technical Specifications, Group Specifications und Group Reports) herausgegeben [6].

Zur exemplarischen Illustration der Struktur von Normungsausschüssen sind im nachfolgenden Bild (Abbildung 15.2) ausgewählte Gremien aus der weltweiten, europäischen sowie deutschen Normung dargestellt. Innerhalb der abgebildeten Gremien werden inhaltliche Arbeiten insbesondere in den Gruppen vom Typ „Working Group (WG)" sowie „Ad-hoc Group (AhG)" verrichtet.

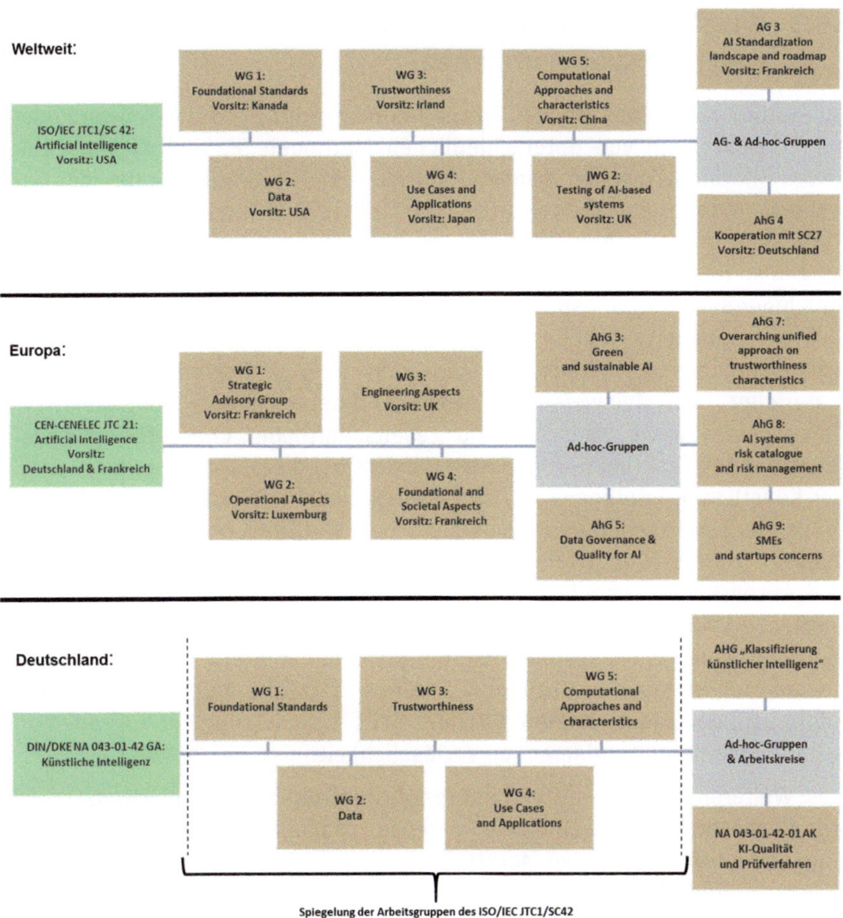

Abbildung 15.2: Normung von KI weltweit, in Europa und Deutschland (Quelle: [5]).

15.3 Welche Chancen bieten KI-Standards und welche Risiken entstehen?

In zweiten Teil dieses Buches wurde herausgestellt, dass KI-Anwendungen auf einer Vielzahl von unterschiedlichen Methoden (Kapitel 6) und Fähigkeiten (Kapitel 7) fußen können. Vor diesem Hintergrund kann der Aufwand für Konformitätsbewertungsprozesse wie Test- und Zertifizierung von KI-Anwendungen in Abhängigkeit von Anwendungskontext sowie Anforderungen an datengetriebene und regelbasierte KI-Methoden hoch sein und mit zunehmendem Schadenspotenzial wachsen (siehe Kapitel 8). Dabei kann es sich um vielseitige Schäden handeln, einschließlich physischer (beispielsweise Schäden an Objekten, Menschen oder kritischer Infrastruktur), materieller (beispielsweise finanzieller), datenbezogener (beispielsweise Datenschutz) sowie ethischer und gesellschaftlicher Charakteristiken wie Integrität und Diskriminierung. Insbesondere bei disruptiven Megatrends wie der Künstlichen Intelligenz (KI) spielt die Risikominimierung eine Schlüsselrolle, um eine nachhaltige Umsetzung des Wettbewerbs in liberalisierten Märkten zu erreichen. Vor diesem Hintergrund sollten Wahrscheinlichkeit und Auswirkungen von Schäden gründlich analysiert und infolge reduziert werden. Auf Grundlage von Normen kann die Reduktion potenzieller Schäden im Rahmen einer systematisierten Risikominimierung erfolgen. Normen dienen hier wie auch in Bezug auf andere gesetzliche Anforderungen (siehe Kapitel 16) der Effektivität und Effizienz bei der Umsetzung der Vorgaben und schaffen damit ein Fundament an Verlässlichkeit.

Des Weiteren können mittels Standards interoperable Ökosysteme sowie gesellschaftliche und technische Prozesse zwischen Staatengemeinschaften abgestimmt werden. Aktive Marktteilnehmer, wie Hersteller und Anbieter von KI-Anwendungen, können den Fokus auf die Sicherstellung standardisierter Qualitätsmerkmale für Konformitätsbewertungsprozesse legen, wie systematischer Fehler (Bias), Erklärbarkeit, Transparenz, Robustheit sowie Daten- und IT-Sicherheit [8]. Im Gegensatz dazu stellt die Verkapselung von Ethik und Moral als Größen mit starker Abhängigkeit vom Anwendungskontext und dem Selbstbild des Anwenders in einem Algorithmus eine größere Herausforderung dar [9].

Aus Sicht von Nutzern, Regulatoren, Entscheidern und Anbietern spielen eine umfassende Beschreibung von KI-Anwendungen sowie der Nachweis zur Einhaltung von Anforderungen eine entscheidende Rolle, um bei KI-basierten Verfahren ein hohes Maß an Vertrauenswürdigkeit zu erreichen. Die nötige einheitliche technische Beschreibung von KI-Lösungen wird zum Beispiel durch die in Teil 2 dieses Buches beschriebene Klassifikation von KI mittels der AI=MC²-Taxonomie unterstützt.

Nach Auffassung der EU-Kommission soll künstliche Intelligenz, wie das für manche Branchen des europäischen Binnenmarktes bereits der Fall ist, ebenfalls der europäischen Gesetzgebung unterliegen. Vor diesem Hintergrund fordert die EU-Kommission eine Einhaltung regulatorischer Anforderungen zu KI unter Einbezug von HEN (siehe Kapitel 16 für weitere Details). Grundsätzlich sind für die Europäische Regulierung von KI europäische Gesetze und Normen von Bedeutung. Währenddessen sind einerseits für die Europäische Gesetzgebung horizontale Rechtsakte wie das geplante KI-Gesetz oder die Datenschutzgrundverordnung sowie Gesetze für spezifische Sektoren wie Medizinprodukteverordnung [10] oder Maschinenrichtlinie [11] relevant. Andererseits sind für Europäische Gesetze referenzierte Normen von Bedeutung, die beispielsweise eine umfassende Beschreibung von KI-Methoden und -Fähigkeiten sowie KI-spezifischer Terminologie sein können.

Bei Verknüpfung von Europäischen Gesetzen mit HEN werden Normen zu einem Teil der staatlichen Regulierung und wirken sich auf Marktzugang, Wirtschaftlichkeit sowie den Einsatz von Anwendungen hinsichtlich Risiken oder Unbedenklichkeit signifikant aus. Grundsätzlich ist zur Beurteilung der Vertrauenswürdigkeit von KI-Systemen eine anwendungsspezifische Folgenabschätzung von Chancen und Risiken auf Grundlage von Normen und Standards von Bedeutung, wie im nachfolgenden Unterkapitel dargelegt wird.

15.4 Charakteristiken staatlicher Regulierung auf Basis von Normen und Standards

Die Umsetzung staatlicher Regulierung spielt insbesondere bei der Umsetzung gesetzlicher Anforderungen für neue Technologien wie KI eine entscheidende Rolle, unter anderem mit Blick auf Akzeptanz, Forschung, Entwicklung, Herstellung und Vertrieb. Dazu sind in Tabelle 15.3 unterschiedliche Charakteristiken von staatlicher Regulierung einander gegenübergestellt.

Tabelle 15.3: Chancen und Risiken bei Regulierung von KI.

Risiken der Überregulierung auf Grundlage von Normen	Risiken mangelhafter Regulierung	Angemessene Regulierung: Chancen durch Normen
• Unzureichende Normen können Investitionen in KI hemmen, die in andere Branchen abwandern • Überhöhte regulatorische Anforderungen können Innovationen hemmen • Überregulierte Sektoren können bei der Entwicklung von KI-Technologien und -Geschäftsmodellen zu langsam sein und daher von KI-„De-facto-Standards" technisch überholt werden	• Abwägen von Chancen und Risiken wird dem Markt überlassen • Verbraucher können das Vertrauen in Behörden verlieren • Bei Behörden können Einschränkungen bei Aufsicht über gesellschaftliche Prozesse sowie der Nachvollziehbarkeit für Auswirkungen durch KI-Produkte entstehen	• Konsens zur Risikominimierung • Interoperabilität für Marktteilnehmer, Qualität, Terminologie, technische Konzepte und Nachhaltigkeit • Gemeinsame Grundlage für ethische Werte • Beschleunigter und ressourceneffizienter Marktzugang in unterschiedlichen Ländern • Einheitliche gesetzliche Forderungen aufgrund der Abgestimmtheit von zwischenstaatlichen beziehungsweise internationalen Vereinbarungen

Grundsätzlich kann eine Überregulierung hinderlich für den Marktzugang von Produkten sein, zum Kollaps von Industriezweigen führen und die Abwanderung von Unternehmen sowie potenziellen Investoren in andere Länder/Branchen bewirken. Währenddessen können strenge Anforderungen als unverhältnismäßig erachtet werden, beispielsweise, wenn Anforderungen erfüllt werden müssen, die zu exzessiven Kosten zur Sicherstellung von Schutz und Sicherheit führen. Darüber hinaus können sich Mängel in Gesetzen sowie unangemessene Forderungen nach Interoperabilität innovationshemmend auswirken, falls Normen eine Steigerung der technischen Effizienz verhindern, obwohl gleichzeitig keine Bedenken für Optimierungsmaßnahmen bestehen. Falls Normungsprozesse durch Regulierung verzögert werden, kann die Arbeit beispielsweise europäischer Normungsgremien durch Beratungsunternehmen, Industriekonsortien sowie De-facto-Standards unter bestimmten Voraussetzungen überholt oder alternativ übernommen werden. In der Europäischen Union könnte eine derartige Überholung charakteristisch für Gewinneinbußen auf dem Markt, eine höhere Kompetenz außereuropäischer Wettbewerber und den Abfluss von Know-how aus Europa in andere Länder sein [2].

Im Gegensatz dazu könnte die Regierung im Falle einer mangelhaften Regulierung ihren Einfluss auf dem Binnenmarkt verlieren. In diesem Zusammenhang würde die Abwägung von Risiken und Chancen, beispielsweise in Bezug auf die Sicherheit, dem Markt überlassen. Infolgedessen würde der Verbraucher gefährdet werden (z. B. in Bezug auf den Datenschutz) und könnte das Vertrauen in die Behörden verlieren. Darüber hinaus könnten die Behörden die Nachvollziehbarkeit und Übersicht über gesellschaftliche Prozesse sowie die Folgen von Produkten für unterschiedliche Anwendungsszenarien verlieren. Solche Verluste könnten zu Fehleinschätzungen bei der Beurteilung der Kritikalität von KI-Systemen beispielsweise in Bezug auf das menschliche Wohlbefinden, Daten sowie durch KI-Algorithmen hervorgerufene Auswirkungen auf den Menschen Menschen führen. Beispielsweise entsprechen potenziellen Auswirkungen Nudging (Verblendung), Sludging (Vernebelung) und Framing (Kontextmanipulation) mit negativen Absichten.

Im Falle einer angemessenen Regulierung ermöglicht die Normung eine hohe Nutzungsqualität für KI-Anwendungen im täglichen Geschäfts- und Privatleben mittels der Anpassung von Anforderungen an Qualität, Terminologie, technische Konzepte, Nachhaltigkeit und gemeinsame ethische Werte. Aus diesem Grund ist eine ausgewogene Balance zwischen Sicherheits- und Innovationsaspekten ein entscheidendes Kriterium für eine erfolgreiche Regulierung technologischer Systeme, die Nachhaltigkeit und Fortschritt gleichermaßen adressiert. In Summe kann Normung als ein Teil der Regulierung den Marktzugang beschleunigen und ein verlässliches Qualitätsniveau auf Grundlage einheitlicher Anforderungen sicherstellen.

15.5 Normung und Standardisierung in Europa

Gemeinhin unterscheidet sich die europäische Normung/Standardisierung in Abhängigkeit der politischen Relevanz von Anforderungen und umfasst die Entstehung von De-facto-Standards sowie Aktivitäten in Normungsausschüssen der europäischen Normungsorganisationen. Tabelle 15.4 zeigt beide Prozesse im Vergleich.

Tabelle 15.4: Prozesse aus Normung und Standardisierung in Europa.

	De-facto-Standardisierung	**Aktivitäten in Normungsgremien**	
Normung/Standardisierung durch	• **Nutzer/Markt**	• Europäische Standardisierungsorganisationen: **ETSI**, **CEN** und **CENELEC**	
Prozess	• Akzeptanz bei Nutzern für Technologien, Dienstleistungen und Prozessen	• **Gemeinsame Erarbeitung** von Dokumenten in Gremien	• **Standardisation Requests** gemäß der Europäischen Verordnung 1025/2012/EU
Initiierung durch	• **Industrie** • Forschung	• **Alle** unter bestimmten Voraussetzungen	• **Europäische Kommission**
Beispiele für Ergebnisse aus Normung/Standardisierung	• *.doc • TensorFlow	• ETSI TS 103 264 **SmartM2M – Reference Ontology** and oneM2M Mapping	• Harmonisierte Europäische Normen (**HEN**)

15.5.1 De-facto-Standardisierung

Grundsätzlich kann sich ein Standard aufgrund der breiten **Akzeptanz** eines Produkts durch verschiedene Nutzer als sogenannter De-facto-Standard etablieren [1], wie zum Beispiel das Dateiformat *.doc, die Google-Suchmaschine, der Apple APP Store und die IBM-Wetter-App. In der Regel wird die De-facto-Standardisierung aktiv von Marktprozessen und den zugrunde liegenden staatlichen Vorschriften beeinflusst. Mit Blick auf KI-Produkte können beispielsweise mehrere Softwarebibliotheken mit implementierten Algorithmen zur Umsetzung des maschinellen Lernens, wie **TensorFlow**, unter Entwicklern als De-facto-Standards eingestuft werden.

15.5.2 Aktivitäten in Normungsgremien

Bei Aktivitäten in Normungsgremien werden Anforderungen nach Diskussionen in Normungsausschüssen in Dokumenten niedergeschrieben. An den Diskussionen in Ausschüssen der ESOs „ETSI“, „CEN“ und „CENELEC“ beteiligen sich sowohl Regierungsorganisationen von Mitgliedstaaten der Europäischen Union als auch die weltweit angesiedelte Industrie. Voraussetzung für die Mitarbeit ist eine Niederlassung von Interessenten im Regierungsbereich der Europäischen Kommission [6].

Grundsätzlich kann die Entwicklung von Normen und weiteren Dokumenten in europäischen Komitees unter bestimmten Voraussetzungen von beliebigen Interessenten initiiert werden, einschließlich von unabhängigen Personen sowie Beteiligten aus Industrie, Forschung, Behörden und nationalen Normungsorganisationen der EU-Mitgliedstaaten, beispielsweise dem Deutschen Institut für Normung (DIN) in Deutschland und der Association Française de Normalisation (AFNOR) in Frankreich.

In der praktischen Umsetzung hängt der zulässige Teilnehmerkreis für die Initiierung eines Normungsprozesses von dem Dokumententyp sowie der beteiligten europäischen Normungsorganisation ab [12] [13]. Beispielsweise entspricht der bedeutendste europäische Normungsprozess der Erarbeitung von Harmonisierten Europäischen Normen, die nur durch die Europäische Kommission als alleinigen Akteur initiiert werden darf [7].

15.5.3 Initiierung von Aktivitäten durch die Europäische Kommission

Während in den meisten Fällen Vertreter der Industrie über die Verabschiedung von Dokumenten innerhalb von Normungsgremien entscheiden, hat die Europäische Kommission als Regierungsorganisation die Federführung für die Beauftragung, Entwicklung und Umsetzung von Harmonisierten Europäischen Normen (HEN). Darüber hinaus ist nur die Europäische Kommission in der hoheitlichen Rolle, eine Erarbeitung von harmonisierten europäischen Normen (HEN) zu initiieren. In der Regel beginnt die Erarbeitung von HEN gemäß der Verordnung 1025/2012/EU im Anschluss an den sogenannten Normungsauftrag – „Standardisation Request“ – der Europäischen Kommission an die ESO. Als hochwertigste Dokumente in der Normung auf europäischer Ebene sind HEN mit europäischen Gesetzen einzelner Sektoren (wie Funk und Medizinprodukte) sowie zu gesellschaftlich relevanten Prozessen und Disziplinen (wie künstliche Intelligenz und Datenschutz) verknüpft. Während der Erarbeitung einer HEN basiert die Annahme von Anforderungen auf Konsens (keine Widersprüche) beziehungsweise erfolgt idealerweise mittels Einstimmigkeit [7].

Da europäische Gesetze in allen europäischen Mitgliedsstaaten umgesetzt werden, bilden HEN die Grundlage für eine einheitliche und koordinierte Erfüllung von Anforderungen innerhalb der Europäischen Union, beispielsweise für Produkte im europäischen Binnenmarkt [7].

15.5.4 Europäische Normungsaufträge zu KI

Grundsätzlich werden Normungsaufträge („Standardisation Requests") von der Europäischen Kommission an die europäischen Normungsgremien im Zuge der Erarbeitung und Überarbeitung europäischer Gesetze, einschließlich Verordnungen und Richtlinien, erteilt. Inhaltlich konzentrieren sich die Aufträge auf Themen, für die HEN ausgearbeitet werden sollen, und hängen von den spezifischen Anforderungen eines Europäischen Gesetzes ab. Im Hinblick auf die Synchronisierung mit entsprechenden europäischen Gesetzen kann der Normungsauftrag vor oder nach dem Inkrafttreten des erarbeiteten oder überarbeiteten Gesetzes erteilt werden. In der Vergangenheit wurden Normungsaufträge, die sich auf dasselbe Gesetz bezogen, meist sowohl an ETSI als auch an CEN-CENELEC vergeben. Angesichts bisheriger Erfahrungen sah die EU-Kommission ursprünglich ein Zeitfenster von etwa zwei Jahren für die Entwicklung von HEN bei vergangenen Normungsaufträgen vor. Wenn innerhalb des geplanten Zeitfensters keine Normen erarbeitet werden können, behält sich die Europäische Kommission vor, sogenannte „gemeinsame Spezifikationen" – „Common Specifications" als Alternative zu der Erarbeitung von HEN herauszugeben. Gemeinsame Spezifikationen können von Beratungsunternehmen bei erheblichem finanziellem Mehraufwand erarbeitet werden oder Normungsdokumenten verschiedener Normungs- und Standardisierungsorganisationen, wie ISO/IEC und IEEE, entsprechen. Generell werden die gemeinsamen Spezifikationen von der Europäischen Kommission abschließend verabschiedet und unterliegen nicht dem Konsensverfahren der HEN [7].

Für das geplante KI-Gesetz (siehe Kapitel 16) hat die Europäische Kommission im Mai 2022 einen Entwurf des Normungsauftrags zur Kommentierung an Normungsorganisationen, Behörden sowie die Industrie verteilt. In Normungsorganisationen wurde der Antrag in der „Standardisation Request Ad-hoc Group (SRAHG)" des „CEN-CENELEC JTC 21 AI" und der „ETSI Operational Co-ordination Group AI" kommentiert. Die Kommentierung bezog sich auf Vorschläge zu Änderungen, Präzisierungen und inhaltlichen Ergänzungen.

Nachfolgend sind Themen aus dem Entwurf des Normungsauftrags zum KI-Gesetzesentwurf aufgeführt, zu welchen die Erarbeitung von HEN vorgeschlagen wurde [14]:

- Risikomanagement
- Kontrolle und Qualität von Datensätzen
- Protokollierungsfunktionen
- Transparenz und Informationen an Anwender

- Menschliche Aufsicht
- Anforderungen an Genauigkeit, Robustheit und Cybersicherheit
- Qualitätsmanagementsystem, einschließlich Marktüberwachung nach Inverkehrbringen
- Konformitätsbewertung für KI-Systeme

15.6 Normung und Standardisierung in Deutschland

Auch in der Bundesrepublik Deutschland haben sich Methoden der künstlichen Intelligenz als wesentliche Treiber von Digitalisierung und Automatisierung herauskristallisiert. Um die technologie- und industriepolitischen Ziele im digitalen Zeitalter zu erreichen, fokussiert die langfristige Strategie des Landes auf Innovationen datengetriebener Geschäftsmodelle sowie auf disruptive Geschäftsmodelle auf Basis von KI-Anwendungen [15].

Aufgrund der Entwicklung im letzten Jahrzehnt gehört Deutschland weltweit zu den fünf Ländern mit den meisten Patenten im Bereich „KI“ [6]. Im Jahr 2019 wurde die erste „Deutsche Normungs-roadmap KI“ von DIN veröffentlicht [16]. Sie bildet die Grundlage für Empfehlungen, gibt einen umfassenden Überblick über aktuelle KI-Aktivitäten in Deutschland und fördert den Meinungs- und Wissensaustausch zwischen Vertreterinnen und Vertretern verschiedener Branchen und Sektoren.

Die Ergebnisse der „Normungsroadmap KI“ waren häufig Gegenstand von Diskussionen in der Wirtschaft sowie politischen Gremien. Beispielsweise ähnelt die Methodik der Beurteilung von Kritikalität im Europäischen Gesetzesvorschlag zu KI den Konzepten der sechs Monate zuvor veröffentlichten Normungsroadmap KI, Version 1 [16].

Bei der KI-Normung in Deutschland liegt der Schwerpunkt auf den Normungsgremien der nationalen Normungsorganisationen (NSOs) DIN und DKE. Die breiteste Themenvielfalt zu KI auf deutscher Ebene findet sich im Ausschuss DIN/DKE 043-01-42 GA „Künstliche Intelligenz“ wieder. Als Spiegelgremium zu den Gremien auf weltweiter Ebene „ISO/IEC JTC 1 SC 42“ sowie Europäischer Ebene „CEN-CENELEC JTC 21“ konzentriert sich die Gruppe auf Erarbeitung von Anforderungen sowie Formulierung des deutschen Standpunktes bezüglich künstlicher Intelligenz. Die Ergebnisse aus der nationalen Ebene münden in Diskussionen und der Erarbeitung von Dokumenten in europäischen sowie internationalen Standardisierungsorganisationen. Im Spiegelgremium dürfen alle Interessierte privat, aus Forschung und Industrie mit Niederlassung auf deutschem Boden mitarbeiten [6]. Für Teilnehmende aus dem öffentlichen Dienst ist die Beteiligung (Stand 2022) kostenlos [17].

Die Arbeit im Ausschuss DIN/DKE 043-01-42 GA umfasst unter anderem die folgenden Themen [6]:

- Grundlegende Standards
- Big Data
- Computergestützte Ansätze
- Vertrauenswürdigkeit
- Risikomanagement
- Konformitätsbewertung
- Ethik

Darüber hinaus sind unter der Schirmherrschaft des DIN folgende Standards zu künstlicher Intelligenz erarbeitet worden [6]:

- DIN SPEC 92001-1 (04/2019):

  Künstliche Intelligenz – Life Cycle Prozesse und Qualitätsanforderungen – Teil 1: Qualitäts-Meta-Modell
- DIN SPEC 92001-2 (12/2020):

  Künstliche Intelligenz – Life Cycle Prozesse und Qualitätsanforderungen – Teil 2: Robustheit
- DIN SPEC 13266 (04/2020):

  Leitfaden für die Entwicklung von Deep-Learning-Bilderkennungssystemen
- DIN SPEC 2343 (09/2020):

  Übertragung von sprachbasierten Daten zwischen Künstlichen Intelligenzen – Festlegung von Parametern und Formaten
- DIN SPEC 91426 (12/2020):

  Qualitätsanforderungen für video-gestützte Methoden der Personalauswahl (VMP)
- DIN SPEC 13288 (03/2021):

  Leitfaden für die Entwicklung von Deep-Learning-Bilderkennungssystemen in der Medizin
- DIN DKE SPEC 99001 (05/2022):

  Definition einer Erfolgsmethode zum Labelling von Daten zum Training künstlicher Intelligenz – Anwendungsfokus: Question-Answering

15.7 Nutzen von Normung und Standardisierung

Der konkrete Nutzen von Normen und Standards kristallisiert sich unter anderem bei vorteilhafter Anwendung von (über)staatlichem Recht wie Europarecht und zwischenstaatlichen Patentübereinkommen heraus. Die Anwendung wird nachfolgend für Szenarien am Beispiel von Medizinprodukten und Internetdiensten auf dem europäischen Binnenmarkt verdeutlicht.

15.7.1 Szenarien: Medizin und Internetdienste

Szenario 1: Falls in einem Medizinprodukt Komponenten auf KI-Basis und Funkanwendungen implementiert sind, werden unter anderem neben dem Patentrecht die Medizinprodukteverordnung, die Funkanlagenrichtlinie sowie das voraussichtlich zukünftig in Kraft tretende KI-Gesetz auf das Produkt angewendet. Normen beziehungsweise Standards bieten dabei folgende Vorteile: Einerseits würden Patente die Steigerung von Umsätzen im Falle einer breiten Anwendung der Technologie ermöglichen. Das Patent würde zu Lizenzgebühren bei Implementierung einer genormten oder standardisierten Technologie in ein Produkt der Konkurrenz verpflichten. Andererseits kann für das Medizinprodukt der Marktzugang auf Grundlage Harmonisierter Europäischer Normen (HEN) beschleunigt werden, falls aus zeitlicher und finanzieller Perspektive weniger Test- und Zertifizierungsaufwand für den Hersteller entstehen würde. Darüber hinaus beeinflussen internationale Normen den Aufwand für Test- und Zertifizierungsstellen zu Lasten des Herstellers.

Szenario 2: Dagegen wären bei einem Internetdienst, mit Spracherkennung auf KI-Basis als Geschäftsmodell, unter anderem die Datenschutzgrundverordnung sowie die Gesetze über KI, digitale Dienste und Cybersicherheit von Relevanz. Obwohl programmierte Algorithmen alleinstehend innerhalb der Europäischen Union nicht patentiert werden dürfen, kann dagegen ein System aus Algorithmus und damit verknüpfter, elektronischer Datenverarbeitung patentfähig sein. Vor diesem Hintergrund können für Betreiber bei Implementierung von Spezifikationen des patentierten Systems Lizenzgebühren entstehen. In Abhängigkeit von gesetzlichen Anforderungen mit Relevanz für digitale Dienste in Europa kann auch für Internetdienste der Marktzugang beschleunigt werden, falls eine Verknüpfung von Normen mit anwendbaren Europäischen Gesetzen vorteilhaft genutzt werden kann. Wie auch beim Szenario zum Medizinprodukt – falls Prüf- und Zertifizierungsstellen beim Internetdienst involviert werden – können zusätzlich Anforderungen aus internationalen Normen entscheidend für den zeitlichen und finanziellen Aufwand bei Konformitätsbewertungsprozessen sein, die bei Drittstellen umgesetzt werden.

Anhand der beschriebenen Szenarien wurden Vorteile für Hersteller aufgrund des Einbezugs von Patenten und Normen ausgewiesen. Nachfolgend sind Praxisbeispiele für Umsatzsteigerung und Vorteile bei Markteintritt auf Grundlage von Normen aufgeführt.

15.7.2 Praxisbeispiele: 5G und WLAN

In Verknüpfung mit Normen und Standards ermöglichen Patente Umsatzsteigerungen bei häufig implementierter Technologie, wie beispielsweise folgend:

- Für die Mobilfunkgeneration 5G sind im Dokument **„ETSI TS 123 501 – System architecture for the 5G System (5GS)“** Spezifikationen für 5G niedergeschrieben, die Gegenstand zahlreicher standardessenzieller Patente bei Beteiligung weltweit angesiedelter Industrie sind, darunter Ericsson, Huawei, Oracle, Nokia, Samsung, Qualcomm, Intel, LG und ZTE [18].
- Die Implementierung der **Wireless Local Area Network** (WLAN) – **Spezifikation „IEEE Std 802.11“** erfordert unter anderem aufgrund von patentierten Protokollen zum Senden und Empfangen von Daten die Zahlung von Lizenzgebühren und hat aufgrund des breiten technischen Einsatzes zu enormen Umsätzen bei Patentinhabern beigetragen [19]. Aufgrund des vielversprechenden Marktpotenzials wurden mittlerweile Tausende Patente in Verbindung mit der WLAN-Spezifikation erarbeitet [20].

Darüber hinaus können Hersteller unter Einbezug der nachfolgenden HEN für den Marktzugang ihrer Produkte Zeit und Kosten sparen:

- Für Telekommunikationsnetzbetreiber wird auf Grundlage der HEN „ETSI EN 301 908 MT cellular networks – Harmonised Standard for access to radio spectrum“ die Inbetriebnahme von bestimmten Basisstationen unter entsprechenden Bedingungen beschleunigt. Mittels der HEN können grundlegende Anforderungen aus der Funkanlagenrichtlinie, beispielsweise zu der Einhaltung von Spezifikationen zu Frequenz und Strahlungsleistung, erfüllt werden.
- Bei Sicherstellung von elektromagnetischer Verträglichkeit ausgewählter Einrichtungen von Telekommunikationsnetzen wie Vermittlungsstellen (Switches) oder Multiplexern wird unter bestimmten Voraussetzungen der Marktzugang aufgrund der Meidung von Test- und Zertifizierungsstellen mittels der Einhaltung von Spezifikationen aus folgender Norm erreicht: „ETSI EN 300 386 – Telecommunication network equipment; Harmonised Standard for ElectroMagnetic Compatibility (EMC) requirements“.

15.7.3 Vorteile von Normung und Standardisierung

Folgende Vorteile können sich aus der Normung selbst sowie aus der Mitwirkung bei Normungsaktivitäten ergeben.

1. Die Mitarbeit in Normungs- und Standardisierungsgremien vereinfacht die Abstimmung zwischen Marktakteuren (darunter Anbieter, Hersteller sowie Kunden) und fördert Ressourceneinsparungen im Sinne von Zeit und Kosten aufgrund einer „gemeinsamen Sprache" aller Marktteilnehmer. In Deutschland bietet sich die Mitarbeit in der „Normungsroadmap KI" und deren branchenspezifischen Arbeitsgruppen sowie bei Gremien von DIN und DKE an. Mittels der Mitarbeit bei Spiegelgremien von „DIN" (Allgemein) und „DKE" (Elektrotechnik) kann die Mitarbeit bei den europäischen sowie internationalen Standardisierungsorganisationen „CEN" (Allgemein), „CENELEC" (Elektrotechnik), „ISO" (Allgemein) und „IEC" (Elektrotechnik) erfolgen. Das themenstärkste Normungsgremium zu KI in Deutschland ist DIN/DKE NA043-01 GA „Künstliche Intelligenz". Darüber hinaus bietet sich die Mitarbeit bei den Organisationen „ETSI" (Telekommunikation) und „ITU" (u. a. Datenübertragung und Nummerierung) an. Im Zuge der Mitarbeit sollten für einzelne Sektoren sowie auch branchenbergreifend Ökosysteme (Vereinigungen von Marktteilnehmenden) für KI-Produkte und Dienstleistungen geschaffen werden. Innerhalb der Ökosysteme können einheitliche Qualitätsmerkmale sowie Anforderungen an beispielsweise Prüfung und Zertifizierung von KI mit Blick auf Daten, Algorithmen und Geschäftsmodelle abgestimmt werden, auch unter Einbezug ethischer Anforderungen der Europäischen Union. Derartige Merkmale und Anforderungen spiegeln wertebasierte Maßstäbe der Europäischen Union für Produkte auf dem Europäischen Binnenmarkt weltweit tätiger Unternehmen wider und schaffen ein Vorbild für die außereuropäische Konkurrenz. Einen Überblick über KI-relevante Gremien zeigt Tabelle 15.2.

2. Innerhalb eines Ökosystems können alle miteinander verknüpften Marktteilnehmer zur Einsparung von Ressourcen und Übernahme von Marktsegmenten die Entwicklung einzelner Komponenten von Produkten untereinander aufteilen sowie Herstellungs- und Produktionsprozesse miteinander abstimmen. Nach Patentierung innovativer Entwicklungen zu beispielsweise KI-Modellen und -Frameworks bietet sich die Dokumentation patentierter Spezifikationen in Standards und Normen im Zuge der Mitarbeit in Normungs- und Standardisierungsausschüssen an. Aufgrund der Verknüpfung mit Patenten können Lizenzgebühren hohe Einnahmen für Patentinhaber innerhalb des Ökosystems bei einer breiten Anwendung entsprechender Normen und Standards sicherstellen. Des Weiteren entstehen

Wettbewerbsvorteile für alle Beteiligten des Ökosystems, falls ein Produkt mit patentierten Komponenten eine breite industrielle Anwendung findet oder häufig als Teil eines Gesamtsystems implementiert wird.

3. Mittels der Mitarbeit in Normungsgremien können Anforderungen in Normen, die in Gesetzen referenziert sind, abgestimmt werden. Aufgrund der Referenzierung in Gesetzen kann die Einhaltung von Normen bei Haftungsfragen entscheidend für die Rechenschaftspflicht von Verantwortlichen sein. Vor diesem Hintergrund spielt für Verantwortliche die konkrete Umsetzung von Anforderungen aus Normen eine entscheidende Rolle bei finanziellen Aufwendungen für Schutz- und Sicherheitsmaßnahmen (beispielsweise DIN-VDE-Normen, die im „Deutschen Energiewirtschaftsgesetz" referenziert sind).
4. Die Erarbeitung von Harmonisierten Europäischen Normen (HEN) schafft eine zuverlässige Grundlage für die Umsetzung gesetzlicher Forderungen im Bereich der EU. Auf Basis der Normen können Übereinstimmungen mit entsprechenden Rechtsvorschriften erreicht sowie Zertifizierungsprozesse effizienter gestaltet werden. In der EU stellen Harmonisierte Normen offiziell anerkannte Normen zum Nachweis der Konformität mit bestimmten EU-Gesetzen dar und beschleunigen den Marktzugang für Produkte. Für Hersteller wird die Nutzung von HEN empfohlen, da der Konformitätsbewertungsprozess vereinfacht und unter Umständen die Einschaltung von notifizierten Stellen zur Anbringung des CE-Kennzeichens für den Marktzugang vermieden werden kann.
5. Mittels Erarbeitung von internationalen Normen und Beobachtung von Normungsprozessen auf internationaler Ebene kann auf neue sowie geänderte Anforderungen an eigene Produkte im Zuge der Herstellung rechtzeitig reagiert werden. Darüber hinaus lassen sich im Zuge der Mitarbeit Anforderungen an Produkte für Test- und Zertifizierungsstellen zu eigenen Gunsten beeinflussen.

Fazit und Handlungsempfehlungen

Zurzeit wird in einer konstruktiven Zusammenarbeit zwischen Politik, Industrie und Wissenschaft bei Normung und Standardisierung ein gemeinsames Verständnis sowie eine vertrauenswürdige und sichere Integration KI-basierter Produkte angestrebt. Ziel ist es, zukunftsorientierte Produkte auf KI-Basis in industrielle Prozesse sowie das öffentliche und private gesellschaftliche Umfeld zu integrieren. Zahlreiche Diskussionen in Foren und Normungsausschüssen ermöglichen den Austausch kontroverser Meinungen, Konsens bei niederzuschreibenden Anforderungen sowie Verständnis für neuartige, schlecht nachvollziehbare oder kritische Technologien zu schaffen. Dies wiederum ist die Grundlage für eine Entwicklung KI-basierter Systeme, die sowohl europäische Werte gewährleisten als auch den beteiligten Wirtschaftsakteuren klare Leitlinien und somit Sicherheit bei der Realisierung liefert. Summa Summarum können auf Grundlage einer aktiven Involvierung von Forschung, Politik und Industrie die Wahrnehmung von KI-Produkten für Anwender sowie das öffentliche Bewusstsein für innovative Technologien mittels der Schaffung von Vertrauen gestärkt werden.

Um Zeit und Kosten zu sparen sowie Wettbewerbsvorteile zu sichern, sind für Hersteller, KI-Experten sowie weitere Interessensgruppen mit Bezug zu KI nachfolgend Impulse ausgewiesen. Für die Mitarbeit in der Normung ist die Wirkungskraft aller Akteure aufgrund der Zahl von Verbündeten sowie der Größe einzelner Unternehmen und Delegationen innerhalb von Gremien unterschiedlich.

Akteure	**Handlungsempfehlungen**
Große Unternehmen	... sollten sich auf **alle genannten Vorteile** aus Kapitel 15.7.3 vollumfänglich fokussieren, falls zutreffend.
Politik auf **ministerialer Ebene**	Es eignen sich ebenfalls **alle gelisteten Punkte** aus Kapitel 15.7.3. Für ein eindeutiges Bild der Normung und Standardisierung sollten Prozesse innerhalb von Konsortien sowie Normungsorganisationen in Deutschland, Europa und weltweit sollten verfolgt werden. Auf dieser Basis sollten gemeinsame strategische Ziele mit EU-Mitgliedsländern, unter Federführung der ESO sowie der EU-Kommission, abgestimmt werden. Gesetzgeberische Aktivitäten, insbesondere das geplante KI-Gesetz, sollten aktiv mitgestaltet werden, sodass eine geeignete Balance zwischen der Sicherheit und der Vertrauenswürdigkeit der Produkte einerseits sowie der Umsetzbarkeit und der Ermöglichung von Innovationen andererseits gewährleistet werden kann.

Kleine und mittlere Unternehmen, Kommunen sowie **öffentlicher Dienst** auf Landes- und Bundesebene	Es ist insbesondere die Mitarbeit bei nationalen Gruppen von DIN/DKE, darunter Normungsroadmap KI sowie das Spiegelgremium DIN/DKE NA043-01-42 GA „Künstliche Intelligenz", anzuvisieren. Einerseits ist die Mitarbeit bis dato (Ende 2022) für den öffentlichen Dienst kostenlos sowie für KMUs vergünstigt. Andererseits ermöglicht es die Mitgliedschaft bei Spiegelgremien von DIN/DKE, bereits an existierenden Normungsvorhaben bei europäischen und internationalen Normungsorganisationen mitzuarbeiten sowie Mitstreiter für ein eigenes Normungsvorhaben (z. B. Europäische Norm) aufgrund der zahlreichen deutschen Delegation zu gewinnen.

Quellen

[1] Van Leeuwen, P. (2017) European Standardisation of Services and Its Impact on Private Law. ISBN: 9781509908349, 150990834X, Bloomsbury Publishing

[2] Eliantonio, M. & Cauffman, C. (Eds.) (2020) The Legitimacy of Standardisation as a Regulatory Technique. Edward Elgar Publishing Ltd, ISBN: 9781789902952

[3] ISO/IEC 17000:2020(en) – Conformity assessment – Vocabulary and general principles

[4] Bundesanstalt für Arbeitsschutz und Arbeitsmedizin (2022) Übersicht über Dokumente und Arbeiten der Normungsorganisationen, Retrieved Mai 5, 2022, from https://www.baua.de/DE/Aufgaben/Forschung/Schwerpunkt-Digitale-Arbeit/Arbeitsschutz-und-Digitalisierung/Uebersicht.html

[5] Deutsches Institut für Normung (2022) Standardisierung auf internationaler Ebene, in Europa und weltweit

[6] Bundesnetzagentur (2020) Bericht zu Standardisierung künstlicher Intelligenz

[7] Regulation (EU) No 1025/2012 of the European Parliament and of the Council of 25 October 2012 on European standardisation, amending Council Directives 89/686/EEC and 93/15/EEC and Directives 94/9/EC, 94/25/EC, 95/16/EC, 97/23/EC, 98/34/EC, 2004/22/EC, 2007/23/EC, 2009/23/EC and 2009/105/EC of the European Parliament and of the Council and repealing Council Decision 87/95/EEC and Decision No 1673/2006/EC of the European Parliament and of the Council

[8] Fraunhofer-Institut für Intelligente Analyse und Informationssysteme IAIS (2019) Vertrauenswürdiger Einsatz von künstlicher Intelligenz

[9] Bundesnetzagentur (2021) Künstliche Intelligenz in den Netzsektoren – Bericht über den Marktdialog der Bundesnetzagentur, Bonn

[10] Regulation on medical devices, amending Directive 2001/83/EC, Regulation (EC) No 178/2002 and Regulation (EC) No 1223/2009 and repealing Council Directives 90/385/EEC and 93/42/EEC

[11] Richtlinie 2006/42/EG des Europäischen Parlaments und des Rates vom 17. Mai 2006 über Maschinen und zur Änderung der Richtlinie 95/16/EG (Neufassung)

[12] CEN-CENELEC Internal Regulations, 2022

[13] ETSI Directives, 2022

[14] European Commission (2022) Standardisation Requests on AI in draft

[15] Bundesministerium für Bildung und Forschung (2020) Strategie Künstliche Intelligenz der Bundesregierung

[16] DIN/DKE (2021) Normungsroadmap KI

[17] DIN (2015) Finanzierung der Normung und Standardisierung

[18] McDonagh, L. & Bonadio, E. (2019) European Parliament: Standard Essential Patents and the Internet of Things, in-depth analysis for the JURI committee

[19] Lemley M. A. & Simcoe, T. (2019) How Essential Are Standard-Essential Patents? 104 Cornell Law Review 607

[20] Pohlmann, T. (2020) Fact finding study on patents declared to the 5G standard. IPlytics GmbH

Kapitel 16 Der AI Act – Europa auf dem Weg zu einem Gesetz zu künstlicher Intelligenz

Taras Holoyad, Martin Haimerl, Wolfgang Hildesheim, Thomas Schmid

Derzeit erarbeitet die Europäische Kommission einen umfassenden Regulierungsrahmen für künstliche Intelligenz. Im April 2021 veröffentlichte die Kommission dazu den Gesetzesentwurf „Vorschlag für eine Verordnung des Europäischen Parlaments und des Rates zur Festlegung harmonisierter Vorschriften für künstliche Intelligenz (Gesetz über künstliche Intelligenz) und zur Änderung bestimmter Rechtsakte der Union" – auch „KI-Gesetz" genannt [1]. Grundsätzlich hat sich die Europäische Kommission vorgenommen, vertrauenswürdige KI in der gesamten EU voranzutreiben und damit auch weltweit Maßstäbe für die Entwicklung KI-basierter Systeme zu setzen.

Dem KI-Gesetzesvorschlag zufolge soll dies mittels einer Konformitätsbewertung von Systemen auf KI-Basis EU-weit nach einem einheitlichen Schema erfolgen. Insbesondere legt der Verordnungsentwurf Anforderungen an Konformitätsbewertungsprozesse für KI-Systeme mit hohem Risikopotenzial (Hochrisiko-KI-Systeme) fest. Demnach sollen Hersteller und Anbieter derartiger Systeme sicherstellen, dass ihre Produkte Anforderungen unter anderem hinsichtlich Risikomanagement, Datenschutz, technische Dokumentation, Transparenz, Genauigkeit, menschliche Aufsicht, Robustheit, Cybersicherheit, Qualitätsmanagement und Aktivitätsnachverfolgung erfüllen. Die konkrete Vorgehensweise zur Erfüllung von Anforderungen variiert sektorspezifisch (beispielsweise können Anforderungen an Medizinprodukte höher als bei Funkanwendungen sein), da hier weitere Gesetzgebungen hinzukommen können. Wie diese Umsetzung konkret ablaufen kann, ist in Kapitel 16 exemplarisch für ein Beispiel aus dem Bereich KI-basierte Medizinprodukte dargelegt.

Der KI-Gesetzesentwurf enthält zudem unterstützende Maßnahmen, um die Entwicklung KI-basierter Systeme zu erleichtern und damit auch innovationsfördernd zu wirken, beispielsweise mittels sogenannter KI-Reallabore. Auch die Bereitstellung geeigneter Normen spielt dabei eine zentrale Rolle. Grundsätzlich dienen Normen dazu, die Erfüllung gesetzlicher Pflichten sicherzustellen, beispielsweise für den Zugang zum Europäischen Binnenmarkt, und dienen damit der Verlässlichkeit bei der Umsetzung regulatorischer Vorgaben. Wie auch bei sektoralen Europäischen Gesetzen verweist der KI-Gesetzesvorschlag dabei auf Harmonisierte Europäische Normen (HEN) zur Eindämmung von Risiken und Sicherstellung charakteristischer Qualitätsmerkmale (siehe Kapitel 16.1), hier mit dem Ziel, nur KI-Produkte auf den Markt bringen zu dürfen, die in einem einheitlichen Sinn als vertrauenswürdig eingeordnet werden können.

16.1 Transparenz und Risikobewertung von KI-Systemen

Während der digitalen Transformation unserer Gesellschaft wächst die Integration von Methoden künstlicher Intelligenz in algorithmische Systeme innerhalb der Industrie sowie im Geschäfts- und Privatleben. Vor diesem Hintergrund gewinnt unter anderem die Transparenz als Grundlage zur Beurteilung von KI-Systemen stetig an Bedeutung. Das gilt sowohl in Hinblick auf die Anwender als auch die Hersteller. Mittels Transparenz kann Anwendern die Unsicherheit über funktionale Eigenschaften genommen und eine angemessene Folgenabschätzung ermöglicht werden. Des Weiteren lassen sich bei Sicherstellung von Transparenz ausgegebene Ergebnisse sinnvoller erklären, interpretieren, weiterverarbeiten und nutzen. Die Einschätzung von Risiken für Schutz und Sicherheit, beispielsweise zur Abwendung von Schäden am Menschen, muss bei KI-Systemen unter anderem auf Grundlage des Anwendungskontexts sowie nach Beurteilung über weitere, geeignete Bewertungscharakteristiken erfolgen. Dabei sind Faktoren wie Robustheit und Fehlertoleranz der eingebetteten Algorithmen zu berücksichtigen. Aufgrund der Komplexität, die KI-basierte Verfahren in der Regel beinhalten, sind diese Bewertungskriterien und die mit ihnen verbundenen Risiken typischerweise multifaktoriell. Für die Hersteller ist die Transparenz dieser Prozesse ein zentrales Merkmal, um die Entwicklungen nachvollziehbar zu halten und auch in der Prüfung der Prozesse, etwa im Rahmen von Audits, eine zuverlässige Beurteilung der Systeme gewährleisten zu können.

KI-Systeme sind in der Praxis an die speziellen Anwendungsszenarien anpassbar und müssen auch anwendungsspezifisch bewertet werden. Dabei verfügt jedes KI-System über einen spezifischen und eingeschränkten Satz an Handlungsoptionen (vgl. Kapitel 7). Das bedeutet, dass ethische Aspekte in der Regel nicht umfassend operationalisiert beziehungsweise algorithmisiert werden können. Das wiederum macht eine Überwachung von KI-Systemen durch Menschen unabdingbar, die auch im KI-Gesetzesentwurf entsprechend unter dem Stichwort „menschliche Aufsicht" verankert ist.

Generell sollte im Zuge eines Risikomanagements sichergestellt werden, dass jedes mit einer bestimmten Gefahr verbundene Teilrisiko sowie das Gesamtrisiko von KI-Systemen zuverlässig beurteilt werden kann. Das betrifft sowohl klassische Risiken der Produktsicherheit, aber auch verstärkt Risiken bezüglich ethischer Aspekte, die eine Gefährdung von Grundrechten der Anwendenden bedeuten könnten. Die Beurteilung sollte im Einklang mit dem beabsichtigten Einsatzziel sowie der Berücksichtigung einhergehender Risiken bei vorhersehbarem Missbrauch stattfinden.

Im Gesetzesvorschlag zu KI ist ein Ansatz zur initialen Einordnung von Risiken ausgewiesen, die potenziell von KI-Systemen ausgehen können. Diese Risikoklassifikation wird nachfolgend im Sinne eines risikobasierten Ansatzes genutzt, um die Anforderungen an die Entwicklung KI-basierter Systeme gemäß des Risikogrades auszurichten. Nach dem Gesetzesentwurf sollen KI-Systeme mit einem höheren Schadensrisiko für Menschen, Sachwerte oder das gesellschaftliche Gemeinwohl strenger reguliert werden als KI-Systeme mit einem geringen Risikopotenzial [1]. Vor diesem Hintergrund ist ein konkreter Maßstab zur Identifikation von Risiken von Bedeutung, sodass eine Klassifizierung in Abhängigkeit des Anwendungskontexts eingesetzter KI-Methoden (vgl. Kapitel 6) erfolgen kann. Nach dem Gesetzesentwurf zu KI werden KI-Systeme gemäß der angesprochenen initialen Risikobewertung auf Grundlage von drei grundlegenden Risikoklassen eingeteilt, wobei die dritte Klasse zwei Begriffe einschließt:

I. Inakzeptables Risiko

II. Hohes Risiko

III. Geringes und minimales Risiko

Risikoklasse 1 des Gesetzesentwurfs sieht ein Verbot für KI-Systeme vor, deren Nutzung aus Sicht der EU-Kommission ein inakzeptables Risiko darstellt. Die zweithöchste (zweite) Risikoklasse spielt im Verordnungsvorschlag der EU-Kommission die signifikanteste Rolle, und charakterisiert zulässige KI-Systeme mit hohem Risikopotenzial (Hochrisiko-KI-Systeme). Grundsätzlich können Hochrisiko-KI-Systeme beispielsweise mit Blick auf Menschen erhebliche schädliche Auswirkungen auf Gesundheit, Sicherheit sowie Grundrechte haben. Vor diesem Hintergrund sollen ausgehend vom Gesetzesentwurf Hochrisiko-KI-Systemen besondere Pflichten auferlegt werden, sodass eine Nutzung der Technologien ohne gesetzliche Vorbehalte erfolgen kann. Die niedrigste (dritte) Risikoklasse hat im Rahmen des Gesetzesentwurfs nur eingeschränkte Verpflichtungen zur Umsetzung von Anforderungen (beispielsweise spezielle Transparenzpflichten in der Unterklasse der Systeme mit geringem Risiko). Ansonsten sind für diese Risikoklassen die meisten Verpflichtungen auf freiwilliger Basis. Die Erfüllung der Anforderungen kann aber im Sinne eines Verhaltenskodex genutzt werden, um die Vertrauenswürdigkeit der Systeme, insbesondere für die Anwender, darzulegen.

Des Weiteren ist im Gesetzesvorschlag die Rolle von Sicherheitskomponenten auf KI-Basis herausgestellt. Danach bilden Sicherheitskomponenten von Produkten, die in Systeme eingebettet sind, die wiederum als Hochrisiko-Systeme zu betrachten wären, ein signifikantes Merkmal zur Identifikation des vollständigen Produkts als Hochrisiko-KI-System (beispielsweise KI-Anwendung in der robotergestützten Chirurgie).

Während Tabelle 16.1 Charakteristiken von Hochrisiko-KI-Systemen zeigt, sind in Tabelle 16.2 Eigenschaften verbotener KI-Systeme aufgeführt.

Tabelle 16.1: Charakteristiken von Hochrisiko-KI.

Hochrisiko-KI-Systeme
Produkte, für die bereits eine andere **EU-Verordnung oder Richtlinie** aus **Anhang II** des **KI-Gesetzesvorschlages** anwendbar ist, wie die Verordnung über die Sicherheit in der Zivilluftfahrt, die Verordnung über Medizinprodukte oder die Maschinenrichtlinie **und zugleich** die **Einbeziehung** einer **dritten Stelle** für die **Konformitätsbewertung** gemäß dieser Verordnung/ Richtlinie erforderlich ist.
Kritische Infrastrukturen wie Verkehr, die das Leben und die Gesundheit von Einwohnern gefährden könnten.
Entscheidungen über **Zugang zu Bildungseinrichtungen** sowie beruflichen Werdegang von Menschen, beispielsweise auf Grundlage der Bewertung von Ergebnissen.
Arbeitsvermittlung, **Personalverwaltung** und **Einstieg** in die **Selbstständigkeit**, beispielsweise mittels Software zur Auswahl von Lebensläufen für Einstellungsverfahren.
Grundlegende private und öffentliche **Dienstleistungen** wie Bonitätsprüfung, die den Bürgern einen Kredit verwehrt.
Strafverfolgung, die in Grundrechte von Personen eingreifen kann wie Beurteilung von Beweisen.
Umgang mit Rechtsprechung wie Anwendung des Rechts auf einen konkreten Sachverhalt.

Tabelle 16.2: Charakteristiken von verbotenen Praktiken.

Verbotene Praktiken
Gesichtserkennung auf Grundlage biometrischer **Fernidentifizierungssysteme** (mit Menschenrechten nicht vereinbar).
Techniken **der Bewusstseinsmanipulation**, womit Menschen physisch sowie psychisch geschadet werden kann.
Ausnutzung der **Schwäche** oder **Schutzbedürftigkeit** von Personen aufgrund des Alters sowie einer körperlichen oder geistigen Behinderung zur Anrichtung von Schäden.
Klassifizierung der **Vertrauenswürdigkeit** von Menschen, wie Social Scoring auf Grundlage persönlicher Charakteristiken mit folglicher sozialer Benachteiligung.
Gezielte **Suche** nach bestimmten potenziellen **Opfern** von **Straftaten** oder **vermissten Kindern.**
Abwenden einer konkreten, erheblichen und unmittelbaren **Gefahr** für **Leben** oder **körperliche Unversehrtheit** von Menschen wie eines Terroranschlags.

Der KI-Gesetzesvorschlag selbst ist in einzelne Abschnitte (Titel I bis XII) unterteilt, die für bestimmte Risikoklassen gelten und überblicksweise in Abbildung 16.1 dargestellt sind. Die meisten der enthaltenen Artikel beziehen sich auf die Anforderungen für die Hochrisikoklasse. In Anlehnung an die ausgewiesenen Anforderungen sollte das KI-System mit einem angemessenen Maß an Genauigkeit, Robustheit und Cybersicherheit im Hinblick auf seinen Verwendungszweck entwickelt werden, sodass funktionale und sicherheitsrelevante Anforderungen an das KI-System während seines gesamten Lebenszyklus erfüllt werden können.

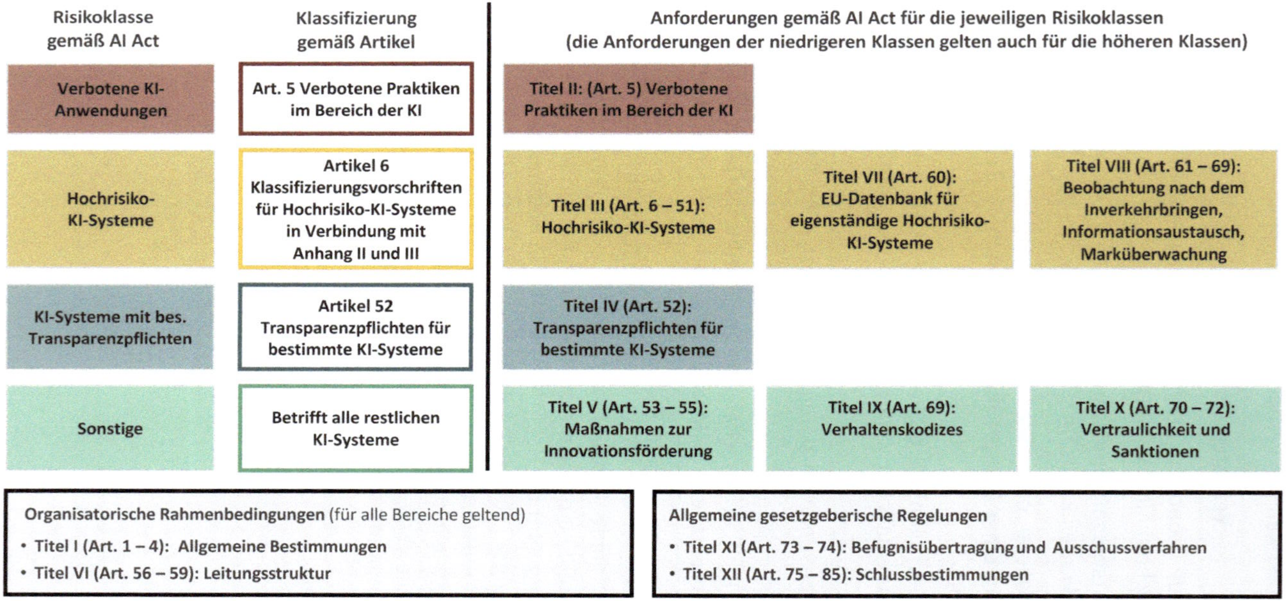

Risikoklasse gemäß AI Act	Klassifizierung gemäß Artikel	Anforderungen gemäß AI Act für die jeweiligen Risikoklassen (die Anforderungen der niedrigeren Klassen gelten auch für die höheren Klassen)		
Verbotene KI-Anwendungen	Art. 5 Verbotene Praktiken im Bereich der KI	Titel II: (Art. 5) Verbotene Praktiken im Bereich der KI		
Hochrisiko-KI-Systeme	Artikel 6 Klassifizierungsvorschriften für Hochrisiko-KI-Systeme in Verbindung mit Anhang II und III	Titel III (Art. 6 – 51): Hochrisiko-KI-Systeme	Titel VII (Art. 60): EU-Datenbank für eigenständige Hochrisiko-KI-Systeme	Titel VIII (Art. 61 – 69): Beobachtung nach dem Inverkehrbringen, Informationsaustausch, Marküberwachung
KI-Systeme mit bes. Transparenzpflichten	Artikel 52 Transparenzpflichten für bestimmte KI-Systeme	Titel IV (Art. 52): Transparenzpflichten für bestimmte KI-Systeme		
Sonstige	Betrifft alle restlichen KI-Systeme	Titel V (Art. 53 – 55): Maßnahmen zur Innovationsförderung	Titel IX (Art. 69): Verhaltenskodizes	Titel X (Art. 70 – 72): Vertraulichkeit und Sanktionen

Organisatorische Rahmenbedingungen (für alle Bereiche geltend)
- Titel I (Art. 1 – 4): Allgemeine Bestimmungen
- Titel VI (Art. 56 – 59): Leitungsstruktur

Allgemeine gesetzgeberische Regelungen
- Titel XI (Art. 73 – 74): Befugnisübertragung und Ausschussverfahren
- Titel XII (Art. 75 – 85): Schlussbestimmungen

Abbildung 16.1: Grundstruktur des Gesetzesentwurfs inklusive aller Abschnitte und Artikel sowie deren Beschreibung einzelner Risikoklassen. Titel sind dabei relevanten Risikoklassen zugeordnet.

Qualitätskriterien für Hochrisiko-KI-Systeme

Konkret soll ausgehend vom KI-Gesetzesvorschlag für Hochrisiko-KI-Systeme unter anderem die Einführung eines Qualitätsmanagementsystems, die Registrierung des Produkts in einer speziellen Datenbank sowie die Einrichtung einer Stelle zur Marktüberwachung in jedem Europäischen Mitgliedsstaat erfolgen. Zusätzlich soll bei Produkten eine Konformitätsbewertung durchgeführt werden, um darzulegen, dass im geplanten Gesetz enthaltenen grundlegenden Anforderungen erfüllt wurden.

Zusammengefasst sind im Gesetzentwurf zu KI folgende Anforderungen an Hochrisiko-KI-Systeme festgelegt, die zur Sicherung der Qualität von KI-Systemen entscheidend sind (im Wesentlichen in Titel III, Kapitel 2) [1]:

- Angemessene Systeme zur Risikobewertung und -minimierung
- Hohe Qualität der in das System eingespeisten Datensätze
- Protokollierung der Aktivitäten, um die Nachvollziehbarkeit der Ergebnisse sicherzustellen;
- Ausführliche Dokumentation mit allen erforderlichen Informationen über das System und dessen Zweck, sodass Behörden die Erfüllung von Anforderungen beurteilen können
- Klar und angemessen dargelegte Informationen für Benutzer
- Menschliche Aufsicht zur Vermeidung von Risiken
- Hohes Maß an Robustheit, Sicherheit und Genauigkeit, Fairness und Erklärbarkeit
- Datensicherheit

Viele der Anforderungen sind an Vorgaben aus anderen europäischen Gesetzen wie beispielsweise der Medizinprodukteverordnung [2] oder der Maschinenrichtlinie [3] angelehnt. Manche der Anforderungen sind jedoch spezifisch für KI-basierte Systeme und insbesondere datengetriebene Modelle, wie sie insbesondere im Bereich Maschinelles Lernen eingesetzt werden. Beispielsweise sollen für den jeweiligen Anwendungsfall gezielt geeignete Datensätze mit charakteristischen Qualitätsmerkmalen für Training, Validierung und Test verwendet werden. Die konkrete Umsetzung dieser Anforderungen für Medizinprodukte in Kapitel 17 exemplarisch dargelegt.

16.2 Was bedeutet Marktüberwachung für KI?

Grundsätzlich ist die Absicht der Marktüberwachung, Produkte auf dem europäischen Binnenmarkt auf Übereinstimmung mit gesetzlichen Anforderungen wie der CE-Kennzeichnung nach Inverkehrbringen auf Grundlage eines Überwachungsplans zu überprüfen [5]. Ausgehend vom KI-Gesetzesvorschlag soll die Überwachung von allen Hochrisiko-KI-Systemen nach Inverkehrbringen von Produkten grundsätzlich von den nationalen Aufsichtsbehörden der einzelnen europäischen Mitgliedsstaaten im Sinne einer Marktüberwachung erfolgen. Vor diesem Hintergrund sollen alle Hochrisiko-KI-Systeme in einer öffentlich zugänglichen, europäischen Datenbank registriert werden, bevor sie auf den europäischen Binnenmarkt gelangen. Ferner wird durch den Gesetzesvorschlag gefordert, Hochrisiko-KI-Systeme von einem Risikomanagementsystem sowie einer menschlichen Aufsicht während des gesamten Lebenszyklus begleiten zu lassen, in dem Erkenntnisse aus der Marktüberwachung gezielt einfließen sollen [1].

Des Weiteren sollen relevante Daten, die von Anwendern zur Verfügung gestellt werden, aktiv und systematisch gesammelt, dokumentiert und ausgewertet werden. Gleichzeitig soll die Übermittlung von Fehlermeldungen an die Marktüberwachungsbehörde während des gesamten Lebenszyklus stattfinden [1]. Bei Feststellung formaler oder technischer Unzulänglichkeiten werden verantwortliche Wirtschaftsakteure (darunter Hersteller, Bevollmächtigter, Importeur oder Händler) aufgefordert, die festgestellten Mängel zu melden und gegebenenfalls zu beheben. Falls mit einem Produkt ein unangemessenes Risiko verbunden ist, kann die unverzügliche Durchsetzung einer marktbeschränkenden Maßnahme wie ein Verkaufsverbot oder ein Rückruf erfolgen [5]. Für KI-Produkte auf dem Europäischen Binnenmarkt ist eine Abwägung zwischen Aufwand und Nutzen von Bedeutung, sodass sich Überwachungsprozesse nicht unangemessen innovationshemmend auswirken sollten.

16.3 Wie wird Normung ein Teil der KI-Regulierung?

Um Rechtssicherheit zu schaffen und Vertrauen in KI-Anwendungen aufzubauen, ist die Nachvollziehbarkeit von Beschreibung, Funktionalität sowie der Kritikalität von Anwendungen entscheidend. Dazu erfolgt grundsätzlich der Nachweis mittels der Erfüllung grundlegender Anforderungen im Rahmen von Konformitätsbewertungsprozessen.

16.3.1 Was ist Konformitätsbewertung – insbesondere mit Blick auf KI-Produkte und -Dienste?

Insbesondere für die Hersteller ist die Konformitätsbewertung der entscheidende Schritt, um für die Produkte einen erfolgreichen Zugang zum europäischen Binnenmarkt zu erreichen. Im Allgemeinen wird im Rahmen der Konformitätsbewertung die Erfüllung der grundlegenden Anforderungen anhand von relevanten Gesetzen unter bestimmten Voraussetzungen nachgewiesen, beispielsweise in Bezug auf Produktsicherheit, Systeme, Prozesse, Personen und Organisationen. Als Bestätigung des Nachweises erfolgt nach Erfüllung der grundlegenden Anforderungen die CE-(Conformité Européenne)-Kennzeichnung von Produkten. Die allgemeinen Anforderungen an die Konformitätsbewertung sind in der Normenreihe ISO/IEC 17000 niedergeschrieben. Die Normenreihe enthält weltweit anerkannte Anforderungen, die üblicherweise von Herstellern, Lieferanten, Konformitätsbewertungsstellen und Aufsichtsbehörden zur Konformitätsbewertung angewendet werden. Das konkrete Vorgehen bei einer Konformitätsbewertung hängt von den jeweiligen Rollen der beteiligten Marktteilnehmer ab sowie von den grundlegenden Anforderungen, wie sie in spezifischen sowie sektoralen Gesetzen, beispielsweise im bevorstehenden KI-Gesetz, in der Medizinprodukteverordnung (MDR) [2] oder in der Maschinenrichtlinie [3], verankert sind. Grundsätzlich ist zur Durchführung einer erfolgreichen Konformitätsbewertung die Erfüllung grundlegender Anforderungen in allen Rechtsakten, die für das jeweilige Produkt gelten, darzulegen. In den nachfolgenden Unterabschnitten wird die Rolle grundlegender Anforderungen herausgestellt.

16.3.2 Rolle von Normen bei der Konformitätsbewertung

Grundsätzlich spielen Normen bei der Konformitätsbewertung eine entscheidende Rolle. Sie entsprechen üblicherweise dem Stand der Technik und dienen als Grundlage für den Nachweis grundlegender Anforderungen im Rahmen einer Konformitätsbewertung. Auch wenn die Anwendung von Normen freiwillig ist und die Erfüllung der grundlegenden Anforderungen auch anderweitig nachgewiesen werden kann, machen Normen die Konformitätsbewertung effizienter mit Blick auf Zeit und Kosten sowie zuverlässiger und effektiver. Dies gilt insbesondere für die sogenannten Harmonisierten Europäischen Normen (HEN) in der EU. Bereits während der Erarbeitung von HEN wird eine Verknüpfung mit Europäischen Gesetzen anvisiert. Grundsätzlich wird die Erfüllung der grundlegenden Anforderungen für eine bestimmte Rechtsvorschrift vermutet, falls die Übereinstimmung mit allen HEN nachgewiesen ist, die für eine bestimmte Rechtsvorschrift anerkannt sind. Andere Dokumente (beispielsweise „Technische Spezifikationen“, engl. „Technical Specifications (TS)“) können im Rahmen desselben Konformitätsbewertungsprozesses einbezogen werden, falls in bestimmten Fällen zusätzliche Anforderungen abgedeckt werden müssen.

16.3.3 Arten der Konformitätsbewertung

Im Gesetzesentwurf zur künstlichen Intelligenz stellen Konformitätsbewertungsprozesse und HEN die Eckpfeiler für den Nachweis der Erfüllung grundlegender Anforderungen sowie den anschließenden Zugang von KI-Produkten zum europäischen Binnenmarkt dar.

Die Konformitätsbewertung kann auf unterschiedlichen Wegen durchgeführt werden, je nach den in den entsprechenden Rechtsakten vorhandenen Anforderungen. Unter bestimmten Umständen kann die Konformitätsbewertung von Herstellern eigenständig durchgeführt werden. Alternativ können Konformitätsbewertungsstellen (KBS), engl. „Conformity Assessment Bodies (CABs)" als Drittstellen zur Durchführung von Konformitätsbewertungsverfahren, wie Prüfung, Inspektion, Kalibrierung und Zertifizierung [4], eingebunden werden. Je nach Gesetzgebung und Einzelfall kann die Beteiligung Dritter an der Konformitätsbewertung verpflichtend sein. Dies gilt insbesondere für bestimmte EU-Rechtsvorschriften, wie die Medizinprodukteverordnung [2] oder auch das geplante europäische Gesetz zu KI. In der Regel werden bei der Beteiligung Dritter sogenannte „benannte Stellen" (auch „notifizierte Stellen", engl. „Notified Bodies (NoBos)") einbezogen (beispielsweise Zertifizierungsstellen des TÜV oder der DEKRA), siehe Abbildung 16.2. Als Untergruppe von Zertifizierungsstellen stellen NoBos eine besondere Kategorie von KBS dar, die offiziell für die Durchführung der Konformitätsbewertung für eine bestimmte Europäische Rechtsvorschrift benannt (notifiziert) sind [6]. NoBos sind private Organisationen, die für eine bestimmte EU-Gesetzgebung von einer entsprechenden notifizierenden Behörde zertifiziert werden müssen. So ist beispielsweise für die Bereiche „Elektromagnetische Verträglichkeit" sowie „Funkanlagen" die „Bundesnetzagentur" für die Notifizierung von Stellen zuständig. Darüber hinaus ist für die Medizinprodukteverordnung die „Zentralstelle der Länder für Gesundheitsschutz bei Arzneimitteln und Medizinprodukten (ZLG)" als notifizierende Behörde tätig. NoBos sind unter Verwaltung der Europäischen Kommission in dem Datenbanksystem „New Approach Notified and Designated Organisations (NANDO)" gelistet.

In Abhängigkeit von der Einbindung beziehungsweise Nicht-Einbindung notifizierter Stellen unterscheiden sich die Abläufe im Prozess der Konformitätsbewertung (Abbildung 16.2):

- **Konformitätsbewertung ohne notifizierte Stellen (NoBos).** Sofern die grundlegenden Anforderungen unter anderem auf Grundlage passender und vollständig anwendbarer HEN sowie produktbegleitender- und beschreibender Unterlagen erfüllt sind, kann ein Hersteller für sein Produkt eine Konformitätsbewertung anhand einer internen Kontrolle durchführen. Im Anschluss

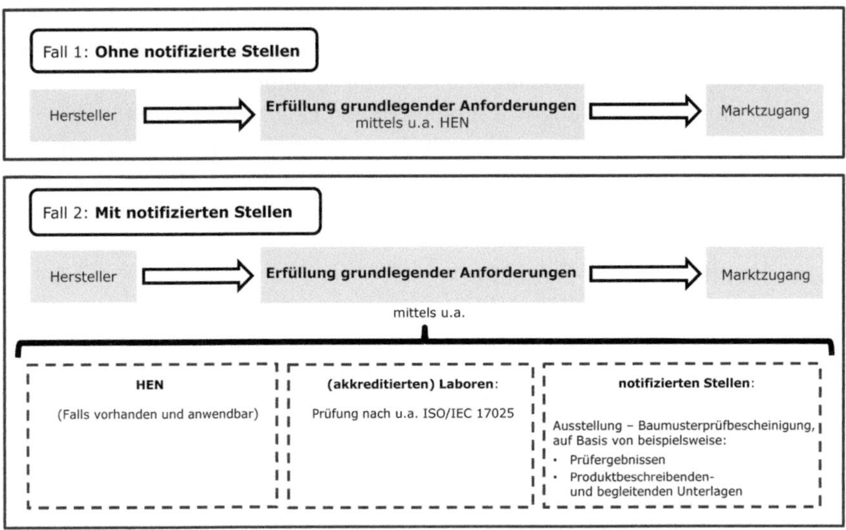

Abbildung 16.2: Konformitätsbewertung ohne und mit NoBos.

daran ist der Hersteller berechtigt, das Produkt für den Marktzugang mit einer CE-Kennzeichnung zu versehen (Fall 1 in Abbildung 16.2). Mit Blick auf KI müssen alle in der letztendlich verabschiedeten Version des KI-Gesetzes enthaltenen grundlegenden Anforderungen erfüllt sein, und unter anderem das Qualitätsmanagementsystem sowie die Marktüberwachung nach dem Inverkehrbringen mit entsprechenden HEN übereinstimmen.

- **Konformitätsbewertung mit notifizierten Stellen (NoBos).** Falls HEN entweder nicht vollständig vorliegen oder nicht vollständig angewandt werden oder der Einbezug von HEN zur Erfüllung grundlegender Anforderungen grundsätzlich nicht ausreicht, ist oftmals die Einbindung von notifizierten Stellen erforderlich (Fall 2 in Abbildung 16.2). Wird eine notifizierte Stelle (NoBo) eingeschaltet, um zur Markteinführung eines Produkts beizutragen, führt die Stelle eine Bewertung von beispielweise Prüf- oder Inspektionsergebnissen sowie der produktbeschreibenden und -begleitenden Unterlagen durch. Da bei notifizierten Stellen üblicherweise Dokumente wie Prüfberichte und produktrelevante Unterlagen begutachtet werden, erfolgt die zu beurteilende Prüfung beispielsweise vor Beteiligung des NoBos in einem Labor. Während sich in Laboren auf der ganzen Welt Produktprüfungen durchführen lassen, können notifizierte Stellen für Märkte verschiedener geografischer Regionen wie Europäische Union, Japan, Vereinigte Staaten sowie Kanada zertifiziert werden und zu dem Marktzugang von Produkten beitragen. Alternativ kann sich der Hersteller in kontinuierlichen Zeiträumen für das eigene Qualitätsmanagementsystem zu selbstständiger Herstellung, Endabnahme und Prüfung von Produkten von einer notifizierten Stelle eine Zulassung erteilen lassen. Nach Zulassung ist der Hersteller unter Verantwortung der einbezogenen notifizierten Stelle bemächtigt, betreffende Produkte selbstständig in den Verkehr zu bringen [7].

16.4 Hochrisiko-KI-Systeme

16.4.1 Wege zur Konformitätsbewertung

Mit Blick auf Hochrisiko-KI-Systeme sind im Rahmen des Gesetzesvorschlags zu KI grundsätzlich zwei ähnlich gestaltete Wege für die Konformitätsbewertung möglich. Der grundlegende Prozess ist in Abbildung 16.3 dargestellt. Falls für Produkte mit eigenständiger KI grundlegende Anforderungen aufgrund passender und vollständig anwendbarer HEN erfüllbar sind, kann die Konformitätsbewertung von Herstellern selbstständig durchgeführt werden. Andernfalls ist die Beteiligung einer notifizierten Stelle an der Konformitätsbewertung zwingend erforderlich, siehe die Raute in Abbildung 16.3. In diesem Fall wird die Konformitätsbewertung auf der Grundlage der Bewertung des Qualitätsmanagementsystems und der Bewertung der technischen Dokumentation durchgeführt. Diese Durchführung der Konformitätsbewertung gilt dabei sowohl für eigenständige KI-basierte Produkte als auch bei eingebetteter KI [1].

16.4.2 Zusätzliche sektorale Anforderungen

Falls eine oder mehrere EU-Rechtsvorschriften parallel anwendbar sind, beispielsweise wenn KI in Produkte spezifisch regulierter Sektoren eingebettet wird, muss die Konformitätsbewertung Anforderungen und Pflichten aller für den jeweiligen Fall geltender Rechtsakte abdecken (siehe Abbildung 16.3, gestrichelter Pfeil, unten). Zum Beispiel im Fall von zwei anwendbaren sektoralen Rechtsakten: Falls eine notifizierte Stelle erforderlich ist und eine ausgewählte notifizierte Stelle für beide Rechtsvorschriften zertifiziert ist, so reicht diese eine notifizierte Stelle für die Konformitätsbewertung aus. Andernfalls kann der Einbezug einer zweiten notifizierten Stelle notwendig werden.

Falls für ein Produkt die Erfüllung grundlegender Anforderungen festgestellt wird, stellt die notifizierte Stelle eine Baumusterprüfbescheinigung der Europäischen Kommission aus und trägt zum Marktzugang des Produkts bei. Auf Basis der EG-Baumusterprüfbescheinigung darf der Hersteller eine CE-Kennzeichnung auf sein Produkt für den Zugang zum europäischen Markt anbringen.

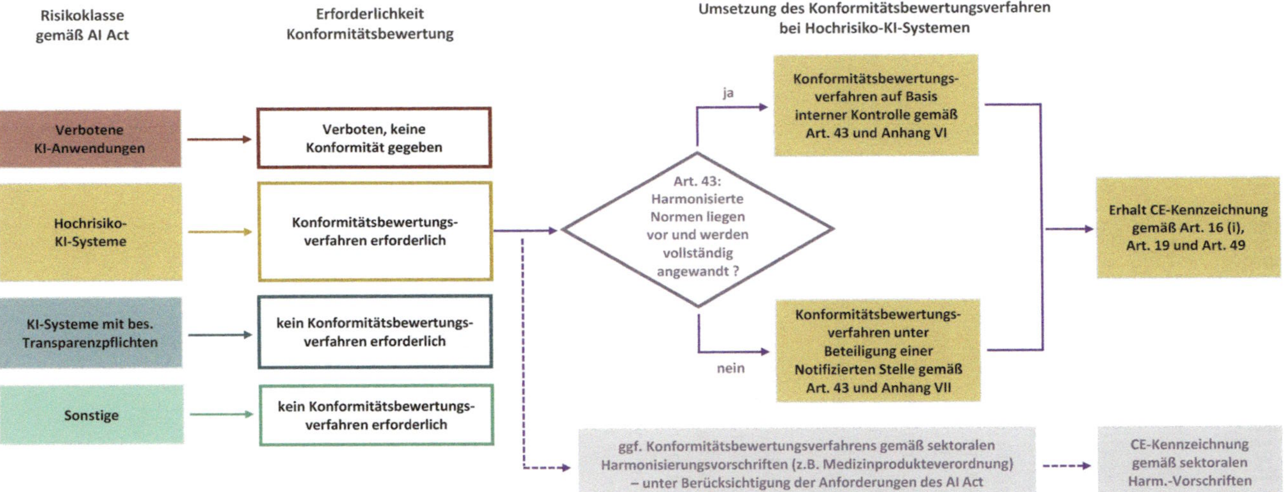

Abbildung 16.3: Rolle von HEN und daraus resultierende Pfade zur Umsetzung der Konformitäts-bewertung gemäß Gesetzesvorschlag (inkl. Berücksichtigung weiterer sektoraler Gesetzesakte).

16.5 Weitere Europäische Rechtsakte mit Relevanz für KI-Systeme

KI-Produkte sind komplexe Systeme, die neben dem Gesetzesvorschlag zu KI von mehreren Rechtsakten betroffen sind. Abbildung 16.4 gibt einen Überblick über die Landschaft der EU-Rechtsakte, die für KI-Systeme relevant sein können.

Der erste Bereich (beige) in Abbildung 16.4 umfasst allgemeine Rechtsvorschriften wie die EU-Menschenrechtscharta, die Produkthaftungsrichtlinie, die Richtlinie über die Sicherheit und den Gesundheitsschutz von Arbeitnehmern oder die Maschinenrichtlinie [3]/vorgeschlagene Maschinenverordnung. Darüber hinaus müssen für eine Konformitätsbewertung möglicherweise je nach Produktcharakteristik zusätzlich sektorale Rechtsvorschriften aus benachbarten Bereichen wie die Verordnung über Medizinprodukte (MDR) [2] angewendet werden [8].

Der zweite Bereich (blau) in Abbildung 16.4 befasst sich mit Schutz und Sicherheit der Privatsphäre von Daten, wie sie in Gesetzen wie der Allgemeinen Datenschutzgrundverordnung – engl. „General Data Protection Regulation (GDPR)“, dem Gesetz über die Sicherheit der Netze, dem Gesetz über Cybersicherheit – „Cyber Security Act (CSA)“ oder dem geplanten Gesetz über Cyberresilienz „Cyber Resilience Act (CRA)“ festgelegt sind.

Des Weiteren gehören zu KI-relevanten Rechtsakten Gesetze, die Datenzugang und -nutzung regulieren, wie der Data Governance Act, der Digital Services Act, der geplante Digital Markets Act und der geplante Data Act (dritter Bereich in orange aus Abbildung 16.4). Weiter strebt die EU an, den Zugang zu Daten in bestimmten Sektoren zu optimieren, etwa mittels des vorgeschlagenen „Europäischen Raums für Gesundheitsdaten“ (engl. European Health Data Space, EHDS).

Für Hersteller und Anbieter stellt der Überblick über alle relevanten rechtlichen Anforderungen eine Herausforderung dar. In dieser Hinsicht sind Normen nicht nur entscheidend, um die Übereinstimmung mit all diesen Gesetzen im Rahmen einer Konformitätsbewertung nachzuweisen. Normen bieten auch eine Grundlage, um nachzuvollziehen, wie erwartete Anforderungen aus technischer Perspektive umgesetzt werden können. Falls ein Anbieter Normen, insbesondere die HEN, befolgt, müssen nicht alle Details aus den Rechtsvorschriften bekannt sein.

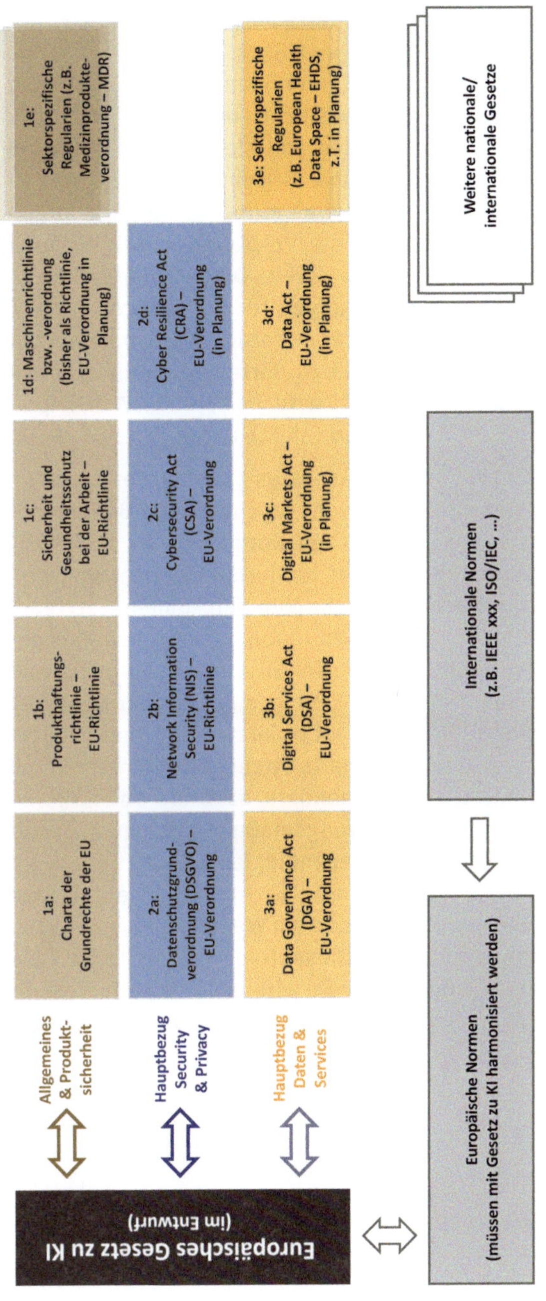

Abbildung 16.4: Überblick über EU-Gesetze mit Relevanz für KI-Systeme.

Fazit und Handlungsempfehlungen

Die EU sieht den Bereich der künstlichen Intelligenz als eine zentrale Technologie an, die in Zukunft die wirtschaftliche und gesellschaftliche Entwicklung prägen wird. Aus diesem Grund will sie über das geplante KI-Gesetz Rahmenbedingungen setzen, damit KI grundlegenden Europäischen Prinzipien und Werten folgt. Es wird eine europäische Regulierung KI-basierter Systeme angestrebt, bei der die Vertrauenswürdigkeit und Sicherheit der Systeme eine zentrale Rolle spielt. Der Schwerpunkt des Gesetzesentwurfs liegt dabei auf Anforderungen für die Kategorie Hochrisiko-Systeme, die die Umsetzung erhöhter Anforderungen nachweisen müssen, um auf den Markt gebracht werden zu dürfen. Wie das in einem konkreten Anwendungsfall zu erreichen ist, wird in Kapitel 17 exemplarisch für ein Beispiel für KI-basierte Medizinprodukte dargelegt.

Damit die Anforderungen des geplanten KI-Gesetzes gut umgesetzt werden können, ist das Zusammenspiel mit Normen von entscheidender Bedeutung. Insbesondere die Harmonisierten Europäischen Normen (HEN) sind maßgeblich, damit Hersteller für ihre Produkte das Konformitätsbewertungsverfahren zuverlässig, effizient und erfolgreich durchlaufen können. Letztendlich dient das dazu, das Ziel der Europäischen Union umsetzen zu können, Rechtssicherheit für die Entwicklung KI-basierter Systeme im Europäischen Binnenmarkt zu erreichen. Damit die Verankerung europäischer Werte im Bereich KI eine tragende Rolle spielen kann, ist es letztendlich maßgeblich, dass Hersteller und andere relevante Wirtschaftsakteure nicht zu sehr durch regulatorische Hürden behindert werden, sondern dass die ebenfalls im KI-Gesetzesentwurf enthaltenen Unterstützungsmaßnahmen einen fruchtbaren Boden für die Nutzung innovativer Technologien bilden. Gute regulatorische Systeme sollten letztendlich immer eine gute Balance zwischen Risiken und Chancen beinhalten und somit auch ein Werkzeug einer im positiven Sinne nachhaltigen Entwicklung sein. Dieser Nachweis sollte am Ende zeigen, inwieweit das geplante KI-Gesetz der EU wirklich als Meilenstein für eine vertrauenswürdige Umsetzung KI-basierter Systeme zu betrachten ist.

Quellen

[1] Europäische Kommission (2021) Vorschlag für eine Verordnung des Europäischen Parlaments und des Rates zur Festlegung harmonisierter Vorschriften für künstliche Intelligenz (Gesetz über künstliche Intelligenz) und zur Änderung bestimmter Rechtsakte der Union

[2] Regulation on medical devices, amending Directive 001/83/EC, Regulation (EC) No 178/2002 and Regulation (EC) No 1223/2009 and repealing Council Directives 90/385/EEC and 93/42/EEC

[3] 27. Richtlinie 2006/42/EG des Europäischen Parlaments und des Rates vom 17. Mai 2006 über Maschinen und zur Änderung der Richtlinie 95/16/EG (Neufassung)

[4] ISO/IEC 17000:2020(en) – Conformity assessment – Vocabulary and general principles

[5] Verordnung (EG) Nr. 765/2008 des Europäischen Parlaments und des Rates vom 9. Juli 2008 über die Vorschriften für die Akkreditierung und Marktüberwachung im Zusammenhang mit der Vermarktung von Produkten und zur Aufhebung der Verordnung (EWG) Nr. 339/93 des Rates

[6] Verordnung (EG) Nr. 764/2008 DES EUROPÄISCHEN PARLAMENTS UND DES RATES vom 9. Juli 2008 zur Festlegung von Verfahren im Zusammenhang mit der Anwendung bestimmter nationaler technischer Vorschriften für Produkte, die in einem anderen Mitgliedstaat rechtmäßig in den Verkehr gebracht worden sind, und zur Aufhebung der Entscheidung Nr. 3052/95/EG

[7] Richtlinie 2014/34/EU des Europäischen Parlaments und des Rates vom 26. Februar 2014 zur Harmonisierung der Rechtsvorschriften der Mitgliedstaaten für Geräte und Schutzsysteme zur bestimmungsgemäßen Verwendung in explosionsgefährdeten Bereichen (Neufassung)

[8] Beschluss Nr. 768/2008/EG des Europäischen Parlaments und des Rates vom 9. Juli 2008 über einen gemeinsamen Rechtsrahmen für die Vermarktung von Produkten und zur Aufhebung des Beschlusses 93/465/EWG des Rates

Kapitel 17 KI-basierte Medizinprodukte: Darstellung der Konformitätsbewertung anhand eines Beispiels

Martin Haimerl

17.1 Einleitung

Um KI-basierte Produkte auf den Markt bringen zu können, sind in der EU in Zukunft die Vorgaben des angekündigten KI-Gesetzes (KI-Verordnung) umzusetzen [1]. Die folgenden Abschnitte erläutern die dafür erforderlichen Schritte und Vorgaben in exemplarischer Weise für einen Anwendungsfall aus dem Bereich Medizintechnik, genauer gesagt für ein KI-basiertes Alarmsystem in der Intensivmedizin. Das Beispiel fällt damit in den Bereich der Medizinprodukte, die in Europa über die Medizinprodukteverordnung (Medical Device Regulation – MDR) reguliert sind. Das bedeutet, dass für den vorliegenden Anwendungsfall in Zukunft voraussichtlich die Anforderungen beider Gesetzgebungen umgesetzt werden müssen. Da die MDR, wie das geplante Gesetz zu KI, aus dem EU-Ansatz des New Legislative Frameworks (NLF) stammt, weisen beide Gesetze in ihrer Struktur und auch in ihren zentralen Vorgaben Ähnlichkeiten auf. Die parallele Darstellung der beiden Ansätze hilft daher, die im geplanten KI-Gesetz gestellten Anforderungen besser einordnen zu können. Dabei werden sowohl Ähnlichkeiten als auch Unterschiede beziehungsweise abweichende Anforderungen beleuchtet.

Das Beispiel fokussiert sich auf den Bereich der Hochrisiko-KI-Systeme (im Sinne des geplanten KI-Gesetzes), da die meisten Vorgaben im Gesetzesvorschlag zu KI auf diese Kategorie ausgerichtet sind. Als zentraler Punkt ist bei Hochrisiko-KI-Systemen ein Konformitätsbewertungsverfahren durchzuführen, bevor das Produkt auf den Markt gebracht werden darf. Dieses Konformitätsbewertungsverfahren und damit verbundene Anforderungen zur systematischen Überprüfung des KI-Systems stellen einen Kernpunkt der folgenden Betrachtungen dar. Zudem werden die Anforderungen, die auch nach Inverkehrbringen umzusetzen sind, wie beispielsweise die kontinuierliche Überwachung während des Betriebs der Systeme, in ihren Grundzügen erläutert.

Die Darstellung des Anwendungsfalles beziehungsweise dessen regulatorische Umsetzung orientiert sich an der Struktur des Gesetzesvorschlages zu KI. Das heißt, es werden die zentralen Schritte, die der Entwurf des Gesetzesvorschlages zu KI gemäß seines aktuellen Stands [1] fordert, systematisch in Bezug auf die gestellten Anforderungen und in Bezug auf die Umsetzung im Fall des vorgestellten KI-basierten Alarmsystems (siehe Kasten Anwendungsfall „KI-basiertes Alarmsystem in der Intensivmedizin“) dargelegt. Diese zentralen Schritte sind in dem vom Bitkom-Verband herausgegebenen Leitfaden [1] als Step-to-Step-Guide präsentiert. Hersteller können sich bei der Umsetzung der Anforderungen an diesem Schema orientieren, das im Folgenden auch für den Anwendungsfall verwendet wird. Die Bezeichnungen der einzelnen Schritte wurden gegenüber [1] leicht abgewandelt, sodass jeweils erkennbar ist, in welcher Phase sie Anwendung finden (A1 – A10: „Für den Marktzugang erforderliche Schritte“ sowie B1 – B7: „Fortlaufende Verpflichtungen“). Die Reihenfolge der Schritte orientiert sich an dem Auftreten im geplanten Gesetz zu KI. Die einzelnen Punkte sind jedoch nicht sequenziell in dieser Reihenfolge abzuarbeiten. Sie greifen zu einem erheblichen Teil ineinander und sollten als Gesamtpaket der Anforderungen betrachtet werden, die erfüllt werden müssen, um das Konformitätsbewertungsverfahren erfolgreich durchlaufen zu können. Abbildung 17.1 liefert einen Überblick über diesen Step-to-Step Guide.

Die in Abbildung 17.1 enthaltenen Schritte sind an der geplanten Grundstruktur des KI-Gesetzes aus Abbildung 16.1 orientiert. Für die folgenden Betrachtungen sind primär die Anforderungen in den violetten Boxen für den Hochrisikobereich relevant.

Für die Umsetzung KI-basierter Medizinprodukte ist, wie bereits gesagt, zudem die MDR zu berücksichtigen. Aufgrund fehlender konkreter KI-spezifischer Vorgaben in der MDR und auch den zugehörigen Normen wurde von der Interessengemeinschaft der benannten Stellen für Medizinprodukte in Deutschland (IG-NB) der Leitfaden [3] entwickelt. Dieser enthält für Hersteller und benannte Stellen zentrale Fragen beziehungsweise Kriterien, die im Rahmen des Konformitätsbewertungsverfahrens bei KI-basierten Systemen adressiert werden sollten. Medizinprodukt-spezifische Normen, die mit der MDR harmonisiert sind beziehungsweise die noch harmonisiert werden, sollten ebenfalls beachtet werden. Dazu gehören unter anderem die ISO 13485 (Qualitätsmanagementsysteme für Medizinprodukte) [4], DIN EN ISO 14971 (Risikomanagement bei Medizinprodukten) [5], IEC 62304 (Software-Lebenszyklus bei Medizinprodukten) [6] und IEC 62366-1 (Gebrauchstauglichkeit bei Medizinprodukten) [7]. Zusätzliche Implementierungshinweise enthalten für den Bereich Risikomanagement der ISO/TR 24971 und für den Bereich Gebrauchstauglichkeit der IEC/TR 62366-2. Weitere Normen können für spezielle Anwendungsbereiche hinzukommen.

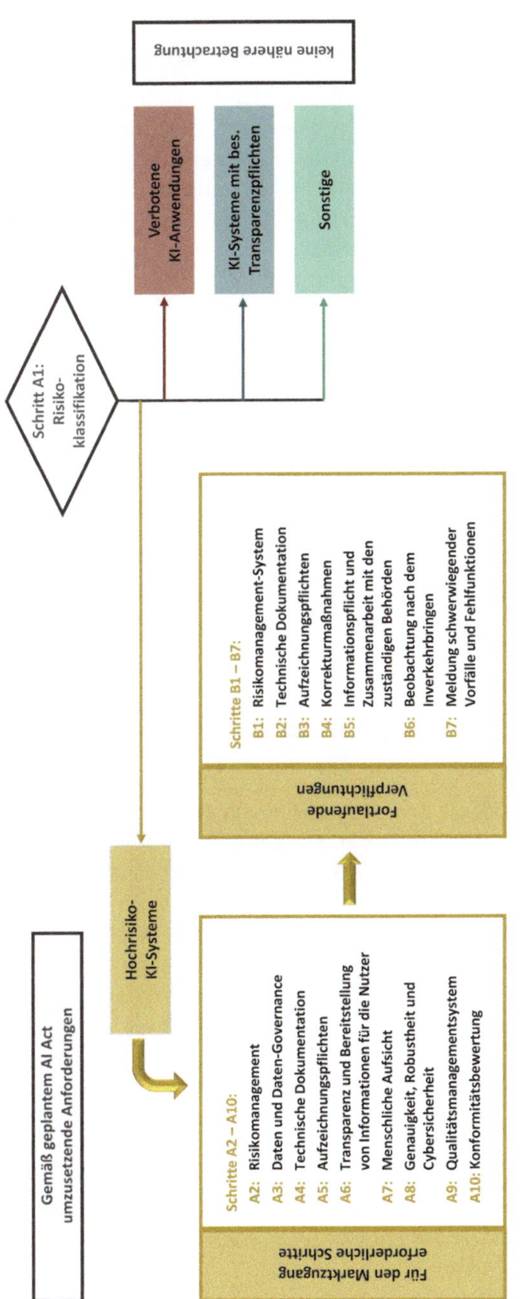

Abbildung 17.1: Step-to-Step Guide zur Implementierung der Vorgaben des geplanten KI-Gesetzes nach [1].

Anwendungsfall KI-basiertes Alarmsystem in der Intensivmedizin

Die Erkennung kritischer Situationen ist ein wichtiger Schritt, um auf Intensivstationen rechtzeitig reagieren und die Patientinnen und Patienten in solchen Situationen in geeigneter Weise behandeln zu können. Das gilt z. B. für die Erkennung einer Sepsis (lebensbedrohlicher Zustand in Folge einer überschießenden körpereigenen Abwehrreaktion gegen eine Infektion) anhand bestimmter physiologischer Messwerte, die bei den Patientinnen und Patienten kontinuierlich abgegriffen werden, aber auch für weitere kritische Situationen. Im vorliegenden Anwendungsfall soll ein KI-basiertes System eine Alarmfunktion übernehmen und das Personal auf der Intensivstation benachrichtigen, sobald ein potenziell kritischer Zustand vorliegt. Es muss anhand der Messwerte eine Abschätzung treffen, wann ein Patient bzw. eine Patientin in einen solchen Zustand gelangt ist bzw. gelangen könnte. Es ersetzt dabei nicht die Anforderung an einer Überprüfung des Gesundheitszustands der Patientinnen und Patienten, sondern dient als Ergänzung der bestehenden Abläufe. Da es sich eher um die Erzeugung von Aufmerksamkeit beim Personal handelt und nicht um die Entscheidung, ob wirklich ein Alarm vorliegt, könnte es auch als Warn- bzw. Alert-System bezeichnet werden. Wir bleiben in der folgenden Beschreibung jedoch beim Begriff Alarmsystem, um die Kritikalität der Entscheidungen des KI-basierten Systems hervorzuheben. In jedem Fall muss das System eine hohe Zuverlässigkeit aufweisen, insbesondere da es um potenziell lebensbedrohliche Situationen geht, selbst wenn das Intensivpersonal im Sinne eines Human-in-the-Loop-Systems in der Entscheidungsschleife integriert ist.

Ein solches KI-basiertes System dient dem Monitoring von Erkrankungen und stellt im Sinne der MDR ein Medizinprodukt dar. Es fällt damit automatisch in den Wirkungsbereich der MDR. Als KI-basiertes System unterliegt es in Zukunft zudem dem geplanten AI Act und dessen Anforderungen. Die Anwendung des Systems sei eingeschränkt auf die Benutzung auf einer Intensivstation durch speziell geschultes Personal aus dem Bereich der Intensivpflege. Der geschilderte Verwendungszweck und der zugehörige Anwendungskontext sind zentrale Elemente, um ein System sowohl in Bezug auf die MDR als auch auf den geplanten AI Act richtig einordnen zu können. Diese Randbedingungen sind im Rahmen des Konformitätsbewertungsverfahrens entsprechend zu berücksichtigen, sowohl in Bezug auf die Klassifizierung des Systems als auch auf die weiteren konkreten Schritte, wie beispielsweise bezüglich des Risikomanagements. Im vorliegenden Fall muss z. B. die Einschätzung von Alarmen und die darauf aufbauenden Reaktionen speziell von den genannten Benutzerinnen und Benutzern und in der zugehörigen Anwendungsumgebung angemessen umgesetzt werden können.

17.2 Für den Marktzugang erforderliche Schritte

Um ein Hochrisiko-System, wie das vorliegende KI-basierte Alarmsystem, auf den Markt zu bringen, müssen in Anlehnung an Abbildung 17.1 zunächst die nachfolgend herausgestellten Schritte A1 bis A10 umgesetzt werden. Die Risikoklassifikation ist dabei ein vorgelagerter Schritt, der bestimmt, welche Anforderungen des geplanten Gesetzes zu KI während des Entwicklungsprozesses und auch nach dem Inverkehrbringen erfüllt werden müssen.

- **Schritt A1: Risikoklassifikation** (Artikel 5 bis 7 des geplanten KI-Gesetzes). Für die Einordnung in Risikoklassen ist im Rahmen des geplanten Gesetzes zu KI zunächst zu klären, ob das betrachtete KI-System in den Bereich der verbotenen (Artikel 5) oder der Hochrisiko-Produkte (Artikel 6 und 7) fällt. In die Kategorie der verbotenen Anwendungen fällt es nicht, da der vorliegende Anwendungsfall nicht in Artikel 5 gelistet ist. Im vorliegenden Fall handelt es sich um ein Produkt, das nach der MDR als Medizinprodukt reguliert wird. Artikel 6 des KI-Gesetzesvorschlags in Verbindung mit Anhang II führt die Einordnung auf andere sektorale EU-Gesetzgebungen (in diesem Fall die MDR) zurück und delegiert die Entscheidung gewissermaßen an die Vorschriften in diesen Gesetzen. Artikel 6 besagt, dass das Produkt in die Klasse Hochrisiko fällt, sobald gemäß der relevanten sektoralen Vorschrift eine Konformitätsbewertung unter Einbezug Dritter durchzuführen ist. Das KI-basierte Alarmsystem ist als Software-Produkt, und da es einen schwerwiegenden Schaden bewirken kann, gemäß Anhang VIII, Regel 11 der MDR, in die MDR-Risikoklasse IIb einzuordnen. Solche Produkte benötigen eine Konformitätsbewertung unter Einbezug einer benannten Stelle. Damit stellen sie gemäß Artikel 6 des geplanten Gesetzes zu KI ein Hochrisiko-KI-System dar. Unter diesem Hintergrund sind die einzelnen im Folgenden gelisteten Anforderungen umzusetzen, die aus den Titeln III, VII und VIII des geplanten KI-Gesetzes stammen, die sich wiederum auf Hochrisiko-KI-Systeme beziehen (siehe auch Abbildung 16.1).
- **Schritt A2: Risikomanagement** (Artikel 9 des geplanten KI-Gesetzes). Gerade bei sicherheitskritischen Anwendungen, wie im Bereich der Medizintechnik, ist das Risikomanagement ein zentraler Punkt bei der Entwicklung, aber auch während des Betriebs eines Systems. Auf systematische Weise sind Risiken zu identifizieren, zu bewerten und möglichst weit durch geeignete Maßnahmen zu reduzieren. Das umfasst bekannte sowie vorhersehbare Risiken. Dabei sind Anwendungen entsprechend der Zweckbestimmung des Systems, aber auch im Rahmen einer vernünftigerweise vorhersehbaren Fehlanwendung zu berücksichtigen. Aus diesem Grund ist eine zielgerichtete Erfassung des Anwendungskontextes und der Benutzergruppen von zent-

raler Bedeutung. Im vorliegenden Fall bedeutet das, dass bewertet werden muss, welche Risiken auch bei Bedienung durch geschultes Fachpersonal entstehen können, wenn technische Fehler (beispielsweise fehlerhafte Messdaten oder eine fehlerhafte Weiterverarbeitung) oder Bedienungsfehler (beispielsweise fehlerhafte Eingabe von Daten oder unzureichende Interpretation von Alarmen beziehungsweise der damit verbundenen Reaktionen des Personals) vorliegen. In diesem Zusammenhang sind insbesondere die ISO 14971 [5] für das Risikomanagement allgemein, die ISO 62366 [7] in Bezug auf Benutzungsfehler sowie die IEC 62304 [6] in Bezug auf den Software-Lebenszyklus-Prozess zu berücksichtigen.

Ein zentraler Aspekt bei KI-basierten Systemen ist die Frage, ob die Prädiktionen des Systems verlässlich genug sind, um die richtigen Entscheidungen zu treffen. Das schließt mit ein, dass die zugehörigen Daten (Trainings-/Validierungs-/Testdaten) repräsentativ und aussagekräftig genug sind, um die Ergebnisse des KI-Systems in geeigneter Weise zu bewerten. Das wiederum bedeutet, dass das Risikomanagement sehr stark mit den Bewertungskriterien für das KI-System gekoppelt ist. Die Häufigkeit von Fehlern ist ein ebenso zentrales Element wie die Bewertung des Effekts, das aus einem Fehler resultiert. Dabei ist es entscheidend, Leistungsmetriken zu verwenden, die das Risikopotenzial der unterschiedlichen Fehlerarten passend einordnen. Bei dem KI-basierten Alarmsystem hat ein fehlerhaft ausgelöster Alarm (Falsch Positiv) in der Regel eine niedrigere Auswirkung als ein übersehener Alarm (Falsch Negativ), der im schlimmsten Fall sogar zum Tod von Patientinnen und Patienten führen kann. Insofern sind diese Fehlerarten gegebenenfalls unterschiedlich zu gewichten. Wenn sich die Falsch Positiven Erkennungen allerdings übermäßig häufen, kann sich das wiederum auf das Reaktionsverhalten des Personals auswirken. Die Konsequenz bei der Beachtung der Alarme kann nachlassen und auch hier kann es fatale Folgen geben. Verstärkt werden solche Effekte unter Umständen, wenn häufige Updates des KI-Systems erfolgen, bei denen sich das Systemverhalten immer wieder in gewissem Maße ändert und die Benutzerinnen und Benutzer sich nicht mehr in ausreichender Weise in ihrem eigenen Verhalten adaptieren können.

Das zeigt auf, dass klassische Fehlermetriken (wie beispielsweise Genauigkeiten oder auch Spezifität, Sensitivität und ROC-/AUC-Werte) nicht ohne weiterführende Prüfung verwendet werden sollten, sondern immer gefragt werden muss, welche Metrik für den vorliegenden Anwendungsfall geeignet ist, um alle relevanten Aspekte abzudecken. Dabei ist zu berücksichtigen, dass manche Kriterien (beispielsweise Wirkung von Falsch Positiven vs. Falsch Negativen) gegenläufig sind und am Schluss eine Balance zwischen den resultierenden Effekten erreicht werden muss. Im Vergleich zu klassischen Ansätzen im Risikomanagement bedeutet das bei KI-Systemen, dass verstärkt das Gesamtrisiko des Systems beachtet werden muss und eine Reduktion einzelner Risiken aufgrund potenzieller Wechselwirkungen oftmals nur eingeschränkt anwendbar ist.

Bevor das System auf den Markt gebracht werden darf, müssen sowohl die einzelnen Risiken als auch das verbleibende Gesamtrisiko in einem akzeptablen Bereich bleiben. Falls das noch nicht der Fall ist, müssen geeignete Maßnahmen in das System integriert werden, um das Risiko weiter zu senken. Das können technische Maßnahmen sein, aber auch solche, die auf Ebene der Benutzerinteraktion angreifen und zum Beispiel die Reaktionen von Benutzerinnen und Benutzern verlässlicher gestalten. Zwischen dem geplanten KI-Gesetz und der MDR gibt es dabei Unterschiede, was als akzeptables Risiko einzuordnen ist und damit auch, wie weit eine Reduktion von Risiken umgesetzt werden muss. In beiden Fällen ist vorab eine Risiko-Policy zu definieren, die einordnet, welcher Risikobereich noch als akzeptabel zu betrachten ist.

Der geplante Gesetzesvorschlag zu KI fordert, dass die einzelnen Risiken soweit möglich reduziert werden, ohne weitere Einschränkungen zu machen. Bei der MDR ist das Verhältnis zwischen den Risiken des Systems auf der einen Seite und dessen klinischer Nutzen auf der anderen Seite ein zentrales Kriterium. Solange dieses Verhältnis positiv ausfällt und soweit weitere Maßnahmen zur Risikoreduzierung dieses Verhältnis nicht mehr wesentlich verändern, kann das Gesamtrisiko als akzeptabel eingeordnet werden. Das heißt, dass vorhandene Risiken durch den resultierenden klinischen Nutzen in gewissem Maße aufgewogen werden können. Da bei Medizinprodukten häufig Risiken verbleiben, die nur dann als zulässig betrachtet werden können, wenn sie durch einen entsprechenden Nutzen ausgeglichen werden können, wäre es eine erhebliche Einschränkung, wenn das geplante KI-Gesetz eine solche Abwägung nicht zulassen würde. Da das Produkt beide Gesetzgebungen erfüllen muss, wäre sonst genau diese Situation gegeben.

Dieses Beispiel zeigt auf, dass unterschiedliche Anforderungen in den einzelnen Gesetzgebungen Hürden bei der Umsetzung KI-basierter Systeme darstellen können. Daher ist es wichtig, dass die Spezifika des Bereichs Medizinprodukte nicht durch Vorgaben aus dem geplanten KI-Gesetz wirkungslos bleiben. Das sollte bei der weiteren Entwicklung der Gesetzgebung beziehungsweise auch Normung berücksichtigt werden.

Auf Seite der Hersteller sollten solche potenziellen Fallstricke rechtzeitig in Betracht gezogen und im Entwicklungsprozess entsprechend berücksichtigt werden.

- **Schritt A3: Daten und Daten-Governance** (Artikel 10 des geplanten KI-Gesetzes). Die Qualität der Daten ist ein entscheidendes Kriterium für den Erfolg KI- beziehungsweise ML-basierter Systeme. Deshalb ist für den jeweiligen Anwendungsfall eine entsprechende Datenqualität sicherzustellen. Das beinhaltet geeignete Inputs, einen ausreichenden Umfang sowie eine umfassende Repräsentativität und Diversität der Daten. Letzteres bedeutet, dass vor allem auch alle Anwendungskonstellationen in ausreichender Form in den Daten enthalten sind. In dem vorliegenden KI-basierten Alarmsystem wären das zum Beispiel die unterschiedlichen intensivmedizinischen Umgebungen mit ihren jeweiligen Geräten und Abläufen, die typische Variationsbreite beim Bedienpersonal sowie die unterschiedlichen Patientengruppen und enthaltenen Pathologien. Diese Anforderung an die Repräsentativität gilt sowohl für die Trainings- als auch für die Validierungs- und Testdaten. Die statistischen Parameter müssen dabei dem jeweiligen Anwendungsfall entsprechen. Diese Datensätze müssen zudem in einer Art und Weise unabhängig voneinander sein, sodass sie eine Überanpassung an die Trainingsdaten vermeiden. In dem vorliegenden Fall ist zum Beispiel dafür zu sorgen, dass bei einer Anwendung in einem anderen Krankenhaus mit unterschiedlichem Profil (beispielsweise bzgl. Ausstattung, Qualifikation des Personals, kulturelle Unterschiede ...) die Qualität der Alarmdetektion nicht entscheidend abfällt. Um Nicht-Diskriminierung gewährleisten zu können, ist gezielt zu prüfen, ob systematische Verzerrungen in den Daten oder in den resultierenden Ergebnissen vorhanden sind.

  Die Qualität der Daten muss durch einen geeigneten Prozess gewährleistet werden. Bei Verfahren des überwachten Lernens, so wie es bei einer Klassifikationsaufgabe wie der Alarmdetektion typischerweise angewandt wird, ist zum Beispiel darauf zu achten, dass die Erstellung des Ground Truth (Labelings) auf einem nachgewiesen hohen Niveau erfolgt und von entsprechend qualifizierten Personen vorgenommen wird. In dem vorliegenden Anwendungsfall bedeutet dies, dass die Einordnung der Alarme von medizinischem Fachpersonal vorgenommen wird, das die einzelnen vorliegenden Situationen hinreichend bewerten kann. Dabei sollten die Einordnungen von mehreren Personen unabhängig vorgenommen werden, damit auch die Robustheit der Daten auf möglichst hohem Niveau gehalten sowie die jeweils enthaltene statistische Variation miterfasst wird. Weitere Schritte der Datenbereitstellung und -aufbereitung wie zum Beispiel Datenbereinigung (beispielsweise Identifikation von fehlerhaften Daten) oder Datenaugmentierung müssen ebenfalls auf einem nachgewiesen hohen Niveau stattfinden.

Auch bei der Integration neuer Trainingsdaten aus der Betriebsumgebung müssen geeignete Maßnahmen vorhanden sein, um die Qualität der Daten zu sichern und in statistischem Sinn eine robuste Umsetzung des Trainingsprozesses umsetzen zu können. Im vorliegenden Fall könnten solche Updates auf eine Anpassung an lokale Krankenhausumgebungen, an lokale Spezifika der Patientenpopulation oder auf gewisse Benutzervorlieben abzielen. Aus Dokumentationsgründen müsste dabei zudem ein entsprechendes Datenmanagement aufgebaut werden, das den jeweiligen Stand der Trainingsdaten nachvollziehbar erfasst und eine nachträgliche Rekonstruktion von konkreten Anwendungsfällen beinhaltet. Nach aktuellem Stand sind bei Medizinprodukten allerdings Anpassungen der Systeme auf Basis neuer Betriebsdaten nicht oder nur sehr eingeschränkt zulässig (im Sinne eines „kontinuierlichen Lernens“), um die hohen Sicherheitsansprüche an derartige Systeme nicht zu gefährden.

Bei Medizinprodukten kommt erschwerend hinzu, dass die Daten typischerweise aus hochwertigen klinischen Studien stammen müssen. In der Regel handelt es sich um personengezogene Daten, die eine explizite Zustimmung der Patientinnen und Patienten für den jeweiligen Verwendungszweck benötigen. Allgemein ist bei der Erfassung medizinischer Daten eine Ethikkommission einzubinden. Insofern ist es nicht immer ohne Weiteres möglich, Daten aus dem Betrieb des Systems verwenden zu können, um die Modelle besser zu machen, wenn gleichzeitig der Zugang zu den Daten für den Hersteller und gegebenenfalls auch für Aufsichtsbehörden (siehe Artikel 64 des geplanten KI-Gesetzes) gewährleistet sein muss.

- Schritt A4: Technische Dokumentation (Artikel 11 des geplanten KI-Gesetzes). Zentrale Informationen über das Produkt müssen in der Technischen Dokumentation erfasst sein, um Transparenz bezüglich der grundlegenden Systemeigenschaften, der Entwicklung und aller weiteren das Produkt betreffenden Aspekte zu schaffen. Sie dient insbesondere dem Nachweis, dass alle grundlegenden Anforderungen der zugehörigen Rechtsakte erfüllt sind. Die dafür erforderlichen Inhalte sind in Anhang IV des geplanten KI-Gesetzes sowie in den Anhängen III und IV der MDR gelistet. Dazu zählen:

- Allgemeine Beschreibung des Systems einschließlich Zweckbestimmung, Anwendungskontext, Komponenten des Systems, Gebrauchsanweisungen ...
- Detaillierte Beschreibung der Bestandteile des KI-Systems und seines Entwicklungsprozesses, einschließlich Beschreibung der Modelle (etwa auf Basis der in Teil 2 dieses Buches vorgestellten AI=MC²-Taxonomie)
- Detaillierte Informationen über die Überwachung, Funktionsweise und Kontrolle des Systems
- Detaillierte Beschreibung des Risikomanagementsystems
- Beschreibung aller an dem System während seines Lebenszyklus vorgenommenen Änderungen
- Detaillierte Beschreibung des Systems zur Bewertung der Leistung des Systems, auch in der Phase nach dem Inverkehrbringen
- Aufstellung der vollständig oder teilweise angewandten harmonisierten Normen
- Kopie der EU-Konformitätserklärung
- Weitere gemäß MDR geforderte Nachweise und Dokumentationen, beispielsweise in Bezug auf die Verifizierung und Validierung, klinische Bewertung, Risiko-Nutzen-Analyse, Kennzeichnung des Produkts oder weitere erforderliche Nachweise während des Produkt-Lebenszyklus
- Weitere gemäß MDR geforderte Nachweise und Dokumentationen, zum Beispiel in Bezug auf die Verifizierung und Validierung, klinische Bewertung, Risiko-Nutzen-Analyse, Kennzeichnung des Produkts oder weitere erforderliche Nachweise während des Produkt-Lebenszyklus

Wichtig im Rahmen der Technischen Dokumentation ist zudem die vollständige Nachvollziehbarkeit der einzelnen Informationen, von der jeweiligen Anforderung über die Spezifikation und Umsetzung bis hin zur Verifizierung und Validierung des jeweiligen Schritts, sodass sie in Audits jederzeit schlüssig und vollständig dargelegt werden können.

- **Schritt A5: Aufzeichnungspflichten** (Artikel 12 des geplanten KI-Gesetzes). Bei KI-Systemen bestehen erweiterte Möglichkeiten, aber auch erhöhte Pflichten, Daten während des Betriebs im Sinne eines systematischen Loggings aufzuzeichnen. Das umfasst beispielsweise die Aufzeichnung jedes Zeitraums der Verwendung des Systems, die Referenzdatenbank, mit der das System die Eingabedaten abgleicht, die jeweiligen Eingabedaten in das System sowie die Identität der an der Überprüfung der Ergebnisse (gemäß Art. 14 „Menschliche Aufsicht“) beteiligten natürlichen Personen.

In dem KI-basierten Alarmdetektionssystem ist dabei problematisch, dass die Daten kritische personenbezogene Informationen enthalten können. Zum Beispiel kann bei Zusammenführung von Ort und Datum der Verwendung sowie den beteiligten Personen (beispielsweise beteiligte Intensivpflegerinnen und -pfleger) auf die jeweiligen Patientinnen und Patienten zurückgeschlossen werden. Eine weitere Herausforderung ist, dass für eine systematische Bewertung von Ergebnissen anhand der Aufzeichnungen eigentlich auch noch weiterführende Informationen vorliegen müssten (beispielsweise welche Reaktionen hat das Pflegepersonal vorgenommen und wie haben sich diese auch im klinischen Sinn ausgewirkt). Solche Informationen werden aber oftmals im System nicht erfasst oder unterliegen nochmals verstärkten Datenschutzanforderungen. Insgesamt sollte die Aufzeichnung aber so ausgelegt sein, dass anhand der Daten möglichst gute Rückschlüsse auf den Erfolg beziehungsweise Misserfolg der Anwendung im konkreten Fall gezogen werden können. Dies dient insbesondere dazu, konkrete Problemsituationen aber auch systematische Trends gezielt analysieren zu können (siehe auch Schritt B6 „Beobachtung nach dem Inverkehrbringen“).

- **Schritt A6: Transparenz und Bereitstellung von Informationen für die Nutzer** (Artikel 13 des geplanten KI-Gesetzes). Wie bereits erwähnt, spielt die Interaktion des KI-Systems mit dem Benutzer in vielen Anwendungsfällen eine zentrale Rolle. Das gilt insbesondere für das vorliegende Alarmdetektionssystem. Die Benutzer müssen in einem für die Anwendung ausreichenden Maß verstehen können, wie die Entscheidungen aus dem System einzuordnen sind. Das betrifft beispielsweise eine Abschätzung der Verlässlichkeit von Ergebnissen oder auch eine konkrete Erklärung, warum in dem vorliegenden Fall die Entscheidung in dieser Weise getroffen wurde. Auch wenn aus dem Feld der Erklärbaren KI (Explainable AI – XAI) inzwischen Ansätze vorhanden sind, Erklärungen in gewissem Maße bereitzustellen, liefern diese gerade bei komplexen Deep Learning-Verfahren oftmals nicht in einem umfassenden Sinn schlüssige Erläuterungen. Daher ist immer zu bewerten, welches Niveau der Erklärungen erforderlich ist, um die richtigen Aktionen durchzuführen. Die Anforderungen können dabei von der Qualifikation der Benutzerinnen und Benutzer abhängen, da zum Beispiel medizinisches Fachpersonal anders aufbereitete Informationen benötigt als ein Laie. Letzteres könnte beispielsweise dann relevant sein, wenn Patientinnen und Patienten medizintechnische Geräte wie ein KI-basiertes Blutzuckermessgerät als Point-of-Care-Geräte (vor Ort bei den Patientinnen und Patienten) eigenständig bedienen müssen. Daher ist die Spezifikation der Benutzergruppen und des Anwendungskontexts ein wichtiges Merkmal bei der Entwicklung KI-basierter Produkte. Die Maßnahmen, um ein entsprechendes Sicherheitsniveau umsetzen zu können, bedürfen gegebenenfalls einer Konfigurationsmöglichkeit, sodass für die jeweilige Benutzergruppe immer die passenden Informationen bereitgestellt werden.

Neben der Erklärbarkeit ist zudem die Umsetzung der Transparenz wichtig, um insgesamt eine Interpretierbarkeit der Ergebnisse sicherstellen zu können. Das heißt, sämtliche relevanten Informationen müssen den Benutzerinnen und Benutzern auch zugänglich sein. Das schließt beispielsweise die Angaben über die Verlässlichkeit der Systeme, aber auch die in der jeweiligen Situation vorhandenen Risiken mit ein, im Sinne eines elektronischen Beipackzettels. Insgesamt sind den Benutzerinnen und Benutzern die Charakteristiken des Systems und dessen Limitationen sowie erfolgte Änderungen (während des vollständigen Lebenszyklus des Systems) transparent darzustellen. Das schließt eine eindeutige Kennung des Systems und den zu ihm gehörigen verantwortlichen Personen ein. Zudem trägt eine einheitliche Beschreibung von KI-Fähigkeiten, wie sie zum Beispiel in Teil 2 dieses Buches (Kapitel 7) dargelegt wird, grundlegend zur Transparenz bei. Für diese Aspekte spielen internationale Normen und Standards eine entscheidende Rolle.

- **Schritt A7: Menschliche Aufsicht** (Artikel 14 des geplanten KI-Gesetzes). Der Artikel 14 des geplanten KI-Gesetzes fordert explizit, dass Hochrisiko-KI-Systeme während der Dauer der Verwendung des KI-Systems von natürlichen Personen wirksam beaufsichtigt werden können. Das ist während der Konzeption beziehungsweise Entwicklung entsprechend zu berücksichtigen und unter anderem mit geeigneten Werkzeugen einer Mensch-Maschine-Schnittstelle umzusetzen. Die menschliche Aufsicht dient dabei vor allem der Verhinderung beziehungsweise Minimierung von Risiken. Auch hier ist ein zentraler Punkt, wie wirksam die menschliche Aufsicht gestaltet ist, wenn berücksichtigt wird, welche Personengruppen daran beteiligt sind beziehungsweise welche Qualifikationen sie dafür aufbringen müssen. Das geplante KI-Gesetz fordert in diesem Zusammenhang, dass die Personen die Fähigkeiten und Grenzen des Hochrisiko-KI-Systems vollständig verstehen und dessen Betrieb ordnungsgemäß überwachen können müssen. Was der Begriff „vollständig verstehen" bedeutet, ist im Moment noch offen.

  Das geplante KI-Gesetz bestimmt dabei nicht, welche Arten von Maßnahmen hier zulässig sind. In dem vorliegenden Anwendungsfall könnte die menschliche Aufsicht zum Beispiel direkt über die Bedienenden umgesetzt werden, da die Entscheidung über die Gültigkeit der Alarme ohnehin immer über das Intensivpersonal überwacht wird. Es bleibt aber die Frage, ob zum Teil auch ein übergeordnetes Monitoring genügt, das die geforderte menschliche Aufsicht umsetzen kann. So ist es bei Systemen, die durch die Patientinnen und Patienten direkt bedient werden, möglicherweise nicht in geeigneter Weise möglich, eine umfassende Aufsicht durch natürliche Personen zu ermöglichen. Die Patientinnen und Patienten können als Laien typischerweise Entscheidungen erheblich weniger vollständig verstehen. Auch hier muss jedoch ein der Situation angemessenes Niveau erreicht werden. Es bleibt die Frage, ob es beispielsweise genügt, wenn das Monitoring durch eine Analyse von gemeldeten Auffälligkeiten des Systems insgesamt umgesetzt werden kann oder ob bei den einzelnen Systemen eine systematische Bewertung erfasster Daten durch eine natürliche Person durchzuführen ist. Derartige Unklarheiten sollten im Rahmen der Gesetzgebung ausgeräumt und/oder durch entsprechende harmonisierte Normen aufgelöst werden. Im Bereich der Medizinprodukte spielt in Bezug auf die Mensch-Technik-Interaktion insbesondere die IEC 62366 eine zentrale Rolle. Diese Norm enthält aber im Moment keine KI-spezifischen Anforderungen.

- **Schritt A8: Genauigkeit, Robustheit und Cybersicherheit** (Artikel 15 des geplanten KI-Gesetzes). Wie bereits beim Risikomanagement erwähnt, ist bei KI-Systemen eine systematische und vor allem auch quantitative Bewertung der erreichten Ergebnisse vorzunehmen. Diese sollten an den jeweiligen Anwendungsfall angepasst sein sowie die mit dem System verbundenen Risiken gezielt bewerten. Das schließt Aspekte der Genauigkeit im Sinne der Häufigkeit bestimmter Fehler, aber auch der erforderlichen Robustheit im Sinne einer Zuverlässigkeit bei Abweichungen in Einzelfällen ein. So ist beispielsweise sicherzustellen, dass die Systeme auch bei Veränderungen in Umgebungsparametern (beispielsweise unterschiedliche Geräte, Parametereinstellungen oder auch Prozesse im Krankenhaus), in der Patientenpopulation (beispielsweise unterschiedliche Reaktionsmuster in Abhängigkeit von Alter, Größe, Geschlecht, ethnischer Aspekte ...) oder auch der Benutzergruppen (beispielsweise unterschiedliches technisches Verständnis, unterschiedlicher kultureller Hintergrund ...) zuverlässig funktionieren. Dazu ist eine sorgfältige Überprüfung anhand einer Aufteilung in einen Trainings-, Validierungs- und Testdatensatz erforderlich, die die Generalisierungsfähigkeit des Systems analysieren kann. Zudem muss das System robust sein gegenüber technischen Fehlern (beispielsweise Messfehlern oder Störungen beziehungsweise Ausfällen) sowie widerstandsfähig gegenüber Cyberangriffen („Versuche unbefugter

Dritter sein, ihre Verwendung oder Leistung durch Ausnutzung von Systemschwachstellen zu verändern“). Bei der Cybersicherheit sind insbesondere KI-spezifische Aspekte wie zum Beispiel die potenzielle Manipulation von Trainingsdatensatz („Data Poisoning“) oder die Eingabe von Daten, die das Modell zu Fehlern verleiten sollen („feindliche Beispiele“/„Adversarial Attacks“) zu beachten.

Bei der Überprüfung der Leistungsfähigkeit sind weitere KI-spezifische Aspekte zu berücksichtigen. So kann sich das System beim Trainieren zum Beispiel auf bestimmte Artefakte in den Daten fokussieren, anstatt die wirklichen Zusammenhänge zwischen Inputs und Outputs zu identifizieren. Das heißt, das System repräsentiert lediglich die Korrelation in den Daten, aber nicht die Kausalität der Zusammenhänge. Im vorliegenden Anwendungsfall könnte es beispielsweise sein, dass bestimmte Behandlungsschritte, die typischerweise an einem Krankenhaus vorgenommen werden und auch in den Trainingsdaten vorhanden sind, Indizien liefern, ob ein Alarm vorliegt oder nicht. Das System würde im Training dann potenziell diese Zusammenhänge als ein entscheidendes Muster erkennen. Bei Anwendung auf neuen Patientinnen und Patienten, bei denen dieser Behandlungsschritt noch nicht vorgenommen wurde, würde diese Information beziehungsweise dieses Artefakt eventuell fehlen und ein erforderlicher Alarm übersehen werden. Diese Effekte können verstärkt werden, wenn die Systeme kontinuierlich weiterlernen würden. Für dieses kontinuierliche Lernen müssten konkrete Vorgaben spezifiziert werden, wie die Leistungsfähigkeit im Falle von Änderungen bewertet werden können. Hier ist die Frage, ob quantitative Leistungsmetriken ausreichen oder ob auf andere Weise unter Einbezug entsprechend qualifizierter Personen eine Bewertung des Systems vorgenommen werden muss, um substanzielle Drifts im Verhalten des Systems beziehungsweise in der Interaktion mit den Benutzerinnen und Benutzern zu vermeiden.

Bei Medizinprodukten kommt als Anforderung hinzu, dass ein systematischer Vergleich mit dem etablierten Stand der Technik (Standard-of-Care) sowie Vergleichsprodukten erfolgen und das neue System im Sinne der Risiken-Nutzen-Bewertung dabei mindestens gleichwertig abschneiden muss. Eine Schwierigkeit, die sich dabei ergibt, ist, dass eine Vergleichbarkeit der Systeme gegeben sein muss. Gerade der Abgleich zwischen konventionellen (d. h. in diesem Fall Nicht-KI-basierten) und KI-basierten Verfahren liegen oftmals leicht unterschiedliche Vorgehensweisen und unterschiedliche Mengen an Daten vor. Idealerweise würde es für die einzelnen Anwendungsfälle klar definierte Bewertungsmetriken geben, anhand derer die Verfahren gegenübergestellt werden könnten. In jedem

Fall sollte der Hersteller eine Begründung für die Verwendung einer bestimmten Metrik liefern. Zu berücksichtigen ist auch, dass die Standards an die Bewertung bei Medizinprodukten sehr hoch gesetzt sind. Idealerweise sollte sie auf der Basis hochwertiger klinischer Prüfungen beziehungsweise Studien erfolgen, nach Möglichkeit sogar auf der Ebene randomisierter klinischer Studien. Bei KI-basierten Systemen sind hingegen auch aufgrund der Komplexität der Daten und in den Modellen repräsentierte Anwendungsszenarien andere statistische Bewertungen üblich.

- **Schritt A9: Qualitätsmanagementsystem** (Artikel 17 des geplanten KI-Gesetzes). Übergeordnet ist vom Hersteller für die Entwicklung KI-basierter Medizinprodukte sowohl in der MDR als auch im geplanten KI-Gesetz ein Qualitätsmanagementsystem gefordert. Dieses muss insbesondere Prozesse und Maßnahmen enthalten, die die Einhaltung der folgenden, in den anderen Schritten zum Teil bereits genannten und im geplanten KI-Gesetz erfassten Aspekte beinhaltet sowie die systematische Umsetzung der damit verbundenen Anforderungen steuert:
  - Konzept zur Einhaltung der Regulierungsvorschriften und zur Umsetzung des Konformitätsbewertungsverfahrens
  - Techniken, Verfahren und systematische Maßnahmen für den Entwurf des Hochrisiko-KI-Systems (inkl. Entwurfskontrolle und Entwurfsprüfung) sowie für die Entwicklung, Qualitätskontrolle und Qualitätssicherung des Hochrisiko-KI-Systems
  - Untersuchungs-, Test- und Validierungsverfahren
  - Systeme und Verfahren für das Datenmanagement
  - Risikomanagementsystem, das im geplanten KI-Gesetz und auch in der MDR als integraler Bestandteil des Qualitätsmanagementsystems betrachtet wird
  - System zur Beobachtung nach dem Inverkehrbringen sowie Verfahren zur Meldung schwerwiegender Vorfälle und Fehlfunktionen
  - Kommunikation mit zuständigen nationalen Behörden, zuständigen Behörden, auch sektoralen Behörden, die den Zugang zu Daten gewähren oder erleichtern, sowie mit notifizierten Stellen, anderen Akteuren, Kunden oder sonstigen interessierten Kreisen
  - Systeme und Verfahren für die Aufzeichnung von Unterlagen und Informationen
  - Ressourcenmanagement, inkl. Maßnahmen im Hinblick auf die Versorgungssicherheit

- einen Rechenschaftsrahmen, der die Verantwortlichkeiten der Leitung und des sonstigen Personals in Bezug auf alle in diesem Absatz aufgeführten Aspekte regelt.

In der MDR sind ähnliche Punkte genannt. Es sind aber noch die folgenden zusätzlichen Aspekte explizit aufgeführt:

- Feststellung der anwendbaren grundlegenden Sicherheits- und Leistungsanforderungen
- klinische Bewertung einschließlich der klinischen Nachbeobachtung nach Inverkehrbringen
- Identifikation der Produkte mittels eindeutiger Kennung über sogenannte Unique Device Identifier (UDI) Codes
- Management korrektiver und präventiver Maßnahmen sowie Überprüfung der Wirksamkeit

Die MDR legt großen Wert darauf, dass die mit dem Qualitätsmanagementsystem verbundenen Aufgaben durch entsprechend qualifiziertes Personal durchgeführt werden. Übergeordnet benötigt der Hersteller eine gemäß Artikel 15 der MDR „für die Einhaltung der Regulierungsvorschriften verantwortliche Person", die entsprechende Erfahrungen mit einbringen muss (vier Jahre Berufserfahrung in Regulierungsfragen oder Qualitätsmanagementsystemen im Zusammenhang mit Medizinprodukten beziehungsweise nur ein Jahr, falls ein Hochschulabschluss in einem relevanten Bereich vorliegt).

Bei KI-basierten Systemen ist zudem zu berücksichtigen, dass das Qualitätsmanagement sich nicht nur auf den Software-Code, sondern vor allem auch auf die jeweils relevanten Daten bezieht. Zudem sind möglicherweise unterschiedliche Konstellationen bezüglich der Verantwortlichkeiten zu berücksichtigen, insbesondere wenn die Systeme und die zugehörigen Daten stark verteilt organisiert sind. Im vorliegenden Anwendungsfall haben zum Beispiel der Hersteller des Systems und das Krankenhaus als Betreiber bestimmte Verpflichtungen, die zu erfüllen sind. Bei Systemen, die auf dezentral akquirierten Daten basieren, sind möglicherweise weitere Partner involviert, für die die Verpflichtungen ebenfalls entsprechend geregelt werden müssen.

Zudem sind gegebenenfalls auch Fremdkomponenten zu berücksichtigen, wie beispielsweise vorgefertigte KI-Modelle oder Software-Bibliotheken von anderen Herstellern, auf denen die eigenen Modelle beruhen. Derartige 3rd-Party-Komponenten müssen ebenfalls in geeigneter Weise validiert werden. Die IEC 62304 (als zugehörige harmonisierte Norm) bezeichnet solche Komponenten als SOUP (Software of Unknown Provenance). Idealerweise liefern die Hersteller von SOUP-Komponenten bereits grundlegende Validierungsnachweise (beispielsweise bezüglich der Umsetzung des Entwicklungsprozesses und Lebenszyklus der Software mit), auf der dann nochmals eine anwendungsspezifische Validierung aufbauen kann. Da bei KI-Systemen oftmals generische (branchenunabhängige) Software-Bibliotheken für die Implementierung der KI-Modelle verwendet werden, kommt diesem Aspekt hier eine besondere Bedeutung zu. Eine Pflicht zur Validierung gilt zudem gemäß ISO 13485 [4] für alle Werkzeuge, die während der Entwicklung, Produktion oder Qualitätssicherung eingesetzt werden. Damit müssen beispielsweise auch die Werkzeuge zur Bewertung der KI-Systeme selbst validiert sein. Die Umsetzung der Validierung kann in beiden Fällen risikobasiert erfolgen, d. h., der Umfang der Validierung kann gezielt an das Risikopotenzial der jeweiligen Komponente angepasst werden.

- **Schritt A10: Konformitätsbewertung** (Artikel 19 und 43 des geplanten KI-Gesetzes). Das Konformitätsbewertungsverfahren ist sowohl im geplanten KI-Gesetz als auch in der MDR der zentrale Schritt, um die Einhaltung der grundlegenden Anforderungen der jeweiligen Gesetzgebung nachzuweisen und das Produkt im EU-Raum auf den Markt bringen zu dürfen. Beim geplanten KI-Gesetz sind das bei Hochrisiko-Produkten insbesondere die Punkte beziehungsweise Schritte, die in diesem Anwendungsbeispiel gelistet sind. Die dafür relevanten Einzelanforderungen sind die im geplanten KI-Gesetz in den Titeln II sowie VII und VIII gelisteten Anforderungen (siehe auch Abbildung 16.1). Bei der MDR gibt es dafür einen eigenen Anhang (Anhang I), der die Anforderungen in gesammelter Form auflistet. Diese tragen in der MDR den Namen „Grundlegende Sicherheits- und Leistungsanforderungen".

  Im Falle eines kontinuierlich lernenden KI-Systems müsste das Konformitätsbewertungsverfahren gemäß Artikel 43, Position 4 des geplanten KI-Gesetzes erneut durchgeführt werden, sobald sich das Hochrisiko-KI-System wesentlich verändert. Der Begriff „wesentliche Veränderung" beschreibt dabei eine Situation, die sich auf die Konformität bezüglich der Anforderungen in Titel III, Kapitel 2 (d. h. der Artikel 8 bis 15, siehe oben gelistete Punkte) auswirkt. Er schließt zudem eine Veränderung des Verwendungszwecks mit ein. Solange die Veränderungen sich in einem Umfang befinden, der sich an vorab für das System definierten Kriterien bezüglich dessen Leistung bewegt, ist nicht von einer „wesentlichen Änderung“ auszugehen. Diese vorab definierten Kriterien müssen aber im Rahmen der Konformitätsbewertung geprüft werden. Das heißt, es muss insbesondere festgestellt werden, ob sie ausreichen, nicht akzeptable Risiken zu vermeiden und die Sicherheit des Systems zu gewährleisten.

Die Einhaltung der grundlegenden Anforderungen kann auf direkte Weise nachgewiesen werden. Es empfiehlt sich jedoch auf Harmonisierte Europäische Normen (HENs) zurückzugreifen, sofern diese verfügbar sind. Im Harmonisierungsprozess wird die Konsistenz dieser Normen mit der jeweiligen Gesetzgebung dargelegt (siehe auch Kapitel 15). Diese können somit als State-of-The-Art betrachtet werden und bei Einhaltung der Normen wird von einer Konformität mit den grundlegenden Anforderungen ausgegangen.

Gemäß Artikel 43 des geplanten KI-Gesetzes darf das Konformitätsbewertungsverfahren (in Bezug auf die Anforderungen des KI-Gesetzes) auf der Grundlage einer internen Kontrolle durchgeführt werden, sofern HENs vollständig vorliegen und auch vollständig angewandt werden (siehe Abbildung 16.3). Der dafür erforderliche Umfang ist in Anhang VI des geplanten KI-Gesetzes gelistet. Falls eine der beiden genannten Bedingungen nicht erfüllt ist, so ist eine benannte Stelle in die Konformitätsbewertung einzubeziehen und das Verfahren auf Grundlage der Bewertung des Qualitätsmanagementsystems und der Bewertung der technischen Dokumentation gemäß Anhang VII des geplanten KI-Gesetzes durchzuführen. Diese Alternativen sind in Abbildung 16.3 skizziert und in Kapitel 15 nochmals gezielter dargelegt.

Im vorliegenden Anwendungsfall ist für den Anteil der Anforderungen, die die MDR betreffen, ohnehin eine benannte Stelle einzubeziehen, da das KI-basierte Alarmsystem in die MDR-Risikoklasse IIb einzuordnen ist und für diese entsprechenden Vorgaben gelten (siehe Zusatzzweig rechts unten in Abbildung 16.3). Grundsätzlich kann für das Konformitätsbewertungsverfahren eine benannte Stelle für beide Gesetzgebungen (MDR und geplantes KI-Gesetz) herangezogen werden, sofern sie auch für beide Gesetzgebungen notifiziert ist. Sollte das nicht der Fall sein, müssten zwei unterschiedlich benannte Stellen eingeschaltet werden. Das wiederum kann bedeuten, dass die benannten Stellen unterschiedliche Sichtweisen vertreten und die Umsetzung des Konformitätsbewertungsverfahrens deutlich erschweren. Gerade in der MDR sind zudem sehr hohe Anforderungen an die Qualifikation des Personals bei den benannten Stellen und auch an die Durchführung von Audits gestellt (siehe Anhang VII).

Die Übergangsphase der MDR (vom Inkrafttreten bis zur Geltung des Gesetzes) hat gezeigt, dass sich gerade bei derartig neuen und komplexen Gesetzgebungen die Notifizierung der benannten Stellen deutlich verzögern kann und damit auch die Verfügbarkeit der Produkte potenziell beeinträchtigt wird. Dieser Effekt könnte bei der Kombination zwischen MDR und geplantem KI-Gesetz nochmals verstärkt werden, da die geforderten Vorgaben und Qualifikationen nochmals erhöht sind. Es sind entsprechend personelle Engpässe und begrenzte Verfügbarkeiten zu erwarten. Es ist daher wichtig, sicherzustellen, dass die durch den Gesetzesvorschlag zu KI erhöhten Aufwände die Innovation in der EU nicht behindern oder gar „ins EU-Ausland vertreiben", indem sich beispielsweise Start-ups hauptsächlich dort ansiedeln. Um das zu vermeiden, sind die Übergangsfristen im geplanten KI-Gesetz so zu gestalten, dass genügend benannte Stellen verfügbar sind. Zudem ist darauf zu achten, dass die Qualifizierung des Personals zügig umgesetzt werden kann. Gerade in dem komplexen Umfeld von KI-basierten Anwendungen in der Medizintechnik ist ein sehr komplexes Qualifikationsprofil gefragt, bei dem verstärkt interdisziplinäre Teams zusammenarbeiten müssen, um die unterschiedlich ausgerichteten Anforderungen passend bewältigen zu können.

Diese Effekte können zusätzlich verstärkt werden, falls Unklarheiten in den Anforderungen des geplanten KI-Gesetzes nicht rechtzeitig ausgeräumt werden können und/oder HENs nicht rechtzeitig vorliegen. So liegt für die MDR, die bereits 2017 in Kraft getreten ist, im Jahr 2022 nach wie vor nur eine begrenzte Anzahl an HENs vor. Das liegt zum einen an den durchaus aufwendigen Prozessen zur Umsetzung von HENs (vgl. Kapitel 16), aber auch an den auch bei der MDR lange Zeit vorhandenen Unklarheiten bei einzelnen Anforderungen. Die Alternative, direkt mit den Anforderungen aus der Gesetzgebung zu arbeiten, ist zwar möglich. Sie ist aber für Hersteller und benannte Stellen aufwendiger und bringt größere Unsicherheiten bei der Umsetzung des Konformitätsbewertungsverfahrens mit. Das geplante KI-Gesetz, ebenso wie die MDR, sieht als weitere Alternative vor, dass die EU Kommission sogenannte „Gemeinsame Spezifikationen" herausgibt. Diese können an Stelle der HENs treten und spezifizieren, wie die Umsetzung der Anforderungen vorzunehmen ist. Damit würde aber das in Europa bewährte System der HENs und der damit verbundenen Konsensbildung unter den in der Entwicklung der HENs involvierten Parteien umgangen werden. Daher ist eine umfassende Klärung der Anforderungen und eine darauf aufbauende zügige Umsetzung der HENs anzustreben.

17.3 Fortlaufende Verpflichtungen

Neben den Anforderungen, die direkt umgesetzt werden müssen, bevor das KI-basierte System auf den Markt gebracht werden muss, gibt es im geplanten KI-Gesetz eine Reihe von Punkten, die im weiteren Lebenszyklus des Produkts zu berücksichtigen sind. Diese dienen dazu, die Leistungsfähigkeit und Sicherheit des Produkts kontinuierlich zu überwachen und bei Abweichungen oder Unregelmäßigkeiten entsprechend reagieren zu können. Das beinhaltet die folgenden Schritte B1 bis B7, die auch in Abbildung 17.1 dargestellt sind.

- **Schritt B1: Risikomanagement-System** (Artikel 9 des geplanten KI-Gesetzes)
- **Schritt B2: Technische Dokumentation** (Artikel 11 und 18 des geplanten KI-Gesetzes)
- **Schritt B3: Aufzeichnungspflichten** (Artikel 12 des geplanten KI-Gesetzes)
- **Schritt B4: Korrekturmaßnahmen** (Artikel 21 des geplanten KI-Gesetzes)
- **Schritt B5: Informationspflicht und Zusammenarbeit mit den zuständigen Behörden** (Artikel 22 und 23 des geplanten KI-Gesetzes)
- **Schritt B6: Beobachtung nach dem Inverkehrbringen** (Artikel 61 des geplanten KI-Gesetzes)
- **Schritt B7: Meldung schwerwiegender Vorfälle und Fehlfunktionen** (Artikel 62 des geplanten KI-Gesetzes)

Zu den Punkten gehören Maßnahmen der Beobachtung nach dem Inverkehrbringen und Meldungen von schwerwiegenden Ereignissen sowie die Fortschreibung zentraler Entwicklungsaufgaben wie dem Risikomanagement und der Technischen Dokumentation, sodass das Produkt in gewissem Sinn einem kontinuierlichen Qualitätsmanagement unterliegt.

Zentraler Ausgangspunkt dieser Aktivitäten ist im Grunde der Schritt B6 „Beobachtung nach dem Inverkehrbringen“, der dazu dient, rechtzeitig erkennen zu können, falls ein Produkt die Vorgaben des KI-Gesetzes im Laufe des Betriebs nicht mehr in hinreichender Form erfüllen kann. Falls schwerwiegende Vorfälle oder Fehlfunktionen vorliegen, die ein entsprechendes Risiko aufzeigen beziehungsweise auf Verstöße gegen die Anforderungen der jeweiligen Gesetzgebung hinweisen, so sind diese innerhalb einer gegebenen Frist zu melden (Schritt B7). Insbesondere sind die zuständigen nationalen Behörden zu informieren und es ist mit ihnen entsprechend zu kooperieren (Schritt B5). Für das Produkt selbst müssen unverzüglich Korrekturmaßnahmen ergriffen werden, sobald Grund zur Annahme besteht, dass das

Produkt den Vorgaben des geplanten KI-Gesetzes nicht mehr entspricht (Schritt B4). Die Korrekturmaßnahmen können in Veränderungen am Produkt oder gegebenenfalls auch in einem Rückruf bestehen. In diesem Zusammenhang sind die Technische Dokumentation (Schritt B2) und insbesondere auch das Risikomanagement (Schritt B1) anzupassen, sobald sich Änderungen am System oder beispielsweise auch neue Erkenntnisse bezüglich potenzieller Risiken oder veränderter Leistungsmerkmale des Systems ergeben. Um solche Änderungen zeitnah erkennen und anschließend darauf reagieren zu können, sind im Rahmen der Entwicklung Funktionsmerkmale zu integrieren, die eine automatische Aufzeichnung von Vorgängen und Ereignissen („Protokollierung") während des Betriebs ermöglichen (Schritt B3 - Aufzeichnungspflichten). Das Produkt unterliegt damit in gewissem Sinn einem kontinuierlichen Qualitätsmanagement.

Die vorgestellten Schritte sind als Bestandteil der Entwicklung in geeigneter und der jeweiligen Anwendung angemessener Form mit zu konzipieren und anschließend umzusetzen. Der Hersteller eines Hochrisiko-KI-Systems ist gemäß Artikel 61 des geplanten KI-Gesetzes dabei verpflichtet, einen Plan zu erstellen, wie er die Leistungsfähigkeit des Produkts während des Betriebs überwachen und bei Auftreten von systematischen Abweichungen entsprechend reagieren kann. Die Beobachtung kann risikobasiert erfolgen und in Art wie Umfang so angepasst werden, dass die einzelnen Funktionen des Produkts Ihrer Kritikalität entsprechend beobachtet und bewertet werden. Der Artikel 61 des geplanten KI-Gesetzes verweist zudem explizit darauf, dass das System zur Marktbeobachtung mit anderen sektoralen Vorschriften, wie zum Beispiel der MDR, zu koppeln ist.

Die MDR selbst enthält noch erheblich umfangreichere Anforderungen an die Marktbeobachtung nach dem Inverkehrbringen und auch für die Meldung schwerwiegender Vorkommnisse. Hier muss beispielsweise ein regelmäßig aktualisierter Bericht über die Sicherheit des Produkts vorgelegt werden. Dieser beinhaltet als Kernelement eine erneute Bewertung des Risiko-Nutzen-Verhältnisses auf Basis des dann aktuellen Stands der medizinischen Entwicklung, inklusive eines Vergleichs mit einem möglicherweise neuen Standard-of-Care oder anderen Referenzprodukten. Im Fall der KI-basierten Alarmdetektion könnten beispielsweise neue Leitlinien bei der Behandlung beziehungsweise Änderungen in bestimmten Abläufen in den Kliniken dazu führen, dass die Leistung des Systems anders zu bewerten ist als bei der initialen Konformitätsbewertung. Zudem sind die Problemmeldungen, die zu dem Produkt selbst oder auch zu verwandten Produkten in den Meldedatenbanken vorliegen (beispielsweise übersehene Alarme, die zu kritischen Situationen geführt haben), zu recherchieren und neu zu bewerten. Gegebenenfalls ist die Risikoanalyse zu aktualisieren oder weiterführende präventive beziehungsweise korrektive Maßnahmen in Bezug auf das Produkt umzusetzen. Des Weiteren sind auch Häufigkeit der Anwendung sowie Produktverwendung zu berücksichtigen.

17.4 Weitere Anforderungen und Anmerkungen

Das geplante Gesetz zu KI enthält einige Anforderungen, die im Step-to-Step Guide [1] nicht enthalten sind. Das betrifft beispielsweise die Anforderung in Artikel 64, dass Marktüberwachungsbehörden bei Bedarf uneingeschränkten Zugang zu den Daten (inkl. Trainings-, Validierungs- und Testdatensätzen) und gegebenenfalls auch zum Quellcode erhalten müssen. Entsprechende Mittel zur Umsetzung dieser Anforderung (beispielsweise über entsprechende Anwendungsprogrammierschnittstellen (API)) müssen in die Entwicklung integriert werden. Gerade in Bezug auf die Vertraulichkeit der Daten stellt eine solche Zugangsmöglichkeit eine Herausforderung beziehungsweise eine potenzielle Sicherheitslücke dar.

Zudem muss das Produkt in einer EU-Datenbank für eigenständige Hochrisiko-KI-Systeme registriert werden und die in Anhang VIII des geplanten KI-Gesetzes gelisteten Informationen, unter anderem über Hersteller, die Zweckbestimmung und den Status des Produkts oder auch Gebrauchsanweisungen sind dort zu speichern. Diese Informationen sind gemäß geplantem KI-Gesetz öffentlich zugänglich. Auch in der MDR gibt es eine entsprechende Datenbank (Eudamed), die noch um einiges umfassender in ihrer Ausrichtung ist und unter anderem UDI-Codes, Daten der Marktüberwachung oder auch über klinische Prüfungen enthält. Dabei ist unklar, inwieweit diese beiden Datenbanken miteinander korrespondieren beziehungsweise inwieweit Doppelaufwände entstehen. Ähnliches gilt für das System zur Meldung von schwerwiegenden Vorkommnissen und Fehlerfällen. In beiden Fällen wäre es sinnvoll, die jeweiligen Anforderungen in eine Datenbank zu integrieren. Inwieweit das umgesetzt werden wird, ist im Moment noch offen. Bis ins Jahr 2022 ist trotz des Inkrafttretens der MDR im Jahr 2017 die Datenbank Eudamed noch nicht voll funktionsfähig. Auch beim geplanten KI-Gesetz wird es daher wichtig sein, die geforderte Infrastruktur und Werkzeuge rechtzeitig verfügbar zu haben.

Die MDR hat einige weitere Anforderungen, die hier nicht umfassend dargelegt werden. Ein wesentlicher Unterschied ist dabei, dass bei der MDR der Begriff Validierung eine zentrale Rolle spielt, und zwar im Sinne der klassischen Definition in der Produktentwicklung. Dort bezeichnet Validierung eine Bestätigung durch die Erbringung eines objektiven Nachweises, dass die Anforderungen an einen bestimmten Verwendungszweck oder eine bestimmte Anwendung erfüllt worden sind. Der Gesetzesvorschlag zu KI kennt den Begriff Validierung im Wesentlichen in dem Sinn, wie er im Bereich des maschinellen Lernens verwendet wird. Dort bedeutet er die Überprüfung eines Trainingsprozesses beziehungsweise trainierten Modells anhand unabhängiger Daten, um eine Optimierung beziehungsweise Fine Tuning von Hyperparametern, das heißt übergeordneter Modellparameter, vorzunehmen. Das sind erkennbar unterschiedliche Bedeutungen, die zum Beispiel im Rahmen des Konformitätsbewertungsverfahrens unter anderem bei der Kommunikation mit den benannten Stellen zu Verwirrung führen können. Solche begrifflichen Inkonsistenzen sollten ebenfalls beachtet und entsprechend aufgelöst werden.

Die bisherigen Betrachtungen gelten in dieser Konsequenz ausschließlich für Hochrisiko-KI-Systeme im Sinne des geplanten KI-Gesetzes, wie sie in Abbildung 16.1 in den gelb gefärbten Feldern dargestellt sind. Für die Klasse an KI-Systemen mit niedrigeren Risiken enthält das geplante KI-Gesetz nur wenige Anforderungen, die zudem in der Regel keine Systemanforderungen, sondern unterstützende und optionale Maßnahmen darstellen. Lediglich die Anforderungen in den Artikeln 52 (Transparenzpflichten für bestimmte KI-Systeme) sowie 70 bis 72 (Vertraulichkeit und Sanktionen) sind umzusetzen.

17.5 Abschließende Betrachtungen

Anhand des Anwendungsfalls eines KI-basierten Alarmdetektionssystems in der Intensivmedizin wurde aufgezeigt, welche Anforderungen erfüllt sein müssen, um es auf den Markt zu bringen. Dabei standen die Anforderungen des geplanten KI-Gesetzes im Mittelpunkt, aber auch das Zusammenspiel mit der MDR als sektorale Gesetzgebung wurde gezielt beleuchtet. Das Beispiel gibt einen Plan für die Umsetzung der Anforderungen, der sich an dem in [1] vorgestellten Schema orientiert. Es zeigt zudem spezielle Herausforderungen und im Moment noch nicht ausreichend geklärte Punkte auf.

Für Hersteller bedeutet das, dass ausreichende Kompetenzen und auch eine geeignete Infrastruktur bezüglich der regulatorischen Umsetzung KI-basierter Medizinprodukte (beispielsweise ein geeignetes Qualitätsmanagementsystem, aber beispielsweise auch geeignete Werkzeuge für die Umsetzung der Aufzeichnungspflichten beziehungsweise bei der Beobachtung nach dem Inverkehrbringen) bereitgestellt werden. Da Unternehmen der Medizintechnikbranche ohnehin regulatorischen Vorgaben unterliegen, ist hier typischerweise eine gewisse personelle Grundausstattung vorhanden, die für die Umsetzung KI-basierter Systeme aber oftmals ausgebaut werden muss, um die deutlich komplexeren Anforderungen umsetzen zu können. Für Start-ups sieht die Sache etwas anders aus. Hier fehlt oft die Expertise und auch das Bewusstsein, welche Herausforderungen mit einer erfolgreichen Umsetzung des Konformitätsbewertungsverfahrens verbunden sind. Ähnliches gilt für andere Branchen, die Hochrisiko-basierte Systeme entwickeln, bisher aber noch keine umfangreichen regulatorischen Anforderungen zu erfüllen hatten.

Nach dem KI-Gesetzesvorschlag müssen Hersteller in diesem Bereich entsprechende Strukturen und Kompetenzen aufbauen. Gut funktionierende regulatorische Systeme werden damit immer mehr zu einem zentralen Wettbewerbsfaktor. Die Umsetzung der regulatorischen Vorgaben ist dabei als Investition zu betrachten, um systematische Strukturen der Qualitätssicherung aufzubauen, die ein gut funktionierendes Software-Unternehmen gerade bei sicherheitskritischen Anwendungen ohnehin installieren sollte. In diesem Bereich könnten in Europa und insbesondere in Deutschland verstärkt die großen Kompetenzen zum Tragen kommen, die die Unternehmen in Bezug auf die Umsetzung von Sicherheitsmechanismen aufweisen. Damit kann die Marke „Made in Germany" auch hier zu einem Qualitätsmerkmal werden und sich als Ergänzung zu den eher im Consumer-Bereich angesiedelten Entwicklungen der US-amerikanischen Tech-Giganten herauskristallisieren.

Bei KI-basierten Medizinprodukten kommt dabei eine Komplexität hinzu, die oftmals nicht durch Einzelpersonen, sondern nur im Team zu lösen ist. Anders ausgedrückt, es sollte ein interdisziplinäres Team eingerichtet werden, das sich um regulatorische Fragestellungen gezielt kümmert und die Entwicklungsteams begleitet. Externe Berater können zusätzlich mit eingebunden werden. Es empfiehlt sich aber, zentrale Kompetenzen im Unternehmen selbst zu verankern. Wie groß der Aufwand dafür ist, hängt stark davon ab, was an Ressourcen und Strukturen in diesem Bereich bisher vorhanden ist und in welchem Maß und mit welcher Komplexität Hochrisiko-Produkte entwickelt werden. Pauschale Aufwandsabschätzungen sind schwierig, zumal die Größe der Herausforderungen in Bezug auf das geplanten KI-Gesetz noch nicht endgültig abgeschätzt werden kann. Es bedarf daher einer gezielten Abschätzung für den Einzelfall.

Wichtig für die Umsetzung von Hochrisiko-KI-Systemen im Bereich der EU wird es zudem sein, dass im geplanten KI-Gesetz bisher noch bestehende Unklarheiten aufgelöst und die für die Anwendung der Gesetzgebung erforderliche Infrastruktur rechtzeitig bereitsteht. Dazu gehören erstens die erforderlichen

Elemente der technischen Infrastruktur wie beispielsweise die elektronische Datenbank für die Registrierung der Systeme und auch für das Meldewesen bei schwerwiegenden Vorkommnissen und Fehlfunktionen. Zweitens sollten die HENs rechtzeitig vorliegen, sodass sie für die Umsetzung der Konformitätsbewertungsverfahren genutzt werden können. Dafür ist es wichtig, dass Klarheit geschaffen wird, was die Anforderungen des geplanten KI-Gesetzes konkret abdecken, und dass Inkonsistenzen in den unterschiedlichen Gesetzgebungen beseitigt werden. Normung stellt in diesem Bereich eine wichtige Komponente dar, damit die Konformitätsbewertungsverfahren effizienter, zuverlässiger und auf einem einheitlichen Qualitätsniveau durchgeführt werden können. Drittens müssen genug benannte Stellen notifiziert sowie genug Fachpersonal bei den benannten Stellen in diesem sehr komplexen und anspruchsvollen Themenfeld aufgebaut werden, damit die Umsetzung der Konformitätsbewertungsverfahren zügig erfolgen kann. Viertens sollte sichergestellt sein, dass die Hürden gerade für innovative Start-ups, aber auch für andere Unternehmen in einem Bereich bleiben, der angemessen ist, um Neuentwicklungen nicht zu blockieren. Gut funktionierende Regularien sollten stattdessen einen soliden Rahmen und einen fruchtbaren Boden liefern, der den Unternehmen Klarheit gibt, wie KI-basierte System sicher und zuverlässig umzusetzen sind – für den Bereich KI-basierte Medizinprodukte, aber auch in anderen Branchen und Anwendungsfeldern. Das alles trägt dazu bei, dass KI-basierte Innovationen in Zukunft einen zentralen Platz in Europa haben und damit der Wille des geplanten KI-Gesetzes zu einem Erfolgsmodell werden kann.

Fazit und Handlungsempfehlungen

Zusammengefasst lassen sich daraus die folgenden Handlungsempfehlungen ableiten:

- Politik und Stakeholder: Klärung der im geplanten AI Act noch offenen Punkte, inkl. konsequente Klärung aller enthaltenen Anforderungen, Vermeidung von Inkonsistenzen mit anderen Gesetzen und Normen, Vermeidung von Doppelaufwänden und zu hohen Hürden für die Umsetzung KI-basierter Verfahren gerade in Hinblick auf KMUs und Start-ups, sodass der geplante AI Act ein hilfreiches Werkzeug und kein Hindernis für die Entwicklung von Innovationen wird
- Politik und Stakeholder: Rechtzeitige Bereitstellung der erforderlichen Infrastruktur für die Umsetzung des geplanten AI Acts, z. B. Datenbank für die Registrierung der Systeme und Meldung von schwerwiegenden Vorkommnissen
- Politik und Benannte Stellen: Sicherstellung, dass nach Inkrafttreten des geplanten AI Acts rechtzeitig genügend Benannte Stellen notifiziert und auch die personellen Ressourcen mit den erforderlichen Qualifikationsprofilen verfügbar sind
- Politik: Sicherstellung ausreichender Übergangsfristen beim geplanten AI Act
- Normungsgremien und Stakeholder: Rechtzeitige Erarbeitung aller erforderlichen harmonisierten Europäischen Normen zur Umsetzung des Konformitätsbewertungsverfahrens gemäß dem geplanten AI Act – unter Mitarbeit der in dem Feld angesiedelten Unternehmen und Stakeholdern
- Hersteller – alle: Rechtzeitiger gezielter Auf- bzw. Ausbau regulatorischer Kompetenzen in Hinblick auf die Umsetzung der Anforderungen im geplanten AI Act – hier auch in Verknüpfung mit den regulatorischen Anforderungen für Medizinprodukte. Je nach Größe und bisheriger Ausstattung der Unternehmen kann der Aufwand unterschiedlich groß sein – zum Beispiel im Vergleich Start-ups zu etablierten Medizintechnikunternehmen

Quellen

[1] Europäische Kommission (2021) Vorschlag für eine Verordnung des Europäischen Parlaments und des Rates zur Festlegung harmonisierter Vorschriften für künstliche Intelligenz (Gesetz über künstliche Intelligenz) und zur Änderung bestimmter Rechtsakte der Union

[2] Bitkom (2022) Step by step guide to implement the obligations under the proposed KI-Gesetz. Bitkom

[3] Interessengemeinschaft der Benannten Stellen für Medizinprodukte in Deutschland (2022). Questionnaire „Artificial Intelligence (AI) in medical devices" (Version 4), zuletzt abgerufen am 09.06.2022 von https://www.ig-nb.de/index.php?eID=dumpFile&t=f&f=2618&token=010db38d577b0bfa3c909d6f1d74b19485e86975

[4] ISO (2016) Medizinprodukte – Qualitätsmanagementsysteme – Anforderungen für regulatorische Zwecke (ISO 13485:2016)

[5] ISO (2019) Medizinprodukte – Anwendung des Risikomanagements auf Medizinprodukte (ISO 14971:2019)

[6] IEC (2015) Medizingeräte-Software – Software-Lebenszyklus-Prozesse (IEC 62304:2006 + A1:2015)

[7] IEC (2020) Medizinprodukte – Teil 1: Anwendung der Gebrauchstauglichkeit auf Medizinprodukte (IEC 62366-1:2015 + COR1:2016 + A1:2020)

[8] ISO (2020) Medizinprodukte – Leitfaden für die Anwendung von ISO 14971 (ISO 24971:2020-06)

[9] IEC (2016) Medical devices – Part 2: Guidance on the application of usability engineering to medical devices (IEC 62366-2:2016-04)

Kapitel 18 Schneller von der Idee in den Markt – Wie KI-Lösungen für die medizinische Diagnostik von DIN-Standards profitieren

Filiz Elmas

Neue Ideen allein garantieren noch keinen wirtschaftlichen Erfolg. Damit Ideen erfolgreich werden, braucht es die Akzeptanz und die Nachfrage am Markt, erst dann werden aus guten Ideen echte Innovationen. Für den breiten Markterfolg sind Normen und Standards ein entscheidender Faktor: Sie helfen, Innovationen schneller zu etablieren, indem sie den schnellen Transfer von Technologien aus der Forschung in die Anwendung fördern und somit Unternehmen den Eintritt in europäische und internationale Märkte erleichtern. Gerade kleine und mittelständische Unternehmen profitieren davon, denn offene Schnittstellen und einheitliche Anforderungen erleichtern ihnen den Zugang zu internationalen Märkten. Wer sich bei der Erarbeitung von Normen und Standards einbringt, kann somit die globalen technischen Regeln aktiv mitgestalten und sich so einen Vorsprung verschaffen.

18.1 Erarbeitung einer DIN SPEC

Die DIN SPEC ist ein DIN-Standard und ein bewährtes strategisches Mittel, um Lösungen schnell und unkompliziert am Markt zu etablieren und zu verbreiten. Das gilt gleichermaßen für Produkte, Dienstleistungen und Verfahren. Im Vergleich zu einer Norm (siehe auch Kapitel 15) kann die DIN SPEC in wenigen Monaten erstellt und veröffentlicht werden, zudem werden DIN SPEC kostenlos als Download zur Verfügung gestellt. Gerade bei innovativen Technologien wie künstlicher Intelligenz, in denen die Dynamik bei der Technologieentwicklung sehr hoch ist und innovative Produkte schnell am Markt eingeführt werden, schafft ein solcher Standard Akzeptanz sowie Vertrauen bei potenziellen Kundinnen und Kunden sowie Partnerinnen und Partnern. Jeder und Jede kann eine solche Standardisierungsinitiative starten, ganz gleich ob im Rahmen eines Unternehmens oder Forschungsinstitutes sowie als Privatperson oder sonstige Organisation. Der DIN-SPEC-Prozess fördert insbesondere den Austausch mit relevanten Marktteilnehmern und führt zu weiteren Netzwerken mit Key Playern. Bei der Erstellung des DIN-Standards fließen so die Anforderungen von Herstellern und Kunden ein, und der Markt wird für neue Produkte vorbereitet. Weitere Vorteile einer DIN SPEC gegenüber herkömmlichen Konsortialstandards sind die Widerspruchsfreiheit mit nationalen, europäischen und internationalen Normen und dass die Öffentlichkeit bei der Erarbeitung informiert und eingebunden wird. Das Ergebnis ist ein marktkonformer Standard, der den weltweit anerkannten und bewährten Namen DIN trägt und mit dem aktuellen Stand der Technik abgestimmt ist.[9]

Abbildung 18.1 zeigt die erforderlichen Schritte zur Erstellung einer DIN SPEC von der Initiierung bis zur Veröffentlichung. Nachdem im Rahmen der Initiierung administrative Tätigkeiten der verantwortlichen Mitwirkenden (des Konsortiums) durchgeführt werden wie Zusammenfindung des Autorenteams und Erstellung des Geschäftsplans, wird im Zuge der inhaltlichen Arbeiten ein Manuskript erstellt. Infolgedessen wird das Manuskript in eine DIN SPEC überführt, die nach Verabschiedung durch die Beteiligten zum kostenfreien Abruf vom Beuth Verlag veröffentlicht wird. Als anerkannte Dokumente sind DIN SPECs somit auch wirksame Marketingwerkzeuge, die beteiligte Autorinnen und Autoren sowie initiierende Personen namentlich benennen und für Akzeptanz bei potenziellen Anwendern und Investoren sorgen.

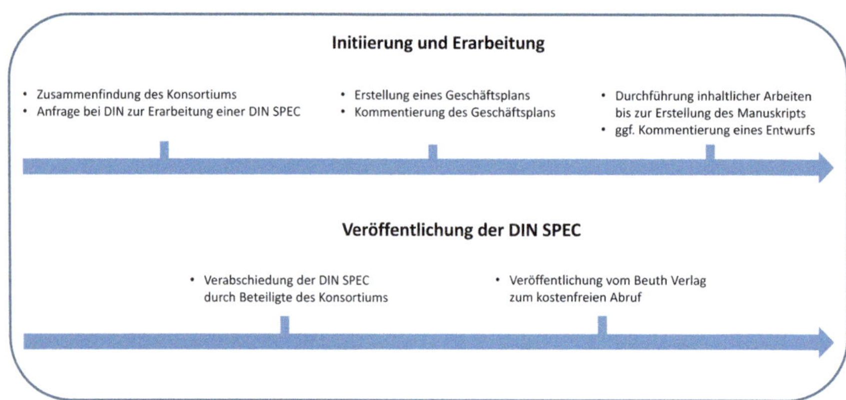

Abbildung 18.1: Erstellungsprozess einer DIN SPEC.

9 Siehe auch: https://www.youtube.com/watch?v=wxeExvFht_c

18.2 DIN SPECs 13288 und 13266: Bilderkennung mittels Deep Learning in der Medizin

Ein konkretes Beispiel für eine DIN SPEC aus dem Medizinbereich stellt die DIN SPEC 13288 „Leitfaden für die Entwicklung von Deep Learning-Bilderkennungssystemen in der Medizin" dar. Sie definiert Anforderungen an Bilderkennungssysteme im medizinischen Kontext und beschreibt ein Vorgehen bei der Datensammlung sowohl für Anwender als auch Entscheider. Ein bekannter medizinischer Anwendungsfall für Deep-Learning-Bilderkennungssysteme ist die Krebsdiagnostik. Diese äußerst anspruchsvolle, aber sich oft wiederholende Arbeit wird bisher vor allem von Menschen durchgeführt und ist damit sehr aufwendig und teuer. Aufgrund steigender Krebszahlen und alternder Gesellschaften wächst der Bedarf an solchen pathologischen Leistungen. Gleichzeitig gibt es bereits heute einen Mangel an qualifizierten Pathologen. Dies führt unter anderem in der Praxis dazu, dass Menschen immer länger auf ihre Krebsdiagnose warten müssen. Und genau hier setzt die Idee an, die Pathologen mit KI zu unterstützen, um die vorhandenen Kapazitäten möglichst effizient zu nutzen. Mit immer neuen therapeutischen Ansätzen und Medikamenten kann besonderen Patientengruppen zwar immer besser geholfen werden – Stichwort personalisierte Medizin –, aber für die Pathologen steigt damit pro Krebsart auch die Anzahl der zu bewertenden Gewebeschnitte an. Damit bieten KI-Systeme vielversprechende Möglichkeiten, um monotone und langwierige Aufgaben bei medizinischen Diagnosen zu automatisieren [1].

Die Fähigkeit zur Bilderkennung (vgl. Kapitel 7.1) wird heute vor allem mittels KI-Methoden aus dem Methodenspektrum Maschinelles Lernen realisiert (vgl. Kapitel 6.4 und 9.1). Datengetriebene KI-Systeme, sogenannte tiefe neuronale Netze (engl. deep neural networks), verknüpfen dabei bereits Erlerntes immer wieder mit neuen Inhalten und leiten daraus Prognosen und Entscheidungen ab. Diese auch als Deep Learning bezeichnete Bildanalyse spielt inzwischen in vielen Bereichen der Medizin eine wichtige Rolle [2], beispielsweise wenn es darum geht, Tumorgewebe von gesundem Gewebe zu unterscheiden [4]. KI-basierte Bilderkennungssysteme automatisieren diesen Prozess und verbessern so Qualität und Effizienz der medizinischen Bildanalyse. Der Medizinbereich stellt damit ein wichtiges Einsatzfeld von KI dar. Gerade hier ist das Vertrauen in die Technologie besonders wichtig und somit der Nutzen von Normen und Standards besonders hoch [4]. Dazu ist beispielhaft in Abbildung 18.2 die Analyse von medizinischen Bilddaten gezeigt. Dort sind einzelne Bereiche eines untersuchten Bildes markiert, aus denen sich anhand des verwendeten KI-Modells ein charakteristisches Muster herauskristallisiert.

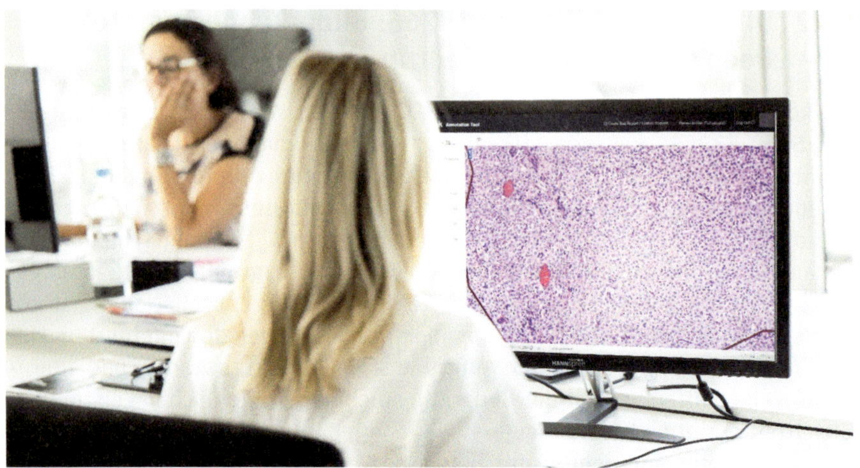

Abbildung 18.2: KI-unterstützte Analyse von medizinischen Bilddaten.

Die DIN SPEC 13288 baut auf einem bereits etablierten Standard für Deep-Learning-basierte Bilderkennungssysteme auf: der DIN SPEC 13266 „Leitfaden für die Entwicklung von Deep Learning-Bilderkennungssystemen". Im Vergleich zu einer allgemeinen Bilderkennung, gelten für den Einsatz in der Medizin jedoch besondere Anforderungen. Die DIN SPEC 13288 erweitert die DIN SPEC 13266 daher hinsichtlich der besonderen Ansprüche in der Medizin. Hier gelten oft höhere Qualitätsmaßstäbe als in anderen Anwendungsfeldern der Deep Learning-Bilderkennung, darüber hinaus ist dieser Bereich auch stärker reguliert. Mittels der DIN SPEC lassen sich die Einsatzmöglichkeiten sowie der Einsatz und Nutzen eines Bilderkennungssystems prognostizieren. Für Entscheiderinnen und Entscheider vereinfacht dieser Standard daher die Einschätzung von Aufwand und Nutzen für den Einsatz eines Deep-Learning-Bilderkennungssystems.

Konkret beschreibt die DIN SPEC 13288 Leitlinien zum Vorgehen bei der Sammlung von Daten, Schaffung von Erklärbarkeit und Nutzervertrauen sowie der Erstellung eines Deep-Learning-basierten Bilderkennungssystems und dessen Einbettung in den medizinischen Arbeitsablauf. Dabei werden insbesondere die strengeren Anforderungen im Bereich Medizin, beispielsweise an das Risikomanagement, die Produktentwicklung oder an die Datensammlung berücksichtigt und erläutert. Der Standard formuliert insbesondere praktische Leitlinien für die Entwicklung und den Aufbau der Systeme und beschreiben einen sachgerechten Umgang mit Trainingsdaten. Bei Deep-Learning-basierten Bilderkennungssystemen handelt es sich um eine datengetriebene KI-

Methode (vgl. Kapitel 7.1), das heißt, auf Basis von diesen Daten „lernt“ das System statistische Muster und kann darauf basierend auch in neuen Daten Muster „wiedererkennen“. So können Daten aus bildgebenden Verfahren mittels des KI-basierten Bildverarbeitungssystems oft sehr genau und deutlich schneller analysiert werden als durch Menschen. Ein weiterer Schwerpunkt der DIN SPEC liegt auf der Repräsentativität der Daten und seltenen Bildklassen, die in der Medizin charakteristisch sind [5].

Die DIN SPEC 13288 adressiert insbesondere folgende medizinische Bereiche [5]:

- Radiologie
- Histopathologie
- Augenheilkunde
- Hämatologie
- Mikrobiologie
- Dermatologie
- Tiermedizin
- Pharmaindustrie
- Forschung (z. B. Alzheimer-Krankheit)
- Chirurgie (z. B. operierende Roboter müssen auch „sehen“ können)

Der Einsatz von Deep-Learning-basierten Bilderkennungssystemen in diesen Bereichen kann demnach sowohl diagnostisch (zur Feststellung von Krankheiten), prognostisch (zur Vorhersage von Krankheitsverläufen) als auch therapeutisch (zur Empfehlung von Therapieentscheidungen) erfolgen.

Dazu ist im Standard die Lösung folgender Aufgaben mittels des tiefen Lernens ausgewiesen [5]:

I. Klassifikation von Bildern (z. B.: Ist auf dem Röntgenbild eine Knochenfraktur zu erkennen?);
II. Segmentierung (z. B.: Wo befindet sich Tumorgewebe?)
III. Objekterkennung (z. B.: Gibt es Malaria-Erreger im Blutausstrich?)
IV. Objektlokalisierung (z. B.: Wo befinden sich Malaria-Erreger im Blutausstrich?)

Die DIN SPEC 13288 unterstützt Hersteller der KI-Systeme sowie Beteiligte bei Forschungs- und Entwicklungsprojekten während der Umsetzung. Insbesondere Entscheiderinnen und Entscheider erhalten Kenntnisse über die Anwendungsmöglichkeiten und die Struktur der Systeme für den medizinischen

Einsatz. Der DIN-Standard ermöglicht es, den Aufwand und Nutzen besser einzuschätzen, gerade wenn Deep-Learning-Bilderkennungssysteme in bestehende Abläufe eingebunden werden. Darüber hinaus fördert die DIN SPEC 13288 durch ihre hohen Anforderungen an die Erklärbarkeit der Ergebnisse das Vertrauen bei ärztlichem Fachpersonal und zu behandelnden Personen.

Deep-Learning-basierte Bilderkennungssysteme haben sich in vielen Anwendungen bewährt [6]. Allerdings sind Genauigkeit und thematische Anwendbarkeit solcher Systeme von den Charakteristiken der verwendeten Trainingsdaten abhängig, etwa von der Auswahl der Daten, der Qualität der Bildaufnahmen oder damit verknüpfter Annotationen. Zur Qualitätssicherung sieht die DIN SPEC 13266 daher eine kontinuierliche Verbesserung von Deep-Learning-basierten Bilderkennungssystemen mit voneinander getrennten Trainings-, Validierungs- und Testdatensätzen vor. Zur Beurteilung der Qualität von Datensätzen sind im Standard die Metriken „Konsistenz", „Repräsentativität" und „Genauigkeit" ausgewiesen. Ziel ist es nach dem Standard mittels Stichproben festzustellen, welche Fehler bei Klassifikationen aufgrund von beispielsweise nicht ausreichend annotierten Trainingsdaten oder nicht zu einem zu erkennenden Muster antrainierten Daten entstehen können. Auf Grundlage der DIN SPEC 13266 ist in Abbildung 18.3 ein Ablaufdiagramm für die systematische Entwicklung von Deep-Learning-basierten Bilderkennungssystemen dargestellt. Erforderlich sind etwa die Formulierung von Qualitätskriterien, eine Erstellung des Trainingsdatensatzes für das KI-System sowie das Training dieses Systems. Nach der Inbetriebnahme des fertigen Deep-Learning-basierten Bilderkennungssystems gilt es insbesondere, durch die Erfüllung definierter Qualitätskriterien eine effektive Qualitätskontrolle sicherzustellen.

Um die Qualität für die Erkennung von Krankheitsmustern zu steigern, ist es erstrebenswert, datengetriebene KI-Systeme für den oben beschriebenen Anwendungsfall in der Medizin kontinuierlich zu optimieren, insbesondere durch Nutzung neuer oder zusätzlicher Daten beziehungsweise Datensätze. Ein standardisiertes Schema zur Verwaltung und Optimierung von Trainingsdatensätzen für Deep-Learning-basierte Bilderkennungssysteme erlaubt nicht nur eine Vereinheitlichung und Harmonisierung von Anforderungen an Datensätze, sondern bietet darüber hinaus weitere Vorteile:

- höhere Erkennungswahrscheinlichkeit der eingesetzten KI-Systeme
- höhere Transparenz und Steigerung des damit verbundenen Vertrauens in KI bei Anwendenden
- ressourcenoptimiertes Training aufgrund der koordinierten Nutzung von Trainingsdaten mit abgestimmten Anforderungen (u. a. hilfreich bei föderalem und kontinuierlichem Lernen)

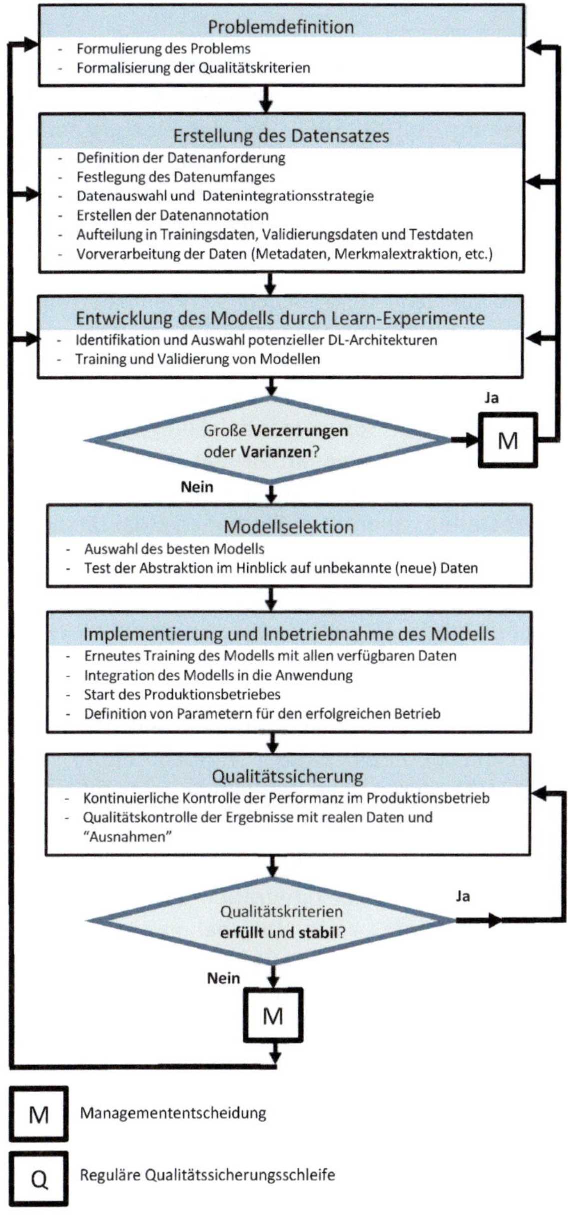

Abbildung 18.3: Ablaufschema für die Entwicklung eines Deep-Learning-Systems nach DIN SPEC 13266.

18.3 Fazit

Die Initiierungen der beschriebenen DIN SPEC für Deep-Learning-basierte Bilderkennungssysteme geht auf das Hamburger Start-up Mindpeak zurück. Im Zuge der Erarbeitung der DIN SPECs hat das Start-up seine erste KI-Software zur Bilderkennung in der diagnostischen Medizin entwickelt und auf den Markt gebracht. Das Produkt detektiert, quantifiziert und klassifiziert Tumorzellen bei Brustkrebs auf dem Niveau der geschulten Pathologinnen und Pathologen.

Ein wichtiger Grund für den erfolgreichen Markteintritt von Mindpeak war, dass das Unternehmen die beschriebene DIN SPEC gemeinsam mit relevanten Stakeholdern entwickelt hat – in diesem Fall waren es insbesondere Personen aus der Anwendung, etwa in der Pathologie tätiges medizinisches Personal sowie Verantwortliche für Softwareentwicklung, Vertrieb und potenzielle Investitionen. Die enge Zusammenarbeit hat ganz wesentlich dazu beigetragen, dass das Startup-Unternehmen seine Produkte anwenderfreundlich und intuitiv gestalten, aber auch die hohen Qualitätsanforderungen im medizinischen Bereich berücksichtigen konnte.

„Die gemeinsame Arbeit an den DIN SPECs hat unter anderem dazu geführt, dass wir bis heute bereits 12 Softwareprodukte entwickeln konnten, von denen ein großer Teil bereits erfolgreich in der klinischen Routine eingesetzt wird. Darüber hinaus haben wir auch wichtige Pionierarbeit für andere Unternehmen geleistet, die auf unseren Erfahrungen aufbauen können", erklärt Mindpeak-Gründer und CEO Felix Faber. Letztlich konnte so einerseits das Verständnis und die Akzeptanz der Pathologen gegenüber der KI-Software gefördert und auf der anderen Seite ein deutlicher Marktvorsprung gegenüber anderen Mitwettbewerbern geschaffen werden.

Ein anderer Aspekt entspricht der Integration der KI-Lösung in bestehende Prozesse und Arbeitsabläufe. Viele Unternehmen scheitern nicht an der Technologie, sondern vielmehr an der Integration der Technologie in der Praxis, also in diesem Fall in der Klinik. Mit der Entwicklung des Produktes entlang der DIN SPEC 13266 konnte das Vertrauen bei Ärzten geschaffen und die Kompatibilität zu anderen Systemen wie medizinischen Bildverwaltungs- und -betrachtungsplattformen (Image Management System, IMS) in pathologischen Laboren sichergestellt werden. Das hat nicht nur bei Kunden, sondern auch bei Vertriebspartnern und Investoren für Vertrauen gesorgt.

Durch die Mitwirkung an der Standardisierung hat Mindpeak deutlich an Reichweite und Sichtbarkeit gewonnen. Summa summarum konnte das Unternehmen infolge der Erarbeitung des Standards und der damit verbundenen

Einbeziehung unterschiedlicher Akteure nicht nur seine Produkte erfolgreich auf den Markt bringen, sondern sich gleichzeitig auch als Technologieführer und Experte in der Branche der digitalen Pathologie etablieren[10]. Währenddessen hat sich die Standardisierung bei Nutzern und Nutzerinnen entscheidend auf die Nachfrage und Akzeptanz für das Produkt ausgewirkt. Am Beispiel der Standards DIN SPEC 13288 und DIN SPEC 13266 hat sich daher gezeigt: Ein nach standardisiertem Schema erfolgender Umgang mit datengetriebenen KI-Systemen, etwa zum Training und zur Aufbereitung der Trainingsdaten nach einem einheitlichen Muster, fördert das Vertrauen in künstliche Intelligenz bei den Anwenderinnen und Anwendern und birgt das Potenzial, den medizinischen Fortschritt zum Wohle des Menschen zu beschleunigen.

Quellen

[1] Tran, K. A., Kondrashova, O., Bradley, A., Williams, E. D., Pearson, J. V., & Waddell, N. (2021) Deep learning in cancer diagnosis, prognosis and treatment selection. Genome Medicine, 13(1), 1–17

[2] Piccialli, F., Di Somma, V., Giampaolo, F., Cuomo, S., & Fortino, G. (2021) A survey on deep learning in medicine: Why, how and when? Information Fusion, 66, 111–137

[3] Debelee, T. G., Schwenker, F., Ibenthal, A., & Yohannes, D. (2020) Survey of deep learning in breast cancer image analysis. Evolving Systems, 11(1), 143–163.

[4] Ching, T. et al (2018) Opportunities and obstacles for deep learning in biology and medicine. Journal of The Royal Society Interface, 15(141), 20170387

[5] DIN SPEC 13266:2020-04 – Leitfaden für die Entwicklung von Deep Learning-Bilderkennungssystemen

[6] Guo, Y., Liu, Y., Oerlemans, A., Lao, S., Wu, S., & Lew, M. S. (2016) Deep learning for visual understanding: A review. Neurocomputing, 187, 27–48.

10 Mindpeak hat für die DIN SPEC 13288 den DIN-Innovationspreis 2021 gewonnen: https://www.youtube.com/watch?v=r8D6r23dbvY

Anhang

A Software-Werkzeuge

Dieser Abschnitt ergänzt Kapitel 4.3 und bildet KI-relevante Softwarewerkzeuge ab. Die Werkzeuge entsprechen unter anderem Bibliotheken für die Programmiersprache Python und sind anhand einer virtuellen Landschaft des Open-Source-Konsortiums „Linux Foundation“[11] im Hinblick auf die Felder „maschinelles Lernen“, „natürliche Sprachverarbeitung“ sowie „Vertrauenswürdigkeit“ zusammengetragen. Während die ausgewiesenen Bibliotheken eine Orientierungshilfe zur Umsetzung von KI-Methoden und Fähigkeiten darstellen, besteht aufgrund der Vielfalt an Programmiersprachen sowie eines breiten Spektrums an softwarespezifischen Lösungsmöglichkeiten ein breiteres Feld an Softwarewerkzeugen. Darüber hinaus lassen sich durch Anwender selbstständig, unter anderem mittels Python, Softwarewerkzeuge mit implementierten KI-Methoden eigenständig programmieren, falls beispielsweise eine hardwarenahe Berechnung ressourceneffizienter gestaltet oder Wissen in einer spezifischen Wissensrepräsentation umgesetzt werden soll.

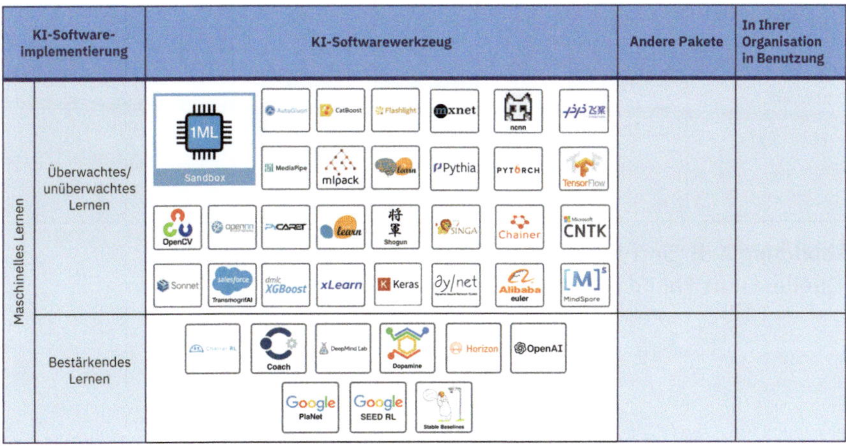

Abbildung A.1: Softwarewerkzeuge für maschinelles Lernen
(Quelle: Linux Foundation Landscape).

11 Linux Foundation Landscape. Zuletzt abgerufen am 29.10.2022 von https://landscape.lfai.foundation/

Abbildung A.2: Softwarewerkzeuge für natürliche Sprachverarbeitung (Quelle: Linux Foundation Landscape).

Abbildung A.3: Softwarewerkzeuge für Vertrauenswürdigkeit (Quelle: Linux Foundation Landscape).